微观视野中明清山东
海防文化研究

王海鹏 著

人民出版社

序　言

对于主权国家而言，海防是关系领土完整、国家安全的大问题。自古以来，中国历代王朝多对海防有所关注，宋元之后尤为如此。尽管处于王朝国家时代，尚缺近代主权国家的领土主权观念，但疆界意识始终是存在的，陆疆、海疆皆在朝廷的视野之内，陆防、海防也都是关乎社稷安危的大局所在。近年来，边疆研究颇为学界所重视，成果显著，但相对而言，现实重于历史，陆疆、陆防重于海疆、海防，是研究的总趋向。在这种格局下，研究历史上的海防问题的学术专著之出版，其意义就不言而喻了。《微观视野中明清山东海防文化研究》一书，正是在这样的背景下问世的。

《微观视野中明清山东海防文化研究》是作者王海鹏多年潜心探索的结晶。全书共分九章，分别从山东海疆与海口、宋元时期山东海防文化、明代山东海防文化、清代前期的山东海防与海防文化、近代山东海防与海防文化、19 世纪末 20 世纪初的青岛与威海、与山东海防有关的诗文题记、山东海防遗存的量化统计与区域分布等方面，通过大量史实的梳理，系统书写历史上山东海防与海防文化的总体面貌，特别是对明清两代的山东海防文化做了微观视野下的具体考察。作者认为，"海防"虽指以抵抗外来侵略为目的在沿海地区进行的军事活动，但其并非一个单纯的军事学概念，而是一个包含多种元素的系统、整体的概念，此前以"海防"为研究对象的成果基本上属于军事史或者海军史的范畴，对军事以外的诸多要素有所忽略，从而导致人们对明清以至近代海防的认识存在诸多偏差。从这个角度来看，该书以"海防文化"为名，主要从文化史、制度史的角度探讨明清山东海防部署、文官参赞军务制度、中央与地方的协同、军队与府县的配合、山东海防体系与武器装备的演进以及与海防有关的各种文化现象等，与此前的研究有很大不同；特别是对明清山东海防建设所蕴含的文化元素，如海防文献的大量出现、与海防有关的诗文题刻的盛行等所做的探究，既填补了相关研究的空白，又体现出作者以文化史研究见长的著述特色。进而言之，在中国文化史的研究中，海洋文化史、海疆文化史一向是薄弱环节，该书探讨明清"海防文化"，不啻为中国文化史添砖加瓦的力作。

海防体现着一个国家的综合实力，海防建设所能达到的水平和程度，既取决于军人素质、武器装备等军事实力方面的因素，也与国家发展战略、社会经济形态、科学技术水平、国防文化氛围等息息相关。综合探讨这些要素，为海防研究所急需，研究历史上的海防问题，也需要这种综合性的思路。《微观视野中明清山东海防文化研究》可谓这一思路下的创新之作，弥补了学术研究的薄弱环节，学术意义和现实意义都很突出。而且内容充实，个案鲜明，不少论述既合于学理又有深度，不愧学术佳作。

当然，像任何学术论著一样，瑕不掩瑜，该书的一些内容还有再深入的余地，有的论断亦有再讨论的空间，相信作者一定会在未来的研究中进一步予以充实和完善。

是为序。

李　帆

2022 年 12 月 8 日于北京师范大学历史学院

目　录

第一章　山东海疆与海口

第一节　山东海疆

山东省位于中国东部沿海、黄河下游，是中国沿海大省，其境域包括内陆和半岛两部分；内陆部分自北而南与河北、河南、安徽、江苏4省接壤；山东半岛突出于渤海、黄海之中，三面环海，总面积为3.9万平方公里，是中国第一大半岛，与辽东半岛、雷州半岛合称中国三大半岛。

广义上的山东半岛指的是寿光小清河口和日照岚山口与岚山头苏鲁交界处的绣针河河口两点连线以东的部分，狭义上指的是胶莱河以东的半岛部分，即胶东半岛。山东半岛北面隔渤海海峡与辽东半岛相对，拱卫京津与渤海湾；东面隔黄海与朝鲜半岛遥遥相望，东南则临靠宽阔的黄海，遥望东海及日本南部列岛。

山东海岸线绵延曲折，北起冀鲁交界处的漳卫新河海口（即无棣县大口河），沿海岸线东向，经莱州湾南岸，东北经蓬莱角，绕过成山角，折向西南至苏鲁交界处的日照市绣针河河口，全长3121公里，约占全国大陆海岸线总长的六分之一，在全国居第三位。山东海域面积约17万平方公里，占渤海、黄海总面积的三分之一。

山东的海疆包括海岸线以外的近海地区、自海岸向内地延伸大约30公里至60公里的沿海地区，以及近海中近三百个大小不等的岛屿。山东沿海岛屿星罗棋布，岛屿面积136平方公里，岸线737公里。渤海海峡中的庙岛群岛是其中最大的群岛，北起隍城岛，南至南长山岛，扼渤海海峡咽喉，成为拱卫北京的重要海防门户。除庙岛群岛外，其他岛屿均分布于近陆地带，较大者有象岛、镆铘岛、杜家岛、田横岛、刘公岛、鸡鸣岛、崆峒岛、褚岛、苏山岛和南黄岛等。山东半岛北岸主要为基岩海岸，而靠近黄海的海岸多为港湾式沙质海岸。在山东辖境中，海疆是重要的组成部分。

山东半岛北面的渤海，旧称勃海、北海，三面为陆地所环抱，是一个近封闭的内海。山东半岛北岸的蓬莱与辽东半岛南端的老铁山角遥相对峙，犹如一双巨臂将渤海合抱起来，构成京津的海上门户。

渤海由北部辽东湾、西部渤海湾、南部莱州湾、中央浅海盆地和渤海海峡五部分组成，并通过渤海海峡与黄海相通。渤海海峡口宽 59 海里，内列三十多个岛屿，其中较大的有南长山岛、砣矶岛、钦岛和隍城岛等，总称庙岛群岛或庙岛列岛。辽东半岛的老铁山与山东半岛北岸的蓬莱角间的连线即为渤海与黄海的分界线。

山东半岛东南面的黄海是太平洋西部的一个边缘海，位于中国大陆与朝鲜半岛之间，北面和西面濒临中国，东邻朝鲜半岛，为东亚大陆架的一部分。在韩语环境中，则因其位于朝鲜半岛西侧而称之为"西海"或者"朝鲜西海"，但国际上通常沿用中国的称呼"黄海"（Yellow Sea）。

黄海的名称来源于它的大片水域水色呈黄色，由于历史上黄河有七八百多年的时间注入黄海，河水中携带的大量泥沙使得黄海近岸的海水看上去成了黄色。

黄海面积约 38 万平方公里。黄海的西北部通过渤海海峡与渤海相连，东部由济州海峡经朝鲜海峡、对马海峡与日本海相通，南以长江口东北岸启东角到济州岛西南角连线与东海分界。

黄海从中国山东半岛最东端成山角到朝鲜的长山串之间海面最窄，习惯上以此连线将黄海分为北黄海和南黄海两部分。北黄海是指山东半岛、辽东半岛和朝鲜半岛之间的半封闭海域，海域面积约为 8 万多平方公里；

长江口至济州岛连线以北的椭圆形半封闭海域，称南黄海，总面积为 30 多万平方公里。

黄海东部和西部岸线曲折、岛屿众多。岛屿主要集中在辽东半岛东侧、胶东半岛东侧和朝鲜半岛西侧边缘，如长山列岛以及朝鲜半岛西岸的一些岛，南部有一系列小岩礁，如苏岩礁、鸭礁、虎皮礁等。黄海主要海湾有海州湾、胶州湾和朝鲜的西朝鲜湾。

山东沿海地区可以分为 4 个地理区，自西而东为黄河三角洲、潍北平原、胶东半岛和鲁东南沿海地带，其中胶东半岛所占面积最大。

黄河三角洲是受黄河常年冲击，在河口地带形成的巨大的三角洲平原，西起漳卫新河，南达小清河口。在胶东半岛与黄河三角洲之间，由小清河、弥河、白浪河、潍河及胶莱河等多条河流冲积而形成了潍北平原，西起淄脉河口，东至胶莱河口，海岸线约长 110 公里。

胶东半岛由低山、丘陵和平原等多种地貌构成，其中丘陵的分布最为广泛。半岛边缘多丘陵，与海岸衔接而形成岩岸地貌。在半岛的中西部，由大沽河与大泽山西及南麓诸河冲积而成的胶莱河平原，北通莱州湾，南抵胶州湾。此外，黄水河、界河、五河、沙河等河流北注渤海，在半岛北部形成了带状冲积平原，通称蓬黄掖平原。

鲁东南沿海地区以低山丘陵为主，丘陵的东部外缘形成了一定规模的侵蚀平原，在海滨地区则形成了比较典型的准平原。一些河流在入海口也形成局部的小型冲积平原。

第二节　山东沿海的海岛与海湾

一、近海岛屿

近海岛屿与沿海海湾，一方面在海洋捕捞、航海、海上商贸等方面影响着人们的生活，另一方面在军事上也分别有各自的地位。

山东沿海有大小岛屿近 300 个，其中基岩岛屿 241 个，沙洲岛屿 58 个。从北部的莱州湾开始，由北胶莱河入海口往东，在莱州市境内有芙蓉岛，在龙口市境内有屺姆岛、依岛、桑岛。

在蓬莱市境内主要是庙岛群岛，也称"长山列岛"，是蓬莱市所辖 32 个岛屿的总称，主要岛屿有南部的南长山岛、北长山岛、大黑山岛、小黑山岛、庙岛（习称"南五岛"）和北部的砣矶岛、大钦岛、小钦岛、南隍城岛、北隍城岛（习称"北五岛"）及其他无人小岛。其中最大岛是南长山岛。古时，庙岛群岛被称为沙门岛，是流放、囚禁犯人的地方。据《旧五代史·隐帝纪下》记载："庚午，前永兴军节度副使安友规除名，流登州沙门岛。"庙岛群岛位于渤海海峡黄、渤海交汇处，北与辽宁省的老铁山对峙，南与蓬莱相望。在军事上，庙岛群岛的战略地位十分重要，为渤海咽喉，捍卫京津之门户。

据统计，烟台市、威海市境内沿海共有大小岛屿 170 个。全部岛屿均为基岩型岛屿。最大的岛为蓬莱市的南长山岛，面积 12.75 平方公里。最远的岛为蓬莱市的大钦岛，距大陆最近点为 28 海里。

在烟台市芝罘区、牟平区境内有崆峒岛、担子岛、马岛、夹岛、豆卵岛、头孤岛、二孤岛、三孤岛、柴岛、舵罗顶、鳖砣、地理星、摩罗石、婆婆石、小山子、养马岛、小象岛。

在威海市区及周边有刘公岛、褚岛、大岛、小岛、小石岛、海龙石、黑岛、牙石岛、青岛、小黄岛、连林岛、黑鱼屿、黄岛、小泓岛、大泓岛、日岛、黄泥岛、大捷岛、羊龙礁、三摞麦岛。

在威海荣成市境内有大蓬石岛、鸡鸣岛、双石岛、大站石岛、黄岛子岛、海岛子岛、海驴岛、北苍岛、南苍岛、海鸟石岛、落凤岗岛、草岛子岛、养鱼池草岛、青石岚岛、高岛子岛、姜岛、南草岛、大黑石岛、外遮岛、内遮岛、高家岛、瓦子石岛、岛头岛、海驴石岛、锥子石岛、兔子石岛、五岛、鹁鸽岛、楮岛、人石岛、井渠石岛、东山号岛、黑石岛、草岛、牡蛎岩北岛、牡蛎岩南岛、镆铘岛、黑岛子岛、滨岛、大王家岛、小王家岛、连岛、草岛、西草岛子岛、苏山岛、一山子岛、二山子岛、三山子岛、伯家岛、北凤凰尾、南凤凰尾、猪岛。

在威海文登区南部沿海有大岛、小岛、黄泥岛、二岛、牛心岛、里岛。再往南，在乳山市境内有险岛、东小青岛、南黄岛、宫家岛、腰岛、浦岛、塔岛、竹岛、汇岛、黄石兰岛、红石崖岛、黑石兰岛。

在青岛市境内的海岛接近 70 个，分别是牙岛子、大管岛、狮子岛、长门岩南岛、小公岛、黄岛、象里岛、象外岛、象垠子、小石岛、大石岛、小公岛南岛、大公岛、小屿、赤岛、麦岛、汇泉角尖、小青岛、团岛鼻、团岛、冒岛、脱岛、竹岔岛、外连岛、中连岛、连子岛、西屿、西砣子、潮连岛、太平角岛、里连岛、牛岛（南）、吉岛、唐岛、千里岩、三岛（三平岛）、二岛（三平岛）、大岛（三平岛）、水岛、赭岛、车岛、涨岛、田横岛、驴岛、牛岛（北）、马龙岛、猪岛、龙口岛、鸡嘴石、小冲里岛、斋堂岛、鸭岛、沐官岛、女儿岛、南屿、西山头岛、老公岛、大福岛、驼篓岛、灵山岛、洋礁岛、长门岩北岛、七星岩、小福岛、女岛、赶嘴、小管岛、兔子岛、马儿岛。其中，最远的是千里岩岛，距陆地约 64 公里。这些岛屿地质上都是基岩岛。

在日照市境内的沿海岛屿，由北向南有桃花岛、出风岛、平岛、达山岛、车牛山岛、牛角岛、牛背岛、牛尾岛等。

二、海湾、海滩

沿海的海湾、海滩、河口等处，多是人口聚集之所，很多地方被开辟为渔港或者商贸港口，作为海船的避风场所和出海通道；同时，这些地方比较便于抢滩登陆，因此历来是军事防御的重点地区。

山东沿海的海湾、海滩，在潍坊市、莱州市有：莱州湾，是山东最大的海湾，东起屺岛岛高角，西至黄河入海口。除黄河三角洲外，沿岸有滩河、白浪河、胶莱河、小清河、支脉沟等小河入海。太平湾，四周为沙岭包围，西南有小石岛为屏障，湾内泊船安全，故称太平湾。在古代，太平湾为重要军港。据史料记载，隋、唐两代6次东征高丽，均由此出发。明、清两代，仍为重要军港和商港。曾有"北有旅顺，南有太平"之称。龙口湾，北为屺姆岛，海湾呈半月形，状似龙口，故称龙口湾。

在蓬莱市境内，沿岸坡度较大，礁石较多，滩涂面较狭窄，主要滩涂有栾家口滩、湾子口滩、刘家旺滩、朱家庄滩、初旺滩。

在烟台市周边的海湾有：套子湾（八角湾），湾口东向，呈耳状，属天然避风良港。八角岬从湾西突入湾中，甲河自东部入湾。八角湾历史悠久，据《福山县志》记载，明天启年间就有货船往来，"为四方贸易所"；明崇祯年间，"设左营兵将驻防，亦一时重地"。直到同治元年（1862年）烟台辟为商埠后，八角湾才逐渐衰落。套子东湾，俗称西海，湾呈U状，湾口向西，与八角湾东西相对。属套子湾东部一角，因湾呈半椭圆形，故名。芝罘湾，以芝罘岛命名。湾口以崆峒岛为界分北口、东口，为耳朵状半闭湾。南、东南岸为山地，北岸为芝罘岛，东部湾口崆峒列岛环绕。金沟寨湾，湾口东北向。湾岸有金沟寨村，故名。四十里湾，北起玉带山，南迄马山寨，跨芝罘区、牟平区约四十里，故名。湾口东北向，海岸宽阔平坦，坡度徐缓。由石沟屯向北，岸线呈弧状，形似玉带，亦称玉带湾。龙门湾，在养马岛南侧。

在威海市区附近的海湾有：双岛湾，因湾口主航道西侧有大小2岛而得名，旧时亦称"鹿道口"。港湾三面丘陵环绕，口向北开，与黄海相通，口小腹大，状如花瓶。北有沙坝和双岛作掩护，为封闭性泻湖海湾。石岛滩，湾口为西北向。麻子湾，位于葡萄滩湾西侧。葡萄滩（远遥湾），东起靖子头，北至远遥嘴岬，湾口西北向，海面开阔。靖子头位于湾东北，远遥嘴位于湾西北，褚岛位于湾口。柳树湾，湾内水深，可停泊渔船。合庆湾，包括南北两小湾。北湾因水色深黑，俗称"黑水洋"；南湾因呈半月形，故名"半月湾"。威海湾，湾岸近似半圆，三面环山，湾口有刘公岛屏障，分南北两个口门，北口门向西北，南口门向东北。杨家湾，湾口东北向。因临近杨家滩村，故称杨家湾。皂埠口，湾口为东北向，又名阴山口。

由威海往东，经成山头往南，在荣成市、文登区的海湾有：朝阳港，西起虎头角，东至青矶角，为一封闭式港湾，湾口为朝阳口，北向。霞口滩，西起青山，东至哼哼山，为一喇叭状海湾。湾口北向，能避偏北以外诸风。龙眼湾，西起龙眼嘴，东至大顶子东嘴，为一半圆形海湾。湾口北向，可避东南西三面来风。马栏湾，西起大顶子东嘴，东至海骡子头，为大半椭圆形的开湾，湾口北向。北艾子沟，北起燕石山，南至南艾子沟，呈半圆形，湾口东向。南艾子沟，北起北艾子沟，南至成山角，为一半开湾，湾口东北向。马子圈，位于龙须岛镇卧龙村南。汪流口，北起三山，南至龙须角，呈半圆形，湾口东南向。荣成湾，北起龙须岛以南的山角，南至马山头，为一半椭圆形开湾，湾口向东南敞开。北有成山山脉，是该湾的天然屏障，可避西风和北风，其东北部尤为避西北强风之良好锚地。光绪二十年（1894年），中日甲午海战，日军于龙眼嘴以西、落凤岗以东的龙须岛镇海面登陆，攻陷威海。龙须湾，东起龙须岛南山，西至落凤岗村南，呈半圆形，为渔船避风良港。筏子窝，东起落凤岗，西至马家疃村南，呈半圆形，能避北风，可停泊小型船舶。月湖，是一椭圆形封闭式港湾，东起无名沙垅，西至车祝沟村东。养鱼池湾，北起马山王家村南，南至崮东头，湾口东南向。临洛湾，北起崮东头，南至南草岛，呈半圆形，湾口向东敞开，能避北、西、南三面风。俚岛湾，北起大黑石，南至外遮岛，呈半圆形，湾口东北向敞开。爱连湾，北起马他角，南至海猫子头，呈半圆形，湾口东南向。岸边中部有倭岛角，将该湾分成东西两湾。桑沟湾，北起海猫子头，南至楮岛嘴，湾口向东敞开，可避北经西至南诸风。沿岸有桑沟河、崖头河、沽河、小落河4河注入。石岛湾，东起镆铘岛西南角，西至黄石板嘴，为大半椭圆形开湾，湾口东南向敞开，可避西及偏北风。此湾分内外两部分，以炮台嘴向北与石嘴向东引线相交，此线以西为内湾，余者为外湾。王家湾，东起老鳖头，西至码头嘴，呈半圆形，湾口东南向。湾口前有王家岛，可阻浪，能避北风和东北风。埠口湾，因湾内主要泊区临张家埠而得名。湾内航道曲折，为天然避风良港。文登区和荣成市以港湾主航道为界。青龙河、蔡官河由湾东北部注入。靖海湾，北起文登区牛心岛，南至靖海角，为一大开湾，呈带状，湾口东南向。湾内又分张家埠和涨蒙港两个树枝状河口湾。张家埠湾内口门宽约一公里，湾长约十公里，有青龙河和蔡官庄河流入。明洪武十三年（1380 年）为防倭入侵，魏国公徐辉祖建靖海卫于东岸，故名靖海湾。明代，倭寇曾两次由此湾入侵靖海卫。五垒岛湾，湾之东南有五座小岛，海上遥望，形同堡垒，故名。湾口东起牛心岛，西到鹅嘴，为半封闭式海湾。沿岸有母猪河、昌阳河、黄垒河注入。

在乳山市的海湾有：浪暖口湾，位于黄垒河入海口，因河水注入，海湾冬季不结冰而得名。浪暖口湾呈喇叭状，北南走向。洋村口湾，位于洋村河入海口，港湾呈东北、西南走向。白沙湾，东起白沙滩镇的烟墩礁，西至海阳所镇的古龙嘴，海湾呈弓形，湾口向东南。湾内有宫家岛和腰岛，湾内西北角有白沙口，白沙湾由此得名。白沙口湾，位于白沙湾内，因港湾出口处均系白沙而得名。港湾呈不规则梯形，东北、西南走向，湾口向南。塔岛湾，港湾呈马蹄形，西起双峰庄，东至炮台嘴，湾口向南，杜家岛是其天然屏障。大圈海湾，西北起自葫芦山，东南至黄岛山，因呈罗圈形而得名，湾口向西南。葫芦岛湾，西起红石崖，东至葫芦山，湾口朝向西南。乳山口湾，因海口东侧的大乳山而得名。东西两岸有大乳山和埝山扼其门户，海湾呈 V 字形。海湾由两个直角相交的狭长水域组成，中间以旗杆石一带为界。有乳山河和司马庄河、锯河、六村屯河、兰家河注入湾内。乳山口湾为避风良港，历史上有"北有旅顺口，南有乳山口"之说。

在海阳市、莱阳市的海湾有：大埠圈，海湾近似半月形，三面环山丘，除东南风外，其他风向均能得到自然掩护，故有"太平湾"之称。草岛嘴古为海防要冲，设重兵戍守。辛家港，位于草岛嘴西北，是渔船良好的避风港，旧时渔业、商业均很繁盛。留格庄、蒲莱、望海三河注入湾内。龙头港，因龙头岬角突起一礁，剑石嶙峋，形若龙头，故名。明、清时即为海防要地。羊角泮，位于东村河与唐家河入海处。因两道海湾掎对，形同羊角得名。该港伸入陆地，入海口狭小，海口北岸的烟台山，把海湾分成东北向和西北向两道海汊，呈 Y 字状。南岸积沙成岭，似天然围屏，为船只抛锚良港，自古至今是重要的渔船集散场所。丁字湾，海湾为一组东北—西南向丁字形断裂构造所控制，故得名。该湾呈西北向，口狭湾阔。麻姑岛横卧于湾北，湾西南岸有群山为屏，北畔依丘陵作障。有五龙河等 10 条河注入其中。丁字湾口东北岸、南邵家村西南有一岬角，突伸丁字湾内，名丁字嘴。清代在此筑有炮台，为海防要地。

由丁字湾往南，在青岛市境内的海湾有：栲栳湾，北以栲栳岛南头至三平岛一线接黄海，南以石岛礁至平岛一线与横门湾为界。横门湾，北起石岛礁、三平岛，沿东南的赭岛南至田横岛、驴岛，西至山东头。巉山湾，北起驴岛，经东北的半岛、马龙岛西南至巉山头。女岛湾，西起女岛及其连岛沙坝，东南至鳌山头，是崂山湾的一部分。鳌山湾，属崂山湾的北部，起自鳌山头，绕至鳌山卫、温泉、王村、洼里 4 处乡镇沿岸，至女岛。湾口向南，湾内有赶嘴、张公岛、北礁等 9 个岛礁。

小岛湾，属崂山湾的一部分，从鳌山头南经小管岛西至崂山区野鸡山，湾口向东。王哥庄湾，自大台子至小蓬莱。文武港，位于晓望河入黄海处。仰口湾，南起泉岭，北至峰山。青山湾，南起黄山头，北至三亩顶。试金石湾，从晒钱石至三庙之间。太清宫口，东起钓鱼台、西至大平岚。戗盘口，东起西嘴子，西至西南角，形似戗盘。山东头董家湾，又名大江口，位于石老人烟墩角与山东头无名岬角之间。

登瀛湾，位于南窑半岛和栲栳岛之间。流清河湾，位于南窑半岛与小平岚间。沙子口湾（董家湾），湾口有大福岛，所以有南、东两个出口。南湾口开阔，东湾口狭窄。海湾以栲栳岛为界，分后湾和崂山口两个湾岔。港口湾，位于王家麦岛村南。胶州湾，古称少海、胶澳。湾口以团岛、薛家岛为界。湾内有沧口水道、中央水道、大沽河水道和岛耳水道等深水航道，是全国少有的优良海湾。胶州湾北部和西北部为平原，东部为崂山山脉，南和西南为小珠山脉。岸线延及青岛市区、崂山区、胶州市、黄岛区。

黄岛前湾，北至黄岛东嘴，南至向阳嘴，呈喇叭形。唐岛湾，湾口在鱼鸣嘴与炮台嘴之间。湾内有唐岛、牛岛。西侧有积米崖港。沟南崖湾，呈椭圆形，可避西及西南风。积米沟湾，口向西北，能避东南风，可泊船。灵山湾，湾口在鱼鸣嘴与大珠山嘴之间。西北有王戈庄河注入，形成河口港。东北有唐岛湾，西南有胡岛湾、鱼池湾。东南有灵山岛，是湾口的天然屏障。胡岛湾，呈半圆形，口向东南。鱼池湾，口向东南。龙湾，湾口在大珠山嘴与斋堂岛之间，口向南。古镇口湾，又称曹家溜、龙潭口、崔家潞，海湾呈缩口圆形杨家洼湾，琅琊台湾的东北部，湾口在大嘴与牛石嘴之间。湾口东南有鸭岛溜，海流湍急，是渔船进出湾的主要通道。琅琊台湾，西起董家口嘴，东至胡家山嘴，呈向南敞开的海湾。东北有大嘴突出，嘴南为鸭岛。海湾内以烟台山为界，分两个内湾：陈家贡湾和杨家洼湾。陈家贡湾，湾口在大嘴与小围嘴之间。北部有贡口港。贡口港旧称陈家口或陈家港。黄家塘湾，湾口在董家口嘴与日照市殷家台嘴之间。口向东南，有潮河、白马河汇入。湾口东侧有沐官岛与董家口嘴对峙。湾内有老母猪栏、大孤石、二孤石、棋子湾、王家滩湾。棋子湾，湾口在董家口嘴与黄石岚嘴之间。王家滩湾，湾口在黄石岚嘴与日照市殷家台嘴之间，口向东南。

由琅琊山往南，在日照市境内的海湾、河口有：王家滩河口，位于王家滩东北 3.5 公里处。安家河口，西窄东宽呈喇叭形。任家台咀，位于龙山咀北偏东 5.5 公里。岬角向东南海域突出。龙山咀，位于石臼港北 9 公里。万平口，是由数条小河汇集形成的梭形水面。石臼港，海域开阔水深，常年不冻，无淤积之患。西江口，位于石臼所西南隅，由数条小河汇

集于此。奎山咀,位于石臼港南 5.8 公里,小山后东南。岬角海岸岩石滩
向东南海域突出,由奎山的东南山麓向海延伸而形成。傅疃河口,位于夹
仓村东南。涛雒口,位于新口北。新口,位于涛雒镇南 5 公里。清乾隆年
间,此口位于栈子东北,又称张洛口。岚山港,位于海州湾北侧基岩岬
角突出的海岸线上。绣针河口,古称获水口,是山东、江苏两省的边界
河口。

第三节 宋元之前山东沿海港口与商贸重镇

一、南北海上航路

在远古时代,山东沿海居民就勇敢地闯向浩瀚的海洋,并在历经千难
万险之后开辟出海上航线。宋元之前,由山东沿海港口出发的海上航路有
南北两条,即北上直沽、辽东,南下江浙闽粤。

汉朝时,山东与辽东之间已经通航往来。起初,船只多是沿海岸线行
驶。这条航线离岸岛近,航行较为安全。一旦船只损坏,或者遭遇风暴,
可以立即驶向最近陆岸避险。

曹魏时期,山东通往辽东的海上航线已经非常畅通。此后,海路往来
一直是两地居民交流的通道。东晋初年山东战乱,居民纷纷渡海赴辽东避
难,致使航海规模超越以往。唐朝时,从登、莱二州北上辽东的海上航线
更加活跃。同时,由山东通向朝鲜半岛的航线也是先沿着此路航行,然后
顺着辽宁东南海岸,一直延伸到鸭绿江口。

金代时,为了通过海路远征南宋,曾经在北通州海滨大造海船。船只
造好以后,全都驶往山东半岛南端的胶西港停泊,最多时集结了 1700 只
海船。这一时期,从通州驶船前往胶西的航线格外忙碌。

元朝初年,开通江南刘家港至直沽的海运线路,以便把江浙的粮食和

物资运往大都。起初，航路经过"密州、胶州界、放灵山洋投东北"，绕过成山头，即从山东南岸的获水口起，至登州沙门岛，海船均沿山东半岛近岸航行。这样，既可以利用海岸线及其沿海岛湾辨别方位，遭遇风浪时亦可就近泊岸。后来为了缩短航程，开辟了新的航线，即从刘家港起航的海船先"放大洋至青水洋，又经黑水洋至成山"，不再沿山东半岛南岸航行；待绕过成山后，"过刘岛，至芝罘、沙门二岛，放莱州大洋，抵界河口，其道差为径直。"再后来，经过多年努力，元代海运直穿大洋，远离海岸航行，航程更短，海运时间也大大缩短，"自浙西至京师，不过旬日而已"①。这说明当时的航海能力逐步提高。

山东南路海运比北路海运要发达得多。南方航海者不仅率先开辟北上航道，而且把造船技术、航海技术等带到北方。

秦汉以前，琅琊是山东与南方海上交通的重要基点。据《史记》卷六《秦始皇本纪》记载，秦始皇三十七年（前 210 年），在巡视会稽之后，"还过吴，从江乘渡，并海上，北至琅邪"。据《汉书》卷六《武帝纪》记载，元封五年（前 106 年），武帝巡视南方，"舳舻千里，薄枞阳而出，……遂北至琅邪，并海"。西晋末年，社会动荡不安，大批山东人由海路南下江浙避难。

唐朝时期，山东半岛通往江淮沿岸的航线逐渐繁忙起来，并成为山东沿海地区与南方交往的重要渠道。登州、莱州、密州各口岸经常驶发商船，将各类物品运往南方销售。民间商人最为活跃，且获利甚丰。很多新罗人和暹罗船加入海运当中，往来于密、楚二州之间。

唐末五代之际，中原王朝与浙、闽地区的联系被吴、越、南唐所隔绝，仅仅能够通过海路而相互沟通。据《旧五代史》记载，五代十国时期闽国开国国君王审知开辟出从福建直抵山东登州、莱州的航线。

北宋时期，山东通向江淮的南路航线继续向南延伸。由登州港开出

---

① 《元史》卷九十三《食货志一》。

的海船可以直达广东潮州,海上航线长达 5000 里。而来自闽粤乃至南洋诸国的贸易船只则络绎不绝驶入登州港、板桥镇港。板桥镇港全盛之际,"自来广南、福建、淮浙商旅,乘海船贩到香药诸杂税物……往来交易,买卖极为繁盛"[①]。

宋金之际,有很多海民往来于山东浙江之间,从事商贸活动。一些浙江航海者还绕过山东半岛,进入平州(治所在今河北卢龙县)海域。总之,在宋金两代,山东南下江浙闽粤的航线全方位开通。尽管后来宋、金双方南北对峙,但民间的跨海贸易从未停止。到元朝初年,为了将江淮粮米运抵天津直沽,开始大规模海运,并获得巨大成功。

二、山东至朝鲜、日本的航线

朝鲜和日本是与山东海上距离最近的两个国家。

由山东至朝鲜、日本的航线主要分为两条:起初,由山东北上,沿海岸线绕行到辽东半岛海域,然后继续沿海岸线往东到达朝鲜。后来,这条航路发生了一些变化,即先由登州北上,经庙岛群岛到辽东半岛,然后再继续往东绕行。唐代以后,随着造船技术的进步,由山东可以跨海直航朝鲜、日本。

据《后汉书》卷七十六《王景传》记载,乐浪(今朝鲜北部)人王景,其"八世祖仲,本琅邪不其人,好道术,明天文。诸吕作乱,……仲惧祸及,乃浮海东奔乐浪山中,因而家焉。"受当时造船技术和航海技术的限制,王仲从不其(在今崂山西北)由海路到达朝鲜半岛,很有可能是沿海岸线绕行。

由山东航海去日本,亦必须沿海岸绕行,即先到达乐浪郡,再从乐浪郡往南航行,进入日本各岛。隋朝时,炀帝派遣文林郎裴清出使倭国,即

---

① 《续资治通鉴长编》卷四百零九。

沿着这条航线行驶。

到唐代，出现了"登州海行入高丽渤海道"[①]的航海路线，即由登州港北上，经庙岛群岛各岛，到达辽东半岛附近海域，然后沿辽东半岛东南岸继续向东绕行至新罗国。贞观十九年（645年），唐朝水军由莱州沿北路海道前往朝鲜半岛。唐军大总管张亮曾于砣矶岛上一处岩壁刻石，以敬祭海神。在当时，庙岛群岛成为衔接北路海道的中转站。

后来，为了缩短航程和航期，人们又开发出由半岛东端越海直达朝鲜半岛的航线。显庆五年（660年），苏定方率水军从成山起锚，直线驶向朝鲜半岛，东征百济，大军于熊津江口登陆。此后，中朝两岸间的直航增多，通航更加便捷。大中元年（847年），日本僧人圆仁从今荣成石岛湾附近的赤山浦出发，向东过海回到日本。

北宋时期，指南针开始用于航海。从此以后，由山东驶往朝鲜和日本的船只多采用跨海直航的方式，不再近岸绕行，山东与朝鲜、日本的来往更加密切。

北宋与高丽国的使者往来，起初多以登州为出入港口，由登州直达朝鲜西海岸。为了避免遭到辽军的袭击，高丽人提议改由南方明州港（今浙江宁波）登陆。此后，山东至朝鲜航线减少，登州港一度进入封闭状态。由登州至朝鲜的航线受阻后，由密州板桥港（今胶州）直达高丽的航线活跃起来。北宋官员出使高丽常由此港出发。山东商人与高丽的航海贸易，也多以密州板桥镇为进出港。板桥镇港口遂成为当时北方的唯一大港，山东与朝鲜的泛海贸易亦一度十分兴隆。

三、沿海港口与商贸重镇

宋元之前，在山东沿海出现了一些港口和贸易市镇。这些港口和贸易

---

① 《新唐书》卷四十三下《志第三十三下·地理七下》。

市镇在促进南北经济文化交流、推动海上贸易的进一步发展方面发挥了重要作用，但正是因为繁华、富庶、财富集中，这些地方容易成为海盗、倭寇抢掠的对象。

在莱州以西，沿岸以沙滩为主，长期以来未形成较大港区。元明时期，曾在大清河入海处建起港口。这里一度成为鲁北重要的航海基地，繁盛一时。

莱州海港的历史可以追溯到秦汉时期。隋朝时，已发展成中国北方第一大港。唐朝初年，为远征高丽，曾全力扩建莱州海口。到出征之时，莱州港内已是战舰密布。当时的莱州港设在太平湾，位于刁龙嘴南1公里处，西南以小石岛为屏障，条件优良。登州港修建之后，登、莱二港并称北方巨港。北宋时，与辽朝对峙，莱州港被迫关闭。元明以后，莱州沿海还出现许多口岸，如三山岛、芙蓉岛、海神庙后、虎头崖和海仓口等，其中三山岛和芙蓉岛均"可泊船五十余"。

黄县有古港一个，地点在黄水河入海处的黄河营一带，从曹魏到唐代，一直在使用。唐朝时，这里仍为远航朝鲜半岛的锚地港岸。唐军征讨高丽，曾在此集结战舰。在今福山区，当时亦设良港，与黄县港齐名。宋代以后，黄县古港仍在继续使用。

自唐代以后，登州港始终作为山东沿海最重要的贸易港口，船舶进出频繁。在其周围，还有许多良港，自东而西为芦洋、平畅、刘家汪、湾子、抹直、石落、新开、田横寨、西王庄、栾家、孙家、乐家、黄河营等。登州港正北方的庙岛古称沙门岛，五代时期已开发，其岛湾海口一直使用到现代。

八角海口在八角湾，此湾水深，建港条件良好。据《宋史》卷四百八十七《高丽传》记载，淳化四年（993年）二月，出访高丽的宋廷使团曾在八角海口准备船只，招集高丽水手，准备从这里直航高丽。

芝罘海口在芝罘岛。芝罘，古称芝罘，三面距海，一径南通。秦始皇二十八年（前219年）曾登临芝罘。元代通海远，芝罘海口即被启用。

自唐代起，今荣成石岛湾一带屡建港口，其中著名的赤山浦就在这里。大中元年（847年），日本僧人圆仁返回日本，即从赤山浦起航。

今文登、荣成南部海岸，良港较多，其中成山海口与石岛港的历史最为久远。成山海口，唐朝时称城山港，港名青山浦。

早在唐朝时，今海阳、乳山海域已沿海岸线开辟出多个海口，日本僧人圆仁所著《入唐求法巡礼行记》就记录了陶村港、邵村浦、乳山浦、乳山西浦、卢山港、望海村东浦、桑岛北港、长淮浦等口岸。

北宋时期，板桥镇港快速发展起来，成为当时北方第一大港。北宋政府在此设置市舶司，并以此镇为治所，建立胶西县，此后，板桥镇港一再扩张，交易异常活跃。

自元明以来，斋堂岛就作为海运漕船的中转停泊之所，其西北处可泊船。

大珠港在驻马浦，即今大珠山嘴附近。唐朝时已有新罗船在此装卸货物。据《入唐求法巡礼行记》卷四记载，大中元年（847年），日本僧人圆仁一行"到密州诸城界大朱山驻马浦，遇新罗人陈忠船，载炭欲往楚州"。

石臼港系自然口岸，宋朝时启用。到明朝晚期，石臼港逐渐发展起来，成为南北中转枢纽。光绪《日照县志》卷一记载说："县治东石臼岛口，宋李宝破金兵泊舟处也。沙滩石岸，渔舟出入，商舶渐集。"

第二章　宋元时期山东海防文化

第一节　登州港与"刀鱼寨"

一、登州由商贸口岸向海防重镇的转变

登州地处山东半岛最北端，登州港西邻的天横山登州角与辽东半岛最南端的老铁山角之间，遥遥相对，形成了渤海和黄海的天然分界线，两处最近距离仅 75 海里（105.56 公里）。由登州北渡渤海海峡到辽东半岛的航线，是中国最古老的航线。由于登州扼守渤海门户，地理位置十分优越，使得登州在南北商贸往来、对外经济文化交流，特别是在军事上有着重要的地位。

登州是唐代以后新兴的沿海重镇。隋唐时期，胶东半岛得到进一步开发，社会经济有了较大发展，人口增长迅速。武德年间，唐朝政府分莱州东半部而新设登州府。治所最初曾设于文登、牟平，神龙三年（707 年）又移至蓬莱，此后一直到 1913 年登州府撤销，虽历经一千二百余年，其治所未再变动。由于蓬莱港深，可以停泊大船，航道直通海外，无论走陆入海均非常便利，因此唐朝与海外的交往，多以登州为始发基地。

登州的最初崛起，在很大程度上得益于当时征讨高丽的战争。隋唐两朝曾先后发动十余次对高丽的战争，几乎每次都是海陆两路并进。由全国各地征调的军队多集结于此，然后经登州通过海道运兵、运粮，即由登州

港入登州海道,然后接登州海行入高丽道。其水军则以登州为入海口,登州成为当时主要的水师基地。

隋大业八年(612年),炀帝御驾亲征,陆海两路并进,大将军来护儿率海军自登莱出海。大业九年(613年),仍派来护儿"出沧海道,师次东莱"[①],"以舟师自东莱,将入海趣平壤。"[②]可见,其海军均以登莱为基地,经登州海到北上,特别是大业八年,"以三百艘战舰组成……舰队,……派四万精兵登陆"[③],规模很大。

从唐贞观十八年(644年)开始,唐王朝加强战备以征伐高丽。贞观十九年(645年),唐海陆两路伐高丽,海军由刑部尚书平壤道大总管张亮统领:"以舟师出莱州,……以伐高丽。"[④]庙岛群岛中的砣矶岛至今还留下了张亮进军路过的石刻。碑文因年久风蚀,字迹已半数模糊不清,现只剩28字可辨。

贞观二十一年(647年),唐王朝再次"发兵万余人,乘楼船自莱州汛海而入。"[⑤]贞观二十二年(648年),薛万彻"将兵三万人及楼船战舰,自莱州泛海,以过高丽。"贞观二十二年(648年),"乌胡镇将古神感将兵浮海击高丽……"[⑥]唐太宗为征高丽,特设乌湖镇于乌湖岛。乌湖岛即今北隍城岛,为庙岛群岛最北端,由此渡海即可至辽东。乌湖镇是唐伐高丽的前沿阵地,为屯集兵马、停泊战船之所。

在战争期间,登州成为军队、战船的集结地和粮食等军用物资的中转站,吞吐集散任务十分繁重。战争促进了港口的发展,而港口的发展又为战争提供了便利条件。

---

① 《隋书》卷六四《列传第二十九·来护儿传》。

② 《资治通鉴》卷一八二《隋纪六》。

③ 《朝鲜通史》,上卷,第1册,第144页,转引自寿杨宾主编:《登州古港史》,人民交通出版社1994年版,第83页。

④ 《旧唐书》卷三《太宗下》。

⑤ 《资治通鉴》卷一九八《唐纪四》。

⑥ 《资治通鉴》卷一九九《唐纪五》。

隋唐时期，经济空前繁荣，商业发达，中外交往频繁，海外贸易活动日趋活跃。当时，登州港是海、陆交通的枢纽。从登州港通往朝鲜半岛诸国、日本的航线有两条：一条从登州港出发，渡渤海海峡到辽宁旅顺口，再沿辽东半岛到鸭绿江口，然后沿朝鲜半岛南下，过对马海峡到日本；另一条从登州港出发，经八角、芝罘，再横渡黄海，到朝鲜仁川，然后沿朝鲜半岛南下，过对马海峡到日本。往返于登州海道的中国航船均以登州港为始发港和终航港。

登州港陆路与山东东西大道相连，直通长安，朝鲜半岛诸国及日本的来华商贾、使者大都由登州港登陆。隋唐的使者、僧人、商贾也大都经山东东西大道到登州港登船出海。当时，渤海、新罗以及各地商人，主要集中在登州活动，登州成为山东沿海最大的商业中心，也成为北方通向海外的主要口岸。据记载，武则天时曾"会诏市河南河北牛羊、荆益奴婢，置临登、莱，以广军资。"[①]此后，南北商贾、海外客商，都视登州为集散之地，往来贩运，络绎不绝。登州由于其重要的地理位置，逐渐成为新兴的港口，并一跃而成为全国最重要的港口之一，与广州、扬州、交州并称"四大口岸"。登州港作为东方丝绸之路的起点，大大推动了登州港自身的发展。

此外，隋唐时期，登州还是海上漕运的重要港口。来自南方江浙一带的漕米，沿江浙海岸、山东东南部海岸北上，从成山转而至登州港集散，然后或可直达辽东，或经海道通至军粮城。漕粮运输之频繁，吞吐量之大，均超过前代。隋唐多次伐高丽，所需粮食和军用物资亦多由登州吞吐、集散和转运。

隋唐的繁荣和强大，使得前来朝贡者络绎不绝。东北一带的渤海、靺鞨等少数民族政权，多经海道至登州，然后转陆路前往长安。如自唐中宗神龙元年（705年）至文宗开成四年（839年）的134年间，渤海国遣使

---

① 《新唐书》卷一一八《列传第四十三·张廷珪传》。

唐有四十余次。高丽、新罗、日本等国家也纷纷来朝,致使海外交往十分频繁。这些国家与中国的经济文化交流多数是经由登州港来实现的。当时,由登州海行入高丽、渤海道是对外交流的主要交通线之一,而登州港发挥了其独特的作用。

隋朝时,高丽使隋 9 次,百济 6 次,新罗 4 次,全部是由登州海行入高丽道,然后由登州转陆路去洛阳。唐朝与朝鲜半岛三国的交往更加频繁。据不完全统计,经由登州港往返的朝鲜半岛三国的遣唐使节有三十余次,来往的学生、商贾、僧侣则是难以数计。新罗统一朝鲜半岛后,唐与新罗的贸易往来,"多由山东登州到辽东半岛,更沿海到朝鲜",登州成为交往的枢纽。由于经由登州来往的新罗商人和使节很多,在山东沿海出现了许多新罗坊,以接纳新罗侨民、商人和旅行者;在登州所辖的黄县、蓬莱、文登等县,均先后建有新罗馆、所,为新罗人提供聚集的场所。

唐时,日本遣唐使共有 19 次之多,而且每次都有大量学生、僧侣跟随而来。当时,日本遣唐使来华有南北两条路线。北线先由日本至高丽,然后经渤海水道至登州,再转陆路至洛阳、长安。南线指由日本横跨东海至明州、扬州、越州。南线航路横跨距离较长,开发又不够成熟,危险性较大,而北线航路早为人们所熟悉,距离海岸较近,又是站站转接,比较安全,因此北线成为中日交流的主要通道。唐代先后 5 次于登州港迎送遣唐使。浩浩荡荡的遣唐使团大规模进出登州,大大促进了登州港的发展,其国际影响也日渐扩大。

总之,从隋唐时期开始,登州凭借独特的地理优势,不仅成为中国北方地区开展商贸、军事活动的海上交通要道,而且是与海外诸国进行交往的重要港口。同时,登州港还是沟通南方江浙闽粤地区海上交通的中转港,因此登州赢得了"北方第一港"的美誉。当其时,登州海域舟船飞梭、商使交属,热闹非凡。

由于隋唐时期中国的强盛,登州在军事上的地位和意义,不过是满足、适应战争的一时之需。尽管如此,却为登州以后的军事建设打下了一定的基础，更为重要的是其军事地位日益引起人们的重视。到宋代以后，随着北方辽国对北宋政权的威胁，以及此后倭寇的侵扰，登州逐渐演变为山东沿海的海防重镇。

二、宋代登州"刀鱼寨"的兴建

10 世纪初，契丹族在内蒙古以及辽东一带兴起，建立契丹王朝，后于 947 年改国号"大辽"。辽盘踞北方，势力不断壮大，与中原地区形成对峙局面。

由于北宋政权对辽政权实行消极防御的政策，暴露了自身的弱点和无能，于是辽对北宋展开大规模进攻。宋真宗年间，辽军曾一度渡过黄河，深入山东齐州（今济南）、淄州（即淄川）境内，对北宋政权构成了巨大的威胁。

长期在辽控制下的辽东半岛与登州只有一水之隔，在辽宋双方弓拔弩张的紧张对峙局面下，登州一带的海防建设和防务引起了人们的高度关注。康定初年（1040—1041 年），北宋政府在登州增置弩手，不久又升登州军为禁军。

为防止辽军渡海偷袭，应对随时可能发生的军事冲突，保证国家安全，时任登州知州的郭志高，奏请将登州港改建为水军要塞基地，此举得到了朝廷的批准。

宋仁宗庆历二年（1042 年），郭志高带领登州军民对原有港口实施了大规模的改建。登州人民表现出了惊人的聪明才智，他们充分考虑登州海上风浪的特点，巧妙利用当地沿海的地形地势，在濒海的丹崖山周围，就地势围以防卫栅栏，筑寨城，以防敌侵；顺着丹崖山的地势，沿着山脚东侧在登州港入海口处堆筑了开口朝北的沙堤围子以护战船；沙堤沿丹崖山麓从海边向南延伸，又折向东转北，再回到海滨，呈马蹄形；在港口东西两侧建寨城以停泊水兵战船，安扎军营。画河穿登州城而过，由此入海。

经过精心设计和艰苦施工，一座功能完备的"海防军垒"初具规模，时称"刀鱼寨"。

登州港改建后，航船的入港航道从港北转至港东。这样既保证了堤内港湾免受西北方向涌来的风浪的冲击，又为战船进出水寨提供了安全、顺畅的通道。同时，"水寨坐落在丹崖山后侧，具有相当的隐蔽性，水师活动不宜被敌军发现，而在战时进可以战，退可以守，是古代难得的军事要塞。"①从此以后，战舰可以在这里锚泊、训练、避风、维修，也可以在这里上粮、供水、补给军需。刀鱼寨是京东唯一的水师基地，在当时海防中的作用十分重要。

郭志高在发动军民建设刀鱼寨的同时，奏置水军指挥机构"刀鱼巡检"，得到朝廷的批准。不久，刀鱼寨巡检在画河入海口正式建立起来。随后，郭志高又把驻扎在登州的部队加以整编，"创置澄海水军弩手两指挥"以统一号令，并进一步扩大了水军编制。刀鱼寨水师负责蓬莱东、西一带海面以及庙岛群岛海域及其岛屿的全面巡逻，每日派战舰巡防，日出由寨出发，日没即回寨。

同时，为了防备契丹的偷袭，郭志高在水军中挑选 300 名精兵驻防在渤海海峡中的沙门岛，每年仲夏驻守鼍矶岛，以防不虞，秋冬时节返回蓬莱，此后成为定制。从此以后，登州水军的岛内驻守、海上巡逻和海战训练紧密结合在一起，使得登州的海防建设日渐走上正规化的轨道。总之，郭志高在登州一系列加强海防的措施，逐渐形成强大的海上力量，对威慑辽国产生了重要的作用。北宋中后期，为了保持刀鱼寨和庙岛群岛诸港口的联络，历任登州知州又在庙岛群岛的沙门岛（庙岛）、砣矶岛和南、北大谢岛（南北长山岛）上，安装了铜炮台，修建了烽火台等军事设施，形成了以"刀鱼寨"为中心的海防体系。

水寨建成后，名曰"刀鱼寨"，其名称的来历，并不是针对水寨本身

---

① 《登州古港史》编委会编：《登州古港史》，人民交通出版社 1994 年版，第 142 页。

而言，而主要是因为当时海港内停泊着一种数量众多的小船"刀鱼船"。

在宋代以前，北方沿海的船只主要以"沙船"为主，这种船长与宽的比例比较小，头尾比较方正，底部扁平，正与北方沿海多浅滩沙滩的地形相适应。这种船的优点是载重量大，运载能力强，而且抵抗风浪的能力比较强，即使遇到大浪也不容易颠覆，但是"沙船"也有自身的缺点，那就是行动比较笨拙，船速慢，不适合当作战船使用。

"刀鱼船"原并非登州本地所有，而是来自南方的浙江一带。当时，在温州、宁波等浙江沿海一带，此类刀鱼船只的数量很大，但最初只是用于捕鱼和运输，并没有用于军事，不属于战船。这种船型的长与宽的比例很大，一般都超过4∶1，由于体形瘦长，状似刀鱼，故人们称其为刀鱼战船，或称为"刀鱼战棹"、"刀鱼舡"。这种船行动比较灵活，特别是在速度上远远超过北方的沙船。

这些灵活、机动的特点决定了它比较适合应用于海战之中。勤劳、聪颖的登州人民顺应时代的要求，大量仿造这种刀鱼船，并将其作为浅海巡逻战船而普遍使用。稍加改造后，刀鱼船每船可载百余人，帆桨齐备，操控灵便。后来，刀鱼船被朝廷选定为批量建造的定型战船。实践证明，这种体型狭长的刀鱼船在战斗中显示了北方"沙船"所无法比拟的优点和威力。

蓬莱出土的一只刀鱼船复原后长35米，宽7米，长宽比达到5∶1。在今天的登州古船博物馆，有一艘标记为元代古沉船一号的船舶，它也是一艘正宗的"刀鱼战棹"。1984年小海清淤时，这艘在海底沉睡了数百年的战船被发现，打捞出土。虽然它现在早已残缺不全，而且腐烂不堪，但在当时却是雄姿威武、令人生畏的战船。

"刀鱼寨"是世界上存在较早的军港之一。在刀鱼寨修成之前，登州古港虽然曾多次被当作临时军事基地，以满足用兵一时之需，但是一直未有总体筹划海防建设的长久之策，致使在战争结束后，其军事机构和设施随即被撤废，其军事功能也随即被繁忙的商业活动完全取代。以刀鱼寨的落成为标志，登州古港的港口性质发生了历史性的巨大转变：由自然港变成了人工港，由繁华的商贸港口变成了庄严威武的军事重地。由于这里常屯重兵，教习水战，限制商船出入，登州港商业活动日渐萧条下去。总之，登州真正意义上的海防建设是从"刀鱼寨"的建设开始的。

三、苏轼的"重点防御"思想与登州的海防建设

在北宋时期，对登州海防建设作出重要贡献的人物主要有两位，一是前面刚刚提到的登州知州郭志高，二是在登州仅做过 5 日知州的大文豪苏轼。

苏轼（1037—1101），字子瞻，号东坡居士，世人称其为"苏东坡"。北宋著名文学家，唐宋八大家之一，其在诗、词、赋、散文等方面均有极高成就。其散文与欧阳修并称欧苏；诗与黄庭坚并称苏黄；词与辛弃疾并称苏辛；书法名列"苏、黄、米、蔡"北宋四大书法家之一。苏轼虽然只在登州停留了 5 天，但是却发现了当地海事防御略为松懈，存在诸多隐患，并对登州海防建设提出了许多切实、有效的建议。

元丰二年（1079 年），苏轼在湖州知州任上时因为作诗讽刺新法，被捕入狱。次年出狱后被贬黄州任团练副使，在黄州四年多曾于城东之东坡开荒种田，故自号"东坡居士"。1085 年 10 月，在被贬居黄州 5 年后，苏轼被朝廷重新起用，由黄州调任登州知军州事，成为登州的军事和行政长官。10 月 15 日，苏轼抵达登州任上。到任后仅 5 天，20 日又接到朝廷任命他为礼部员外郎的诏书，召还回京。11 月初，刚刚安顿下来的苏东坡离开登州，踏上了晋京之路。

苏轼在登州为官只有短短 5 天的时间，真可谓"来也匆匆，去也匆匆"，但是，却留下了"五日登州府，千载苏公祠"的千古佳话。

苏轼到任登州后，立即深入地方，了解民情，并两次登临丹崖山。他早就听说过登州海市的奇观，很想亲眼目睹一番。可惜，苏轼到达登州

时，正值"岁寒水冷天地闭"的十月中下旬，而海市蜃楼的景象一般不会出现在这个时节。苏轼为了实现他的愿望，还曾到海神广德庙祷告。随后，苏轼展开丰富的想象，借物咏怀，神驰化外，陆续写下了《望海》、《登州海市》、《海上书怀》等诗文佳作。他在《登州海市》一诗中生动地描绘了一幅海市蜃楼的绮丽景象："东方云海空复空，群仙出没空明中。荡摇浮世生万象，岂有贝阙藏珠宫！心知所见皆幻影，敢以耳目烦神工……重楼翠阜出霜晓，异事惊倒百岁翁。"诗句所描绘的"海市蜃楼"，恣肆汪洋，仙气回荡，为蓬莱仙境增添了神秘和迷人的色彩。《登州海市》节奏铿锵，韵采飞扬，空前绝后，独领风骚，一时传阅天下，此后更是吸引了历代达官名宦、文人墨客到登州，或写诗著文，或挥毫泼墨与之唱和。

苏轼以他非凡的诗人天才，留下了许多千古传诵的佳作。他一生共写过 21 篇与登州有关的诗文，其中有十多篇是在登州任上写就的。他在登州写下的诗篇和留下的墨宝对提高登州的知名度产生深远影响，为登州地区的海疆文化增添了丰富的内涵；苏轼为官登州时，蓬莱阁建成仅 20 年，随后蓬莱阁因之增色，名扬四海，蜚声中华，被后人称为天下"四大名楼"之一。

除了留下不朽的诗篇外，苏轼在这短短的 5 天中，接连给朝廷上了两道关乎社稷民生的奏文《乞罢登莱榷盐状》和《登州召还议水军状》，充分体现了他忧国忧民的博大情怀和关注苍生的崇高精神。《乞罢登莱榷盐状》结束了登州百姓食盐低价入官，难以糊口、十室九逃荒的历史；《登州召还议水军状》对登州海防状况的分析很有见地，对登州的海防建设具有重要的指导意义和参考价值。

北宋时期，登州沿海一带，灶户以煮盐为生，百姓赖灶户食盐。按照当时的榷盐专卖政策，灶户所产之盐只能卖给官家，再由官家卖给百姓，买低卖高，结果导致灶户无利可图，纷纷破产，逃往他乡；而百姓买不起官盐，日常食用受到严重影响；官家所屯之盐则"有入无出"，"一二年间即将化为粪土"。

苏轼到任后，"入境问农"，体恤民情，很快了解到榷盐政策的弊端，疾愤之中当即写下《乞罢登莱榷盐状》上书朝廷。苏轼对榷盐政策的弊端进行了分析，指出长此以往，不但百姓受害无穷，官家也将无一毫之利；苏轼建议朝廷罢废登莱榷盐制度，依旧实行灶户直接把盐卖予百姓、官收其税的政策。奏折很快被朝廷采纳，废止食盐官卖的章程，在登州一直沿用到清朝。清代盐政碑记中有这样一句话："苏文忠公莅任五日即上榷盐书，为民图休息，土人至今祀之，盖非以文章祀，实以治绩也。"登州百姓非常感激苏东坡，在蓬莱阁旁边修建了苏公祠，祠内供奉着他的画像。

苏轼在登州为官 5 日，有多项政绩，但其中对登州影响最深远的是他对登州海防的关注及其筹划海防的建议。

元丰八年（1085 年），苏轼到达登州后，敏锐地捕捉到当时登州虽为水军要塞却兵备松弛的严重局面。他十分重视登州在防御北方敌人中所处的重要战略地位，建议切实加强登州防备力量。

苏轼在奏章中分析了登州在宋代国防中的重要战略地位。他说："登州地近北虏，号为极远，虏中山川，隐约可见，便风一帆，奄至城下。自国朝以来，常屯重兵，教习水战，日暮传烽，以通警告。"[①] 然后，苏轼如实报告了百余年间登州屯兵戍守的具体情况和存在的隐患。苏轼深刻指出，自宋真宗景德年间（1004—1007 年）开始，驻扎在登州的常备军约有四五千人，其中既有本地驻军，也有从外地调拨而来的军队驻防。尽管军队数量众多，但是由于各地军队番号不一，互不统属，致使军政号令不能统一，严重影响了部队整体战斗力的发挥。

苏轼认为，虽然现在登州表面上一片太平，背后却潜伏着严重的危机："议者见其久安，便谓无事。近岁始差平海六十人，分屯密州信阳、

---

① （宋）苏轼：《登州召还议水军状》，邓立勋编校：《苏东坡全集》卷十三，黄山书社 1997 年版，第 293 页。

板桥、涛洛三处。去年本路安抚司人更差澄海一百人往莱州，一百人往密州，屯驻。……不惟兵势分弱，以启戎心，而此四指挥更番差出，无处学习水战，武艺惰废，有误缓急。"苏轼根据当时登州武备松弛，屯兵多有外调的严重问题，强烈要求朝廷加强登州的海防措施，固定驻军，教习水军，以巩固边防；同时，他奏请朝廷派驻指挥，并要求北宋政府不得将兵士差往别处屯驻。朝廷最终接纳了苏轼的建议，登州海防、边防由此得到了进一步的加强。

苏轼对登州海防建设的重视，对此后登州海防重镇的地位及其未来的发展，起了不可估量的作用。自此以后，不仅登州的海防、边防得到切实的加强，以刀鱼寨为中心的海防体系被称作"京东一路捍屏"，而且登州作为海防要塞的地位也得到进一步的巩固。

登州海防的建设原是为了对付北方辽国的侵扰。契丹人本是游牧民族，不善海战，登州又防务严密，所以终北宋一代，在漫长的宋辽对峙时期，登州境内并无大规模的海上战事发生，这与刀鱼寨水军基地的建设，登州水军实力的增强，以及海防体系的日渐完善有着重要的关系。正如苏轼所言："虏知有备，故未尝有警。"

登州海防的加强不仅对辽政权产生了巨大的威慑，而且对稍后在北方新崛起的金国也有重要的制约作用。

12世纪初，女真族在北方兴起。1115年，完颜阿骨打建立"大金"政权。由于金与辽之间的矛盾日趋尖锐，自宋徽宗政和七年（1117年）起，北宋政府确立了"约金攻辽"的军事战略方针，以图收复燕云失地。北宋先后派遣武义大夫马政、登州平海水军军校呼延庆及辽国人高药等人从刀鱼寨出发，"过海至女真军前议事"，相约宋金联盟，"夹攻灭辽"。金国也先后派遣使者前来交换国书，密谋联宋攻辽事宜。宋金互派使者频繁往返于刀鱼寨，围绕军事对抗问题进行外交斡旋，对北宋后期政治军事形势的变化产生了极其重要的影响。

北宋政府把宋金之间的交往特意选在登州举行，除了考虑到路途较近、往来便捷的因素之外，也不无有意展示刀鱼寨的军事威力之意。金国使者多次光顾登州，对刀鱼寨的军事力量有了比较清楚的了解，从而在一定程度上产生了畏惧心理，这无形中为宋金之间的联合创造了有利的条件。

第二节　元代海防与登州古港出土元末明初水军战船

一、元代的海上漕运与海防

登州港在金代时实际上已经衰败不堪。从金末直到元统一，兵戈交替，战火不断，登州港亦受到严重摧残。元朝时，规模空前的海上漕运使登州港逐渐恢复了繁荣。

从 13 世纪初开始，蒙古在北方崛起。经半个世纪，先后灭掉西夏、金、南宋，于 1279 年统一全国。建立统一的中央集权王朝，建都大都（今北京）。

中国的经济重心在南宋时期已经基本完成了南移，南方物产丰饶，经济远远超过北方。为了解决南北漕运问题以供应京城和满足北方的军事需求，元政府设立了专门的机构，并形成了有效的海运制度。

至元十九年（1282 年）冬天，第一次大规模漕运获得成功。据《大元海运志》载，时造平底船 60 艘，运粮 4.6 万余石，从海道至京师。此后，元朝统治者对海上漕运更加重视。至元二十年（1283 年），制造漕船 2000 艘；至元二十二年（1285 年），又增加漕船 3000 艘。随后不久，漕运次数由原来的一年一次增加到一年春夏两次。至元二十七年（1290年），漕粮年运量达到 159 万石。元武宗至大二年（1309 年），达到 246 万石；到元文宗天历二年（1329 年）更是增加到 352 万石。

登州处于南北漕粮运输的中枢地位和必经之地，担负着漕粮的装卸、仓储，船只寄泊、移泊、维修，以及船上物资、食品和淡水的供应补给任务。频繁、大规模的海运粮食，刺激了登州的港航活动，使其进入了一个复兴时期。

当时，登州主要是粮食转运港和集散港。登州粮运不仅供京师，而且亦供应辽阳驻军。如至元三十年（1293 年），"海运来十三万石给辽阳戍兵"。第二年，又"以所储充足止海运三十万石"。① 元顺帝至正十七年（1357 年），"与登莱沿海立三百六十屯，相距各三十里，造大车挽运"，然后往登州港集中。

元代时，我国的造船技术有了很大进步，大型海漕运船的数量日渐增多，载重量也大大增加。为了保证漕粮运输，元政府大量使用了适合深海航行的尖底大海船。新造漕船"大者八九千石，小者二千余石"。当时，进出登州港和沙门岛者，亦"曰遮洋浅船，次者曰钻风船（即海鳅——引者注）……凡遮洋运船制，视漕船长一丈六尺，阔二尺五寸，器具皆同，唯舵杆必用铁力木，鲶灰用鱼油和桐油。"② 如此之大的海船，对登州这样的中转站在维修、补给等方面也提出了更高的技术要求。

登州北面海中的沙门岛正处在漕运航线上，作用特别显要。沙门港三面避风，港域条件优越，即便港外怒涛汹涌，港内依然宛若池塘般风平浪静，故人称庙岛塘。"凡海舟……必泊此以避风。"③ 因此，沙门岛被选为粮船固定的寄泊港。沙门岛还同时负责补给淡水的任务，"凡海舟以竹筒贮淡水数石，度供舟内人两日之需，遇岛又汲。"④ 据记载，一次，沙门岛同时进驻运粮水手、船工三千余人，可见当时之繁盛。每当大规模漕运时期到来之际，沙门岛一带"万船如云，毕集海滨"，蔚为壮观。蓬莱城东

---

① 光绪《增修登州府志》卷二十二《海运》，第 2 页，清光绪七年（1881 年）刻本。

② （明）宋应星：《天工开物》卷中《舟》。

③ 顺治《登州府志》卷二《山川》，第 12 页，清康熙三十三年（1694 年）刻本。

④ （明）宋应星：《天工开物》卷中《舟》。

的抹直海口亦相当繁盛，成为"客商兴贩，渔樵采捕出入之所"。[①]

鉴于登州港在南北漕运中具有的重要地位，为了防卫倭寇以及沿海海盗的侵扰，元朝政府对登州海防非常重视。元朝初年，"……登莱李缠旧军内起金一万人，差官部领御倭讨贼，……而水军之防仍循宋制。"[②] 可见，始建于北宋时期的刀鱼寨照旧驻扎水师，为元军水军要塞。平日出洋防哨，用以巡逻登州海面及其附近岛屿。漕船经过之时，登州水师便担负起巡防、护航的任务。此外，元政府在岛上设立了巡检司，派遣弓兵 24 名、墩兵 6 名，共 30 名官兵常年驻防。据记载："元人通海运于沙门岛，设监置戍，其时与城北为两社……《齐乘》云，沙门岛在登州海北九十里，上置巡检司，海艘南来转帆入渤海者皆望此岛以为表识。"[③] 至正二十三年（1363 年），"八月，丁酉，倭人寇蓬州，宋将刘暹击败之"。[④]

1984 年登州小海清淤时，出土的刀鱼战棹总长 35 米，主体长 31 米，船阔 6.2 米，舱深 2.5 米，吃水 1.3 米，主桅高 2.5 米，头桅杆高 1.7 米，载重量 87 吨，排水量 189 吨[⑤]。同时还出土了一门元代的铜炮，该炮由黄铜铸成，外口径 10.2 厘米，内口径 7.0 厘米，残长 18.3 厘米。口圆形，有两道凹陵，这种体短口大的火炮被称为碗口筒。此外，还有石弹和灰瓶，均是水军攻战时使用的制式兵器。这些出土战棹和武器都足以证明，登州港在元代时依然被当作水军要塞。

为了加强对海上漕运的管理，同时为了加大对倭寇的打击力度，至正十一年（1351 年），元政府"置山东分元帅府于登州，提调登（州）、莱（州）、宁海三州三十六处海口事"[⑥]，分别设元帅、经历、知事等职官。元

---

① 嘉靖《山东通志》卷六《山川下·抹直口》，第 17 页，明嘉靖十二年（1533 年）刻本。

② 光绪《增修登州府志》卷十二《军垒》，第 1 页，清光绪七年（1881 年）刻本。

③ 顺治《登州府志》卷二《山川》，第 12 页，清康熙三十三年（1694 年）刻本。

④ 《元史》卷四六《顺帝纪九》。

⑤ 杨槱：《山东蓬莱水城和明代战船》，《蓬莱古船与登州古港》，大连海运学院出版社 1989 年版，第 62 页。

⑥ 《元史》卷九十二《志第四十一下·百官八》。

顺帝至正二十三年（1363年），"立胶东行中书省于莱阳"。这是有史以来山东胶东地区唯一的一次建省，说明了元代统治者对山东半岛的重视。可惜的是，此时的元政府已经日趋腐败、没落，几年后，元末农民起义遍布全国，迅速蔓延成燎原之势，元朝的统治岌岌可危、摇摇欲坠。

二、登州港出土元末明初水军战船

元代，登州既是海上漕运的重要转运港口，又是海防重镇。1984年、2005年，蓬莱对小海进行了两次大规模的清淤，接连发掘出土3艘残损程度不一的木制古代沉船。这些发现对全面研究中国古代造船史、航海史、军事史、对外贸易史都有着十分重要的意义。

1984年6月，小海清淤时，在港湾西南隅两米多深的淤泥中，陆续发现了3艘古代沉船。当时，文物工作者仅清理、出土了一艘古船，后被编为一号古船。本来，另外两艘古沉船的位置已被探明，只是由于当时沉船的大部分船体被水城居民的房屋所覆盖，所以只能回埋于港内，因而迟迟未能破土发掘。2005年水城清淤时，水城居民已经彻底搬迁，挖掘清理工作较为便利，因此文物工作者又对原一号古船西侧的两条古船进行了发掘，分别编为二号、三号古船。经综合分析和多方考证，一、二号船被确定为宋元时期水军广泛使用的"刀鱼战棹"，三号被确定为高丽后期14世纪建造的古代传统近海货物运输船。通过这些沉船，我们可以想见当时登州港的繁忙景象，可以想见当时登州水军排阵操演的威武场面。

一号船原沉睡在小海的南侧。船的底部呈圆弧形或者尖弧形，残长28.6米，残宽5.6米，残深0.8米，长宽比大于5倍。经复原，为头尖尾方、两端上翘的瘦长型木船。该船结构严谨，工艺技术先进，制造精良，说明我国的造船技术已经达到了相当高的水平。

对该船的类型，起初主要有两种意见，一是杨槱先生认为属于沙船类型，二是辛元欧先生认为属于刀鱼船类型。虽有争议，但是大家对该船属于战船而不是货船的意见是一致的。经过争论，多数学者认为应属于"刀鱼船"类型。

关于该船的年代，据专业人士分析，水门的宽度为 8 米，水门至港内对面平浪台的距离只有 44 米，像这样庞大的船只，若进出水门是相当不方便的，如遇情况紧急时，还会贻误战机，因此推测，此船应该是在元末明初进入港内的。再者，从其所在地层中打捞出土的文物来看，基本是元代的器物，而从未发现宋代或者明清时期的器物。而从该船内外伴有石弹、铁炮、铜炮以及装有石灰的瓷瓶等武器的情况来看，应该是一艘具有快速性能的海防战船。据综合分析和多方考证，一号古船最终被确定为"元末明初古战船"。

1990 年，登州古船博物馆在小海东侧建成，其中最主要的展品就是这艘元代战船。

二号沉船与一号沉船相隔不远，均位于小海的西南岸边。呈东西走向，头东尾西。整条船的上半部分已不复存在，只残存船的底部。该船下部基本呈圆弧形状，残长 22.5 米，残宽约 5 米，残深 0.56 米，长宽比例接近 5 倍。经复原，该船古船头尖尾方，船首上翘，呈流线型，具有许多南方船型的特征和要素。该船总长 33.85 米，主体长 31.1 米，型深 2.6 米，吃水 1.8 米，型宽 6 米，船体略小于一号古船。经计算，排水量为 171 吨。

二号船船体的外侧没有"减摇龙骨"，船板的外侧表面凹凸不平，每列船板的纵向都凿有凹槽。这样的构造，"一方面，展示有利于加快船在海上的航行速度；另一方面，可以减少船体的受力面积，缓和海水对船的冲击力，保证船的平稳性。"[1] 据分析认为，此种长宽比较大的船型，"应是一般着眼于快速性的一类古战船"[2]。有学者进一步认为，是一艘"沿用

---

[1] 刘刚、刘莉：《蓬莱二号古船与已出土的同型古船的比较》。蓬莱古船国际学术研讨会组织委员会编：《蓬莱古船国际学术研讨会文集》（内部资料）2006 年，第 11 页。

[2] 辛元欧：《蓬莱水城出土古船考》。《蓬莱古船与登州古港》，大连海运学院出版社 1989 年版，第 68 页。

刀鱼战船型的海防战船"[1]。经过争论，最后认定二号古船与一号沉船属于同一类型的刀鱼战棹。据二号船所在的地层以及现场发现的遗留物分析，应是建于明代初年。邹异华等则认为，"是元代建造使用的，其最晚使用期限不应晚于明初洪武九年，即公元 1376 年蓬莱水城修建以后"[2]。

二号船无论从船的用材、建造方法、工艺和技术，都与一号船基本一致，但是其精细程度明显逊于一号船，用料也不及一号古船。据推测，"此类战船系由江浙濒海去处的渔船演变和改装而成的"[3]，或者可能是官方取自民间的船舶的雇佣和征发。因为在当时，当巡海作战的船只不足时，经常征调民间的船舶作为补充。

该船取材南北兼有，主龙骨、部分船板用材以硬木松为主，主要产自中国北方地区，肋骨、桅座等处所用椎木则是分布在长江以南诸省。此外，小海清淤时，还出土了多块南方优质造船木料，因此推测，此船不排除由北方建造的可能性，但这些木料具体是用于蓬莱造船，还是转运北方其他地方造船，至今依然难以确定。

2005 年 7 月 26 日，在二号船北部一米多处还发现一艘古船，左倾斜沉于黑色淤泥中，位置与明代战船几近并排，后来这艘古船被编为三号船。

三号船残长 172 米，残宽 62 米，舱残深 128 米，小方首，方尾，首尾起翘。三号船具有宽龙骨、底侧稍尖、单层船壳板，有着与一、二号船截然不同的特点。据复原，该船"长宽比"很小，不属于战船，应该是一艘海洋货物运输船。

三号船船材主要使用的是松木中的油松，产自中国东北、华北，朝鲜

① 席龙飞：《中国造船史》，湖北教育出版社 2000 年版，第 214 页。
② 邹异华、袁晓春：《蓬莱古船的年代及其用途考》，《蓬莱古船与登州古港》，大连海运学院出版社 1989 年版，第 75、76 页。
③ 辛元欧：《蓬莱水城出土古船考》，《蓬莱古船与登州古港》，大连海运学院出版社 1989 年版，第 69 页。

半岛等广大地区。此船龙骨、龙骨翼板、外材用材宽大，龙骨、龙骨翼板宽 62 厘米，据推测，如此宽大的船材原树直径应该在一米左右。在造船技术上，三号船采用了高丽传统造船工艺技术。此外，在船上发现了高丽镶嵌青瓷碗等舶来文物。由此推断，此船应不是中国制造，而是利用朝鲜半岛出产的油松，在高丽建造并在中国与朝鲜半岛的航线营运的海船。但该船也有中国福船的一些特点，不排除历史上两地在造船工艺上的借鉴和交流。

据推断，此船沉没时间大约在元末至明初。水城内风平浪静，此船沉没海底显然不是风浪所致。经过仔细观察后发现，船材受船蛆蛀蚀严重，而且舱内还发现大面积使用薄木板修复遗迹，显然在沉没前由于外板受蛀蚀严重，舱内已开始进水。虽经临时修复，但已经无力远途航行返回高丽，最终遗弃在港内。

以上古船的发掘出土，都是中国古代航海史、造船史上的重大发现，具有重要的历史和科研价值。这些新发现进一步丰富了我国东部沿海地区古代海域海防建设与海上交通航运的内涵，为研究古代造船技术提供了有价值的实物证据，对研究我国古代军港、对外贸易都有着十分重要的意义。

第三章　明代山东海防文化（上）

第一节　14—17世纪的东方与西方

一、倭寇侵扰日益严重

倭寇一般指13至16世纪侵扰劫掠我国和朝鲜沿海地区的日本海盗。"倭寇"一词，是从《高句丽广开土王碑》碑文上所记载"倭寇○○（某地名）"而来，在此"寇"当动词，即"日本侵略（某地名）"之意，而之后"倭寇"二字作为名词独立，用以称呼来自日本的侵略者。

倭寇的主力是日本的浪人和武士，中国的海商负责充当向导，葡萄牙商人则负责提供军火。虽然倭寇的组成并非仅限于日本海盗，但由于他们以日本九州的对马岛、壹歧岛和平户岛等地区为根据地，实施对中国、朝鲜甚至东南亚沿海地区的侵掠，所以统称为"倭寇"。在倭寇最强盛之时，他们的活动范围曾远至东亚各地、甚至内陆地区。倭寇虽然被归于海盗，但实际上其抢掠对象并不是船只，而是陆上城市。史谓"倭寇所经，村舍成墟"。

倭寇之祸始于元末。元朝末年，日本进入南北朝分裂时期（1336—1392年），社会动荡激烈，战乱迭起，民不聊生。在乡的领主、地侍，还有内战中的败将残兵、海盗商人及破产农民等结成"恶党"，势力蔓延全国各地。他们不但在陆上抢掠，而且在海上抢掠；不但在日本和朝鲜沿海抢掠，而且乘中国元末明初用兵之际，屡寇中国滨海州县。其规模大的，有数百人组成的队伍。由于国内的分裂和战乱，日本政府管制力减弱，倭寇的活动因此日益猖獗。

从明洪武年间起，倭寇频频侵扰，无论规模、频次都较以前有所扩大，我国和朝鲜沿海均受其害。倭寇问题是一个消耗、困扰明朝政府的巨大毒瘤，一直伴随着明王朝走向衰落。明代倭寇的侵扰，大体以嘉靖朝为界，可以分为两个时期。

明初，明太祖朱元璋曾诏谕日本："彼倭来寇山东，不过乘胡元之衰耳……如必为寇，朕当令舟师扬帆，……直抵其国，缚其王"。可见其防倭抗倭的决心。为防止倭寇，朱元璋颁布了"片板不许下海"的海禁政策。洪武三十年，明政府所颁的《大明律》对海外经商限制得很严格，它规定凡私自携带铁货、铜钱、缎匹、丝绵等违禁物下海，及与外番交易者一律处斩，而且禁止私人制造具有两桅以上的出海大船。而对于勾结外族的"谋反大逆"，明朝的法律更是异常严厉。

洪武年间，为了抵御倭寇的侵扰，保证国家安全，明政府十分重视海防建设，在某种程度上遏制了倭寇的嚣张气焰。

明朝政府在组织抗击的同时，曾多次遣使日本，共议阻倭事项，并对日本南朝发出讨伐倭寇的要求，随后又敕封讨寇有功的南朝将军"日本国王"的称号。

日本南北两朝经过多次攻防后，南朝势力衰退，最终于1392年向北朝屈服，南北朝时代结束。当时，刚实现统一的日本也愿和明帝国交好。明惠帝建文三年（1401年），日本和明朝开始正式国交时，室町幕府将军足利义满再度对倭寇进行讨伐，随后接受了明朝政府赠予的"日本国王"的称号，在他本人写给明惠帝的信中，也署名"日本国王臣源"[1]，并"发

---

① ［日］井上清：《日本历史》上册，天津市历史研究所译，天津人民出版社1974年版，第208页。

誓禁止倭寇"①。而日本初定，国力有限，已自顾不暇，对倭寇也是无能为力，束手无策。"既是自由贸易的商人、又是海盗的倭寇，仍旧使用挂着八幡大菩萨的旗子，叫作八幡船的小船，不怕狂涛巨浪，不顾幕府的禁令和明朝的取缔而在活动。"②

　　建文元年（1399年），明太祖第四子燕王朱棣在北平起兵反抗建文帝，随后挥师南下，史称"靖难之役"。1402年，朱棣在南京登基，是为明成祖。次年，改元永乐，改北平为北京。1421年，明成祖迁都北京，称北京为京师。建文帝于战乱中下落不明，或说于宫中自焚死，或说由地道逃去，隐藏于云贵一带为僧。另有说法，建文帝在南方的残余势力与日本海贼合作，伺机东山再起。明成祖对此一直心有余悸，耿耿于怀。

　　明成祖晚年，由于蒙古在北方的威胁未被彻底清除，而郑和下西洋以后，随着海陆来往的激增，倭寇侵扰又日渐猖獗起来，因此明政府又转而再次实行海禁政策，只开放勘合贸易（官方贸易）。之后，随着明朝与日本间勘合贸易的盛行，以及对马岛与朝鲜之间的贸易开放，倭寇的活动也有所减少。永乐十七年（1419年）六月，辽东总兵刘江率师在望海埚之战中全歼数千来犯之倭，此后一段时间，倭寇稍稍敛迹。

　　正统以后，因明代海防逐渐空虚，倭寇侵扰时能得手，致倭患又起。这一时期的倭寇多来自日本本土，除赤裸裸侵扰外，还利用中日间存在的"勘合贸易"载运方物和武器。路遇官兵，则矫称入贡；乘其无备，则肆行杀掠。

　　嘉靖初年，明朝宣布中断一切贸易，期望以围堵的政策来减轻倭寇的威胁，然而海禁政策断绝了许多从事渔业、手工业、造船业、贸易等相关行业人员的生计，他们无计为生，遂铤而走险，肆意走私，或转成武力报

---

①　［日］井上清：《日本历史》上册，天津市历史研究所译，天津人民出版社1974年版，第23页。

②　［日］井上清：《日本历史》上册，天津市历史研究所译，天津人民出版社1974年版，第244—245页。

复，公开抢掠。后来，明人王直曾上书朝廷请求开海禁，但遭到明政府的拒绝。此后，王直把基地设在日本的平户藩，笼络反对明朝海禁政策的中国南方人，与日本人、佛郎机人合伙进行走私，致使倭寇之乱不减反增，日趋猖狂。据日本史料记载，倭寇头目王直把西洋火器（铳）带入了日本种子岛，被快速仿制并普及至日本全土，使日本一度成为世界枪支保有量第一大国。不过总的说来，嘉靖以前，倭寇侵扰只限于个别地区，时间亦短，尚未成为明朝沿海地区的严重祸患。

嘉靖到隆庆、万历年间的四十多年，是明朝倭寇为害最烈的时期，史学界称"嘉靖大倭寇"。

嘉靖以后，由于日本商业的发展，大小藩侯的奢侈欲望日益增长，对中国大陆各种物资和货币的需求更加强烈；葡萄牙殖民者开始侵入中国东南沿海，并与日本藩侯以及中国沿海士绅集团相勾结；再者，这一时期有大量的中国商人、破产农民和失意知识分子等因各种原因留居日本。其中有资本者纠倭贸易，无财力者则"联夷肆劫"，成为嘉靖、隆庆年间倭寇的重要组成部分。这是这一时期倭寇构成的一个显著特点。而此时，明世宗朱厚熜迷信道教，不问政事。严嵩专权，贪贿公行，致吏治腐败，文恬武嬉，沿海士兵大量逃亡，战船锐减，海防设施久遭破坏，为倭寇活动猖獗提供了可乘之机。此后，倭寇在山东、南直隶、浙江、福建、广东沿海不仅走私贸易猖獗，而且大肆烧杀掳劫，江浙一带民众被杀者达数十万人，严重破坏了社会生产力的发展，威胁东南沿海人民生命财产的安全，激起朝野上下和各阶级、各阶层人民的愤怒反抗。

东南沿海军民在谭纶、戚继光、总兵俞大猷等领导下，同仇敌忾，浴血奋战，英勇抗击倭寇。嘉靖三十二年（1553 年），俞大猷率精兵夜袭普陀山倭寇老营，重创倭寇，又在王江泾歼灭倭寇两千人。嘉靖四十年，戚继光率戚家军等在台州九战九捷，痛歼入寇台州之敌。此后，戚、俞联合，基本肃清福建、浙江倭寇。嘉靖四十四年，戚继光与俞大猷相互配合，击灭盘踞在广东、南澳的倭寇。至此，东南沿海的倭寇全部荡平。

二、明代海禁

"海禁"是指 14 世纪明朝政府对海外交往和海外贸易的一系列限制政策的统称。早期海禁的主要对象是商业（商禁），禁止中国人赴海外经商，也限制外国商人到中国进行贸易（进贡除外）。

在古代中国，海外贸易主要有两种形式，一种是由政府经营的"朝贡贸易"，另一种是由民间经营的私人海外贸易。"朝贡贸易"是指周边或者海外国家派遣使团到中国觐见皇帝，"进贡"方物，中国王朝则予以官方接待，并回赠进贡国以"赏赐"。"朝贡贸易"由政府经管操办，而且往往根据"怀柔荒远"、"薄来厚往"的原则，"赏赐"的物品常常为"进贡"物品的数倍甚至数十倍，根本不计较经济利益，因此"朝贡贸易"带有明显的政治属性，不是正常的外贸形态。

同时，由于中国古代王朝长期实行"重农抑商"的基本国策，特别是历代政府为了加强对民间的社会控制，防止海内外力量互相勾结与政府对抗，民间海外贸易历来受到政府的抑制阻碍、严格管理甚至禁止禁绝。

明初，沿袭唐、宋、元朝制度，继续实行政府控制经管的朝贡贸易政策。但朝贡贸易大大加重了明王朝的财政负担，以致"库藏为虚"。而倭寇的猖獗、走私的盛行，已经开始威胁着明王朝的安全。

明朝建立不久，又发生了所谓的胡惟庸"通倭叛国"大案，即朱元璋以胡惟庸暗中勾结倭寇，妄图推翻明政权、自立为王的理由将其斩杀。随后，朱元璋对日本下达通牒："日本国虽朝实诈，暗通奸臣胡惟庸，谋为不轨，故绝之。命信国公汤和经略沿海，设备防倭。"同时，为了防备沿海奸民与倭寇勾结，朱元璋下令"片板不得下海"①，严厉禁止老百姓私自出海，这就是明朝建立伊始就确定的遏制中国人对外交往的海禁政策。中国对外贸易遂告断绝，甚至连一向与明朝交好的东南亚各国也不能来华进

---

① 《明史》卷二百五《列传第九十三·朱纨传》。

行贸易和文化交流了。

本来，明太祖企图通过海禁政策巩固海防、巩固统治，但海禁政策堵绝了沿海地区人民的正常谋生之路，不仅在沿海地区激化了一些矛盾，而且激起了民间的强烈反抗，正如顾炎武所指出的那样："海滨民众，生理无路，兼以饥馑荐臻，穷民往往入海从盗，啸集亡命。""海禁一严，无所得食，则转掠海滨。"①

在严厉海禁的政策下，民间私人海外贸易被迫转入走私和武装走私，并出现了一些大的海上武装走私集团。明王朝对这些武装走私集团进行军事打击，而走私集团则联合起来并勾结利用日本倭寇进行对抗，从而造成嘉靖四十多年间旷日持久的所谓"倭寇之乱"。可见，海禁政策不仅不能成为加强海防的有效手段，而且是导致倭乱加重的重要因素。

海禁政策违背了社会经济发展的要求，违背了广大人民尤其是东南沿海地区人民的利益，给明朝社会经济特别是东南沿海地区社会经济的正常发展造成了巨大损失，同时也严重阻碍了正常的中外经济文化交流。

永乐年间，明成祖朱棣曾命三宝太监郑和在 1405 年至 1433 年间先后7 次下西洋。郑和的船队到达过亚非三十多个国家，最远到达非洲东部，加深了明朝和南洋诸国（今东南亚）、西亚、南亚等的联系。郑和下西洋是中国甚至是世界航海史上的壮举，比欧洲国家的大规模远洋航海时间早八十多年。

郑和下西洋的目的众说纷纭，有"宣扬大明威德"说，有"寻找建文帝朱允炆"说，也有"发展贸易"说，但实际上，在海禁政策依然十分严厉的大背景下，发展贸易肯定不是明成祖最为关心的问题。郑和下西洋期间，虽然也与所到之处的君主互相馈赠礼物，但放开的只是朝贡贸易，民间私人仍然不准出海。相反，随着倭寇之患的加重，海禁政策愈加严厉。

明穆宗继位后，认识到海禁政策的失误，认为"市通则寇转而为商，

---

① 《天下郡国利病书》册 26。

市禁则商转而为寇"，并被迫承认和接受倭寇之乱屡打不绝的现实，开始
调整严禁民间私人海外贸易的政策。明穆宗隆庆元年（1567 年），明政府
宣布解除海禁，调整海外贸易政策，允许民间私人远贩东西二洋，史称
"隆庆开关"。但是，对日本的贸易仍在禁止之内，所有出海船只均不得
前往日本。若私自前往，则仍处以"通倭"之罪。

"隆庆开关"后，民间私人海外贸易获得了合法的地位，东南沿海各地
的民间海外贸易与交流开始进入了一个全新的局面。海禁的放松，有力地
促进了明朝国内商品经济和社会经济的发展，促进了民生改善和社会进步。

三、新航路开辟与欧洲国家早期的殖民扩张

1. 新航路开辟

14、15 世纪以后，西欧各国商品经济的广泛发展和交换的不断扩大，
使黄金成为商品贸易中最重要的支付手段，社会上对黄金的需求量于是日
益增大。商人和新兴资产阶级需要黄金来扩充资本，社会上层亦需要大量
的黄金来购买更多的奢侈品。

自从《马可波罗行纪》在 13 世纪末年成书并在欧洲流传以来，欧洲
人对东方文明与财富的倾慕与贪婪被大大刺激起来。欧洲人一直把东方，
包括中国，看成是黄金遍地的"人间天堂"。欧洲有很多人沉迷于"寻金
热"之中，渴望去东方实现黄金梦。

15 世纪以前，东方出产的香料、珠宝、丝绸等由波斯人、阿拉伯人、
东罗马人运到地中海东岸，再转运到欧洲其他地方。但就在此时，奥斯曼
土耳其帝国日渐强大起来，并于 1453 年攻陷君士坦丁堡，东罗马帝国灭
亡。此后，通往东方的陆上和海上贸易要道分别被土耳其人和阿拉伯人控
制，从而使这条东西方之间的传统商路贸易被阻断。因此，西欧国家被迫
但又急切需要探求一条直接通往印度和中国的海上航路。

15 世纪以后，随着西欧生产力的发展，知识的进步和科学技术的发

展，远洋航行开辟新航路的客观条件也已经具备。如多桅帆船的制造，以及罗盘针、火炮在海船上的应用，大大降低了航海的风险，提高了航海的速度，使得远洋航海成为可能；而地圆学说的广为流传使人们相信由欧洲向西航行也能到达东方。早在 1375 年，犹太制图家贾·克雷斯奎父子在葡萄牙绘制出当时欧洲最完备也是最准确的世界航海地图——加塔兰地图。

地处欧洲西南部、濒临大西洋的葡萄牙和西班牙较早开始了海外冒险和殖民活动，如 1415 年，葡萄牙占领北非的穆斯林据点休达。1415 年后，葡萄牙亨利王子的远征船队开始非洲西北部的探索，陆续发现加那利群岛、马德拉群岛、亚速尔群岛，以及位于非洲和南美洲之间的佛得角及佛得角群岛。到 15 世纪晚期，西班牙、葡萄牙两国实现王权的加强和中央集权的强化，而且掌握了较先进的航海知识和造船技术，为了维护统治、增强国力、获得财富，两国统治者纷纷支持远洋探险活动。

自信奉伊斯兰教的奥斯曼土耳其帝国在阿拉伯半岛兴起后，欧洲的天主教会鼓励人们通过航海探险到东方去传播天主教，特别是企图使得小亚细亚、巴勒斯坦以及阿拉伯半岛的穆斯林和其他国家的异教徒皈依天主教。就是在这样的背景下，1488 年春天，葡萄牙著名航海家巴瑟罗缪·迪亚士最早探险至非洲最南端好望角的莫塞尔湾；迪亚士虽然未能到达印度，但为后来葡萄牙航海探险家达·伽马开辟通往印度的新航线奠定了坚实的基础。

意大利航海家哥伦布年轻时就是"地圆说"的坚定信奉者，他确信由欧洲经过大西洋向西航行，可以找到一条通往东方的印度的航海路线。1492 年 8 月 3 日，哥伦布受西班牙女王派遣，率领 3 艘帆船，从西班牙巴罗斯港扬帆出大西洋，向西航去。经七十多个昼夜的艰苦航行，1492 年 10 月 12 日凌晨到达了加勒比海附近的巴哈马群岛，但他误认为这就是印度附近的岛屿；后因该群岛位于西半球，故称西印度群岛，沿用至今。直到 1506 年逝世，哥伦布一直认为他到达的就是印度。1501 年，意大利学者亚美利哥·维斯普奇对南美洲东北部沿岸作了详细考察，最后确认哥伦布到达的地方不是印度，而是一个原来不为多数欧洲人知道的大陆，于是他用自己的名字将这块大陆命名为"阿美利加洲"。

1497 年，达·伽马受葡萄牙国王派遣，从里斯本出发，寻找通往印度的海上航路。达·伽马的船队经过加那利群岛，绕过好望角，经过莫桑比克等地，于 1498 年成功到达印度西南部卡利卡特。

1519 年，葡萄牙航海家斐迪南·麦哲伦在西班牙政府的支持下，率领船队经过大西洋向西航行，力图环绕地球航行以发现通往东方的新航路。1520 年，麦哲伦穿过美洲南段与火地岛之间的海峡，进入太平洋。后人将这个海峡命名为"麦哲伦海峡"。1521 年，麦哲伦在菲律宾与当地部族发生冲突，被当地居民砍死。船上的水手在他死后继续向西航行，最终回到欧洲，完成了首次环球航行。至此，由欧洲出发，向东航行绕过非洲到达印度的航向，以及向西横跨大西洋、太平洋即通过环球航行到达印度的航线都已经被开通。

新航路的开辟具有重大历史意义，它改变了世界形势和历史发展进程，对整个世界尤其是欧洲产生了巨大的影响。

新航路的开辟打破了各大洲之间的相对孤立的状态，世界日益成为一个相互影响、联系密切的整体。

新航路的开辟引起了所谓的"商业革命"。欧洲同非洲、亚洲之间的贸易急剧扩大，同美洲开始形成紧密的经济联系，世界各地区、各民族之间的经济和文化交流也得到进一步的加强。同时，欧洲的商路和贸易中心随之从地中海转移到了大西洋沿岸，原来意大利的商品贸易垄断地位逐渐被葡萄牙和西班牙、尼德兰和英国所取代。

由于西方殖民者的掠夺，使得大量的贵金属源源涌入欧洲，造成了金银价值下降，物价猛涨，这就是所谓的"价格革命"。商业革命和价格革命加速了欧洲封建制度的衰落和资本主义的发展。在"价格革命"的过程中，新兴的工商业资产阶级获取了暴利，封建地主势力不断衰落，劳动人民生活日益贫困。

2. 欧洲国家早期的殖民扩张及其对中国的侵扰

随着新航路的开辟，西方国家开始了大规模的殖民扩张和掠夺。15世纪中期到17世纪中期被西方史学家称为"扩张的时代"。

在新航路的开辟中，葡萄牙和西班牙两国最为积极，新航路开辟成功后，这两个国家也成为最早的殖民国家。1500年，葡萄牙的船队到了巴西，并且宣布巴西成为它的殖民地，但是，葡萄牙扩张的主要方向是非洲和亚洲。

西班牙的殖民扩张以美洲为主，主要目的是掠夺金银。15世纪末到16世纪中期，除了巴西外中南美洲、非洲的广大地区，都被划入西班牙庞大殖民帝国的版图之内。16世纪六七十年代，亚洲的菲律宾也逐渐沦为西班牙的殖民地。

除西班牙、葡萄牙外，英、法、荷三国也走上大规模殖民扩张的道路。17世纪初，法国也开始在北美进行殖民活动，不久建立了新法兰西和路易斯安那。同时，法国在印度东海岸建立了本地治理等殖民据点。

1588年，英国打败头号殖民国家西班牙的无敌舰队，开始树立海上霸权，并由此开始在海外积极进行殖民扩张。1600年，英国商人组成东印度公司。英格兰女王伊丽莎白一世授予该公司皇家特许状，给予它在印度贸易的特权。后来，东印度公司从一个商业贸易企业变成印度的实际主宰者。

17世纪初，英国开始向北美移民，1607年建立了第一块殖民地弗吉尼亚。到18世纪30年代，英国先后在北美大西洋沿岸共建立了13个殖民地，还在西印度群岛夺取了许多岛屿如牙买加等。

荷兰的殖民扩张，几乎和英国同时。在北美，荷兰占领了哈得孙河流域，建立新尼德兰殖民地。在亚洲，占领了印尼的爪哇岛、马六甲、锡兰。在非洲，从葡萄牙人手中抢占了好望角。

在西方国家的早期殖民扩张中，海盗式的抢劫、贩卖黑人奴隶同一般的商业结合。殖民统治者从殖民地掠夺了大量的财富，在欧洲转化为资本，成为欧洲资本原始积累的主要来源之一，加速了欧洲资本主义的发展，为18世纪中期发生的工业革命提供了资金和市场两个重要条件。但对殖民地人民来说，殖民主义者对殖民地野蛮的屠杀、掠夺和奴役，给殖民地人民带来巨大的灾难和祸害，打断了亚、非、拉美的历史进程，造成这些地区的长期落后，东西方的历史进程大大拉开了距离。当然，殖民主义者同时也带来了先进的生产方式、生活方式和思想观念，在客观上促进了殖民地历史的发展和进步。再者，由于世界市场进一步得到拓展，世界地区间的经济联系日益密切。

中国与欧洲虽然万里之遥，但随着西方国家的殖民扩张，其侵略触角已经伸向了中国。弘治六年（1493 年），西方殖民者（具体国籍不详）侵扰今深圳及香港沿海，东莞守御千所千户袁光率兵围剿，在岑子澳与之遭遇，袁光在战斗中不幸中弹身亡。此后，中国沿海及船只受到西方殖民主义者的海盗式侵扰越来越多。

正德六年（1511 年）8 月，葡人阿方索·德·阿布奎（Alfonso D'Albuquerque）侵占了满刺加（今马来西亚马六甲），此后满刺加成为西方殖民者侵略东方的中转站。正德九年（1514 年），葡萄牙殖民主义者阿尔瓦雷斯（George Alvares）率船队到达珠江口沿岸，要求登陆进行贸易，未获明政府批准。同年，塞克拉率领葡萄牙海盗商船直接侵占"屯门海澳"，并在此修筑工事、刻石立碑以示占领。1517 年 6 月，费尔南·佩雷兹·德·安德拉德（Fernao Peres de Andrade）等驾 8 艘船前往中国，于 8 月抵达"屯门岛"。此后，葡人恃船坚炮利，不顾明水师的阻拦，强行进入珠江内河。次年（1518 年），葡萄牙人退至"屯门岛"，安营扎寨，做更多的军事准备。同时，葡人又在"屯门海澳"及"葵涌海澳"（今香港青衣岛、葵涌一带）探查据点，制火器，立石碑，烧杀掠夺。

正德十六年（1521 年）8 月底至 9 月间，时年 56 岁的广东海道副使汪鋐奉命率军在屯门抗击葡萄牙殖民者。葡萄牙人大败，逃回已窃据的满刺加。至此，中国收回被葡人盘踞的"屯门岛"及经常滋扰的"屯门海澳"及"葵涌海澳"。这是中国第一次抗击西方殖民主义者的战役，而且以明朝的获胜而告终。

屯门海战结束后，嘉靖二年（1523年），明政府水师又在新会县茜草湾与葡萄牙海军发生茜草湾之役。在茜草湾之战中，明军一开始就占了上风，经过反复较量，葡萄牙人不得不接受惨败的现实。虽经过两次失败，葡萄牙人并未完全放弃，而是改为侵扰福建及浙江沿海。

嘉靖三十二年（1553年），葡萄牙人通过贿买明朝官吏，借口到澳门岸上暴晒水浸货物，以每年纳租银两万两为条件，请求上岸居住。初仅建篷寮数十间，后逐渐扩大居住区，澳门从此取代"屯门岛"成为葡萄牙在中国的首个落脚点。但澳门只是租借地，其关税征收权、司法权和行政管理权仍控制在明地方政府手中。

紧随葡萄牙来到中国的是西班牙。天启六年（1626年），西班牙殖民者侵占了我国台湾北部的基隆和淡水。

继葡萄牙、西班牙之后，称霸海上的是荷兰。万历三十一年（1603年），荷兰人来到澳门，与葡萄牙人发生冲突。万历三十七年（1609年），荷兰侵占澎湖，不久即被福建军民驱逐。天启二年（1622年），荷兰出动战舰进攻澳门，惨败后转而侵入澎湖列岛，并以此为据点对附近的金门、厦门等地肆意抢掠。天启四年（1624年），福建巡抚南居益遣兵进攻澎湖。荷兰人见独霸澎湖的阴谋不能得逞，转而进攻我国台湾南部。崇祯十五年（1642年），荷兰人打败了西班牙人，独占了台湾。不过，这已经是明朝末年的事了。

第二节　明代山东海防形势

一、明代山东行政区划

明朝建立后，沿袭元朝旧制，各地方以行中书省为最大行政单位。

洪武元年（1368年）四月，明政府置山东行中书省，治青州。洪武九年（1376年）六月，改行中书省为承宣布政使司，山东亦然。另设提刑按察使司"掌一省刑名按验之事"①，设都指挥使司为全省最高军事机构。"三司"设置后，驻地移驻济南。

明朝在地方上实行省、府、州、县制，布政司以下，设有府与州、县等地方行政机构。山东各州均为府属州，即散州，州下设县，州与县同是最基层的行政权力机构。洪武初年，山东布政使下辖济南、青州、东昌、济宁、莱州、登州6府。洪武十八年（1385年），降济宁为州，升兖州为府，仍为6府。此后终明一代没有变化。

山东布政使司共下辖府6，州15，县89，其疆域南至郯城，北至无棣，西至定陶，东至于海；此外，从山海关到铁岭卫长城沿线以南的大片土地，相当于今辽宁省的大部分，亦属于山东辖境。

明代山东各府所辖州县如下表：

明代山东行政区划一览表

行省	府	府治	所辖州	所辖县	州县总计
山东布政使司	济南府	历城		历城、章丘、邹平、淄川、长山、新城、齐河、齐东、济阳、禹城、临邑、长清、肥城、青城、陵县	4州26县
			泰安州	新泰、莱芜	
			德州	德平、平原	
			武定州	阳信、海丰、乐陵、商河	
			滨州	利津、沾化、蒲台	
	兖州府	滋阳	济宁州	滋阳、曲阜、宁阳、邹县、泗水、滕县、峄县、金乡、鱼台、单县、城武	4州23县
				嘉祥、巨野、郓城	
			东平州	汶上、东阿、平阴、阳谷、寿张	
			曹州	曹县、定陶	
			沂州	郯城、费县	
	东昌府	聊城	临清州	聊城、堂邑、博平、茌平、莘县、清平、冠县	3州15县
				丘县、馆陶	
			高唐州	恩县、夏津、武城	
			濮州	范县、观城、朝城	

----

①《明史》卷七五《职官志四》。

续表

行省	府	府治	所辖州	所辖县	州县总计
山东布政使司	登州府	蓬莱	宁海州	蓬莱、黄县、福山、栖霞、招远、莱阳	1州7县
				文登	
	莱州府	掖县	平度州	掖县	2州5县
				潍县、昌邑	
			胶州	高密、即墨	
	青州府	益都	莒州	益都、临淄、博兴、高苑、乐安、寿光、昌乐、临朐、安丘、诸城、蒙阴	1州13县
				沂水、日照	

在明朝山东六府中，济南、登州、莱州和青州四府辖临海区域，其中济南府海丰、沾化、滨州、利津、蒲台五州县临海；青州府乐安、寿光、诸城、日照县四县临海，乐安、寿光两县在北，诸城、日照两县在南；莱州府掖县、潍县、昌邑、胶州、即墨五州县临海，掖县、潍县、昌邑在北，胶州、即墨在南；登州府北、东、南三面临海，沿海州县有蓬莱、黄县、福山、招远、莱阳、宁海、文登7个。可见，山东半岛各地主要处在登州府、莱州府管辖之下。

在行政区划划分方面，明政府慎重考虑了海防的实际需要。洪武九年（1376年）以前，山东半岛地区仅设青州、莱州二府，鉴于登州地处半岛东端，战略位置格外重要，从这一年起，登州升为府治，不再隶属莱州。《明太祖实录》卷一百零六洪武九年五月条记载："改登州为府，置蓬莱县。时，上以登、莱二州皆濒大海，为高丽、日本往来要道，非建府治，增卫兵，不足以镇之。遂割莱州府文登、招远、莱阳三县，益登州为府，置所属蓬莱县。复以青州府之昌邑、即墨、高密三县补莱州府。"①这样一来，登州、莱州、青州三府从东向西控扼着山东大部海疆，辖区均衡，防卫及增援都很便利。

在这里需要特别一提的是，明代山东的版图还包括从山海关到铁岭卫

① 《明太祖实录》卷一百零六，第3页，台北"中央研究院"历史语言研究所1962年版，第1768页。

的大片土地，相当于今辽宁省的大部分。《明实录》中就有"国初旧制，山东、辽东原系一省"的记载。

洪武八年（1375 年），将定辽都卫改为辽东都司，治所在定辽中卫（今辽宁省辽阳市），辖区相当今辽宁省大部。洪武十年（1377 年），辽东的府县都罢黜，只留下卫所。辽东都指挥使司与山东都指挥使司都是军事机构，两者是平行的，且均隶左军都督府。与山东都指挥使司不同的是，辽东都指挥使司有自己的管辖地域和户籍，兼理民政，实行军民合一的统治，俗称实土都司，相当于一种特殊的行政区划。

二、倭寇对山东沿海的侵扰

从洪武初年起，沿海倭祸频发，虽禁不止，为害甚重。而"山东登、莱二州，亦复一再波及"[1]。据综合统计，洪武年间，倭寇对山东沿海的侵扰达9次之多。而同一时期，遭受倭寇侵扰的其他沿海地区，辽东为1次，南直隶（今江苏、安徽两省）7次，浙江16次，福建4次，广东7次[2]。可见，山东是北方受倭寇侵扰较为严重的地区之一。

倭寇侵扰山东，一般在清明节以后，借助东南风自朝鲜西海岸进入山东半岛。在山东沿海登陆后，趁守军疏于守备之际，以突然袭击的方式攻入城镇、村落，抢劫财物和人口，随后乘船遁去，因此极难防范。

在正史和各地方志中，关于山东沿海倭寇事多有记载。

洪武至永乐年间，倭寇不断骚扰山东沿海，据各州县记载不下百次，其中危害较大的有一二十次之多，如：

洪武二年（1369 年）一月，倭人入寇山东海滨郡县，"掠民男女

---

① 民国《胶澳志》卷一《沿革志·历代设治沿革》，民国十七年（1928 年）铅印本，第24页。
② 范中义、仝晰纲：《明代倭寇史略》，中华书局 2004 年版，第18页。

而去"。①

洪武三年（1370 年）三月，"倭扰登、莱"②；六月，倭夷寇山东，转掠温、台、明州傍海之民，遂寇福建沿海郡县。福州卫出军捕之，获倭船13 艘，擒三百余人。③

洪武四年（1371 年）六月，倭夷寇胶州，劫掠沿海人民。④

洪武六年（1373 年）七月，倭夷寇即墨、诸城、莱阳等县，沿海居民多被杀掠。诏近海诸卫分兵讨捕之。⑤

洪武七年（1374 年）六月，倭寇滨海州县。靖海侯吴祯率沿海各卫兵捕获，俘送京师。⑥

洪武七年（1374 年）七月，"倭寇登、莱"⑦，被当地海防士兵击退；同月，倭夷寇胶州，官军击败之。⑧

洪武十三年（1380 年），倭寇侵扰宁海卫，杀镇抚卢智，百户何福战死。

洪武二十二年（1389 年）十二月，倭船 12 艘由城山洋艾子口登岸，劫掠宁海卫。指挥命事工镇等御之，杀贼 3 人，获其器械，赤山寨巡检刘

---

① 《明太祖实录》卷三十八，第 14 页，台北"中央研究院"历史语言研究所 1962 年版，第 781 页。

② 《中外大事年表》，第 541 页。见寿杨宾主编：《登州古港史》，人民交通出版社 1994 年版，第 127 页。

③ 《明太祖实录》卷五十三，第 12 页，台北"中央研究院"历史语言研究所 1962 年版，第 1056 页。

④ 《明太祖实录》卷六十六，第 7 页，台北"中央研究院"历史语言研究所 1962 年版，第 1248 页。

⑤ 《明太祖实录》卷八十三，第 4 页，台北"中央研究院"历史语言研究所 1962 年版，第 1487 页。

⑥ 道光《重修胶州志》卷三十四《记一·大事》，第 13 页，清道光二十五年（1845 年）刻本。

⑦ 《明史》卷二《太祖纪二》。

⑧ 《明太祖实录》卷九十一，第 2 页，台北"中央研究院"历史语言研究所 1962 年版，第 1594 页。

兴又捕杀 4 人，贼乃遁去。[1]

洪武三十一年（1398 年）二月，倭夷寇山东宁海州，由白沙海口登岸，劫掠居人，杀镇抚卢智。宁海卫指挥陶铎及其弟钺出兵击之，斩首三十余级，贼败去。钺为流矢所中，伤其右臂。先是倭夷尝入寇，百户何福战死，事闻，上命登、莱二卫发兵追捕。至是铎等击败之。[2]

永乐四年（1406 年），"十月，倭扰沙门"[3]；"四年冬十月，平江伯陈瑄督海运至辽东。舟还，值倭于沙门，追击至朝鲜境上，焚其舟，杀溺死者甚众。"[4]

永乐六年（1408 年），倭寇扬帆于刘公岛，声言攻击百尺崖，而卒击威海[5]。同年，倭贼袭破宁海卫，杀掠甚惨，又寇成山卫、白峰头寨、罗山寨及大嵩卫之草岛嘴，鳌山卫之羊山寨、阴岛、张家庄以次被掠。入于家庄寨，百户王辅战死。不逾月，入桃花闸寨，百户周盘战死。登州府城和沙门岛一带抄略殆尽。[6]

永乐七年（1409 年）三月，总兵官安远伯柳升，率兵至青州海中灵山，遇倭贼交战，大败之，即同平江伯陈瑄追至金州白山岛等处。[7]

永乐十一年（1413 年），倭寇登州，竟"尽焚登州战舰以归"[8]。

永乐十四年（1416 年）六月，倭舟 33 艘泊靖海卫之杨村岛，都督同

----

① 《明太祖实录》卷一百九十八，第 5 页，台北"中央研究院"历史语言研究所 1962 年版，第 2975 页。

② 《明太祖实录》卷二百五十六，第 3 页，台北"中央研究院"历史语言研究所 1962 年版，第 3699 页。

③ 《中外大事年表》，第 561 页。见寿杨宾主编：《登州古港史》，人民交通出版社 1994 年版，第 127 页。

④ 《明史纪事本末》卷五十五《沿海倭乱》。

⑤ 光绪《增修登州府志》卷十三《海防》，第 9 页，清光绪七年（1881 年）刻本。

⑥ 光绪《增修登州府志》卷十三《海防》，第 9 页，清光绪七年（1881 年）刻本。

⑦ 《明太宗实录》卷八十九，第 4 页，台北"中央研究院"历史语言研究所 1962 年版，第 1184 页。

⑧ 《李朝实录》（上编）卷二。见寿杨宾主编：《登州古港史》，人民交通出版社 1994 年版，第 83 页。

知蔡福等率兵合山东都司兵击之。①

可见，洪武末永乐初，倭寇不仅侵扰频繁，而且来势汹汹，甚至攻陷宁海卫、鳌山卫、大嵩卫等属下卫所、村寨，明守军镇抚卢智、百户何福、王辅、李苑、周磐等均战死，许多人口被掳掠，村寨被焚毁，财产被劫掠一空，给山东沿海人民造成了极大的危害。此后，明政府高度重视，开始在山东沿海加强了种种防倭措施。

正统至正德时期，山东海疆比较平静，沿海的倭患基本平息下来。此间，有据可依的山东倭患仅有两次。一次发生在正统五年（1440 年）。是年，"倭乘夜风突至南岸掠抹直海口，劫掠居民"②；另一次发生在正德十年（1515 年）。这次，倭寇的入侵规模较大，"倭焚沙门岛及大竹、砣矶诸岛，火光彻南岸，倭舟至以千计"③。

嘉靖年间开始，倭寇的力量减弱，虽时有侵扰，但危害减小，且多次被当地军民击退。如嘉靖三十一年，倭寇侵扰靖海卫，上岸骚扰，为民兵击退。嘉靖四年五月，倭寇侵扰日照栲栳岛，在此盘踞数日，与明军作战。万历二十二年（1594 年），"倭焚沙门岛，沿海戒严，寻乘风遁去。"④

从上述不完全记载，已可以看到山东沿海倭祸之频繁，受害之严重。有连年侵扰的，如洪武二年、洪武三年；有一年数次侵扰的，如洪武七年（1374 年）六月、七月；有一月接连侵扰几个地方的，如永乐六年侵扰成山卫、大嵩卫、鳌山卫；有一地多次被侵扰的，如沙门岛，永乐四年被侵扰，永乐六年被"抄略殆尽"，正统十年、万历二十二年被"焚"。倭寇所到，抢掠资财，抓人为丁，杀人放火，无恶不作，甚至连抗倭重镇登州港亦被"尽焚"战舰。

---

① 《明太宗实录》卷一百七十七，第 3 页，台北"中央研究院"历史语言研究所 1962 年版，第 1935 页。

② 光绪《蓬莱县续志》卷四《武备志》，第 2 页，清光绪八年（1882 年）刻本。

③ 光绪《蓬莱县续志》卷四《武备志》，第 2 页，清光绪八年（1882 年）刻本。

④ 光绪《增修登州府志》卷十三《海防》，第 10 页，清光绪七年（1881 年）刻本。

第三节 明代山东海防部署

一、军事部署

1. 沿海卫所分区防御

明政府在军事上实行卫所制度。《明史》对卫所制度的解释是十分清楚的："天下既定，度要害地，系一郡者设所，连郡者设卫，……大小联比以成军"①。但人们一般理解为："卫下设千户所，千户所下设百户所"。其实，这种理解是十分片面的。卫所制度的基本含义就是：都司之下设卫和"守御千户所"，分守各地。这里所说的"所"，专指"守御千户所"。明制，凡守御千户所不隶卫而直达于都司。卫与守御千户所，只是大小的不同，在士兵编制上是完全一样的。卫与守御千户所驻防地点的战略地位有所不同，既有"系一郡者"和"连郡者"之差别。卫所属的千户所习惯上称为"备御千户所"，以与直属都司的"守御千户所"相区别。

（1）山东沿海卫所的设置及其隶属关系

①洪武初年

自元末开始，倭寇之患日益严重。明洪武年间，倭寇频频侵扰我国，沿海地区均受其害。由于山东地处要津，为京师屏障，因此这里一直是海防建设的重点地区。经过明朝政府的苦心经营，山东沿海形成了以卫所制度为中心、以沿海军寨为依托的严密的海防体系，对震慑倭寇、保卫海疆产生了重要影响。

洪武十三年（1380年），明政府在中央分设中、左、右、前、后五军都督府，与兵部共掌军事，构成中央最高军事统御机构。同时，明政府在各省设都指挥使司管辖各地方军队。五军都督府全部设在京师，管军籍、

---

① 《明史》卷九十《志第六十六·兵二卫所》。

军政，有统兵权，具体负责军队的训练、纪律、补给、屯田事务，而调兵权则归于兵部。这种将管兵、调兵与用兵分离的军事体制，大大加强了皇帝对军权的控制。五军都督府在全国分区管理军队，其中左军都督府辖浙江、山东、辽东诸都司，即山东都指挥使司属左军都督府管辖。

卫所是明朝军队的基本组织形式。洪武元年（1368 年），刘基奏立"军卫法"，在军事要害之地设卫，次要之地设所。卫设指挥使 1 人（正三品）、同知 2 人（从三品）、佥事四人（正四品）。每卫配备士兵 5600 人，分为 5 个千户所；每个千户所配备士兵 1200 人，设千户为长官（正五品），又分为 10 个百户所；每个百户所配备士兵 112 人，设百户，"设总旗二、小旗十，大小联比成军"[1]。卫所受各省都指挥使司管辖。据《明史》记载："明以武功定天下，革元旧制，自京师达于郡县，皆立卫所，外统于都司，内统于五军都督府。"[2] 而千户所又分为守御千户所和备御千户所两种，两者的区别是，守御千户所系特设，为相对独立的军事单位，多设于边疆重镇。"凡守御所皆不隶卫"，"而自达于都司"。[3]

明朝时，山东沿海地区在行政上自西至东划分为青州府、莱州府、登州府，而在海防上尤以登州府辖区最为重要。明政府在以上 3 府境内设置最早的卫所是青州卫、登州守御千户所（后升登州卫）和宁海备御所（后升宁海卫）。

洪武三年十二月，置青州都卫，治青州府。同时，设青州左卫、青州右卫。洪武八年十月，改都卫为山东都指挥使司。洪武九年，山东行省省会移治济南，山东都指挥使司随之移济南，青州左、右卫仍治青州。青州左卫在府城东门内，设左、右、中、前、后五所；塘头寨备御百户所在乐安县东北，隶青州左卫。至永乐四年，明成祖将青州右卫移戍德州并改为天津右卫，以拱卫北京，作为迁都北京的前奏。

---

① 《明史》卷九十《志第六十六·兵二卫所》。

② 《明史》卷八九《志第六十五·兵一》。

③ 光绪《增修登州府志》卷十二《军垒》，第 3 页，清光绪七年（1881 年）刻本。

洪武二年，明政府分莱州卫官军以备登州，为登州守御千户所。同时，调莱州卫左千户所于宁海州治西，为宁海备御所。洪武三年，明政府在莱州府治东南置莱州卫，领左、右、中、前、后五千户等所。另据史料记载，马埠寨备御百户所，有砖城，周二里；灶河寨备御百户所，有砖城，周二里有奇；马停寨备御百户所，有石城，不及一里，以上三个百户所俱属莱州卫。洪武四年，分莱州卫右所备御于福山县。同时，明政府于洪武四年在诸城县治西南隅设立诸城守御千户所，于洪武五年在胶州城内设胶州守御千户所。

洪武九年，登州升为府，知州周斌奏改守御千户所升为卫，在登州府城内，领左、右、中、前、后、中左、中右七千户所。刘家旺寨备御百户所、黄河寨备御百户所、解宋寨备御百户所即为登州卫中右千户所分设。随后不久，登州卫可能又新增中前千户所。据史料记载，洪武九年，置登州卫，撤莱州卫右所。洪武十年，登州卫之中前所调于福山县治西，是为福山备御中前千户所，仍然属登州卫。而芦洋寨备御百户所，即为福山备御中前千户所分设。洪武十年，宁海备御所亦升为卫，领左、中、前、后四千户所。其中，清泉寨备御百户所即系后所千户所分设。

总之，到洪武十年，明政府在登州府境内设登州卫、宁海卫，后又增设福山中前备御千户所，属登州卫；在莱州府境内设莱州卫和胶州守御千户所，在青州府境内设青州左卫和诸城守御千户所。

②洪武中后期

洪武中后期，明政府为了加强山东沿海的防务，在登州府境内增设大嵩卫、靖海卫、成山卫、威海卫和奇山守御千户所、宁津守御千户所，在莱州府境内增设灵山卫、鳌山卫和雄崖守御千户所、浮山备御千户所，在青州府境内增设安东卫。其中，大嵩卫、靖海卫、成山卫、威海卫、灵山卫、安东卫和奇山守御千户所均设于明洪武三十一年。

大嵩卫，在莱阳县东南120里，起初设中、后2所。城砖筑，周8里。后来在成化年间又设大山备御前千户所，属大嵩卫。靖海卫，在文登县南 120 里，领左、中、后 3 千户所。有砖城，周六里有奇。成山卫，在文登县东 120 里，领左、前 2 千户所。卫城砖筑，周六里有奇。威海卫，在文登县北 90 里，领左、右 2 千户所，卫城周六里有奇。奇山守御千户所，在福山县东北 30 里，所城砖筑，周 2 里。

灵山卫，在胶州东南 90 里，领左、前、后 3 千户所。《明史》认为建于洪武三十一年五月。乾隆《胶州志》亦记曰："洪武三十一年置。"另据万历《莱州府志》记载，灵山卫城建于洪武三十五年，壁瓮，周三里。《读史方舆纪要》称，灵山卫建于洪武二十一年，三十五年筑砖城。康熙《胶州志》则称，"洪武二十一年，建置砖城。"安东卫，在日照县南 90 里，卫城周 5 里。据《明史》记载，安东卫建于洪武三十一年五月。《读史方舆纪要》记曰，"安东卫……卫城周五里，弘治三年置。初领五千户所，寻调左所于天津，右所于徐州，止领中前后三所。"[1]雄崖守御千户所，在即墨县东北 90 里，洪武年间设，其所城设于洪武三十五年。

历史文献中对鳌山卫和宁津守御千户所设置时间的记载有许多不一致的地方。如鳌山卫，据万历《莱州府志》记载："洪武二十一年，卫国公徐辉祖开设，指挥佥事廉高建砖瓮。周五里，高三丈五尺。"[2]清代顾祖禹《读史方舆纪要》记曰："鳌山卫在即墨县东四十里。洪武二十一年置，筑砖城周五里……"[3]而《明史》中也记曰："……鳌山卫，洪武二十一年五月置。"[4]但《明史》中关于鳌山卫建立时间的记载有明显的自相矛盾之处，其《志第十七》中认为其设立于"洪武二十一年五月"，而《志第六十六》又记曰，"洪武二十六年定天下都司卫所，共计都司十有七，留守司一，内外卫三百二十九，守御千户所六十五。"[5]从所列卫所可以看

① 《读史方舆纪要》卷三十五《山东六·青州府》。
② 万历《莱州府志》卷三《城池》，第 2 页，民国二十八年（1939 年）铅印本。
③ 《读史方舆纪要》卷三十六《山东七·莱州府、登州府》。
④ 《明史》卷四十一《志第十七·地理二·山东》。
⑤ 《明史》卷九十《志第六十六·兵二·卫所班军》。

出，在洪武二十六年之前，山东沿海只有登州卫、莱州卫、宁海卫和胶州千户所、诸城千户所，没有鳌山卫。即便在同一本书乾隆《即墨县志》中，其卷四《武备》与卷二《城池》中的记载则不一致，卷二《城池》记曰：鳌山卫城，"县东四十里，明洪武二十一年，魏国公徐辉祖檄指挥佥事廉高筑砖城以备倭。周五里，高三丈五尺，厚倍之。"①卷四《武备》记曰："明洪武三十五年，魏国公徐辉祖设鳌山卫，在县东四十里，经历司、镇抚司、千百户所附焉。"②单纯由史料来看，鳌山卫建立的时间似乎存在"洪武二十一年"和"洪武三十五年"两种说法，其实不然。综合各种资料推测，早在洪武二十一年（1388 年），魏国公徐辉祖曾在此筑城派兵设防，以备倭寇，而直到洪武三十五年（1402 年，实际为建文四年），正式设立鳌山卫，领右、前、后三千户所。随后，又在即墨县南 80 里设立浮山寨备御前千户所，属鳌山卫，同时建浮山所城。

宁津守御千户所，在文登县东南 125 里，所砖城，周 3 里。嘉靖《宁海州志》认为建于洪武年间。顺治《登州府志》认为建于洪武三十一年。《读史方舆纪要》称建于成化年间。

这样，从明朝初年一直到建文四年（1402 年），明政府在登州府境内共设六卫、二守御千户所，在莱州府境内设三卫、二守御千户所，在青州府境内设二卫、一守御千户所。至此，山东沿海卫所的设置基本完成，海防体系日趋完备。

③明朝中后期对山东沿海卫所的进一步调整

自永乐年间一直到明朝后期，明政府为了进一步完善在山东沿海的海防体系，在登州府境内增设海阳守御千户所，另设大山备御前千户所、寻山备御后千户所、百尺崖备御后千户所、金山备御左千户所。在莱州府境内设夏河备御前千户所，并将原王徐寨备御百户所改为千户所；在青州府

---

① 乾隆《即墨县志》卷二《城池》，第 2 页，清乾隆二十九年（1764 年）刻本。

② 乾隆《即墨县志》卷四《武备》，第 3 页，清乾隆二十九年（1764 年）刻本。

境内设石臼备御前千户所。其中，海阳守御千户所、寻山备御后千户所、百尺备御后千户所、大山备御前千户所、金山备御左千户所均设立于成化年间；夏河备御前千户所、石臼备御千户所设立于弘治年间，王徐寨备御前千户所设立于嘉靖时期。

海阳守御千户所，在文登县南 140 里，所城砖筑，周 3 里。大山寨备御前千户所在大嵩卫西，所城砖筑，周 4 里，属大嵩卫。寻山备御后千户所在文登县东南 120 里，所城周三里有奇，属成山卫。百尺崖备御后千户所在文登县东南 140 里，所城砖筑，周 2 里，属威海卫。金山备御左千户所在宁海州东北 40 里，所城砖筑，周 2 里，属宁海卫。

夏河寨备御前千户所在胶州西南 90 里，所城周三里有奇，属灵山卫。王徐寨原为备御百户所，在莱州府东北 80 里，有寨城，砖城周 3 里，属于莱州卫。嘉靖中，改为千户所，仍属莱州卫。石臼寨备御千户所，隶属于安东卫。关于石臼寨备御千户所设立的时间，《明史》认为设立于弘治年间。嘉靖《青州府志》称："石臼寨备御千户所，即安东卫后千户所"。《读史方舆纪要》称，"所城周三里有奇，嘉靖中置。"安东卫原辖前、左、后三所，由史料推断，前、左所均驻安东卫城，后所于弘治年间移驻卫城东北 90 里石臼寨，因此石臼寨备御千户所可能是由安东卫后千户所移防而设。

这样，到明朝后期，明政府在登州府境内共设六卫、三守御千户所，在莱州府境内设三卫、二守御千户所，在青州府境内设二卫、二守御千户所。合计登、莱、青三府境内共设卫十一、守御千户所七。各卫下辖若干千户所，而守御千户所直属于山东都指挥使司。

此外，需要特别说明的是，德州左卫及德州卫、沂州卫、武定守御千户所、莒州守御千户所等卫所虽然防地在山东境内，但均不隶属于山东都司。如明洪武九年（1376 年），以原守御后千户所改建德州卫，领左、右、中、前、后、中左等 6 个千户所，中所附州治内。永乐五年（1407年），又在德州增设了德州左卫，领左、右、中、前、后、中左等 6 个千户所。德州卫与德州左卫原先均隶属于山东都司，永乐七年（1409 年）改直属于后军都督府。武定守御千户所，在武定州城内，宣德五年前为乐安千户所，隶属于北平行都司，属后军都督府。莒州守御千户所在青州府莒州城内，具体设置时间不详。

山东沿海卫所隶属关系表

府境	卫/守御所	附所/备御所	京操军	城守军	屯军	捕倭军	备注
登州	登州卫	左、右、中、前、后、中左、中右	2009	250	114	828	
		福山中前所		114			增设调防
	宁海卫	左、中、前、后	1615	1110	391	354	
		金山左所		114			调防
	奇山所		498	112	60	75	
	宁津所		529	106	68	68	
	大嵩卫	中、后	1491	358	428	246	
		大山前所		26			增设
	靖海卫	左、中、后	1593	150	211	313	
	成山卫	左、前	1250	261	240	234	
		寻山后所		94			增设
	威海卫	左、右	1368	75	224	285	
		百尺后所		35			增设
	海阳所		496	126	66	102	
莱州	莱州卫	左、右、中、前、后	1720	302	447	413	
		王徐寨前所		48			调防
	胶州所		406	94	77	44	
	鳌山卫	右、前、后	1630	107	290	385	
		浮山前所		56			调防
	雄崖所		571	97	77	110	
	灵山卫	左、前、后	1223	116	287	191	
		夏河前所		67			调防
青州	青州左卫		3602	720	453	（缺）	
	诸城所		651	98	（缺）	（缺）	
	安东卫	中、前、后	1576	358	391	269	
		石白后所		48			调防

以上所列备御千户所中，有些所的设置比较好理解，如威海卫，原先辖左、右两所，后来增设百尺备御后千户所，共左、右、后三所。然而，

有的卫所的情况尚不清楚，如宁海卫初设时辖左、中、前、后四所，金山备御左千户所为后来设立。金山备御左千户所与其他四所什么关系，到底是在原先辖所的基础上增设，还是将原先的辖所调防而成，在各地方志中均没有明确记载，有待进一步考证。这种情况还有：王徐寨备御前千户所、浮山备御前千户所、石臼备御后千户所、夏河备御前千户所。所谓"府境"，仅表明卫所驻扎的地区，并不表明其隶属关系。卫所全部属山东都指挥使司管辖，各地府县无权管辖，更无权调动。

再者，需要强调的是，关于卫所制度，人们一般理解为："卫与所都是明朝军队编制中的一级组织，卫与所的关系是卫下辖一定数量的千户所，千户所下辖一定数量的百户所"。其实，这只是一种"望文生义"的理解，前面已经对此作过简单的解释。"卫所制度"中的"所"，应该特指的是守御千户所，而不是卫下辖的所（又称备御千户所）。如在《筹海图编》等史料中，在对全国卫所进行统计时，均只列出卫和守御千户所，而不涉及各卫下辖的千户所。有鉴于此，我们对卫所制度的理解，可以有两重意思：一、各省都司之下，根据各地战略地位的不同，分别设卫和守御千户所；二、各卫下辖一定数量的千户所，千户所下辖一定数量的百户所。

（2）山东沿海卫所分布与军额

洪武二十六年（1393年），朱元璋定天下都司卫所，山东都司辖有青州左卫、登州卫、安东卫、莱州卫、济南卫、平山卫及胶州千户所、诸城千户所、滕县千户所和肥城千户所。永乐年间，山东都司所辖卫所多有增设改动，但沿海一带的卫所亦多在登、莱两府境内。据详细统计，登、莱、青三府境内共设卫十一、守御千户所七，其中在登州府境内设六卫、三守御千户所，在莱州府境内设三卫、二守御千户所，在青州府境内设二卫、二守御千户所。各卫下辖若干备御千户所，而守御千户所直属于山东都指挥使司。

按每卫额定官军5600人计算，山东都司所辖卫所官军总计超过10万人，而沿海卫所官军占其半数以上。今将山东沿海卫所的分布及其军额数等，按登州府、莱州府、青州府分别罗列如下：

①登州府境内的卫所及军额

登州府辖境内共设六卫三所，其基本情况如下：

登州卫，在府城中。洪武九年，升州为府，知州周斌奏改守御千户所升为卫，置指挥 19 员，经历 1 员，镇抚 2 员，左、右、中、前、后、中左、中右七所正副千户 30 员，百户 70 员，所镇抚 2 员，京操军春戍 1276 名，秋戍 733 名，捕倭军登州营 820 名，守城军余 250 名，种屯军余 114 名，守墩军余 18 名。

福山备御中前千户所，在福山县治西，本登州卫之中前所。洪武十年调于此，属登州卫。正副千户 5 员，百户 5 员，守城军余 114 名，守墩军余 15 名，守堡军余 10 名。

黄河寨备御百户所，百户 3 员，守城军余 30 名，守墩军余 15 名。

刘家汪寨备御百户所，百户 3 员，守城军余 35 名，守墩军余 15 名。

解宋寨备御百户所，百户 4 员，守城军余 40 名，守墩军余 9 名。以上 3 寨俱登州卫中右千户所分设。

芦洋寨备御百户所，百户 5 员，守城军余 38 名，守墩军余 15 名。系福山备御千户所分设。

宁海卫，在宁海州治西，本莱州卫左千户所，洪武二年调于此。十年，升为卫。指挥 18 员，经历 1 员，镇抚 2 员，右、中、前、后四所正副千户 12 员，百户 40 员，所镇抚 1 员，京操春戍 538 名，秋戍 1127 名，捕倭军登州营 62 名，文登营 292 名，守城军余 201 名，种屯军余 291 名，守墩军余 18 名，守堡军余 24 名。

金山备御左千户所，在宁海州东北 40 里，属宁海卫。正副千户 5 员，百户 10 员，守城军余 28 名，守墩军余 15 名，守堡军余 2 名。

清泉寨备御百户所，百户 3 员，守城军余 15 名，守墩军余 6 名，守堡军余 2 名。系后所千户所分设。

威海卫，在文登县北 90 里。洪武三十一年建，指挥 14 员，经历 1 员，镇抚 2 员，左、前二所正副千户 8 员，百户 20 员，京操春戍 784 名，秋戍 584 名，捕倭军登州营 126 名，文登营 159 名，守城军余 75 名，种屯军余 224 名，守墩军余 24 名，守堡军余 14 名。

百尺崖备御后千户所，属威海卫，正副千户 5 员，百户 10 员，守城军余 35 名，守墩军余 18 名，守堡军余 6 名。

成山卫，在文登县东 120 里，洪武三十一年建。指挥 17 员，经历 1 员，镇抚 4 员，左、前二所正副千户 16 员，百户 20 员，京操军春戍 767 名，秋戍 389 名，捕倭军文登营 234 名，守堡军余 145 名，种屯军余 240 名，守墩军余 54 名，守堡军余 22 名。

寻山备御后千户所，属成山卫。正副千户 3 员，百户 10 员，所镇抚 1 员，守城军余 94 名，守墩军余 24 名，守堡军余 14 名。

大嵩卫，在莱阳县东南 120 里，洪武三十一年建。指挥 17 员，经历 1 员，镇抚 3 员，中、后二所正副千户 10 员，百户 20 员，京操春戍 745 名，秋戍 746 名，捕倭军即墨营 246 名，守城军余 258 名，名种屯军余 428 名，守墩军余 27 名，守堡军余 14 名。

大山寨备御千户所，属大嵩卫。正副千户 6 员，百户 10 员，守城军余 62 名，守墩军余 6 名，守堡军余 6 名。

靖海卫，在文登县南 120 里，洪武三十一年建。指挥 12 员，经历 1 员，镇抚 2 员，左、中、后三所正副千户 16 员，百户 30 员，京操春戍 849 名，秋戍 744 名，捕倭军文登营 213 名，守城军余 150 名，种屯军余 210 名，守墩军余 60 名，守堡军余 12 名。

奇山守御千户所，在福山县东北 30 里，洪武三十一年建。正副千户 8 员，流官吏目 1 员，百户 10 员，京操军春戍 217 名，秋戍 281 名，捕倭军登州营 75 名，守城军余 87 名，种屯军余 60 名，守墩军余 12 名，守堡军余 6 名。

宁津守御千户所，在文登县东南 120 里，洪武三十一年建。正副千户

7员，流官吏目1员，百户10员，京操春戍254名，秋戍275名，捕倭军文登营68名，守城军余102名，种屯军余66名，守墩军余24名，守堡军余18名。

海阳守御千户所，在文登县南140里，正副千户5员，流官吏目1员，百户10员，京操春戍203名，秋戍293名，捕倭军文登营74名，即墨营28名，守城军余95名，种屯军余66名，守墩军余21名，守堡军余20名。

②莱州府境内的卫所及军额

在莱州府境内设三卫、二守御千户所，其基本情况如下：

莱州卫，"在府治东南，今为守备署，额设指挥使二员，署指挥使一员，指挥同知六员，署指挥同知一员，指挥佥事五员，署指挥佥事五员，均以迁叙，至无定额。经历一员，知事一员，镇抚司镇抚二员，左右中前后五员正千户十员，副千户五员，实授百户二十五员，试百户九员，边抚军一千二百四十六名，京操军一百一十二名，守城军余三百五十名，屯田军余二百九十名，久甚，丁地归并州县。"①

灵山卫，"额设指挥使五员，指挥同知二员，指挥佥事一员，经历一员，儒学教授一员，镇抚司镇抚二员，左前后三所千户十四员，百户二十员，边抚军三百二十四名，京操军二百八十九名，守城军余二百八十名，屯田军余二百八十七名。"②

鳌山卫，"额设指挥使三员，指挥同知五员，指挥佥事八员，经历一员，儒学教授一员，隶抚司镇抚二员，右前后三所千户六员，百户十五员，边抚军三百二十四名，京操军二百八十九名，守城余二百八十名，屯田军二百八十七名。"③

胶州守御千户所，"在胶州治东，额设正千户三员，副千户二员，百户一员，镇抚一员，所吏目一员，京操军一百七十八名，边抚军

---

① 乾隆《莱州府志》卷五《兵防》，第4页，乾隆五年（1740年）刻本。
② 乾隆《莱州府志》卷五《兵防》，第4页，乾隆五年（1740年）刻本。
③ 乾隆《莱州府志》卷五《兵防》，第4页，乾隆五年（1740年）刻本。

二百一十六名，春戍八十九名，秋戍三百一十七名，守城军余八十九名，屯田军余七十七名，旧属灵山卫。"①

雄崖守御千户所，"额设正千户二员，副千户二员，百户五员，所吏目一员，京操军春戍二百五十二名，秋戍三百一十九名，守城军余五十一名，屯田军余七十七名，后设千总一员。"②

王徐寨备御百户所，"在内城东北八十里，寨城，额设正千户一员，副千户一员，百户一员，属于莱州卫。"③

马停寨备御百户所，"在府城百二十五里，寨城，额设千户一员，属于莱州卫。"④

灶河寨备御四百户所，"在府城百五十里，寨城，额设百户一员，属于莱州卫。"⑤

马埠寨备御四百户所，"在府城东北一百六十里，寨城，额设百户一员，属于莱州卫。"⑥

夏河寨备御千户所，"在胶州西南八十里，寨城，额设正千户一员，副千户一员，百户一员。后改设掌印千总一员，属灵山卫，又裁千总，并入灵山。"⑦

浮山备御千户所，"额设正千户一员，副千户百户一员，后改设千总一员。"⑧

③青州府境内的卫所及军额

在青州府境内设二卫、二守御千户所，其基本情况如下：

---

① 乾隆《莱州府志》卷五《兵防》，第4—5页，乾隆五年（1740年）刻本。
② 乾隆《莱州府志》卷五《兵防》，第4—5页，乾隆五年（1740年）刻本。
③ 乾隆《莱州府志》卷五《兵防》，第4页，乾隆五年（1740年）刻本。
④ 乾隆《莱州府志》卷五《兵防》，第4页，乾隆五年（1740年）刻本。
⑤ 乾隆《莱州府志》卷五《兵防》，第4页，乾隆五年（1740年）刻本。
⑥ 乾隆《莱州府志》卷五《兵防》，第4页，乾隆五年（1740年）刻本。
⑦ 乾隆《莱州府志》卷五《兵防》，第4页，乾隆五年（1740年）刻本。
⑧ 乾隆《莱州府志》卷五《兵防》，第4页，乾隆五年（1740年）刻本。

据嘉靖《青州府志》记载："洪武初年，初立益都卫。三年，改青州都指挥使司。十九年迁于济南，遂为山东都指挥使司。青州立左右二卫，永乐四年，移右卫戍德州。"①

"卫二，青州卫、安东卫。所一十有一，青州左卫五所、塘头寨备御百户所、诸城守御千户所、安东卫三所、莒州守御千户所。"②其基本情况如下：

青州左卫，"在府城东门内，设官指挥使一员，同知二员，指挥佥事四员。以迁叙至者无定额。经历司经历、知事各一员，镇抚司镇抚二员，左、右、中、前、后五所正副千户、百户各三五员。京操军春班一千四百九十七人，秋班二千一百五十人，守城军余七百二十九人，屯田军余四百五十三人。屯田二百七十一顷，屯粮三千二百五十八石。"③

"塘头寨备御百户所，在乐安县东北。隶青州左卫，设官百户一员，守寨军余百名。"④

安东卫，"在日照县南九十里，隶山东都指挥使司，设官指挥使一员，同知二员，佥事四员，经历司经历、知事各一员，镇抚司镇抚二员，左、前、后三所正副千户、百户各三五员。京操军春班八百四十四人，秋班六百三十一人；守城军余三百五十八人，屯田军余三百九十一人。屯田一百四十七顷，屯粮一千七百六十七石。"⑤

石臼寨备御千户所，"即安东卫后千户所，在日照县之东。"⑥

诸城守御千户所，"在县治南，隶山东都指挥使司，设官正副千户各一员。镇抚百户各一员、吏目一员。京操军春班一百二十三人，秋班四百二十八人；守城军余九十八人，屯田四十八顷，屯粮

① 嘉靖《青州府志》卷十一《兵防》，第1页，明嘉靖四十四年（1565年）刻本。
② 嘉靖《青州府志》卷十一《兵防》，第4页，明嘉靖四十四年（1565年）刻本。
③ 嘉靖《青州府志》卷十一《兵防》，第5页，明嘉靖四十四年（1565年）刻本。
④ 嘉靖《青州府志》卷十一《兵防》，第5页，明嘉靖四十四年（1565年）刻本。
⑤ 嘉靖《青州府志》卷十一《兵防》，第5—6页，明嘉靖四十四年（1565年）刻本。
⑥ 嘉靖《青州府志》卷十一《兵防》，第6页，明嘉靖四十四年（1565年）刻本。

五百七十六石。"①

莒州守御千户所,"在州城内,隶南京都督府,设官正副千户各一员,镇抚百户各一员,吏目一员,京操班军八十一人,守城军余一百人。守城百户所三,下屯百户所七。"②

明代登莱青三府境内卫所兵比配置一览表

府境	卫/守御所	备御所	京操军	城守军	屯军	捕倭军	总计
登州	登州卫		2009	250	114	828	3201
		福山所		114			114
	宁海卫		1615	1110	391	354	3470
		金山所		114			114
	奇山所		498	112	60	75	745
	宁津所		529	106	68	68	771
	大嵩卫		1491	358	428	246	2523
		大山所		26			26
	靖海卫		1593	150	211	313	2267
	成山卫		1250	261	240	234	1985
		寻山所		94			94
	威海卫		1368	75	224	285	1952
		百尺所		35			35
	海阳所		496	126	66	102	790
莱州	莱州卫		1720	302	447	413	2882
		王徐寨		48			48
	胶州所		406	94	77	44	621
	鳌山卫		1630	107	290	385	2421
		浮山所		56			56
	雄崖所		571	97	77	110	855
	灵山卫		1223	116	287	191	1817
		夏河所		67			67
青州	青州左卫		3602	720	453	(缺)	4793
	诸城所		651	98	(缺)	(缺)	749
	安东卫		1576	358	391	269	1669
		石白所		48			48

---

① 嘉靖《青州府志》卷十一《兵防》,第6页,明嘉靖四十四年(1565年)刻本。
② 嘉靖《青州府志》卷十一《兵防》,第6页,明嘉靖四十四年(1565年)刻本。

2.山东海防三营拱立"控御"

（1）明初京营、蓟镇援关营与南方的水寨

明代中央军事统御机构兵部与五军都督府的并立，直接影响到明代的军事制度。其实，明代的军事制度并不是单一的卫所制，而是卫所制和营兵制并行交错。

明朝初年，设有京军"三大营"，"一曰五军，一曰三千，一曰神机。""五军营"按中军、左掖、右掖、左哨、右哨五部分编组。军士除来自京师卫军外，又"岁调中都、山东，河南、大宁兵番上京师隶之"，称为"班军"，平日进行训练，有事用之作战。"三千营"由3000骑兵组成，分五司，担任亲军各卫"上直官军"及"辽东备御回还官军"的训练任务。"神机营"专门训练京卫官军使用各种火器。三大营均由皇帝派亲信宦官担任各营提督，直至"洪熙时（1425年），始命武臣一人总理营政"。三大营的主要任务，是轮番训练京卫及外卫班军官军，具有训练中心的性质；宣德、正统年间，三大营兵力增大，成为全国主要战略机动部队。三大营的编制与卫所不同，营下设"掖"、"哨"，或者"司"、"营"。其职官设置也不一样。各营设提督内臣、武臣、掌号头官统领。各军、各司分设坐营官、把总、坐司官等。高级军官均由兵部派充。

明代"营兵制"的发展有一个演变的过程，在全国各地也呈现出不同的特点，譬如北方蓟镇援关诸营和南方的水寨。

永乐年间开始，明代北边即设有许多营，特别在京师东北的蓟州镇（今天津市蓟州区）。在军事部署上，蓟镇前沿设关口堡寨，关口之南设援关诸营，内地则为卫所和州县城池。关与营互相配合，处于边防最前沿，是基本的防御据点。

援关诸营的士兵来自卫所，但不再使用原卫所的编制，而主要以"营"的形式而存在。营军平日操练，遇警则增援关口。一个营对应多个关口，责任明确。营设管操指挥或千户统领，若干营设把总提督，或营之上设提调统领。本来，遇有战事，兵部临时从卫所抽调组成征伐军队，战事结束后士兵各回卫所。但如果战事连绵不断，一部分卫所军队则需要常年履防。后来，这部分军队逐渐相对独立，实行以营为核心编制，以卫所为基础而又不同于卫所制的军事制度，即"省镇营兵制"①。

南方的水寨与北方的蓟镇援关诸营也有很多相似之处。例如，据《筹海图编》所记，福建沿海共设立 6 个水寨，分别是铜山西门澳、玄钟、浯屿、南日山、小埕、烽火门，各水寨均设把总，水寨官兵从附近卫所抽调，轮番驻守。在漳州府境内有水寨二，"铜山西门澳，每岁分镇海卫、玄钟陆（六）鳌二所官兵一千八百六十员，名更番备倭，领以把总，以都指挥行事。""玄钟，每岁分镇海卫并铜山陆鳌二所官军一千一百员，名更番备倭，领于卫总，受铜山把总节制。"在泉州府境内有水寨一，"浯屿，原在海外，今移入夏门澳。每岁分永宁漳州二卫官军二千八百九十八员，名更番备倭，领以把总指挥，以控泉州郡之南境。"在兴化府境内有水寨一，"南日山，原在泉州府海外。景泰中奏移于莆田之吉了澳，官府文移仍以南日山水寨称管寨事。有把总分管寨事，有卫总每岁分兴化、平海、泉州三卫官军一千五百十人更番备倭。"在福州府境内有水寨一，"小埕，每岁分附近卫所军士更番备倭。方岳重臣会推指挥之有才略者总督之。"在福宁州境内有水寨一，"烽火门，今移入丰山地方。"②

总之，在明初，凡是大规模的攻、防作战，由朝廷临时命将，组成战时领导机关，调卫所军或京军归其指挥，总兵官称"挂印将军"。后来，由于战争次数多，时间长，"还朝交印"、"军回卫所"制度渐次罢废，"营兵制"逐渐发展起来。同时，还根据需要设置协守副总兵、分守参将、游击将军、守备等官员镇守地方。这样，原来的平时军事领导逐渐摆脱了"五府—把司"领导体制。

---

① 参见肖立军：《明代蓟镇援关营制考略——兼谈明卫所制与省镇营兵制关系》，《天津师范大学学报（社会科学版）》2018 年第 2 期。

② （明）郑若曾：《筹海图编》卷四《福建兵防官考·沿海关寨台烽墩》，《中国兵书集成》第 15—16 册，解放军出版社、辽沈书社 1990 年版，第 340—344 页。

　　可见，明代的军事制度在明初期以卫所制为主，后来逐渐演变为营兵制和卫所制并存交错。"营"和"卫所"起初虽然有密切的联系，但两者分属于两个系统。从军事体制看，即为"战时体制"和"平时体制"的差别。从军事领导看，出现了"五府—把司"领导体制和"总兵—营"领导体制的并存。从军事职能来看，"营"为战斗部队、战略机动部队，而卫所是储备、补充兵源的机构，主要承担非作战防守职能。营兵制的产生，其根源在于明代中央军事统御机构兵部与五军都督府的并立。

　　（2）山东海防三营的设立

　　洪武年间，明政府在山东沿海设立多处卫所，形成了比较严密的海防体系，但卫所各有辖区，分区防御，职权有一定限制，而且卫所均设于海岸线一带，彼此之间依然有相当距离，遇事难以互相支援。

　　倭寇在出动时，往往集中兵力，结伙行动，且行动诡秘，流窜性很强，常常"倏忽而至"、劫掠一番后立即撤走。沿海卫所本来实行分区防御，兵力分散各地，倭寇的流窜作战，的确令沿海卫所防不胜防。

　　为了解决兵力分散的矛盾，同时为了增强海防力量的机动性，遇紧急情况时能够及时增援，永乐年间，明政府在登州组建了相对独立的军事力量登州营，作为海防、抗倭的机动部队。随后不久，明政府在文登、即墨建立类似登州营的文登营和即墨营。当时，登州营、文登营和即墨营，号称"海防三营"。这是明代山东海防部署的重大变化。

　　永乐七年（1409年），设立登州营，位于登州备倭城内。嘉靖《山东通志》的记载是这样的："登州营，在府城北，原系新开海口。宋庆历间，浚池引海水，置刀鱼寨以备北虏。国朝洪武九年，指挥使谢观复疏通海口，湾泊海船，装运登州府库物至辽东交卸，供备军饷；立为登州营，环以砖城，设备倭都指挥一人，总登莱沿海军马。""备倭都司，登州营驻扎，总登莱沿海军马。洪武间设。"①据道光《重修蓬莱县志》记载："七年，建

---

　　① 嘉靖《山东通志》卷十一《兵防》，第4页，明嘉靖十二年（1533年）刻本。

登州营于备倭城内，给符验。"①光绪《增修登州府志》记载："七年，建登州营于备倭城内，给符验。（洪武四年调发卫所兵马造用金宝符及走马符牌，寻改为金符，有诏：调军，省府同覆奏纳，符用宝。）"②

即墨营，原在即墨县南70里金家岭，宣德八年（1433年）移于县北10里。金家岭在今青岛市崂山区石老人北。即墨营设置的具体时间，亦有永乐二年（1404年）、宣德四年（1429年）两种说法，两种说法相差25年。

据乾隆《莱州府志》记载："即墨营：明永乐二年设，在县南七十里金家岭，宣德八年移县北十里。"③据同治《即墨县志》记载："永乐二年，设即墨营，在县南七十里金家岭，宣德八年移县北十里。"④据周如砥撰《驳迁即墨营于胶州议》记载："至永乐间，又立即墨等三营以分控二十四卫所。"⑤另蓝田撰《城即墨营记》记载："即墨未有营也，有之自宣德己酉始，在县治之北十里。海滨诸卫之兵分番于京师，乃选步、骑之精者千有二百人、将领之才者二人，常屯于营，防御倭夷之出没，而贼盗之窃发者，亦责成之，营未有城也，有之自张文博始。"⑥

文登营设立于宣德年间。至于设立的具体时间，有宣德二年（1427年）、宣德四年（1429年）两种说法。据《大清一统志》卷一百三十七《登州府》记载："文登营：在文登县东十里。明宣德二年建，初在县西门内，十年迁此。有土城周三里，东、西、南三门，营当东面之险，今移

---

① 道光《重修蓬莱县志》卷四《武备·营制》，第2页，清道光十九年（1839年）刻本。

② 光绪《增修登州府志》卷十二《军垒》，第3页，清光绪七年（1881年）刻本。

③ 乾隆《莱州府志》卷五《兵防》，第2页，清乾隆五年（1740年）刻本。

④ 同治《即墨县志》卷四《武备·营汛》，第2页，清同治十二年（1873年）刻本。

⑤ 周如砥：《驳迁即墨营于胶州议》。同治《即墨县志》卷十《艺文·文类中》，第69页，清同治十二年（1873年）刻本。

⑥ 蓝田：《城即墨营记》。同治《即墨县志》卷十《艺文·文类上》，第39页，清同治十二年（1873年）刻本。

县城中。"①据光绪《增修登州府志》记载："宣德四年，建文登营，原在文登县城内，十年，始于县东十里筑城。"②可知，文登营原在文登县城西门内，宣德十年（1435 年）移于县城东 10 里。

在此需要说明的是，史料中有关即墨营设立于永乐二年（1404 年）的记载令人费解，而设立于宣德年间的说法似乎更能说得通。备倭都司设立于永乐六年（1408 年），登州营设立于永乐七年（1409 年），而且备倭都司"总登莱沿海军马"。即墨远离莱州府、登州府治，此处偏僻，备倭都司设立之前，为何首先在此地设营？其设立目的究竟是什么，我们不得而知；此外，我们还要注意，如果说即墨营设立于宣德四年（1429 年），那么亦即登州营设立二十年后，方有文登营和即墨营。

（3）山东海防三营的总兵力、兵额数及其来源

海防三营的兵额总数，据《明英宗实录》记载，正统八年（1443 年），"登州、文登、即墨三营，官军三千九百二人，宜令各带家小随营住坐，月粮登州营就本府仓，文登、即墨营就文登、即墨县仓，全关米一石行粮俱住支计算，一年积出行粮二万八千余石……"③

登州营的兵额数，据道光《重修蓬莱县志》记载："设把总指挥二员，团练京操军、中军管队官、千百户三十一员，旗军一千五百二十四名，马五百二十一匹。"④

即墨营的兵额数，明人蓝田在《城即墨营记》中说道："海滨诸卫之兵分番于京师，乃选步骑之精者千有二百人，将领之材者二人，常屯于

----

① 《大清一统志》卷一百三十七《登州府》，《景印文渊阁四库全书》第 476 册，台北商务印书馆 1986 年版，第 695 页；光绪《文登县志》卷一下《关隘》记载同，第 8 页，清光绪二十二年（1896 年）修，民国十一年（1922 年）铅印本。

② 光绪《增修登州府志》卷十二《军垒》，第 3 页，清光绪七年（1881 年）刻本。

③ 《明英宗实录》卷一百零一，第 3—4 页，台北"中央研究院"历史语言研究所 1962 年版，第 2037—2038 页。

④ 道光《重修蓬莱县志》卷四《武备·营制》，第 2 页，清道光十九年（1839 年）刻本。

营，防御倭夷之出没，而贼盗之窃发者，亦责成之。"① 而据乾隆《莱州府志》："万历二十一年，因倭寇屡警，改设守备一员，中军一员，哨官四员，兵丁九百一十九名。"② 万历《莱州府志》记载，即墨营，"因倭警，万历二十一年改为守备府，设守备一员，中军一员，哨官四员，实在军士九百一十九名。"③

文登营的兵额数，据嘉靖《宁海州志》记载："在文登县东北十里，宣德间置……马步旗军一千二百人，官取之诸卫所，军取之宁海、威海、成山、靖海四卫。"④

可见，各营的兵力并不多，每营一般在 1000—1500 人之间，差不多相当于一个普通千户所的兵力。而按照卫所制度，一卫的兵力就达 5600人。由此可以推断，营的地位以及三营指挥官的级别都不可能太高。

嘉靖《宁海州志》的一段记载大体解释了营与卫的关系，即文登营"官取之诸卫所"，军取之各卫。登州营、即墨营的情况也基本如此。

起初，由于没有统一的调度，营与沿海卫所的关系显得十分混乱。如"登州营备倭官军八百六十名，俱青州等卫拨来，而登州官军却拨一百余名南去即墨营备倭。"⑤青州距登州距离很远，青州等卫官兵长途跋涉，调登州营备倭，而登州卫官军却又被调往即墨营。如此安排，的确很不合理。这大约是正统八年（1443 年）的事。

关于官兵的调拨该如何处理，曾有着不同的意见。经过激烈争论，最后达成一致，即登州、文登、即墨三营海防军士，各携带家小"随营住

① 蓝田《城即墨营记》。同治《即墨县志》卷十《艺文·文类上》，第 39 页，清同治十二年（1873 年）刻本。

② 乾隆《莱州府志》卷五《兵防》，第 2 页，乾隆五年（1740 年）刻本。

③ 万历《莱州府志》卷五《兵防》，第 10 页，民国二十八年（1939 年）铅印本。

④ 嘉靖《宁海州志》上《建置三·附》，天一阁藏明代方志选刊续编第 57 册，上海书店1990 年版，第 766 页。

⑤ 《明英宗实录》卷一百一，第 4 页，台北"中央研究院"历史语言研究所 1962 年版，第2037—2038 页。

坐"，所需粮食就近支取。此后，山东海防三营的兵员来源逐渐固定下来。

综合山东沿海各地方志资料可知，山东三大海防营的兵员应该全部来自周边各卫和守御所。需要指出的是，卫和守御所的编制是完全一样的，只是大小不同而已，其兵源都分为 4 个部分，分别是京操军、城守军、屯军、捕倭军。海防营从卫和守御所调拨的，全部是捕倭军。分驻各地的备御所只有少量城守军余，因此海防营的兵员与备御所关系不大。

以文登营为例，其总兵力为 1040 人，具体情况如下：

宁海卫，捕倭军登州营 62 名，文登营 292 名，合计 354 名。

威海卫，捕倭军登州营 126 名，文登营 159 名，合计 285 名。

成山卫，捕倭军文登营 234 名。

靖海卫，捕倭军文登营 213 名。

宁津守御千户所，捕倭军文登营 68 名。

海阳守御千户所，捕倭军文登营 74 名，即墨营 28 名，合计 102 名。

嘉靖《宁海州志》所记载：文登营"军取之宁海、威海、成山、靖海四卫"[①] 的说法，基本是准确的。只不过除了以上四卫之外，还包括宁津守御千户所、海阳守御千户所的捕倭军。

登州营、即墨营的资料有限，情况尚且不明。据可查资料，登州营的兵力：

登州卫，登州营 820 名。

奇山守御千户所，捕倭军登州营 75 名。

宁海卫，捕倭军登州营 62 名，文登营 292 名。

威海卫，捕倭军登州营 126 名，文登营 159 名。其他不详。

即墨营的兵力：

海阳守御千户所，捕倭军文登营 74 名，即墨营 28 名。

---

① 嘉靖《宁海州志》上《建置三·附》，天一阁藏明代方志选刊续编第 57 册，上海书店 1990 年版，第 766 页。

大嵩卫，捕倭军即墨营 246 名。其他不详。

关于即墨营兵员，周如砥在《驳迁即墨营于胶州议》中说道："此鳌、灵七卫所之军，所以驻于即墨营也。"[①] 根据以上材料推断，"七卫所"可能指的是鳌山卫、灵山卫、大嵩卫、安东卫、海阳守御千户所、雄崖所、胶州所。

需要注意的是，营与卫所兵源的关系不是单一的。例如，在以上卫所中，情况最为特殊的是宁海卫、威海卫、海阳守御千户所，宁海卫、威海卫的捕倭军分别隶属登州营、文登营，而海阳守御千户所的捕倭军则分别隶属于文登营、即墨营。

综合以上材料可知，营兵来源于周边各卫所，各卫和守御所的捕倭军，依然隶属于各卫和守御所，而不是完全分属于各营；而卫和守御所的捕倭军，又肯定都与各营有着一定的关系。这种关系，起初可能不是隶属、统属或者调防，而极有可能是仿照京师三营和班军的模式，定期将卫和守御所的捕倭军抽调到各营，集中训练。道光《重修蓬莱县志》、光绪《增修登州府志》对登州营的职能均是这样解释的："团练京操军"[②]、"团练京操班军。"[③] 这样，营的性质就是训练中心，而其主要职能基本就是平日里集中训练，遇战事则用之作战。这与明初设立的"内卫京师、外备征战"的三千营、神机营、五军营等京营极为相似。

（4）山东海防三营的职官设置与级别

山东海防三营的职官设置与卫所有很大不同。永、宣时期，各营军官均为"把总"。到万历年间援朝御倭战争时期，山东海防三营的长官改为守备，在级别上有所提高。

"把总"一职，原在明代京营、边军系统中设置，秩比正七品，低于

---

① 周如砥：《驳迁即墨营于胶州议》。同治《即墨县志》卷十《艺文·文类中》，第 70 页，清同治十二年（1873 年）刻本。

② 道光《重修蓬莱县志》卷四《武备·营制》，第 2 页，清道光十九年（1839 年）刻本。

③ 光绪《增修登州府志》卷十二《军垒》，第 3 页，清光绪七年（1881 年）刻本。

军中统帅千名战兵之千总（守备），麾下约有战兵四百四十人。明初多以功臣、外戚充任。

登州营，据道光《重修蓬莱县志》记载："设把总、指挥二员，团练京操军，中军管队官千百户三十一员，旗军一千五百二十四名，马五百二十一匹。……正统间调去京操马一百三十匹，余存营，立为马步三十队。"[1]光绪《增修登州府志》卷十二《军垒》记载："设把总、指挥各一员，中军管队官千百户三十一员，团练京操班军。"[2]

文登营，据光绪《文登县志》卷一下《关隘》记载："宣德间设把总一员，中军等官二十三员，旗军一千一百四十名，原额马四百一十四匹，正统间调去京操马一百五匹，余存营，立为马、步二十二队。"[3]光绪《文登县志》卷五《职官表一》记载："文登营职官：把总，宣德四年（1429年）设，万历十九年（1591年）裁，改设守备。考明把总无品级、无定员，文登营把总多以指挥兼领，盖为备倭设也。"[4]光绪《增修登州府志》卷十二《军垒》记载："设把总、指挥各一员，中军管队官千百户二十三员。"[5]

即墨营：据乾隆《莱州府志》记载："设把总二员；万历二十一年（1593年），因倭寇屡警，改设守备一员、中军一员、哨官四员。"[6]据同治《即墨县志》记载："设把总二员。"[7]

除了职官设置的不同之外，卫所官员是可以世袭的，而海防三营的把总、守备等官职不可以世袭，是一种流官。可见，山东海防三营是一种截

① 道光《重修蓬莱县志》卷四《武备·营制》，第2页，清道光十九年（1839年）刻本。

② 光绪《增修登州府志》卷十二《军垒》，第3页，清光绪七年（1881年）刻本。

③ 光绪《文登县志》卷一下《关隘》，第8页，清光绪二十二年（1896年）修，民国十一年（1922年）铅印本。

④ 光绪《文登县志》卷五《职官表一》，第23页，清光绪二十二年（1896年）修，民国十一年（1922年）铅印本。

⑤ 光绪《增修登州府志》卷十二《军垒》，第3页，清光绪七年（1881年）刻本。

⑥ 乾隆《莱州府志》卷五《兵防》，第2页，清乾隆五年（1740年）刻本。

⑦ 同治《即墨县志》卷四《武备·营汛》，第2页，清同治十二年（1873年）刻本。

然不同于卫所制度的军事单位。

从海防三营军官的调任与升迁可以了解军官的级别。以文登营为例，光绪《文登县志》卷五《职官表一》、光绪《增修登州府志》中所记载的历任把总、守备共29人，其中20人明确记载其原任职衔、任职地点和机构。

明宣德四年设文登营把总，主要将领有：

王雄，景泰间任，曾任捕倭明威将军，指挥佥事。

袁琼、王柱、王梦、李鉴等人只有名字，其他情况不详。

王恺，弘治二年（1489年）威海卫指挥佥事，任掌印，历文登营把总。

石守忠，嘉靖二十八年任成山卫指挥佥事。历文登营把总、备倭都司。

李瀛，千户谦子。正德十二年袭千户，调福山所，后陞宁海卫指挥，历文登营把总、山东都司领秋班，授护国大将军（正德十二年，嘉靖十九年任福山中前所副千户）。

刘绍远，登州卫人；商之霖，靖海卫人，其他不详。

李桢，万历间任宁海卫掌印，历文登营把总。

刘平，正德间任威海卫掌印，六年，流贼近城，以炮击之，遁去，历文登营把总。

侯永沐，万历间任宁海卫指挥使，历文登营把总。

袁贡，武举，嘉靖间任成山卫指挥佥事，历登文二营把总。

万历十九年，文登营改设守备，将领有：

罗袍，莱州卫指挥，十九年任。

王建极，安东卫同知，二十年任。

张楷，济宁卫署佥事，武进士，二十一年任。

杨如松，安东卫佥事，二十三年任。

裴虞度，二十四年任；铠子，隆庆间袭登州卫指挥同知，历文登营守备。

王家将，安东卫指挥，二十五年任。

李茂实，青州卫同知，三十二年任。

戈定远，临清卫指挥，三十六年任。

费惠，济南卫佥事，武举，三十九年任。

胡来贡，东昌卫佥事，四十年任。

彭云翮，莘县武进士，四十四年任。

周鸿谟，四十八年任，详防抚中军。

天启年间，房可宗任文登营守备，益都人，四年任。

在以上把总、守备中，来自山东沿海卫所者有 15 人，占四分之三，其中威海卫 2 人，宁海卫 3 人，成山卫 2 人，安东卫 3 人，靖海卫、登州卫、莱州卫、青州左卫各 1 人。

由此可见，文登营把总、守备多由山东沿海卫所官员调任，少数由山东内陆卫所官员调任。登州营、即墨营的情况想必也大致如此。

（5）营的性质及其营卫关系

有人认为海防三大营对沿海卫所有分控之权，或者认为营官可以节制、控御相关卫所。当然，这种认识不是无缘无故产生的，而是来源于史书、史料中的相关记载。如郑若曾在《筹海图编》中记载："登州营……登、莱二卫，并青州左卫俱隶焉"，"文登营……宁海、威海、成山、靖海四卫俱隶焉。"[1] 周如砥在《驳迁即墨营于胶州议》中说："永乐间又建即墨等三营，以分控二十四所……"[2] 光绪《文登县志》记曰："（文登营）设把总为营官，多以指挥为之，盖以节制三卫，联络声援。"[3]

---

① 《筹海图编》卷七《山东事宜》，《中国兵书集成》第 15—16 册，解放军出版社、辽沈书社 1990 年版，第 455—456 页。

② 周如砥：《驳迁即墨营于胶州议》。同治《即墨县志》卷十《艺文·文类中》，第 69 页，清同治十二年（1873 年）刻本。

③ 光绪《文登县志》卷一下《关隘》，第 8 页，清光绪二十二年（1896 年）修，民国十一年（1922 年）铅印本。

　　以上史料中，在谈到营与卫所的关系时常用"隶"、"分控"、"节制"等字眼，如果按照现代汉语的理解，自然会理解为卫所隶属于"营"，或者把"营"看作备倭都司和卫所之间的一级军事机构。在这里，有一个很大的疑问。营官的级别较低，与卫的长官几乎平级，"营"所辖兵力只有一千多人，而且其兵力依然隶属于各卫和守御所，并没有完全独立出来。他如何去节制多个卫所呢？从这些情况来看，原先那种认为"营"是备倭都指挥使司和卫的中间军事指挥机构的说法，是缺乏说服力的。

　　换一个角度来看，如果"营"是介于都司和卫所之间的军事单位，那它的兵额数则包括所辖各个卫所的兵额数。如果是这样的话，它所辖军队数量则极为庞大，绝不是区区一千多人。以"八路军 115 师"的编制为例，师下辖 343 旅、344 旅及师直独立团、骑兵营、炮兵营、工兵营、辎重营、教导营，全师共 15000 人。

　　从职官级别、兵员来源等可以看出，营与卫所之间绝对不可能是上下级的隶属关系。山东海防三营与沿海卫所的关系类似于京营和卫所。在起初，海防三营很可能是效仿了京营和"京操班军"的做法，平日进行训练，提高战斗力，有战事则用之作战。两者的差别不能单纯理解为战时体系和平时体系的差别。在明代军事体系中，卫所与营从明朝初年就是并存的。营制偏重于作战，卫所则偏重军政的说法，也不准确。卫所分驻各地，分区防御，承担的本来就是作战和防御任务。

　　总之，营和卫所是两种截然不同的军事单位，又是并存的。不能把两者完全对立起来，也不能把两者生硬绑在一起。

　　"营"的职官设置、兵员来源等与传统的卫所制度有很大差别。营与卫所的职能各有侧重，卫所基本上是各有辖区，分区防御，而海防三营基本上是分区"控御"，遇有战事，与控御范围内的卫所相配合、相呼应。而三营之间又互为犄角，彼此策应、支援。这种策应、支援主要是战略上的。倭寇一旦侵扰某处，在当时的交通、通讯条件下，就近的"营"要想迅速支援，是难以做到的。因为，往往等不到支援部队赶到，倭寇可能已经劫掠完毕，迅速撤退。

卫所制度和营的设立，其实是各有利弊的。这反映了在军事思想上"分守各地"还是"集中兵力"的矛盾。永乐十三年（1415年）开始，明政府开始实行京操制度，山东沿海各卫和守御所的京操军分春秋两班入京操练；三营陆续设立后，卫所的捕倭军又调至沿海三营集中操练，这样一来，沿海卫所兵力骤减，抵抗倭寇的能力反而下降了。在当时，找不到一个更好的办法来解决"分守"与"集中"这一矛盾，所以出现了营和卫所并立的局面。

此前，有很多人曾认为明代山东建立起为"营—卫所—寨—司—墩堡"的海防体系，其实是一种误解。在这种说法中，很多根本就不属于一个系统的元素被混杂在一起，无法形成一个严谨的体系。

就海防体系而言，不同的角度可以有不同的解释。从兵制来看，主要是卫所制度，卫所由都司统辖。卫下有千户、百户所，百户所下有总旗、小旗。营是一种独立的军事单位，与都司、卫所并存。营与卫所之间也没有上下级的隶属关系。

从海防筑垒看，府县各有城池，卫所也有城池或者军寨，分驻各地的备御所亦修有大小不等的军寨，而卫所分别管辖有数个或者十几个烟墩。"寨"不是一级军事单位，只是军队驻扎的营寨而已。巡检司严格来说属于地方行政系统，不属于军事系统。因此，所谓的"都司、营、卫所、寨、司、墩堡"的防御体系的说法是不严谨的。这只是人们的一种感性认识而已。

3.舟师巡海与山东沿海的水师

（1）舟师巡海

明朝初年，明政府试图建立和扩大舟师，通过舟师巡海制度来保证沿海安全，"每春以舟师出海，分路防倭，迄秋乃还。"①。针对倭寇在海上活

---

① 《明史》卷九十一《志第六十七·兵三》。

动的特点，洪武三年（1370年）七月，"置水军等二十四卫，每卫船五十艘，军士三百五十人缮理，遇征调则益兵操之。"① 洪武四年（1371年），命靖海侯吴祯征召方国珍旧部温、台、庆元三府军士及兰秀山（今浙江定海县北海中）无田粮之民凡十一万余人，隶各卫为军，练兵防倭。洪武五年（1372年），朱元璋命浙江、福建造海舟防倭，特别是多橹快船。洪武六年（1373年），从德庆侯廖永忠建议："令广洋、江阴、横海、水军四卫添造多橹快船，以将领之，无事则巡徼，以备不虞。倭来则大船薄之，快船逐之"。随后又任吴祯充总兵官，领四卫兵士、京师及沿海诸卫军悉听其节制。据《明会要》记载："沿海卫所，每千户所设备倭船十只，每百户船一只，每卫五所，共五十只。每船，旗军一百户，春夏出哨，秋冬回首。月支行粮四斗，船有亏折、有补造、损坏者，军自修理"。洪武二十三年（1390年），从卫卒陈仁言，造苏州太仓卫海舟。旋令滨海卫所，每百户及巡检司各置船二，巡海上盗贼。

在大规模的水师建成之前，明政府主要依靠派遣重臣巡视海上的方式加强海防，每隔几年即派一大臣出海巡视一次。

洪武六年三月，明太祖诏令"以广洋卫指挥使于显为总兵官，横海卫指挥使朱寿为副总兵，出海巡倭"②。洪武十七年（1384年），命信国公汤和巡视海上。后又命重臣勋戚魏国公徐辉祖等分巡沿海。永乐六年（1408年），明成祖命丰城侯李彬等沿海捕倭。又招岛人、疍户③、渔丁为兵，防备益严。以上措施都反映出，明政府采取的是一种积极防御的海防策略。

永乐十七年（1419年），倭寇侵扰辽东，总兵官刘江歼之于今辽宁金县东北之望海埚。倭寇损失惨重，心生忌惮，此后百余年间没有大规模的

---

① 《明太祖实录》卷五十四，第2页，台北"中央研究院"历史语言研究所1962年版，第1061页。

② 《明太祖实录》卷八十，第5页，台北"中央研究院"历史语言研究所1962年版，第1455页。

③ 旧时对水上居民的称呼，主要从事渔业或水上运输业，多以船为家。出自（明）宋应星：《天工开物·珠》。

侵扰活动。明政府仍按惯例，数年派一大臣巡视。

（2）明代山东沿海的水师

明朝初年，在东南沿海地区，水军已具有一定实力。明初水军，按 55 艘至 100 艘船组为 1，是水军的基本组成单位，各分属沿海各水寨，每寨最少 1。计有福建 5 水寨、浙江宁海 6 总寨、山东莱州 8 总寨，共辖 48 个水寨。沿海每百户所和巡检司还各配战船 2 条。据不完全统计，明初在东南沿海的船数为：广东 300 条，福建 137 条，浙江 448 条。

明朝初年的海防方针是"防御之法，守海岛为上"。为了巩固近海岛屿及海岸，必须派战船出外海巡哨和拦击，每春出海，迄秋招还，海上遇敌，"大船薄战，快船逐之"[1]，因而明初强调制造"多橹快船"。

当时，最大的战船为福建造的大福船，铁、木合制的船身，巨大坚实，枪楼 3 重，双帆桅，上设木女墙及炮床，可以卧射佛郎机炮，缘梯上下有 4 层，最下层为寝室，有水柜及必要生活设备。其次有海沧、开浪等船。大福船可容百人，其余三五十人不等。那时的战船，全靠人力、风力行船，越大越笨而不灵活，不适于近海港湾作战。

明朝初年，在以偏重于"陆岸防御"的海防战略思想指导下，为防御倭寇对沿海的侵扰，明政府在北起辽东、南至海南岛的中国沿海，构筑以卫城、所城为骨干，堡、塞、墩、烽堠和障碍物相结合的军事工程措施，并于洪武十七年（1384 年）划分了辽东、山东、直隶（今江苏、安徽）、浙江、福建、广东、北平（北京、天津和河北部分地区） 7 个防区。在北方，主要是加强辽东半岛和山东半岛的筑城设施。后来，由于采取禁海政策，不许民间帆船下海，再加上水师的建设要受造船技术、航海经验等条件的制约，明政府对水师建设有所忽视。

对于明朝注重海岸防御、忽视水师的做法，郑若曾在《山东预备论》一文中提出异议，并提出了建议，他说："山东诸郡，民性强悍，乐于战

---

[1] 《明史纪事本末》卷五十五《沿海倭乱》。

斗。倭之短兵，不足以当其长枪劲弩；倭之步战，不足以当其方轨列骑。万一至此，是自丧其元也。所虞者，登莱突出海中，三面受敌，难于堤备，国朝专设备倭都指挥一员，巡海副使一员，分驻二郡，卫所森严，墩堡周备，承平日久，不无废弛，申明振厉，庶几其无患乎？虽然倭船至岸而后御之，亦末矣，孰若立水寨、置巡船，制寇于海洋山沙，策之上也。"[①]郑若曾的建议很有见地，但真正实行起来却不容易。建设水师不仅需要强大的经济基础，而且还需要造船技术、航海经验、海战经验等一系列条件，再加上明政府始终采取放弃海洋、强化陆岸防御的海防策略，致使其在水师的建设上一直处于踟蹰不前的艰难境地。

据《明会要》载，洪武初年，"沿海卫所，每千户所设备倭船十只，每百户船一只，每卫五所共五十只。每船，旗军一百户"[②]。这可能是对东南沿海卫所的要求，也可能是统治者的一种设想。在地方志中，关于山东沿海卫所水军与备倭船的记载很少，具体情况不详。

在山东，海防的重点是登州和莱州。据史料记载，在莱州和登州是有水军的。《即墨县志》曾记载，明朝初年在山东莱州府制定了水军"海哨"之制，作为防倭之法："卫所既设官兵，又制有数百料大船、八橹哨船、若风尖快船、高把哨船、十桨飞船凡五等，以三四五月出哨，谓之大汛七八九月出哨，谓之小汛。盖倭船之来视风所向，清明后风自南来，重阳后风起自北，皆不利于行故也。"[③]

嘉靖二十五年至三十五年（1546—1556 年），登州水师总共拥有战舰50 艘，不计后勤补给人员，约有官兵三千人，分为水左营、水右营、水前营、水后营、水中营 5 营 10 哨，其中以福船 2 艘、海苍 1 艘、艟 2 艘编为 1 哨，设哨官 1 人，2 哨为 1 营，设领兵官 1 人。平时，水左、水右、

---

① （明）郑若曾：《山东预备论》，第 15 页。《万里海防图论》，"丛书集成续编"，第 243 册，新文丰出版公司印行，第 752 页。

② 龙文彬：《明会要》，中华书局 1956 年版，第 1195 页。

③ 乾隆《即墨县志》卷四《武备志》，第 5—6 页，清乾隆二十九年（1764 年）刻本。

水前、水后4营舰船，各以1哨出海巡察，另1哨则在港内休整训练，即平常日共有4哨20艘战舰在登州海面游弋巡防；水中营则把守天桥口和振扬门，负责水城警戒防务。水师府设于水城内。

后来，登州水师的设置发生了一些变化。据光绪《增修登州府志》记载："（天启）二年，设登莱总兵。时陆师为陆左、陆右、陆中、陆前、陆后、陆游、火攻7营，水师为水左、水右、水中、水游、平海5营。水营或领以参将，或领以游击，悉听防抚提调。后又设辽东总兵。挂征房前将军印号东江大帅。（崇祯）十一年，移总兵镇临清，登州设城守营，并十二营为六营，水陆各左、中、右三营。每营设将军一员，中军一员，千总一员，把总二员，共官兵9197员。"①

登州水师的战舰主要有福船、海苍、艟3类。福船是登州水师的主力战舰，吃水1丈2尺，高大如楼，内部分为4层，可容百人，"诚海战之利也"②。海苍船小巧灵活、迅捷，一般吃水7—8尺，容30—50人，"头锐，四桨一橹，其行如飞，不拘风潮顺逆皆可航行"③。较海苍更小者为艟，即苍山船。苍山船形体较小，只容37人，其中捕盗、舵工、椗手、缭手各1名，甲长3名，水兵30名。"苍山船首尾皆阔，帆橹并用。橹设船傍近后，每傍五枝，每枝五挑，挑二人，以板闸跳出，露首于外……戚继光云：倭舟甚小，一入里海，大福海苍不能入，必用苍船逐之，冲敌便捷"④。

无论从战舰数量、战舰规模，还是从战舰的作战性能来看，登州水师还是具有一定实力的。黄克缵（1550—1634）是福建晋江梅林人，万历八年进士。曾任山东左布政使。万历二十九年，升任右副都御史，巡抚山东。他在《东牟观兵夜宴蓬莱阁》碑刻诗中这样赞美登州水师："天光海

---

① 光绪《增修登州府志》卷十二《军垒》，第5页，清光绪七年（1881年）刻本。
② 谢国桢：《明代社会经济史料选编》（上），福建人民出版社1980年版，第235页。
③ 《明史》卷九十二《兵四》。
④ 《明史》卷九十二《兵四》。

色春相映，叠鼓鸣箛夜急催。鳌首三山含雾动，潮头万马拍空来"。然而，由于通信及其他条件的限制，水军在当时没有发展成为独立的军种，而是一直按防御区域的划分，受地岸防守官指挥。

万历年间，又重新加强了莱州水师，直接原因是抗倭援朝战争加强海防的需要，另一方面则是因为莱州海防地位的重要。据万历《莱州府志》记载：莱州"齐东山川辽阔，淄青胶密之间自汉来时有反侧，故国初多设营卫，近岛寇，震邻仓，卒莫知为计，夫是以益讲于兵，而莱人旧不能操舟，贼来何计遏之海上？故又设战船，势不得不以南人领之矣。"①

莱州水师不是独立的，而是属于莱州营的一部分。据乾隆《莱州府志》记载："在府城内。明万历二十五年，以倭警创设参将一员，统领全营。……设把总六员，分掌六营，各有署一所，每营哨官五员，共三十员。各营房一所，马步兵三千名。二十六年，以都司管参将事。二十九年，以游击管参将事。（万历）三十年二月，知府龙文明以倭寇警，议请添水寨一营，在三山下。设把总一员，哨官二员，沙船十三只，唬船六只，水兵四百一十八名。九月裁减营员，止存把总五员，哨官十二员，兵三千四百余名。"②另据乾隆《掖县志》记载："郡守龙文明又请准三山岛设水师营弁丁，继设登莱防院、海防道厅各官。今水营防院虽省，而道厅仍司之。"③

可见，在山东，除了在莱州、登州水城驻有一定规模的水师，各卫所分别设有一定数量的备倭船外，其他海疆各处所置战船甚少。与东南沿海地区的水师相比，山东水师的规模要小得多。

总之，由于明王朝长期实行海禁政策，其在军事上基本上采取了放弃海岛，将岛屿军民撤于陆地的消极防御战略，水师的规模受到很大限制，这在全国都是一个比较普遍的问题。另一方面，由于明王朝对登州、莱州海防十分重视，实行了较为严密的海防措施，登州、莱州沿海卫所的防御

---

① 万历《莱州府志》卷五《兵防》，第9页，民国二十八年（1939年）铅印本。
② 乾隆《莱州府志》卷五《兵防》，第1页，清乾隆五年（1740年）刻本。
③ 乾隆《掖县志》卷二《海防》，第84页，清乾隆二十三年（1758年）刻本。

体系建设以及登莱水师的建设相对完备，对于防止倭寇侵扰、防卫海疆起
到了十分重要的作用。以至明洪熙以后，山东海疆并没有发生严重的紧急
状况。

4. 王徐营、莱州营、潍县营

明代中期以后，随着土地兼并的日益严重，卫所制度遭到破坏，卫所
兵额缺员太多，卫所战斗力减弱，而且出现了兵源不继的状况。为了解决
以上问题，明政府不得不采用招募等形式，扩大兵源。

募兵制大约开始于正统二年（1437 年），募兵的对象多为失业农民，
各种形式的民间武装组织也是招募的重要对象。

弘治七年（1494 年），明政府实行金民壮法，以征兵的形式成立民壮
队伍。即按州县大小，规定出兵数，一般以里（110 户为 1 里）作为征兵
单位。州县七八百里以上者，每里金兵 2 人，五百里者金 3 人，三百里
者金 4 人，百里以上金 5 人。平时由都司或卫所训练，战时，发给行粮，
听调出征。嘉靖二十二年（1543 年），"增州县民壮额，大者千人，次
六七百，小者五百。"

通过招募方式而组成队伍，在编制上以营哨制为主，即军队的编制单
位为："营—总—哨—队—什"，这与原先的卫所制度"卫—千户所—百户
所—总旗—小旗"的编制结构有明显的不同。嘉靖四十二年（1563 年），
浙江巡抚赵炳然在《海防兵粮疏》中这样描述营哨制度："浙江之兵，原
系募用土人，并非卫所尺籍，所用头目或名把总，或名千总，或名哨官、
队长。所部各兵或六七百名，或四五百名，或一二三百名。把总不必同于
千总，千总不必多于哨官，权齐心异，似无体统。臣都同三司各道及总参
等官，会议兵额。除水兵因船之大小，布港之冲僻，祗应出哨按伏打截，
不在营伍之例外，其于陆兵，仿古什伍之制，五人为伍，二伍为什，外立
什长一名。三什为队，外立队长一名。三队为哨，外立哨官一员。五哨为
总，外立把总一员。五总为营，俱属主将一员，与高标旗纛、哨探健步、
书医家丁等役，俱统领之。举一营而各营无不同也，举一总一哨一队，而

各总哨队无弗同也。"① 另外，戚继光《纪效新书》卷一《束伍篇》记载的编制是营、司、哨、旗、队，称呼虽然不完全相同，但编制基本是一样的，一营三千人左右。与过去的卫所制度相比，营哨制度有自己的优点：一营的人数有多有少，不甚规整，但不像卫那样庞大（卫的编制为5600人），管理层次也有所简化，因此比较灵活，机动性更强。

到了嘉靖后期，水军也逐渐放弃了原先的卫所制，改为营哨制。如戚继光的水军，1艘战船是一个编制单位。船设捕盗（船长）1人，航海保障人员（包括舵工、缭手、扳招手、碇手等）若干名，战斗士兵若干甲，每甲10人，设甲长1人。联5艘战船为1哨，2哨为1营（司），2营为1部，从而形成了部—营（司）—哨—船的组织编制。除了军队编制发生变化之外，军官的名称也开始发生变化，由原先的"卫指挥使、千户、百户"等，改为"参将、守备、把总、哨官"等。总之，到了明朝后期，在兵役制度上，世兵制和募兵制并行；在军队编制上，卫所制度和营哨制并行。

明朝后期，明政府先后在山东半岛北部沿海莱州境内设立王徐营和莱州营，在青州府境内设潍县营、青州营。王徐营、莱州营和潍县营均是因战事而设，特别是潍县营，在战时基本结束后随即裁撤。

据乾隆《莱州府志》记载，王徐营"万历二十一年设，守备一员，中军一员，哨官三员，兵五百名。演武场在城南。"②

莱州营"在府城内。明万历二十五年，以倭警创设参将一员，统领全营。……设把总六员，分掌六营，各有署一所，每营哨官五员，共三十员。各营房一所，马步兵三千名。二十六年，以都司管参将事。二十九年，以游击管参将事。三十年二月，知府龙文明以倭寇警，议请添水寨一营，在三山下。设把总一员，哨官二员，沙船十三只，唬船六只，水兵

---

① 赵炳然：《海防兵粮疏》，《明经世文编》卷二百五十二。
② 乾隆《掖县志》卷二《营制》，第81页，清乾隆二十三年（1758年）刻本。

四百一十八名。九月裁减营员，止存把总五员，哨官十二员，兵三千四百余名。"①

潍县营"在潍县城内。万历二十五年，因朝鲜及倭警，设游击一员，中军守备一员，把总五员，哨官二十三员，兵三千名，以防北海，未几裁。"②

青州营"设自明季，其兵丁于青州道属州县抽调团练，快手五十名，民壮九百二十四名，自备马五十匹。又募主兵五百一十八名，自备马匹五十匹，共兵一千四百九十二名，马一百匹，守备一员，中军指挥一员，把总四员，俱于卫弁内遴委，所辖青州一营、青州安东二卫、莒州诸城二所塘头石臼二寨，沿海高家港、南龙湾等五巡司，春秋二汛，赴海巡防。后又添官兵至一千七百六名。"③其中，"主兵"指当地筹建的兵力，与"客兵"相对。"快手"指善射的士兵，旧时衙署中专管缉捕的差役。据咸丰《青州府志》记载："青州兵备道衙门，自明正德年设，时青营守备、千总及马步兵丁俱属道辖，外又部推道标守备一员，把总二员，标兵三百名，后减为二百名。"④

二、明代山东沿海的巡检司与地方武装

1.巡检司

（1）巡检司制度的规范化

按明朝初年官制，一县之主官为知县，掌一县之政令，教养其民，称"知（主持）某县事"，简称"知县"，官秩多是七品；知县之下以县丞、主簿、典史等辅之，县丞理河渠、军政、粮马，正八品，而主簿主要负责

---

① 乾隆《莱州府志》卷五《兵防》，第4页，清乾隆五年（1740年）刻本。

② 乾隆《莱州府志》卷五《兵防》，第4页，清乾隆五年（1740年）刻本。

③ 咸丰《青州府志》卷二十九《考六·兵防考》，第4—5页，清咸丰九年（1859年）刻本。

④ 咸丰《青州府志》卷二十九《考六·兵防考》，第4页，清咸丰九年（1859年）刻本。

巡捕、征税粮之事，正九品。典史，是知县下面掌管缉捕、监狱的属官，无品阶，属于未入流（九品之下）的文职外官。原本职责是"典文仪出纳"。但典史职务均由吏部铨选、皇帝签批任命，属于"朝廷命官"。洪武十三年，典史的月俸是月米 3 石。

在明代海防体系中，沿海巡检司起着不可忽视的作用，但巡检司属于行政而非纯军事系统，相当于今天的公安派出所。巡检司归属各县，由典史管辖。

巡检司是元明清时期县级衙门所属的基层组织，常简称为巡司。巡检司之设，始于五代，盛于两宋，元明仍沿袭宋金遗制，元朝时，巡检司通常为管辖人烟稀少地方的非常设组织，其功能性以军事为主，但没有行政裁量权，也没有常设主官。明朝依其例沿用，不过与此前不同的是，明代的巡检司被赋予了一定的行政权力。

从明朝初年开始，朱元璋即把小农阶层的稳定当作长治久安的核心问题，并围绕对小农阶层的社会控制问题，建立了黄册制、里甲制、里老人制及相应的人口政策等一系列制度，而巡检司制度与里甲制、里老人制度紧密关联，是明朝加强基层社会控制制度体系中的重要一环。

洪武元年（1368 年）以后，全国各地普遍、大量设置巡检司。洪武十三年（1380 年）八月，定天下巡检为杂职。十月，吏部曾一度裁汰天下巡检司 354 司，"凡非要地者悉罢之"[①]。洪武十七年（1384 年）十月，改巡检司巡检品级为从九品。此后，明代巡检司日趋制度化、规范化。巡检司统一设置及其制度化、规范化，加之置撤相对灵活，是其深受统治者重视以及此后能够逐步承担地方行政事务的基本前提。根据《大明会典》及各地方志的记载，明代大多数州县不仅设有巡检司，而且在许多州县内还设有多处巡检司。

---

① 《明太祖实录》卷一百三十四，第 2 页，台北"中央研究院"历史语言研究所 1962 年版，第 2123 页。

　　洪武二十六年（1393年），明政府又明文规定，在凡天下要冲去处设立巡检司，任务是盘诘往来奸细、贩卖私盐犯人、逃军、逃囚，以及无文引、面生可疑之人，同时规定军民人等往来出乡百里者，既有巡检司按验文引。运船马快商贾等船，经由津渡巡检司者，也要按验文引。

　　巡检司一般设于关津要道要地。朱元璋曾敕谕天下巡检说："朕设巡检于关津，扼要道，察奸伪，期在士民乐业，商旅无艰。"[1] 万历《大明会典》载："关津，巡检司提督盘诘之事，国初设制甚严。"[2]

　　巡检司的官员称巡检，在明清两代均属于文职人员。明洪武时期，巡检的品秩曾一度为正九品，洪武三十年后定为从九品，处县杂职之列，可见其官位等级是很低的。巡检只统领相应数量的弓兵[3]，实为州县所属捕盗官，归当地州县管辖。巡检司执役之人由乡兵充任，乡兵由丁粮相应人户内佥点，一年更替轮换。

　　可见，巡检司的主要职能是稽查往来行人，打击走私，缉捕盗贼，维护地方治安。据《明史》卷七十五《职官志》中记载"巡检司。巡检、副巡检，主缉捕盗贼，盘诘奸伪。"[4] 但在很多地方，巡检司的职责并不限于把守关津要道、盘查过往行人等，而是可以直接参与地方社会控制的。所在地方的盗贼缉捕、治安巡防、震慑甚至镇压寇乱等，也是巡检司的重要任务。不过，巡检不能参与地方钱粮、司法等其他事务，即巡检虽然可以缉捕盗贼、捉拿犯人，却不允许插手词讼。

　　明代巡检司所辖弓兵属于地方性武装力量，具有军事武装性质，因此巡检司可视为地方性军事机构。另据《明太祖实录》记载，巡检司的设

---

　　① 《明太祖实录》卷一百三十，第1页，台北"中央研究院"历史语言研究所1962年版，第2059页。

　　② （明）申时行修，赵用贤等纂：《大明会典》卷一百三十八《兵部二十一·关津一》。

　　③ 弓兵，表面上看是指以弓、弩等轻型抛射兵器作为作战装备的兵种，其实在中国古代，"弓兵"是一个专有名词。在宋、元年间，弓兵是负责地方巡逻、缉捕之事的兵士，属巡检司（县尉）。明、清时，"弓兵"属典史管辖。

　　④ 《明史》卷七十五《志第五十一·职官四》。

置、裁撤、考核皆由兵部掌管。万历《大明会典》有关巡检司的内容载在第一百三十八卷至第一百三十九卷《关津》项下，按六部划分在兵部第二十一至第二十二。很多地方志也将巡检司列入"兵防"、"军政"。但是明代的巡检司毕竟不是正规的军队，巡检所统领的不过是从当地农民中金点的"弓兵"，而且巡检司属地方州县领导，没有独立的系统，故亦有人将其归入地方行政系统。总之，巡检司是维护基层社会稳定的基层机构，类似于现如今的基层警政机构"派出所"。而沿海巡检司，则与如今沿海一带的边防派出所极为相似。

巡检司与明代里甲制度、里老人制度相互配合，在基层社会控制方面发挥着至关重要的作用。特别是对那些外出在路途中处于流动状态的人口的控制，以及对地僻人稀、未能建立里甲制度的地方的全面有效防控方面，巡检司的作用则显得尤为突出。

巡检司与卫所制度相关联，是卫所制的有益补充。由于正规军队的数量有限，卫所不可能遍布广大乡村，因此巡检司制度正好弥补了卫所制度之不及。况且巡检司弓兵无需国家供养，大大减轻了政府的财政负担。最为重要的是，明代海防防御的主要对象是倭寇、海盗等，而巡检司盗贼缉捕、治安巡防的职能，与沿海卫所等正规海防部队的功能完全一致。也正是由于这个原因，巡检司被视为海防力量的有力补充。

（2）山东沿海巡检司的设置与分布

明代时，山东海防以青、登、莱三府的地位最为重要。然而，山东海疆"环海二千余里之遥"，口岸众多，需要设防的地方实在太多，而卫所军力有限，只能防控于最为关键的重点地区。当时，沿海一带的经济尚不够发达，人口亦比较稀疏，在广大空旷地带建立巡检司，则成为巩固海防的重要辅助措施。

明政府对沿海巡检司在海防中的地位有十分明确而深刻的认识。据《明孝宗实录》记载，山东按察司副使赵鹤龄言"青、登、莱三府属县，

国初设巡检司二十，每司弓兵百人，防御海寇。"① 万历《乐安县志》中
说："盖弓兵属于巡检司，以备干橹，而民壮有守城之役，此则以备海
防云。"② 据统计，明代时，在登、莱、青三府辖境中的沿海巡检司达二十
多处，它们与沿海卫所一样，成为明代山东抗击倭寇的主要基层组织
机构。

①登州府境内的巡检司

据顺治《登州府志》记载，明代登州府境内共设有巡检司 10 处③，分
别为：

杨家店巡检司，属蓬莱县，在蓬莱县城东南 60 里，洪武九年设，设
巡检 1 员，守城弓兵 21 名，守墩弓兵 9 名，下辖烟墩 3 座，曰黄石庙，
曰城后，曰石圈。康熙十六年裁。

高山巡检司，属蓬莱县，在蓬莱县城东 80 里朱高山，元设之，明因
之，设巡检 1 员，守城弓兵 24 名，守墩弓兵 6 名，下辖烟墩 2 座，曰大山，
曰高山。康熙十六年裁。另据《明史》记载："高山巡检司，本置于海中
沙门岛，后迁砅高山下。"④

马亭镇巡检司，属黄县，在黄县县城西 40 里，金设之，明因之，洪
武三十一年移至白沙，设巡检 1 员，守城弓兵 15 名，守墩弓兵 15 名。康
熙十六年裁。

东良海口巡检司，属招远县，在招远县城西北 50 里寨内，明初设，
设巡检 1 员，守城弓兵 24 名，守墩弓兵 6 名。乾隆三十年裁。

孙夼镇巡检司，属福山县，在福山县城西北 35 里，洪武九年设，洪
武三十一年移至西北 20 里浮栏海口，设巡检 1 员，守城弓兵 20 名，守墩

①　《明孝宗实录》卷五十二，第 1 页，台北"中央研究院"历史语言研究所 1962 年版，第
1025 页。

②　万历《乐安县志》卷十《兵防》，明万历三十一年（1603 年）刻本。马小林等主编：《明
代孤本方志选》第 5 册，中华全国图书馆文献缩微复制中心 2000 年版，第 64 页。

③　顺治《登州府志》卷五《武备》，第 15—16 页，清康熙三十三年（1694 年）刻本。

④　《明史》卷九十《志第六十六·兵二·卫所、班军》。

弓兵 9 名,下辖烟墩 3 座,曰旗掌,曰塔山,曰岗崙。顺治十二年裁。

行村寨巡检司,属莱阳县,在莱阳县城南 90 里,景泰二年设,设巡检 1 员,守城弓兵 22 名,守墩弓兵 9 名,下辖烟墩 3 座,曰高山,曰田村,曰灵山。雍正十三年裁。

乳山寨巡检司,属宁海州,在宁海州城西南 140 里,宋设之,明因之,设巡检 1 员,守城弓兵 21 名,守墩弓兵 3 名,守堡弓兵 4 名,下辖烟墩 1 座,曰里口。雍正十三年裁。

对乳山寨巡检司所辖之墩与堡,顺治《登州府志》记曰:"乳山寨巡检司(墩)一座,曰里口"①、"乳山寨巡检司(堡)二座,曰长角岭,曰高庄。"乾隆《续登州府志》记曰:"乳山寨巡检司墩三座:里口、长角岭、高家庄。"② 光绪《增修登州府志》则记曰:"乳山寨巡检司墩一堡二。"③

辛汪寨巡检司,属文登县,在文登县城北 90 里,洪武九年设,宣德九年移至长峰寨,设巡检 1 员,守城弓兵 27 名,守墩弓兵 3 名,下辖烟墩 1 座,曰辛汪。康熙十八年裁。

温泉镇巡检司,属文登县,在文登县城东北 90 里,金设之,明因之,宣德九年移至古峰寨,雍正十三年裁。设巡检 1 员,守城弓兵 24 名,守墩弓兵 6 名,下辖烟墩 2 座,曰可山,曰半月山。

赤山寨巡检司,属文登县,在文登县城东南 120 里,洪武九年设(缺),设巡检 1 员,守城弓兵 27 名,守墩弓兵 3 名。嘉靖三十五年裁。

登州府境内所设巡检司,全部设于沿海险要之地。其中,赤山寨巡检司在明朝即被裁废,其他大多数巡检司延续到清朝前期。

②莱州府境内的巡检司

据《莱州府志》记载,莱州府境内共设有巡检司 8 处,分别为:

海沧巡检司,属掖县,在掖县县城西北 90 里,洪武二十三年设,乾

---

① 顺治《登州府志》卷五《武备》,第 16 页,清康熙三十三年(1694 年)刻本。

② 乾隆《续登州府志》卷四《武备》,第 14 页,清乾隆七年(1742 年)刻本。

③ 光绪《增修登州府志》卷十二《军垒》,第 18 页,清光绪七年(1881 年)刻本。

隆七年裁。

柴胡寨巡检司，属掖县，在掖县县城北20里，洪武二十三年设，雍正十二年裁。

亭口镇巡检司，属平度州，在平度州城西南77里，明初设，顺治十六年裁。

固堤店巡检司，属潍县，在潍县县城东北40里，洪武十三年设，民国二年裁。

鱼儿镇巡检司，属昌邑县，在昌邑县城北50里，初设年代不详，明朝末年裁。

古镇巡检司，属胶州，在胶州西南120里，洪武八年设，乾隆三十六年裁。

逢猛镇巡检司，属胶州，在胶州北10里，洪武八年设之，雍正十二年裁。

栲栳岛巡检司，属即墨县，在即墨县城东北90里，洪武四年设，雍正十二年裁。

莱州府境内所设巡检司，除亭口镇巡检司、固堤店巡检司距海岸有一定距离外，其他各处均设于沿海要冲。其中，鱼儿镇巡检司在明朝末年早被裁撤，其他大多数巡检司延续到清朝前期，固堤店巡检司存在时间最长，于民国二年被裁撤。

③青州府境内的巡检司

据《青州府志》记载，明代青州府境内共设有巡检司13处，分别为：

颜神镇巡检司，属益都县，在益都县城西180里，嘉靖三十七年设，顺治二年裁。

淄河店巡检司，属临淄县，在临淄县城南15里，初设时间不详，嘉靖年间废。

田镇巡检司，属高苑县，在高苑县城西北，初设时间不详，嘉靖年间废。

高家港巡检司，属乐安县，在乐安县城东北 100 里，明朝初年设，雍正十二年裁。

乐安镇巡检司，属乐安县，在乐安县城西南 60 里，明朝初年设，雍正十二年裁。

广陵镇巡检司，属寿光县，在寿光县城东北 50 里，初设时间不详，顺治十六年裁。

穆陵关巡检司，属临朐县，在临朐县城东南 110 里大岘山上，后移至蒋峪，洪武三年设之，民国元年裁。

信阳镇巡检司，属诸城县，在诸城县城南 120 里，洪武三年设，光绪十七年裁。

南龙湾海口巡检司，属诸城县，在诸城县城南 130 里，后移至程家集洪武九年设，乾隆七年裁。

紫荆关巡检司，属蒙阴县，在蒙阴县城东南 50 里，成化二年设，万历末年裁。

十字路巡检司，属莒州，在莒州城南 100 里，初设时间不详，康熙十六年裁。

葛沟店巡检司，属莒州，在莒州城西南 90 里，后移至石埠集，景泰七年设，康熙十六年裁。

夹仓镇巡检司，属日照县，在日照县城东南 25 里，洪武二年设于三皇岭，后改在夹仓镇，乾隆七年裁。

青州府靠近内陆，境内所设巡检司中，高家港巡检司、广陵镇巡检司、信阳镇巡检司、南龙湾海口巡检司、夹仓镇巡检司各处均设于沿海要冲。淄河店巡检司、乐安镇巡检司、穆陵关巡检司偏于内陆地带，离海岸较远。另，颜神镇巡检司、田镇巡检司设于青州府与济南府边境；紫荆关巡检司、十字路巡检司、葛沟店巡检司设于青州府与兖州府边境。

淄河店巡检司、田镇巡检司、紫荆关巡检司三处在明朝即被裁废，其他大多数巡检司延续到清朝前期，信阳镇巡检司、穆陵关巡检司存在时间最长，分别于光绪十七年、民国元年被裁撤。

2.山东沿海各县的马快与民壮

在明代，除国家正规军即卫所军队之外，各府州县都有自己的地方武装。在地方志中，对地方武装的称呼各地不太一致，如乡兵、壮快、民壮、团练、团操、捕快、马快、快手等。据《明史》记载："卫所之外，郡县有民壮，边郡有土兵。"① 再如，据福建巡抚谭纶疏言："寨设把总，分汛地，明斥堠，严会哨。……各县民壮皆补用精悍，每府领以武职一人，兵备使者以时阅视。"②

乡兵就是民兵，是由居民自动组织或由政府组成的不脱产的地方民众武装，按户籍丁壮比例抽选或募集土人组成。平时不脱离生产，农闲集结训练。担负修城、运粮、捕盗或协同禁军守边等任务。明代以按察副使、兵备道分统团练诸务。

明清两代，各府县乡兵有各种名目，如民壮、弓手、团练等。他们或招募而来，或在若干壮丁中选充。遇有重要的军事行动，往往调乡兵从征。

在地方志中，最常用的词是"民壮"。民壮是明代的一种经常性杂役，由乡民组成，以补卫所军丁的不足。民壮初设时，的确起过补充卫所军队的作用。

明初，民壮由官府选派。正统二年（1437年）改为招募。本地官司率领操练，遇警调用。弘治二年（1489年）又改为按里派充，规定年20岁以上、50岁以下身体健壮者可派为民壮。每一州县按里数多寡，规定每里所出民壮人数。佥充者春、夏、秋三季月操两次，冬季操三日歇三日。被佥民壮遇警调集期间，由官府发给行粮，事定仍复为民。

嘉靖二十二年（1543年），为防御倭寇的侵扰，明政府一度令各地增佥民壮，州县大者千名，次六七百，小者五百。佥派民壮主要根据里甲

---

① 《明史》卷九十一《志第六十七·兵三·边防、海防》。
② 《明史》卷九十一《志第六十七·兵三·边防、海防》。

人户的等则，按丁粮多寡编派。弘治末年，全国民壮总数为 30 万人。

在明代，地方武装主要由兵备道、海防道等官员统带。据雍正《山东通志》记载："明洪武初，设沿海诸卫，领以备倭都指挥使，兼置巡察海道……指挥使驻登州府，海道一驻青州，一驻武定州，皆管民兵、巡司、马快，谓之兵备海防道。"①

山东沿海各地马快、民兵的数量，在不同时期是不一样的。而地方志中的记载，可能统计的是某一时期的情况，因此不同地方志之间也有很大差别。如，据雍正《山东通志》记载，在登州、莱州，"巡察海道，分署登州府，按察司副使领之，辖府二，曰登州曰莱州，州三，曰宁海曰平度曰胶州，县十二……马快共三百四十人，民兵共五千七百三十人。"②在青州，"青州兵备道，分署青州府，按察司佥事领之，辖府一，曰青州，州一，曰莒州，县十七……马快共四百人，民兵共七千六十九人……"③

在蓬莱，顺治《登州府志》记载："团操营原设民壮五百名，海道中军领之。万历二十一年，因倭犯高丽，改为团操左营，仍以中军领之，设哨官五员，增兵六〇四名，马一〇六匹；团操右营，万历二十一年设把总一员，哨官五员，兵五百八十名，马一百六十匹；团操中营，万历四十八年设把总一员，哨官四员，兵七百八十九名，马五匹；团操前营，万历四十八年，设把总一员，哨官四员，兵七百二十六名，马五匹，今四营俱裁。"④道光《重修蓬莱县志》记载："（嘉靖）四十一年，专设海防道于登，置团操营，设民壮五百名，海防道中军领之。"⑤

在莱阳县，"成化间，置大山守御千户所，设正副千户及百户等员，守城军余六十二名，守墩军余六名，外有本县守城民壮八十名，其大

---

① 雍正《山东通志》卷二十《海疆》，第 2 页，清乾隆元年（1736 年）刻本。
② 雍正《山东通志》卷十六《兵防》，第 46—47 页，清乾隆元年（1736 年）刻本。
③ 雍正《山东通志》卷十六《兵防》，第 46 页，清乾隆元年（1736 年）刻本。
④ 顺治《登州府志》卷五《武备》，第 10 页，清康熙三十三年（1694 年）刻本。
⑤ 道光《重修蓬莱县志》卷四《武备·营制》，第 3 页，清道光十九年（1839 年）刻本。

概也。"① 另据康熙《莱阳县志》："本县。守城民壮八十名。"②

在莱州府，据万历《莱州府志》记载："州县各有守城民壮，以八十名为率。"③

嘉靖《青州府志》对青州府"团操"、"马快"、"民壮"的记载比较详细：团操，有马快壮 244 名。益都 20 名，莒州 26 名；临淄 7 名，乐安、博兴各 15 名；寿光、昌乐、日照、沂水、长山、淄川各 12 名，诸城 17 名，蒙阴 16 名，临朐、莱芜各 13 名，安丘、新泰、高苑各 10 名。步队民壮 1755 名。莒州 176 名，益都 143 名，临朐 116 名，乐安 114 名，诸城 121 名，沂水 119 名，安丘 111 名，寿光 99 名，博兴 98 名，蒙阴 103 名，昌乐 84 名，临淄 80 名，高苑 36 名，长山 87 名，淄川 84 名，莱芜 83 名，新泰 26 名，其日照守巨峰寨 75 名，分为两班更番，赴道团练④。

除此"民壮"之外，还有"捕快"、"马快"等名词。为了加以区别，在此作简单介绍。

民壮，也称丁壮，旧时指达到服劳役年龄的青壮年男子。

捕快，各州县衙门设有捕快，原来分为捕役和快手。"捕役，捕拿盗匪之官役也"；而"快手，动手擒贼之官役也"。因二者性质相近，故后来人们将其合称为捕快。他们的职责是负责缉捕罪犯、传唤被告和证人、调查罪证。捕快平日身着便装，腰挂表明身份的腰牌，怀揣铁尺、绳索。领班称"捕头"、"班头"。有的大州县，捕快往往配备马匹执行公务，故又称之为"马快"。而徒步者，则称之为"步快"、"健步"或"楚足"。各州县捕快数额，一般因州县大小而定。

马快，又称"马快手"、"快手"，指旧时衙门里侦缉逮捕罪犯的差役。

---

① 民国《莱阳县志》卷二之一《政治志·内务·兵防》，第 32 页，民国二十四年（1935 年）铅印本。

② 康熙《莱阳县志》卷二《建置·兵防》，第 1 页，清雍正元年（1723 年）刻本。

③ 万历《莱州府志》卷五《兵防》，第 14 页，民国二十八年（1939 年）铅印本。

④ 嘉靖《青州府志》卷十一《兵防》，第 10 页，明嘉靖四十四年（1565 年）刻本。

第四节　明代山东海防指挥机构

一、军事指挥

明政府在军事领导体制上的基本特征是管兵、调兵与用兵分离，使之互相牵制。例如，兵部无力独立治军，军队的粮饷供给由户部负责，兵工武器归工部，太仆寺管马政，吏部管武学培养人才；凡重大事项都要由兵部会同有关部门协商，然后奏请皇帝核定。如此一来，权力高度集中在皇帝手中。此外，明政府特别重视"用印"、"掌印"制度。礼部制定了各种各样的印，各级都要见印行事。都督府、都司、卫、所的领导分工，也都以"掌印"的为主要负责人。遇到战事，皇帝选定将帅，赋予帅（将）印，将帅凭此才能指挥军队，俗称"挂印将军"。

1. 五军都督府、兵部与都指挥使司

在明代，兵部和五军都督府共掌军事，构成中央最高军事统御机构。

洪武十三年，朱元璋为防止军权过于集中，改大都督府为中、左、右、前、后五军都督府，都在京师。五军都督府分领在京各卫所，及在外各都司、卫所，对全国军队实行分片管理。都督府的主要职责是领导、管理全国各都指挥使司（简称都司）、卫所官兵，负责这些军队的训练、纪律、补给、屯田等事务。各都督府互不相属，都直接与兵部联系，在兵部与都司之间，有承上启下的作用。

五军都督府每府各有左右都督各 1 人、都督同知各 1 人、都督佥事若干，其办事机关为下属经历司，有经历、都事等官掌管业务。都督府都督等官，后渐变为空衔。统兵之官，加总兵、副总兵、参将、游击将军、守备等衔，始有带兵之实权。

兵部设尚书 1 人为长官，左、右侍郎各 1 人为副。主要职责是制订军事计划，管理武职人员，组织军队校阅和传达皇帝命令、调动军队等。兵

部下设武选、职方、车驾、武库4个清吏司，每司郎中1人，员外郎1人，主事2人，负责业务工作。据《明史·职官志》记载："武选掌卫所土官选授、升调、袭替、功赏之事"；"职方掌舆图、军制、城隍（城防工事）、镇戍、简练、征讨之事"；"车驾掌卤簿、仪仗、禁卫、驿传、厩牧之事"；"武库掌戎器、符勘、尺籍、武学、薪隶之事"。

对五军都督府和兵部的关系，据《明史·职官志》记载："都督府掌军旅之事，各领其都司、卫所，以达于兵部。凡武职，世官流官、土官袭替、优养、优给，所属上之府，移兵部请选。既选，移府，以下之都司、卫所。……凡武官诰敕、俸粮、水陆步骑操练，官舍旗役并试、军情声息、军伍勾补、边腹地图、文册、屯种、器械、舟车、薪苇之事，并移（兵部）所司而综理之。"《春明梦余录》中则说："兵部有出兵之令而无统兵之权，五军有统兵之权而无出兵之令……合之则呼吸相通，分之则犬牙相制"。可见，都督府管军籍、军政，有统兵权，而调兵权则归于兵部。

不仅如此，遇有战争时，并不由都督领兵作战，而是由皇帝临时任命总兵官，指挥各卫所调集的军队进行作战，战争结束后，总兵官交还将印，军队各回原卫所。这种将管兵、调兵与用兵分离的军事体制，大大加强了皇帝对军权的控制。

卫所制度是明代军事制度的主要内容之一。明政府在京师（北直隶）和南京（南直隶）两京各卫，称为京卫，各设指挥使司，有指挥使（正三品）、指挥同知（从三品）、指挥佥事（正四品）等官。在外全国十三省各设都指挥使司，简称"都司"，是地方平时的最高军事领导机构。此外，明政府在边防要地则单设都司，实行军民合一的统治，如辽东都司、大宁都司、万全都司，有都指挥使（正二品）、都指挥同知（从二品）、都指挥佥事（正三品）等官。另在边境海疆的陕西、山西、湖广、福建、四川五省的省城之外，增设行都指挥使司，以辅都司之不及。另有留守司，分别为中都留守司、兴都留守司，主要防卫皇陵及显陵。总计，全国共设十六都司、五行都司、二留守司。

都司卫所有实土、非实土之分。大多数都司卫所本是军事建置，与行政区划无关，但是边境卫所也兼理民事，实际变成地方行政区划。在不设府、州、县的地区，卫所亦兼理民政，为实土卫所。

全国各地都司分别隶于中央的五军都督府，并听命于兵部，其中浙江都司、辽东都司、山东都司隶左军都督府，陕西都司、陕西行都司、四川都司、四川行都司、广西都司、云南都司、贵州都司隶右军都督府，河南都司隶中军都督府，湖广都司、湖广行都司、福建都司、福建行都司、江西都司、广东都司隶前军都督府，大宁都司、万全都司、山西都司、山西行都司隶后军都督府。后来，明政府在东北、西北、西南少数民族地区又建立了羁縻性都司卫所，如奴儿干都司、乌斯藏都司、朵甘都司，设都指挥、指挥、千户、百户等官，由当地部落首领担任，可以世袭，但须接受朝廷的统一节制。

总之，中央军事统御机构兵部和五军都督府的并立，导致军事领导体制及其运行机制存在着"平时体制"、"战时体制"的差别。当然，就某一地域而言，"平时体制"与"战时体制"是相对的；然而从全国范围来看，"平时"、"战时"军事领导体制是并存的。

在"平时体制"中，五军都督府起主导作用；卫所军册籍掌于五府，兵部无得与闻。在地方，平时的军事领导为都指挥使（都司），其职能是"掌一方之军政。各率其卫所隶于五府，而听命于兵部"。都指挥使是地方平时的最高军事长官，负责管理所辖区域内卫所以及所有与军事有关的事务和本地区防御作战的指挥。中央的都督府和地方的都司及所辖卫所形成平时的军事领导体制。卫所制下，权力分散，兵将分离。在"战时体制"中，兵部起着主导作用。如出征、军队调动，必由兵部题请，五府不得干预。出征时朝廷颁印信，临时择将，调卫所军出征。

2. 山东都指挥使司

明政府在各省设都指挥使司掌一省或一方军政，负责管理所辖区内卫所，处理与军事有关的各项事务和本地区防御作战的指挥，是地方平时最高军事领导机构。遇有重大事情，都指挥使司、布政使司、按察使司三司合商，序衔都指挥使司在布政使司、按察使司二司之上。

都指挥使司设都指挥使 1 人，正二品，都指挥使下设都指挥同知 2 人，从二品。都指挥佥事 4 人，正三品。都指挥使及同知、佥事，以其中一人统领司事，称为掌印；一人负责练兵，一人负责屯田，称为佥书，有的则分管巡捕、军器、漕运、京操、备御等事务。不担负具体职务的则称为带俸。鉴于都司的地位重要，明政府规定不许世袭，而是由朝廷选择任命。自卫指挥以下，官兵多世袭。

都司下设经历司、断事司、司狱司三司。经历司经历，正六品；都事，正七品。断事司断事，正六品；副断事，正七品。司狱司司狱，从九品。平日里，经历、都事典掌文书，负责处理来往公文，断事则处理军队的刑狱。若遇有重大军务，须三司合议，并列署名向朝廷汇报。三司职官每年由朝廷命官巡抚、巡按对其进行监察，每 5 年汇总考选。此外，还有仓库、草场大使、副使等掾属。

洪武元年（1368 年）四月，置山东等处行中书省，治济南府。洪武三年（1370 年）十二月置青州都卫，治青州府。洪武八年（1375 年）十月，改都卫为山东都指挥使司。洪武九年（1376 年）六月改山东行中书省为承宣布政使司。山东都指挥使司随后也移至济南。山东都指挥使司属于中央五军都督府之左军都督府。

洪武元年立军卫法，自京师至地方皆设卫所，分屯设兵，控扼要害之地。卫下辖千户所，千户所下辖百户所。各卫、所皆统属于都司。洪武七年（1374 年）更定制度，以 5600 人为卫，1200 人为千户所，120 人为百户所。所设总旗二，小旗十。

卫所有京卫和外卫的区别。京卫除上直卫亲军及部分非亲军卫外，隶于五军都督府；外卫即驻在地方的卫所、两直隶隶于五军都督府，其他则隶于都司、行都司、留守司。另有护卫王府的王府护卫和掌侍卫仪仗的仪卫司，等级相当于千户所。

每卫一般下辖前、后、中、左、右五千户所，如不只五所，则以前前、后后、左左、右右、中前、中后、中中、中左、中右等名。千户所又分为十个百户所，每百户所112人。另有守御千户所，除少数隶于卫外，皆直属都司。此外，还有屯田、群牧等千户所。

卫设指挥使1人，正三品；指挥同知2人，从三品；指挥佥事4人，正四品；镇抚司镇抚2人，从五品。千户所设正千户1人，正五品；副千户2人，从五品；镇抚2人，从六品。百户为正六品，无定员。

各卫所平时屯守，战时奉命攻守。每逢战事，朝廷临时命将，即所谓"征伐统于诸将"，并非由都司指挥作战。战事完毕，卫所士兵则又散归原地。

卫所制度中，"所"的情况较为复杂，有人们所熟知的千户所和百户所之分，千户所中有屯田千户所、群牧千户所、守御千户所之不同，又有守御所、备御所之区别，此外还有"附所"与"属所"的差异。

守御所与备御所，虽在名称上仅有一字之差，但实际上两者差别很大，主要表现在军队的隶属关系和军队的编制上。从军队的编制上来看，守御所所辖官军常分为京操军、城守军、屯军、捕倭军，与卫的编制完全一致，只是人数比卫少，规模比卫小。而一般的备御所只有城守军。更为重要的是，从军队的隶属关系和指挥权上来看，守御所直接隶属于山东都司，"均不隶卫"，即守御所上面没有"卫"一级的指挥机构。从这一点上来看，"守御所"其实就是规模小一点的"卫"。

卫辖下的千户所，虽然分兵驻屯各地，但驻屯地一般相距较近，兵力相对集中；但有时出于军事上的需要，也会调拨兵力去把守一些距卫治所相对较远的险要之地。这样的所，往往被冠以"备御所"之名。例如，福山备御中前千户所，属登州卫，为登州卫之中前所，因调防福山，故名。有的"备御所"规模较小，为百户所。在各地方志中，对"备御千户所"和"备御百户所"的记载往往单独列出，由此可见其特别之处。而其他的千户所，一般只称"某某所"，不冠"备御"二字。有人将"备御所"称为"属所"，而将其他的所称为"附所"，以示两者的区别。不过，这种称呼还未被学术界广泛接受。

据《明史》记载，"初，洪武二十六年定天下都司卫所，共计都司十有七，留守司一，内外卫三百二十九，守御千户所六十五。及成祖在位二十余年，多所增改。其后措置不一……"①据《大明会典》记载，万历初有内外卫493，守御、屯田、群牧千户所359，仪卫司25，以及土官隶于都司卫所者宣慰司2、招讨司、宣抚司6、安抚司17、长官司64。

明初，山东都司下辖"青州左护卫（后为天津右卫）、青州护卫（革）、兖州护卫（革）、兖州左护卫（后为临清卫）、登州卫、青州左卫、莱州卫、宁海卫、济南卫、平山卫、德州卫（后改属后府）、乐安千户所（后改名武定，属后府）、胶州千户所、诸城千户所、滕县千户所。"②后来，山东的卫所有所调整，主要以增设为主："山东都司旧有青州左护卫，后改天津右卫。旧有贵州护卫，革。登州卫、青州左卫、莱州卫、宁海卫、济南卫、平山卫、安东卫；以下添设：灵山卫、鳌山卫、大嵩卫、威海卫、成山卫、靖海卫、东昌卫、临清卫（旧兖州左护卫，后改）、任城卫、济宁卫（旧武昌左护卫，后改）、兖州护卫、胶州千户所、诸城千户所、滕县千户所、肥城千户所；以下添设：海阳千户所、东平千户所、宁津千户所、雄崖千户所、浮山前千户所、福山中前千户所、奇山千户所、濮州千户所、金山左千户所、寻山后千户所、百尺崖后千户所、王徐寨前千户所、夏河寨前千户所、鲁府仪卫司、德府仪卫司、泾府仪卫司、衡府仪卫司、德府群牧所、泾府群牧所、衡山群牧所。"③由以上记载来看，《明史》对明初山东卫所的统计，仅限于卫和守御所，而此后的统计，把守御所和备御所一并统计在内。这也可能是由于明政府在"所"的设置上的变化引起的。

---

① 《明史》卷九十《志第六十六·兵二·卫所、班军》。
② 《明史》卷九十《志第六十六·兵二·卫所、班军》。
③ 《明史》卷九十《志第六十六·兵二·卫所、班军》。

3.备倭都指挥使司

"都司",原指地方一省的最高军事指挥机构,即"都指挥使司"的简称。后来,演化为官职名称。据《明史》记载:"都司,掌一方之军政,各率其卫所以隶于五府,而听于兵部。"① 这里的"都司"指的是军事机构,其长官为"都指挥使、同知、佥事"等。

明代,在沿海省份的"都司"与各地镇戍官中均有专门负责"备倭"的官员,即"备倭都司"②。"备倭都司"一词多指的是官职名称,而不是军事机构,与其意思相同的还有"备倭都指挥"、"备倭都指挥使"等。如,嘉靖《山东通志》卷十一《兵防》记载:山东都指挥使司,"其设官则都指挥使、都指挥同知、都指挥佥事各一人,员缺则署都指挥摄焉。又领京操军二人,攒运粮储一人,登州备倭一人,德州守备一人。"③ 其中,山东都指挥使司以下,分别是巡察海道、临清兵备道、曹濮兵备道、武定兵备道、青州兵备道、沂州兵备道,其后为督漕都司、备倭都司和德州守备,再往后才是各地卫所。"督漕都司,临清(青)州驻扎,攒运江北粮储。永乐十二年设。备倭都司,登州营驻扎,总登莱沿海军马。洪武间设。德州守备,德州驻扎,成化间设。"④"登州营……设备倭都指挥一人,总登莱沿海军马。"⑤ 在《筹海图编》"山东兵防官考"中则称之为"总督登莱沿海兵马备倭都指挥"。雍正《山东通志》卷二十《海疆》在记载"兵备海防道"时称:"明洪武初设。沿海诸卫,领以备倭都指挥使,兼置巡察海道……指挥使驻登州府,海道一驻青州,一驻武定州,皆管民兵、巡

---

① 《明史》卷七十四《志第五十二·职官五》。

② 肖立军在《明初山东总督备倭官浅探》一文中使用了"总督备倭官"一词,就是为了将"山东都司"和"备倭都司"严格区分开来,避免将两者混淆。有人认为"备倭都司"是军事机构,甚至认为其属于"行都司",此观点有待商榷。

③ 嘉靖《山东通志》卷十一《兵防》,第1页,明嘉靖十二年(1533年)刻本。"天一阁藏明代地方志选刊续编"影印本,第51册,上海书店1990年版,第705—706页。

④ 嘉靖《山东通志》卷十一《兵防》,第3—4页,明嘉靖十二年(1533年)刻本。

⑤ 嘉靖《山东通志》卷十一《兵防》,第11页,明嘉靖十二年(1533年)刻本。

司、马快，谓之兵备海防道。"①

《大明会典》、《明史》中，亦明确以为"备倭都司"指的是官职。据《大明会典》记载："总督备倭都司一员，旧设，驻登州府。"②《明史》中《志第五十二·职官五》曰："总督备倭都司一人，领蓟镇班都司四人……"。③《志第六十七·兵三·海防》曰："于山东则登、莱、青三府设巡察海道之副使，管理民兵之参将，总督沿海兵马备倭之都指挥……"④另据顺治《登州府志》记载："备倭都司，在水城内。永乐六年，始命都指挥王荣总领之。其后宣城伯卫青、永康侯徐安镇之。嗣是，职任不一，或署都指挥，或以都指挥体统行事。永乐七年，给符验。九年，加总督。万历二十年后，或以游击，或以参将，或以总兵统领焉。"⑤道光《重修蓬莱县志》记载："巡察兵备道。正德六年，惩流贼乱，奉敕与备倭都司参同军务，仍合莱州壮快，以实行伍。"⑥

《大明会典》、《明史》、顺治《登州府志》、道光《重修蓬莱县志》中均使用"备倭都司"一词，而光绪《增修登州府志》中同时使用了"备倭都指挥使司"、"备倭都司"。表面上看，"备倭都指挥使司"似乎与"山东都指挥使司"类似，但"备倭都指挥使司"指的亦是官职。据光绪《增修登州府志》记载，最早担任"备倭都司"的有王荣、卫青、徐安。"王荣，（永乐）六年任。""卫青，字明德，华亭人，以靖难功世袭济南卫都指挥使。十四年任。先是，十一年即率沿海军士剿倭寇。次年还京师。致是。复敕往剿倭寇，大获，遂留登州备倭。""徐安，永康侯，（正统）十三年任。"⑦需要指出的是，光绪《增修登州府志》虽然列出了担任"备

① 雍正《山东通志》卷二十《海疆》，第2页，清乾隆元年（1736年）刻本。
② 《大明会典》卷一百二十七《镇戍二·将领下》。
③ 《明史》卷七十四《志第五十二·职官五》。
④ 《明史》卷九十一《志第六十七·兵三·海防》。
⑤ 顺治《登州府志》卷五《武备》，第2页，清康熙三十三年（1694年）刻本。
⑥ 道光《重修蓬莱县志》卷四《武备·营制》，第2页，清道光十九年（1839年）刻本。
⑦ 光绪《增修登州府志》卷三十六《武秩上》，第1—2页，清光绪七年（1881年）刻本。

倭都司"的都指挥、都指挥同知、都指挥金事，但这些官职不是同时存在的，而是前后相继的，也就是说"备倭都司"仅仅是一种官职，而不是由都指挥、都指挥同知、都指挥金事等共同组成的一个军事机构。天启年间，明政府又设立"总督备倭都司"，亦明确指的是官职。据光绪《增修登州府志》记载："天启中，又增设总督备倭都司一人，即以总兵、副总兵摄之。"①

"备倭都司"存在的时间很长，前后也有一个演变的过程。在起初，"备倭都司"应该是山东都司派出的杂务官，专门负责沿海抗倭。后来，由于倭寇侵扰不断，"备倭都司"常驻登州，遂逐渐带有征伐官、镇成官的某些特征；天启年间，"总督备倭都司"直接由总兵兼任，也正说明了这一特征。光绪《增修登州府志》中所记任职备倭都司的近50名将领中，时用、胡俊、戚景通、唐儒、魏一清、夏忠等6人曾"以都指挥体统行事"。除张虓、戚景通、戚继光、赵康侯由周边卫所升任之外，其他人均由外地甚至省外卫所调任。在调任之前，多数为卫指挥、金事或者同知。此外，担任"备倭都司"者的职官由都指挥向都指挥同知、都指挥金事的演变，再到后来"备倭都司"由总兵兼任，反映了备倭都司"职任益轻"②的趋势。

总之，在卫所制度下，卫与卫、守御千户所之间互不统属，各自为战，遇有紧急战事，难以互相协调、配合。"备倭都司"设立后，这一问题在某种程度上得到了解决。到天启年间，随着总兵的设立、营兵制的发展，"备倭都司"由总兵兼任，实际上形同取消。

4.登莱副总兵、山东总兵

明初，镇守边区的统兵官有总兵和副总兵，无定员。总兵官本为差遣的名称，无品级，统辖兵士、编制定员、位阶不固定，通常为公侯或地方

---

① 光绪《增修登州府志》卷三十六《武秩上》，第1页，清光绪七年（1881年）刻本。
② 光绪《增修登州府志》卷三十六《武秩上》，第1页，清光绪七年（1881年）刻本。

都督充任。遇有战事，总兵佩将印出战，结束缴还。

洪武二年（1369 年），开始设立总兵。据《明史》记载："总镇一方者为镇守，独镇一路者为分守，各守一城一堡者为守备，与主将同守一城者为协守。"①总兵官之下，还设有副总兵、参将、游击将军，游击之下还有坐营官、守备、把总、提调官等。洪熙元年（1425 年），始颁将军印在诸边将，但镇守蓟镇的总兵不得称将军挂印。

宣德、嘉靖年间，总兵官的派遣增多。总兵官渐成常驻武官，成为镇守地方的最高军事长官。这改变了练兵将领不指挥作战，指挥作战的将领不管练兵的问题，有力提高军队的战斗力，但也存在着总兵称霸一方、拥兵自重的可能。为加强中央集权，明政府派巡抚参与军队管理，从而削弱总兵官的权力。

到明末，由于战争次数多，时间长，还朝交印、军回卫所的制度渐次罢废。同时，还根据需要配备协守副总兵、分守参将、游击将军、守备若干。凡驻省城的总兵官，多代都司而成为地方最高军事长官。在明朝末年，全国总兵不过二十人左右，权力非常大。

万历年间，明政府在山东先设登莱副总兵，后又设山东总兵。随后，总兵、副总兵的设置多次反复。

万历二十一年（1593 年），日本权臣丰臣秀吉发动"壬辰战争"，率军入侵朝鲜，山东沿海局势危急。明政府调集南北陆水官兵加强海防，万历二十二年（1594 年）在登州增设副总兵，与巡察海防道分掌水陆各营，归山东巡抚节制。据《增修登州府志》记载："副总兵，明万历二十一年设，号副将，天启二年裁，崇祯三年复设。"②《重修蓬莱县志》记载："万历二十一年，因倭寇朝鲜，调南北水陆官兵防海，登遂为重镇……设副总兵领之……"③

---

①　《明史》卷七十四《志第五十二·职官五》。

②　光绪《增修登州府志》卷三十六《武秩上》，第 5 页，清光绪七年（1881 年）刻本。

③　道光《重修蓬莱县志》卷四《武备·营制》，第 3 页，清道光十九年（1839 年）刻本。

万历二十三年，以李承勋为副总兵兼备倭都司。万历二十四年（1596年），撤销都指挥使一职，改设"镇守山东备倭总兵官"，负责山东沿海海防，登州备倭都指挥司改为登州总镇府，仍在水城。

天启元年（1621年），设山东总兵官，号总镇，驻登州，归登莱巡抚节制。据《明史》记载："镇守山东总兵官一人，天启中增设。"①记载："天启元年，又设登莱总兵，号总镇。"②总镇府由水城迁至府城内。崇祯二年（1629年），裁登州总镇；崇祯七年（1634年），明政府复设总兵，仍驻扎登州，由倪宠"充防海总兵官，镇守山东全省地方"③。与此前相比，总兵管辖范围和职权有所扩大，可以统御山东全省军事力量。崇祯十一年（1638年），山东总兵官移驻临清，登州改设城守营。

登莱总兵、副总兵直接统辖的兵力，万历二十一年，"分中、后二营，中营设把总一员，哨官二员，军四百名，家丁三名，马三匹，屯种长山岛；后营设把总一员，哨官四员，军六百八十六名，马三百六十二匹，屯种濒海荒地；分团操营为二，团操左营仍以中军领之，设哨官五员，增兵六百四名，马一百六匹；团操右营设把总一员，哨官五员，兵五百八十名，马一百六匹，设副总兵统领之。"④万历二十八年，"又增团操中营，设把总一员，哨官四员，兵七百八十九名，马五匹；团操前营设把总一员，哨官四员，兵七百二十六名，马五匹。"⑤崇祯五年，"设陆营七（陆左营、陆右营、陆中营、陆前营、陆后营、陆游营、火攻营），水营五（水左营、水右营、水中营、水游营、平海营），后十二营并为十营。"⑥崇祯十一年，"登州设城守营并水师营，十营并为六营，水陆各左、右、中

---

① 《明史》卷七十六《志第五十二·职官五》。

② 光绪《增修登州府志》卷三十六《武秩上》，第3页，清光绪七年（1881年）刻本。

③ 《登莱总兵倪宠为奉简书敬陈循名责实收安攘之效事奏本》，《中国明朝档案总汇》（第18册），第121—122页，广西师范大学出版社2001年版，第1452页。

④ 道光《重修蓬莱县志》卷四《武备·营制》，第3页，清道光十九年（1839年）刻本。

⑤ 道光《重修蓬莱县志》卷四《武备·营制》，第3页，清道光十九年（1839年）刻本。

⑥ 道光《重修蓬莱县志》卷四《武备·营制》，第3页，清道光十九年（1839年）刻本。

三营。"①

起初，山东总兵职权局限于海防，管辖之地也局限于登莱沿海。受到明朝廷以文抑武政策的影响，山东总兵权力被文臣分割，受到总督和巡抚的调遣和节制。崇祯年间，山东总兵职权得以固定，海防与地方盗寇兼领，有权统率全省的水陆官兵，镇守全省地方。

二、"文官参赞军务"

为了防止将领擅权割据，明政府延续宋朝的做法，让"文官参赞军务"，以文官监督、制约武官，形成了"以文统武"的军事机制。

所谓"参赞军务"，又称"赞理"、"协赞"，最初是明政府派往总兵武臣处协助处理军机的文官差遣。明代中叶以后，这类差遣职权不断扩大。嘉靖《山东通志》在谈到卫所军队与地方武装、军队系统与地方政府之间的关系时使用了"备警"、"讥"、"守"、"督察"等词："其沿海，备警则有墩有堡有营烽堠，相望互为声援，讥之以巡司，守之以备御所，而督察于兵宪焉。"②"讥"的意思是查问和盘查。"兵宪"又称兵备副使，由按察使或按察佥事充任，是分巡道的一种。据《明史》记载："自世宗世倭患以来，沿海大都会，各设总督、巡抚、兵备副使及总兵官、参将、游击等员，而诸所防御，……于山东则登、莱、青三府设巡察海道之副使，管理民兵之参将，总督沿海兵马备倭之都指挥……"③顺治《登州府志》中则说："有都司以镇之，有巡察兵备以监之。"④

明代各省军队的基本情况是：全省的军队总统于巡抚、都指挥使司、总兵，某一区域的军队统于参将和兵巡道、海防道。地方官统民兵，其在

---

①　道光《重修蓬莱县志》卷四《武备·营制》，第4页，清道光十九年（1839年）刻本。

②　嘉靖《山东通志》卷十一《兵防》，第2页，明嘉靖十二年（1533年）刻本。

③　《明史》卷九十一《志第六十七·兵三·边防、海防》。

④　顺治《登州府志》卷五《武备》，第2页，清康熙三十三年（1694年）刻本。

城者为马快、壮丁，由知州领之；在乡者为弓兵，由巡检领之。郑若曾在《筹海图编》"山东兵防官考"中，对与海防有关的官员是这样排列的：提督军务巡抚都御史、巡察海道副使、管领民兵参将、总督登莱沿海备倭都指挥，然后是登州营把总、文登营把总、即墨营把总。

1. 提刑按察使司所属各道

（1）提刑按察使司所属各道的军事职能

明政府在地方上废除元朝的行省制度，改行中书省为承宣布政使司，由承宣布政使司（简称布政司）、提刑按察使司（简称按察司）、都指挥使司（简称都司）分掌一省行政、司法、军事，并称"三司"。三司同秩同阶，互不统属，各对中央负责。

承宣布政使司，为明清两朝的地方行政机关，简称"布政使司"、"布政司"、"藩司"，意涵取自"朝廷有德泽、禁令、承流宣播，以下于有司"。

明朝时，承宣布政使司辖区是国家一级行政区，但不称"行省"。在明政府正式的文件中，亦尽量避免使用"行省"一词，以示与元朝的差别，所以往往在地名下加"等处"。

承宣布政使司设"左、右布政使各一人，从二品；左、右参政，从三品；左、右参议，无定员，从四品。参政、参议因事添设，各省不等……"①

承宣布政使司参政、参议分司诸道，设有督粮道（十三布政司各一员，俱驻省城）、督册道（江西、陕西等间设）、分守道。"参政、参议分守各道，及派管粮储、屯田、清军、驿传、水利、抚民等事，并分司协管京畿。"②

明代，提刑按察使司主管一省的刑名、诉讼事务，同时也是中央监察

---

① 《明史》卷七十五《志第五十一·职官四》。
② 《明史》卷七十五《志第五十一·职官四》。

机关都察院在地方的分支机构，对地方官员行使监察权，因此兼具司法和监察职能。其主官为提刑按察使，或称为按察使，简称臬台、臬司，与承宣布政使并为一省最高长官。提刑按察使掌管全省的刑名案件，但其审理权限仅仅限于徒刑以下（包括徒刑）的案件，徒刑以上的案件必须报到刑部审理。

提刑按察使司设"按察使一人，正三品；副使，正四品；佥事无定员，正五品"[1]。提刑按察使司"副使、佥事，分道巡察，其兵备、提学、抚民、巡海、清军、驿传、水利、屯田、招练、监军，各专事置，并分员巡备京畿。"[2]

据乾隆《历城县志》记载："按察司署，在济南府治东，近东城垣，明洪武中建。亦自青州移治于此，成化中重修。经历司在正堂之左，照磨所在正堂之右，司狱司在仪门外之东。提学道在按察司内东，外衙门旧在罗姑泉巷东，今在明湖之南，北向。旧设济南道、海右道，在按察司东。清军道、驿传道，在按察司南。"[3]

在明代"三司"中，都指挥使司是地方最高军事领导机构。除都指挥使司之外，在山东布政使司、按察使司两司中，与山东海防有关的部门和职官还有按察使司系统下属的分巡道。而提到分巡道，还有必要与分守道相区分。

布政使司置参政、参议，分司诸道，称分守道，简称"守道"，由各省布政使派驻于一定的府州地区，一般是三至四个府州，协助布政使掌理该地区钱谷，督课农桑，考核官吏，简军实，固封守。据《明史》记载，"分守起于永乐间，每令方面官巡视民瘼。后遂定右参政、右参议分守各

---

① 《明史》卷七十五《志第五十一·职官四》。

② 《明史》卷七十五《志第五十一·职官四》。

③ 乾隆《历城县志》卷十《建置考一·城池官署》，第19页，清乾隆三十八年（1773年）刻本。

属府州县。"①

按察使司置副使、佥事，分司诸道，称"分巡道"，负责监督、巡察其所属州、府、县的政治和司法等方面的情况。据《明史》记载，"按明初制，恐守令贪鄙不法，故于直隶府州县设巡按御史，各布政司所属设试佥事。已罢试佥事，改按察分司四十一道，此分巡之始也。后置守、巡诸员无所属，则寄衔于邻近省布、按司官。"②还在一些地方设整饬兵备道。整饬兵备道始置于洪武年间，本为遣布政司参政或按察副使至总兵处整理文书，参与机要之临时性差遣。弘治年间，始于各省军事要冲遍置整饬兵备之"道员"，称为兵备道。兵备道的主要职责是监督军事，并可直接参与作战行动。此官由按察使或按察佥事充任，是分巡道的一种，属于按察使司系统。又称兵备副使、兵宪。据《明史》记载，"兵道之设，仿自洪熙间，以武臣疏于文墨，遣参政副使沈固、刘绍等往各总兵处整理文书，商榷机密，未尝身领军务也。至弘治中，本兵马文升虑武职不修，议增副佥一员敕之。自是兵备之员盈天下。"③此外，又有协堂道、水利道、屯田道、管河道、盐法道等。

在山东，据《明史》记载，"布政司参政、参议分司诸道。……分守道：山东济南道、东兖道、海右道。"④以上分守道官员均住在省城，主要负责向各府、直隶州传达、催办布政司的公事。

"二十九年，改置按察分司为四十一道。……山东三：曰济南道，曰海右道，曰辽海东宁道。"⑤后来又有所变动："按察司副使、佥事分司诸道。……兖州道（驻沂州）、济宁道、青州海防道、济南道（移德州）、海右道（驻省）、海道（驻莱州）、登莱道、辽海道。"⑥分巡道即按察分

---

① 《明史》卷七十五《志第五十一·职官四》。
② 《明史》卷七十五《志第五十一·职官四》。
③ 《明史》卷七十五《志第五十一·职官四》。
④ 《明史》卷七十五《志第五十一·职官四》。
⑤ 《明史》卷七十五《志第五十一·职官四》。
⑥ 《明史》卷七十五《志第五十一·职官四》。

司。另外还设有，"整饬兵备道：……临清道、武德道（驻武定州）、曹濮道（驻曹州）、沂州道、辽东道。"①

由《明史》以上记载可以看出，布政使司所属的分守道中，有"海右道"；按察使司所属的分巡道中，亦有"海右道"；调整后按察使分司中，则有海右道（驻省）、海道（驻莱州）、青州海防道、登莱道等分司。以上各道，名称或完全相同，或十分接近，所辖范围亦有重合，但所属系统、职权范围等大不相同，不能混淆。

需要特别注意的是"海右道"，虽然其名称带有"海"字，但与海防、海运等均无直接关系。"海右"②表明的只是地理方位，即大海的西部沿岸一带，亦即山东东部沿海一带。

（2）山东沿海的分巡道、兵备道

①海道（巡察海道副使）

以文管辖制武官，是明代政治制度的一个重要的方面。据顺治《登州府志》记载，对沿海卫所和军事力量，"有都司以镇之，有巡察兵备以监之。"③按察使司在沿海地区设置的分巡道、兵备道，大部分都与山东海防有关，而布政使司设置的分守道参与军务的情况虽然也有，但比较少见。

"分巡道"、"整饬兵备道"、"海防道"等这些官员，都属于文官，在各种地方志记载中，他们大部分被列为"文秩"，但他们的职责与海防或者当地军事有着密切的关系。按明朝制度，这些人亦属于"海防"官员，而且在海防事务中起着举足轻重的作用。特别是在对卫所军五年一次的考核中，巡抚、按察使等官员都要参与意见，同意后，卫所军方可通过。

---

① 《明史》卷七十五《志第五十一·职官四》。

② "海右"一词，最初泛指位于我国黄海、东海西边的近海地区。在我国传统文化中，古人以坐北面南为尊，而坐北面南时左为东、右为西。据《明会要》卷七十三《十三布政司分辖道》载：明初"山东分道三：……海右道辖青、登、莱三府"。

③ 顺治《登州府志》卷五《武备》，第2页，清康熙三十三年（1694年）刻本。

在《明史》中，分巡道与整饬兵备道是分列的，其职责肯定有明确的区分。此外，在《明史》所列山东按察司所辖分巡道中，有青州海防道、海右道、海道、登莱道①，特别是海右道、海道，两者虽有一字之差，但是两个官职肯定是不一样的，不能混淆在一起。一般来说，两者可能既没有前后的继承关系，其职权范围也有明显区别。而海防道与兵备道都与军事有关，职能上有点类似。这些职官之间的关系是什么，他们又是如何演变的，有待进一步考证。

海道副使全称"提刑按察使司巡视海道副使"，是明代在沿海地区设置的主管海防事务的文官，兼及外贸和外交。亦称巡察海道、巡查海道、巡视海道等。在各地地方志中，海道副使列为文秩。

为了防御沿海海盗倭寇的侵犯，明代在浙江、福建、广东、山东等沿海地区设立巡海道，多由按察副使（正四品）出任。巡海道有"经略海防、简练水陆官兵、储备粮饷"之责，同时也有权督察地方，举劾文武官吏、条陈军民利弊，遇贼寇犯境，"大责督兵剿之，小责捕而诛之"。

据《明史》："自世宗倭患以来，沿海大都会，各设总督、巡抚、兵备副使及总兵官、参将、游击等员，而诸所防御，……于山东则登、莱、青三府设巡察海道之副使，管理民兵之参将，总督沿海兵马备倭之都指挥……"②可见，其职权范围在登、莱、青三府。嘉靖《山东通志》卷十一《兵防》："巡察海道，分署莱州府。弘治间建，按察司副使领之……"③

嘉庆《续掖县志》卷一《职官》对"巡查海道"一职的变化作了比较详细的介绍："明正统设巡查海道，……弘治十二年，始建公署于莱，其职辖三郡，兼兵民。正德七年，青州设兵备，本道只辖登、莱。隆庆二年，登州复设兵备，兼莱州兵政，而本道改为分守，仍辖三郡，专制民

---

① 登莱道为山东按察使下副使道，即分巡道，驻登州。在此并不展开。
② 《明史》卷九十一《志第六十七·兵三·海防》。
③ 嘉靖《山东通志》卷十一《兵防》，第2页，第707页，明嘉靖十二年（1533年）刻本。

事。万历二十七年，复与登州道并理莱州军务，以海防为名。"①

这段史料涉及"巡查海道"、"（青州）兵备道"、"（登州）兵备道"等多个职官。其中一个重要的变化就是，隆庆年间曾改为"分守道"，负责民事，而且后来"分守道"也参与海防事务。据万历《莱州府志》卷二《职官》："弘治十二年，始于莱建巡察海道公署，其后或驻本府，或驻登州，隆庆建。又移分守道驻本府。万历二十年因倭变，分守道加海防。"②乾隆《莱州府志》："巡察海道，隆庆二年改分守道，万历二十三年改海防道。"③ 这里"改"应该是"改设"的意思，不是前后的继承关系。不过，按明制，"分守道"当为布政司所派。"分守道"参与海防事务，这应该是不多见的。

此外，在乾隆《掖县志》中有这样一段记载，是关于"巡查海右道副使"："又设巡查海右道副使以提调之；后又改设分守海右道参政、分守海防道参议，招兵团练，改卫兵备，兼辖青登莱三府。府设海防同知，分领海汛；县设海防丞。今止守道、参议、府同知、县丞司海防，其寨营卫所巡检司等官军、弓兵在掖者，俱节奉裁省。"④

乾隆《即墨县志》记载："又设巡察右道副使以提调之，后又改设分守海右道参政、分守海防道参议，招兵团练，改衔兵备道，兼辖登莱三府。"⑤

上面两段材料中，提到两个海右道和一个"海防道"："巡查海右道副使"和"分守海右道参政"、"分守海防道参议"。按照明制，"巡查道"、"海防道"为按察使司所派遣，"分守道"为布政使司所派遣，而"分守海防道"的提法，并不多见。具体真实情况如何，需要进一步考证。

---

① 嘉庆《续掖县志》卷一《职官》，第 24 页，清光绪十九年（1893 年）刻本。
② 万历《莱州府志》卷二《职官》，第 6 页，民国二十八年（1939 年）铅印本。
③ 乾隆《莱州府志》卷六《职官》，第 5 页，清乾隆五年（1740 年）刻本。
④ 乾隆《掖县志》卷二《海防》，第 81 页，清乾隆二十三年（1758 年）刻本。
⑤ 乾隆《即墨县志》卷四《武备》，第 3 页，清乾隆二十九年（1764 年）刻本。

②巡察兵备道（兵巡道）

兵备道，全称整饬兵备道，明朝时在边疆及各省要冲地区设置的整饬兵备的按察司分道。分巡道兼兵备职者，又称兵巡道、兵备道，仍兼副使、佥事等衔。

洪熙年间（1425 年），仁宗鉴于武臣疏于文墨，遂遣文臣前往各地总兵官驻所整理军机文书，这是文臣参赞地方军务之始。正统年间，明政府开始以都察院官员整饬兵备、提督兵备。

兵备官，多由按察司副使或佥事充任，又称兵宪、兵备副使、兵备佥事。起初是因事专设，事毕即罢，裁革不定，属于临时差遣，后演变为常设，但其品秩仍取决于本官官衔。兵备官赴任，由皇帝给予敕书规定其具体权限，除由分巡道兼任的兵备官以外，专任兵备官只有关防，没有正印。兵备官可节制卫所军队，但受督抚节制。

兵备道集军事、监察大权于一体，主要为稳定地方治安而设，同时又要协助巡抚处理军务，其军事职权主要包括分理军务，操练卫所军队和地方民快，缉捕盗贼镇压民乱，管理卫所兵马、钱粮和屯田，巡视江湖防御等。兵备官为按察司官员，本身具有监察权、司法权，职权还包括监督官兵，问理刑名，禁革奸弊等。

各地兵备道的职权因地制宜，不尽相同。兵备道与布、按二司其他诸道在职权、辖区等方面上会有重叠。兵备道官员有专任的，也有分守道、分巡道、巡海道等兼任的。兵备道虽由按察司官员出任，但是它的设置和裁革皆由兵部负责。

从成化到弘治年间，为了稳定地方治安，在各地特别是沿边地区不断增设兵备官员。到了正德、嘉靖年间，由于各地民变增多，沿海地区倭寇为患，又在全国范围内大量增设兵备道，或者用分守道、分巡道兼理兵备，而兵备道也逐渐演变成常设。

明朝初年，山东的整饬兵备道主要有临清道、武德道（驻武定州）、曹濮道（驻曹州）、沂州道、辽东道。后来，在登、莱、青三府也设立了兵备道、海防道。

在顺治《登州府志》、光绪《增修登州府志》中，对设在登、莱二府的分巡道、兵备道、海防道之间的关系做了详细的解释。史料中出现了"兵巡道""巡察兵备道""兵备道"三个名词，从设置时间和行文来看，指的应该是同一个。同时，"兵巡道"与"海防道"是分列的。

据顺治《登州府志》："巡察兵备道，弘治十二年，建署莱州，去登二百二十里。"①"巡察兵备道。正德六年，惩流贼乱，奉敕与备倭都司参同军务，仍合莱州壮快，以实行伍。嘉靖三十四年，建署于登，以备巡历。四十一年时，专设海防道于登。万历二十年，因倭寇朝鲜，调集南北水陆官兵防海，登遂为重镇，与诸边等。四十六年，加兼海运，凡济青濒海县悉隶焉。"②光绪《增修登州府志》："弘治十二年，设巡察兵备道于莱州。"③

光绪《增修登州府志》卷二十五《文秩一》记载："兵巡道……登莱本分巡道，弘治十二年改为兵备道，驻莱州。嘉靖三十四年兼管海防，副使陶大年始，即登州南门内和丰仓旧址建公署，以备巡历。四十一年专设海防道于登。"④光绪《增修登州府志》卷十二《军垒》记载："弘治十二年，设巡察兵备道于莱州。正德六年，惩流贼乱，敕兵备道与备倭都司参同军务，仍合莱州壮快，以实行伍。嘉靖三十四年，建兵备道署于登州。四十一年，始专设巡察海防道于登州。"⑤

综合以上材料可知，登莱道原为分巡道，后改设兵备道，驻莱州。从弘治十二年（1499 年）一直到嘉靖三十四年（1555 年）的五十多年间，"巡察兵备道"署设于莱州，1555 年开始又于登州设署，并兼管海防。再

---

① 顺治《登州府志》卷五《武备》，第 2 页，清康熙三十三年（1694 年）刻本。
② 顺治《登州府志》卷五《武备》，第 2 页，清康熙三十三年（1694 年）刻本。
③ 光绪《增修登州府志》卷十二《军垒》，第 4 页，清光绪七年（1881 年）刻本。
④ 光绪《增修登州府志》卷二十五《文秩一》，第 2 页，清光绪七年（1881 年）刻本。
⑤ 光绪《增修登州府志》卷十二《军垒》，第 4 页，清光绪七年（1881 年）刻本。

到 1562 年，又在登州设立海防道。后来，兵备道兼管沿海海运。

关于青州兵备道，在嘉靖《青州府志》中，"按察分司"被列入卷十一《兵防》："……后因矿盗窃发设守备指挥一员，领敕备御。正德五年，流贼猖獗，乃革守备，设兵备佥事，自牛鸾始，嘉靖三十年抚按疏请副使莅之专。"①按察分司，"在府治南，奉敕整饬青州兵备山东按察司副使之署，国朝正德五年兵备佥事牛鸾建，嘉靖二十五年孟淮修……"②据咸丰《青州府志》卷二十七《营建考三》记载："按察分司，旧志云在前司街，今为参将署；益都县志云参将署在东南隅。"③据咸丰《青州府志》卷二十九兵防记载："青州兵备道衙门，自明正德年设，时青营守备、千总及马步兵丁俱属道辖，外又部推道标守备一员，把总二员，标兵三百名，后减为二百名。"④而卷十《职官表六》关于职官的记载，需要注意以下人员："牛鸾，献县人，正德五年，以知益都县升山东佥事，兵备青州之设始此。""牟朝宗，宜宾进士，钟志云兼管分巡海右道。""刘桢，山阴进士，钟志云兼管分巡海右道。""刘应时，洪洞进士，钟志云兼管税粮屯田道。""鲁思虞，常山进士，以驿传道驻扎，带管本道。""王道显，同安进士，佥事进，钟志云兼理海防自道显始。""李本辉，锦衣卫，进士，山东通志作曲沃人，按察使升右布政使，仍管本道。"⑤据以上材料推测，兵备道可能身兼数任。另据嘉庆《续掖县志》卷一《职官》记载："正德七年，青州设兵备……"⑥青州兵备道设立以后，原"巡察海道"只辖登、莱。

此外，在光绪《增修登州府志》中，还提到了"招练道"和"监军道"："明天启元年设，即钟楼南旧军器局建公署。"⑦"防抚陶朗先题请设

① 嘉靖《青州府志》卷十一《兵防》，第 1 页，明嘉靖四十四年（1565 年）刻本。
② 嘉靖《青州府志》卷十一《兵防》，第 1 页，明嘉靖四十四年（1565 年）刻本。
③ 咸丰《青州府志》卷二十七《营建考三》，第 2 页，清咸丰九年（1859 年）刻本。
④ 咸丰《青州府志》卷二十九《考六·兵防考》，第 4 页，清咸丰九年（1859 年）刻本。
⑤ 咸丰《青州府志》卷十《职官表六》，第 1—7 页，清咸丰九年（1859 年）刻本。
⑥ 嘉庆《续掖县志》卷一《职官》，第 24 页，清光绪十九年（1893 年）刻本。
⑦ 光绪《增修登州府志》卷二十五《文秩一》，第 6 页，清光绪七年（1881 年）刻本。

员招集辽人，安置潍县，旋裁。"①

③海防道

"海防道"主要设置在沿海地区。"海防道"与"兵备道"的职责相当，主要是维护地方安定，弹压地方，同时还要承担海防的责任。

据《明史》记载，分巡道中有"青州海防道"，但咸丰《青州府志》卷十《职官表六》关于"海防道"的记载十分简单："海防道专辖青州，其兼管海右者亦仍驻青州也。"②据咸丰《青州府志》卷二十七营建考三："……又有海防道署，旧志云在城东南隅；益都县志云在城北隅。"③

另据乾隆《续登州府志》记载："明洪武初，设沿海诸卫，领以备倭都指挥使，兼置巡察海道。……指挥使驻登州府。海道一驻青州，一驻武定州，皆管民兵、巡司、马快，谓之兵备海防道。"④在以上这段材料中，涉及"海道"、"巡察海道"、"兵备海防道"三个名词，实际上指的是同一个官职。它们的职责为"管民兵、巡司、马快"。马快指的是在衙门里负责侦缉逮捕罪犯的差役。

明代登州、莱州所辖海疆最为广大，"海防道"也是最为重要的职官之一，不过"海防道"设署办公的地点，先是设在莱州，后来随着沿海海防形势的变化登州也设海防道。

"巡察海道"原辖登、莱、青三府，正德五年（1510年）青州兵备道设立后，只辖登、莱二府。据乾隆《莱州府志》记载，"巡察海道，隆庆二年（1568年）改分守道，万历二十三年（1595年）改海防道。"⑤乾隆《掖县志》："分守海防道署，在县治西南，北邻察院，明弘治十二年创建。"⑥

---

① 光绪《增修登州府志》卷二十五《文秩一》，第6页，清光绪七年（1881年）刻本。
② 咸丰《青州府志》卷十《职官表六》，第8页，清咸丰九年（1859年）刻本。
③ 咸丰《青州府志》卷二十七《营建考三》，第2页，清咸丰九年（1859年）刻本。
④ 乾隆《续登州府志》卷七《海疆》，第7页，清乾隆七年（1742年）刻本。
⑤ 乾隆《莱州府志》卷六《职官》，第5页，清乾隆五年（1740年）刻本。
⑥ 乾隆《掖县志》卷一《公署》，第35页，清乾隆二十三年（1758年）刻本。

据宣统《山东通志》记载:"嘉靖四十一年(1562年),设巡查海防道于登州,置团操营,以海防道中军领之。"① 乾隆《续登州府志》:"(嘉靖)四十一年,专设海防道于登。"② 道光《重修蓬莱县志》:"(嘉靖)四十一年,专设海防道于登,置团操营,设民壮五百名,海防道中军领之。"③ 另据嘉庆《续掖县志》卷一《职官》记载:"隆庆二年,登州复设兵备,兼莱州兵政……万历二十七年,(莱州分守道)复与登州道并理莱州军务,以海防为名。"④ 可见,关于登州"海防道"最早设置于嘉靖四十一年(1562年)的时间是基本一致的。

关于海防道公署,康熙《蓬莱县志》记载:登州"海防道,南门内街东。海防厅,府治内以东。"⑤ 光绪《增修登州府志》卷二十五《文秩一》记载:"海防道,明嘉靖四十一年设,以按察副使领之,驻登州,即以兵巡道署为公署。万历四十八年,副使陶朗先。崇祯二年,副使王廷试各重修。按布政分司、按察分司,郡城及各属皆有行馆,郡城又有分守陪巡馆,今俱废。"⑥

明人毛纪(1463—1545)曾撰《分守海防道题名记》:"我朝以青登莱三郡濒海,岛屿联亘,倭夷出没,内而岩矿旷阻,无知草窃,容亦有之,粤自国初,命东省宪臣一人巡察海道,奉玺书以从事,为保障计也。其海滨卫所营寨,虽总于备倭武臣,而简阅调度必由海道。凡夫禁御奸宄、伸雪枉抑、与除利弊,悉于是乎。督理之旧莅斯任者,率自臬司东巡海上,而道里辽隔,公务积滞,本兵因言者,乃令建海道公署于莱,以便行事,盖弘治之十有二年也。寻值流贼之变,青郡增设兵备,

---

① 宣统《山东通志》卷一百十五《兵防志第八·海防》,民国四年(1915年)铅印本,第3283页。

② 乾隆《续登州府志》卷七《海疆》,第7页,清乾隆七年(1742年)刻本。

③ 道光《重修蓬莱县志》卷四《武备·营制》,第3页,清道光十九年(1839年)刻本。

④ 嘉庆《续掖县志》卷一《职官》,第24页,清光绪十九年(1893年)刻本。

⑤ 康熙《蓬莱县志》卷一《城池》,第16页,清康熙十二年(1673年)刻本。

⑥ 光绪《增修登州府志》卷二十五《文秩一》,第3页,清光绪七年(1881年)刻本。

遂以其郡属之，故令海道兼理登莱兵备，而青不与焉，非旧也。盖正德
之七年也。后以海道治所在莱，行伍弗充，仓猝奚以应变，乃调取二郡
民兵，以官领之，分队团操，立舍以居之。盖嘉靖之初年也。其控辖固
守之法，随时益损，久而后定。自兹海邦寇盗敛戢，得无他虞。"①"宪
臣"，指按察使。"臬司"，指的是按察使司。可见，毛纪所说的"分守
海防道"其实指的是"巡察海道副使"。此外，毛纪介绍了"巡察海道
副使"以及后来的"海防道"等设官的演变与变迁。但毛纪的记载有一
些并不准确的地方。起初，"巡察海道副使"属于分巡道，而不是分守
道；隆庆二年（1568 年），"巡察海道副使"的确曾改为"分守道"，负
责民事，但毛纪在 1545 年已经过世。当然，还有一个可能就是，在此
前已经发生过这种变化。

2. 山东巡抚与登莱巡抚

（1）山东巡抚

明中叶以后，战乱较多，朝廷为加强对军事将领的控制，设置了总
督、巡抚等官职。总督、巡抚之设，最初往往以都御史充任，如派都御
史巡抚而兼军务的称提督；有总兵的地方加赞理或参赞；管辖地域广或战
略重要方向，则设总督；凡尚书、侍郎任总督者，皆加都御史衔。这些措
施，含有以文官领军之意，用以防止将帅专兵。

起初，总督、巡抚等职官均系朝廷因事制宜、临时差遣的大员，不属
地方官员。巡抚又称抚台，巡抚的全衔称为"巡抚某某地方兼提督军务"，
其职责主要是督理税粮，总理河道，抚治流民，整饬边关，后遂偏重军
事。巡抚虽非地方正式军政长官，但因出抚地方，且职权不断扩大，节制
承宣布政使司、提刑按察使司、都指挥使司三司，实际掌握着地方军政大
权。也有总督兼巡抚者，合称为督抚。

---

① 毛纪《分守海防道题名记》。乾隆《莱州府志》卷十三《艺文》，第 67 页，清乾隆五年（1740
年）刻本。

从明宣德年间开始，各省常设巡抚官渐成制度。巡抚由中央的派出大员向地方的军政长官转化，由临时性的差遣向常设性的机构转化，其职权也向抚循地方、考察属吏、提督军务转化。至嘉靖年间，明代全部13个布政使司均设定员巡抚。巡抚居三司之上，为各省最高军政长官，设有巡抚衙门，三司属其管辖。总督、巡抚制度的设立，适应了明朝中后期整肃兵备、防御外寇的需要。同时，这种领导体制成为文官领导武官的基本模式。

明正统五年（1440年），中央政权正式设置山东巡抚一职，该职全称为"巡抚山东等处地方督理营田兼管河道提督军务"。正统十三年（1448年）又规定：巡抚一职必须由中央官员都御史（正二品）专任此职。这样，明代山东巡抚全权负责山东省军政事务，成为山东地方最高行政长官，但尚属临时派遣，无固定任期。明代山东共有12位巡抚，除1位是举人外，其余11人全为进士出身。

（2）登莱巡抚

登莱巡抚就是为抵抗后金而设置。嘉靖时期开始，倭患日炽，明政府于沿海一带海防重地加设总督、巡抚以赞理军务。明万历年间，随着后金政权的兴起，明朝与后金之间在辽东地区展开了争夺全国最高统治权的战争。

天启元年（1621年），明政府为防备后金从海路南下，从山东巡抚分离出登莱巡抚，全称巡抚登莱地方赞理军务，或称山东海防巡抚，品秩为正四品，号防抚军门，主理山东省东部登州府、莱州府一带，登州和莱州2府从属，其主要职责是调兵御寇，海防事宜因此也归其统筹。同时，增设镇守登莱总兵官1人，督理提调沿海兵马备倭之都指挥，终明一代未有大的变化。

据《明史》记载："巡抚登莱地方赞理军务一员。天启元年设。"[①] 据

___

① 《明史》卷七十三《志第四十九·职官二》。

雍正《山东通志》记载："海防巡抚都御史，嘉隆之际，倭寇朝鲜，登莱设海防道，以副使佥事推补。天启中，设登莱巡抚，以都御史任，主调兵御寇，济南巡抚则筹饷以济之。"[1] 据乾隆《续登州府志》记载，"万历二十年设登莱巡抚，驻扎莱州府，称防抚军门，专辖沿海屯卫，兼辖辽东各岛。"[2] 光绪《增修登州府志》记载，"天启元年，设巡抚登莱赞理军务一员，号防抚军门，亦称防院，驻登州，专主调兵、御寇，山东巡抚则筹饷以济之。崇祯二年裁，三年复设。"[3]

登莱巡抚因事而设，专主军政，是专门海防事务的巡抚。需要注意的是，在《增修登州府志》中，登莱巡抚被列入"文秩"。登莱巡抚官署设在登州府城内，以蓬莱城钟楼西街路北旧登州卫署改建而成。登莱巡抚其上为山东巡抚兼提督军务，当时的登州镇总兵和东江镇[4]总兵都归登莱巡抚节制。

崇祯二年（1629 年），明政府撤销巡抚一职，第二年复设；登莱巡抚存在的时间较长，自陶朗先、袁可立等继有 14 任，直至明亡。有明一代，登莱巡抚计 14 任，分别是：

第一任登莱巡抚为陶朗先，浙江秀水人，天启元年（1621 年）六月任，天启二年（1622 年）四月庚午离职。据《明熹宗实录》记载，天启元年六月，陶朗先升任都察院右佥都御史，巡抚登莱等处地方[5]。

袁可立，河南睢阳人，天启二年（1622 年）四月乙亥任，天启四年（1624 年）三月丁巳离职。袁可立在任上时，收难民，练辽兵，颇有政绩，后来被列入登州名宦祠。他是唯一被列入登州名宦祠的登莱巡抚。

---

① 雍正《山东通志》卷二十五之一《职官一》，第 67 页，清乾隆元年（1736 年）刻本。

② 乾隆《续登州府志》卷七《海疆》，第 7 页，清乾隆七年（1742 年）刻本。

③ 光绪《增修登州府志》卷二十五《文秩一》，第 1 页，清光绪七年（1881 年）刻本。

④ "东江镇"治所在今朝鲜民主主义人民共和国平安北道皮岛，辖区包括辽河以东的沦陷区，实际拥有渤海各岛、旅顺堡、宽奠堡，以及朝鲜境内的铁山、昌城等据点。明末抗金大将毛文龙曾任东江镇总兵官。

⑤ 《明熹宗实录》卷十一，第 4 页，台北"中央研究院"历史语言研究所 1962 年版，第 550 页。

武之望，天启四年（1624年）三月辛未任，天启五年（1625年）离职。

李嵩，山西荣河人，天启五年（1625年）十二月任，天启七年（1627年）五月离职。

孙国祯，浙江慈溪人，天启七年（1627年）五月戊戌任，崇祯元年（1628年）九月离职。

王廷试，江西南昌人，崇祯二年（1629年）任，崇祯三年（1630年）六月离职。

孙元化，直隶嘉定人，崇祯三年（1630年）六月癸酉任，崇祯五年（1632年）二月离职。

谢琏，崇祯五年（1632年）二月任，崇祯五年（1632年）六月离职。

陈应元，崇祯五年（1632年）六月壬辰任，崇祯八年（1635年）十月辛巳离职。

杨尔兴，崇祯八年（1635年）十一月丙辰任。

杨文岳，四川南充人，崇祯九年（1636年）任，崇祯十二年（1639年）离职。

徐人龙，浙江上虞人，崇祯十二年（1639年）五月己未任，崇祯十四年（1641年）离职。

曾樱，江西峡江人，崇祯十四年（1641年）任，崇祯十五年（1642年）离职。

曾化龙，福建晋江人，崇祯十五年（1642年）十一月任。

3.海防同知、海防丞、典史

明代，凡沿海紧要地区之府、厅，均置海防同知，协助府、厅长官专管海防事宜。万历中期，山东青、登、莱三府才开始设立海防同知，相比东南沿海地区要晚一些。

万历援朝抗倭战争开始后，山东海防形势骤然严峻起来，事务日渐繁多。山东沿海各府没有专管海防事务的官员，造成诸多不便。山东巡抚郑汝璧提出，在不增加官员数目的情况下，将沿海三府同知改为海防同知。郑汝璧上《专官足饷留军疏》，向明政府请示：

"臣行布、按、都司议称：青、莱、登三府逼近海洋，一切御倭事宜，如修筑城堡、墩台，打造军火、器械，及查理军伍、支放粮饷等项，无专官董理，多致耽废。在各省、直设有海防同知管理，东土似宜仿而行之。但添官必须增费，又属未便。查得三府清军同知，事务颇简，合行改为海防，兼摄清军、盐捕事务，仍给关防，行令专心料理。等因到臣。该臣看得：青、莱、登防海事务，如城堡之缮修，军伍之查补，兵饷之收支，诸务填委，至为烦重。缘佐理府官向无专职，上司文移随便批发，而动致参差，下宫承委任意奉行，而每多迟滞。甚有一事方委，而他事复临，一官方查，而别官又理，人无专责，势多耽误。以呼吸之军情、重大之边务，疏豁若此，殊为未便。若照省直事例另设一官，又恐滋费，查得三府同知事务颇简，堪以专摄，合无改为海防同知，兼管清军、盐捕事务，各给关防以便行事，其有克举职业，有裨海防者特加奖荐，不次超擢，如经理无法，怠玩废职者，查参究治，庶官不必添设，而事权既专责，成亦便矣。"①据《明神宗实录》记载：万历二十三年（1595年）正月癸未，"铸给青州、莱州、登州各海防同知兼管清军、驿传、盐捕关防"②。万历二十四年（1596年）十一月丁巳，吏部议覆：海防同知专防海事，不许署府县印缺，从之③。此后到明朝末年，青、登、莱三府均设海防同知，专管海防事务，原先的职责亦兼理不变。到了清朝初年，仍设海防同知，据乾隆《掖县志》记载："府设海防同知，分领海汛；县设海防丞。今止守道、参议、府同知、县丞司海防，其寨营卫所巡检司等官军，弓兵在掖

---

①（明）郑汝璧：《由庚堂集》卷二十六《专官足饷留军疏》，《续修四库全书》（第1356册），上海古籍出版社2002年版，第655页。

②《明神宗实录》卷二百八十一，第3页，台北"中央研究院"历史语言研究所1962年版，第5191页。

③《明神宗实录》卷三百零四，第3页，台北"中央研究院"历史语言研究所1962年版，第5702页。

者，俱节奉裁省。"①

除海防同知外，各州县均设典史，为县令的佐杂官，是掌管缉捕、监狱的属官。各县的巡检及其所辖弓兵，都由典史管辖。典史无品阶，属于未入流（九品之下）的文职外官，但在县里的县丞、主簿等职位裁并时，其职责由典史兼任，因此典史职务均由吏部铨选、皇帝签批任命，属于"朝廷命官"。洪武十三年，典史的月俸是月米三石。

第五节　明代山东海防筑垒的大规模筑建

一、明政府对海防筑垒的重视

1.明政府重视海防筑垒的原因

从明朝初年开始，倭寇频频大规模侵扰我国，使沿海地区深受其害。当时由于天下初定，国力有限，而倭寇多为流窜作乱，机动性极强，因此朱元璋基本上采取了"固海岸为上策"的守御方针，实行积极防御的海防战略。他一再告诫其子孙及其官员说："海外蛮夷之国，尤为患于中国者，不可不讨；不为患于中国者，不可辄自兴兵。"况且，"阻山越海，僻在一隅，必不为中国患者，朕决不伐之。"②

明朝政府之所以在沿海大规模进行海防筑垒的筑建，除了遵循"御海洋"、"固海疆"、"严城守"的方针和积极防御的海防战略之外，还有以下几个原因：

在元末农民起义过程中，朱元璋征求学士朱升对平定天下战略方针的意见，朱升说："高筑墙，广积粮，缓称王。"朱元璋采纳了朱升的建议，

---

① 乾隆《掖县志》卷二《海防》，第81页，清乾隆二十三年（1758年）刻本。

② 《明太祖实录》卷六十八，第4页，台北"中央研究院"历史语言研究所1962年版，第1277页。

势力不断扩大，并最终于1368年推翻了元朝的统治，建立了明王朝。此后，在抵抗倭寇、保卫海疆的斗争中，明政府十分崇尚"高筑墙"的战略，对构筑城池、修筑兵垒十分重视。

明政府重视修筑海防兵垒的另一原因是兵器的改进和发展，特别是火器的大量使用，以及由此带来的战术、战法的变化。

宋代时，弩、炮等兵器得到很大的改进，火器开始越来越多地在战争中使用。到了明朝时，由于火器的杀伤力、破坏力大，逐渐成为攻守作战的主要兵器，从而对城池的坚固程度提出了更高的要求。而坚固的城池不仅可以抵御敌人的进攻，还可以保护作战时的人员和兵器，减少自身损失，因此营建城高池深、规模宏大的海防兵垒就成为积极防御战略的重要组成部分。据统计，明政府筑建或重修的府州县以上的重要城池就有一千五百余座，达到了历代以来城池筑建的最高峰。

此外，明代重视海防筑垒，与军事上实行的卫所制度有着重要的联系。明代卫所多设立于险要之地，有些甚至立于偏僻人疏之处，卫所军士平日须有驻扎、屯集之所，以求自身安全；遇有战事，或可依托城池和有利地形发动进攻，战斗失利之时又可依托城池据守。再者，卫所制度实行军屯、屯防相结合，无事则屯田、训练，有事则凭之作战，所以卫所屯兵所在被营建为海防兵垒。

2.海防筑垒的类别

明朝政府在海防建设中，十分重视海岛筑垒和防守，明确守海重在防守海岛和海岸。明朝初年，朱元璋采纳山东都司周彦的建议所建的宁海五总寨、莱州（今山东莱州）八总寨和万历年间许孚远巡抚福建时所建的福州海坛山（今福建平潭）、浙江沿海的陈钱山（今浙江定海东北海中）、金塘山（今浙江温州东南海中）、五环山（今浙江玉环）和山麂山（今浙江温州东南海中）等岛寨，以及天启年间所筑的澎湖城等，都是海岛筑寨的典型。

在南部沿海或者长江沿岸有水师驻扎的地方，用于防卫的栅栏、营垒被称为"水寨",亦作"水砦"。因为是建在水边,无法使用夯土、城砖,其主要材料为木质的栅栏,故名。如,唐顺之在《条陈海防经略事疏》中曾说:"国初,海岛便近去处皆设水寨,以据险伺敌。"始见于宋代的刀鱼寨起初四周很可能也没有城垣环绕,而是在沿海设置木质的栅栏作为防卫。

在中国北部地区,特别是不靠近江海、湖河的地方,寨多指四面环围的驻军处所,即营垒。寨的四周有防守用的栅栏,如鹿砦等,寨内建有临时帐篷,或者简易的营房,供驻军起居。在明代,尽管筑城能力和技术有了很大发展,但有的地方驻扎的军队规模较小,其防卫设施也比较简单,这样的营垒,往往习惯上被称为"军寨",或者简称为"寨"。有的军寨可能筑有简易的土城或者砖城。

为了抵御倭寇侵扰,明政府在各卫所所在地以及各府府治、各县县治相继筑起坚固的城池。从洪武十七年起,在明政府建立卫所制度的同时,在沿海地区依据各地地理位置和地形特点,就开始了大规模的海防筑垒,这些海防筑垒实际上已经具有海防要塞的雏形。明朝初年,南起广东,北至辽东,共构筑卫所城池达181所之多,下辖关隘、堡、寨、墩台1622座,形成了一套以卫所城池为主体的、防止倭寇入侵和海盗骚扰的完整而严密的海防筑城体系。在山东海岸线构筑的海防筑垒有登州、莱州、威海、青州、大嵩、靖海、成山等11座卫城,千户所城14座,堡寨134座,烽堠墩台269座。这些筑城设施,构成了明代海防体系的重要基础,对形成完善的海防体系和有效地打击倭寇侵犯,起了重大的作用。

明代时,由于社会经济和手工业的迅速发展,筑城技术有了很大进步,制砖技术、城砖生产能力都达到一定的水平,所以明政府在全国之内大量建筑砖城,即用土作墙心,土墙两面用青砖包砌墙皮;在石料较多的地区,则使用石块包砌墙皮,或者直接使用石块砌筑城墙。用砖、石砌筑而成的城墙,既坚固耐久,不容易坍塌,又可以抵御火器的攻击,因此明代所筑城池、兵垒多数为砖城、石城，只有少数仍为土城，这是在筑城方面与前代很大的不同之处。

　　明代卫所制度包括卫、所、寨等多级机构。"卫"是最高级别的军事单位，有固定的防卫区域，建有城池，筑有坚固的城墙，内屯重兵，由军事长官统一指挥，其下设所。"所"是次一级的军事单位，分布于沿海要害之地，归"卫"管辖。沿海卫所的选址大多都面临大海，直接控扼海口，进可出击，退可守御，其兵垒则为海防体系中最重要的军事据点。"寨"是比"所"更小的兵营，没有居民混住，多数亦建有寨城。总之，明代时，各县所建筑的城池主要是为了防守和保护百姓。而卫所屯兵所在，特别是其修筑的海防兵垒，攻可战，退可守，海防要塞的特征已经十分明显。

烟墩形式示意图

在卫所、城寨之间，为了警戒、联络和报警，明政府又沿海岸依地形筑有墩台、烽堠和堡。这些墩台在汉代称作烽堠、亭燧，唐宋称作烽台，并把"烽燧"一词也引申为烽火台，烟墩或墩台主要是明代时的称呼。明代的墩台、烽堠多以土筑成，外包城砖。一旦海疆出现紧急情况，可放烟火示警，传报给卫所守军。墩台规模较烽堠稍大，对少数敌人的侵扰，有一定自卫甚至御敌的能力，小的则只用来瞭望甚至没有点燃烽火的功能。堡与墩相似，筑有简易工事。墩台间隔距离一般为三里左右。

传递消息时，夜间举火叫"烽"，白天放烟叫"燧"，但用来点燃的不一定是狼粪。由于沿海一带比较潮湿，烽堠上的柴草在报警时有时难以点燃，因此在每座烽堠近旁都搭有几座草屋，草屋中堆放柴草，平常可作为守墩士兵的休息之所，报警时以燃烧草屋来显示，并鸣火铳配合报警。据《莱州府志》记载："大曰墩，小曰堡，委军守之，所以备寇盗也。明洪武五年立墩军，例设五名，堡军，例设六名，各有汛地分辖于营巡司。"[①] 据统计，山东沿海墩台的数量很多，共有 269 座。

二、山东沿海卫所城池的修筑

1. 登州府境内

在登州沿海卫所中，登州卫、宁海卫设立较早，而登州城为登州府治、蓬莱县治和登州卫所在地，宁海城为宁海州治和宁海卫所在地，因此明政府对登州城、宁海城的建设十分重视，多次增修、重修。两城不仅具有相当规模，而且具有较强的防御能力。

据顺治《登州府志》记载，登州府城，"城周九里，高三丈五尺，皆砖石，门四，东曰春生，南曰朝天，西曰迎恩，北曰镇海。门楼连角楼，共七座。窝铺五十六，上下水门各三，小水门一。池阔二丈，深一

---

① 乾隆《莱州府志》卷五《兵防》，第 5 页，清乾隆五年（1740 年）刻本。

丈。""洪武间指挥谢观、戚斌，永乐间指挥王宏相继筑濬。万历间，倭
犯朝鲜，增筑敌台二十八座。崇祯间，知府桂恪、戴宪明先后增高三尺
五寸。"①

除登州府城外，在北部海滨丹崖山下，明政府在宋代"刀鱼寨"的基
础上修筑登州水城1座，"在大城北，相连，原名备倭城。由水闸引海入
城中，名小海，为泊船所。洪武九年，立帅府于此。周三里许，高三丈五
尺，阔一丈一尺。门一曰振扬楼。铺共二十六座。""万历丙申，因倭警总
兵李承勋甃以砖。东北西三面共增敌台三座，南一面仍旧。知府徐应元
重修。崇祯十一年，知府陈钟盛、同知来临增修。"②此外，在登州府城以
西栾家口亦建有备倭城，"明时建，以备倭。高丈余，城上有庙，祀天后
圣母。"③

宁海州城，"旧土城。洪武十年，指挥陈德砌以砖石。周九里，高三
丈二尺，阔二丈。门四，东曰建武，西曰奉恩，南曰顺正，北曰镇海。楼
铺二十八。池阔二丈五尺，深九尺。""弘治初，副使赵鹤龄令州卫兼修。
正德七年，流贼陷莱阳，知州章诤重修。嘉靖二十六年，大水坏城，知州
李光先重修。万历二十年，因倭警，知州陈善浚池，水环四面。二十二
年，知州张以翔增修垛口、城楼、角楼及敌台十二座。三十九年，大水，
知州王以仁重修。"④

大嵩卫、靖海卫、成山卫、威海卫四卫设立稍晚，均设于洪武三十一
年（1398年）。由于明政府此时国力日趋强盛，筑城技术进一步成熟，其
城池或为石城，或为砖城，其坚固程度大大超过前代筑城。

据顺治《登州府志》记载，威海卫城，"砖城。周六里有奇，高一丈
七尺，阔一丈。门四，楼铺二十。池阔一丈五尺，深八尺。"

---

① 顺治《登州府志》卷三《城池》，第1页，清康熙三十三年（1694年）刻本。
② 顺治《登州府志》卷三《城池》，第1页，清康熙三十三年（1694年）刻本。
③ 道光《重修蓬莱县志》卷二《地理志·城池》，第12页，清道光十九年（1839年）刻本。
④ 顺治《登州府志》卷三《城池》，第2页，清康熙三十三年（1694年）刻本。

大嵩卫城，"砖城。周八里，高一丈九尺，阔一丈五尺，池深二丈，阔八尺。门四，东曰承安，南曰迎恩，西曰宁德，北曰镇清。楼铺二十八座。洪武三十一年指挥邓清筑。"

成山卫城，"石城。周六里一百六十八步，高二丈八尺，阔二丈。池深一丈二尺，阔称是。今圮。门四，东曰永宁，西曰迎恩，南曰镇远，北曰武宁。楼铺三十四，洪武三十一年建。崇祯十二年，文登知县韩士俊教谕台尔瞻、成山卫指挥唐文焞、姬肇年重修。"

靖海卫城，"石城。周九百七十丈，高二丈四尺，阔二丈。门四，后以倭患，塞西门。今存三，楼铺二十九。洪武三十一年建。池深一丈，阔二丈五尺。"①

不仅沿海各卫建有规模较大的城池，几乎所有重要的千户所也建筑城垒，驻军防御。其中，奇山所、宁津所设立于洪武三十一年；大山所、海阳所、百尺所、金山所、寻山所，均设立于成化中期。以上所城全部为砖城。

奇山所、宁津所、海阳所为守御千户所，直隶山东都司，并不隶卫。

奇山守御所城"周二里，高二丈二尺，阔二丈。门四，楼铺十六。池阔二丈五尺，深一丈。"

宁津守御所城"周三里，高二丈五尺，阔二丈三尺。门四，楼铺十六。池阔二丈，深一丈。"

海阳守御所城"周三里，高二丈，阔一丈二尺。西南二门，楼铺二十九。池深一丈，阔二丈。"②

除以上3个守御千户所外，福山备御中前千户所在福山县治西，设立于洪武十年，属登州卫，其所城修筑情况不详。

除福山所外，其他备御所均设立于成化年间，其城池全部为砖城。百

---

① 顺治《登州府志》卷三《城池》，第3页，清康熙三十三年（1694年）刻本。

② 顺治《登州府志》卷三《城池》，第3页，清康熙三十三年（1694年）刻本。

尺崖备御所在文登县东南140里，属威海卫，其所城“周三百三十步，高三丈，阔二丈三尺。东西南三门，楼铺十五。池阔二丈，深一丈。”

金山备御所在宁海州东北40里，属宁海卫，其所城“周二里，高二丈三尺，阔五尺。东南二门，楼铺二十。池阔二丈二尺，深一丈八尺。”

大山备御所在大嵩卫西，属大嵩卫，其所城“周四里，高一丈五尺，阔一丈五尺。门四，楼铺十五。池阔一丈，深七尺。”①

寻山备御后千户所在文登县东南120里，属成山卫，所城周三里有奇。

2. 莱州府境内

莱州府境内共有莱州卫、灵山卫、鳌山卫3卫和胶州守御千户所、雄崖守御千户所2所，各有城池。

据万历《莱州府志》记载，莱州府城，“洪武四年，莱州卫指挥使茆贵建，后圮坏日甚。万历二十六年，朝鲜倭警，分守宪副于仕廉、郡守王一言、县令卫三省同议大修，寻皆迁去。宪副盛稔、郡守龙文明、县令刘蔚相继董其事，三年之内大功告成，创建规模倍于往昔。周九里有奇，高三丈五尺，基厚二丈，门四，东曰澄清，南曰景阳，西曰武定，北曰定海。城下为池，深二丈，伟倍之。详大理寺丞董基修城志，有都御史赵熠、检讨周如砥、吏部主事姜仲轼记。”②

鳌山卫城，“洪武二十一年，卫国公徐辉祖开设，指挥佥事廉高建砖甃。周五里，高三丈五尺。门四，东曰镇海，南曰安远，西曰迎恩，北曰维山。池深一丈五尺，广二丈五尺。在即墨县东四十里。”③

灵山卫城，“洪武三十五年建。壁甃，周三里，高二丈五尺，门四，池深一丈五尺，阔二丈。在胶州东南九十里。”④

① 顺治《登州府志》卷三《城池》，第3—4页，清康熙三十三年（1694年）刻本。
② 万历《莱州府志》卷三《城池》，第1页，民国二十八年（1939年）铅印本。
③ 万历《莱州府志》卷三《城池》，第2页，民国二十八年（1939年）铅印本。
④ 万历《莱州府志》卷三《城池》，第2页，民国二十八年（1939年）铅印本。

即墨营城，"土筑，在县北十里。宣德八年建，周四里，高一丈五尺，阔一丈五尺，门四。"①

雄崖所城，在即墨县东北90里。

3.青州府境内

青州府境内共设有青州左卫、安东卫2卫和诸城守御千户所1所，各有城池。

据嘉靖《青州府志》记载，青州府城，"国朝三年守御都指挥叶大旺增崇数尺，垒石甃瓮，周一十三里有奇，高三丈五尺，壕阔如之，深一丈五尺。为门者四，东曰海晏，旧名海岱，南曰阜财，旧名云门，西曰岱宗，旧名泰山，北曰瞻辰，旧名凌霄。天顺间，都指挥高源、知府徐郁、赵伟修城楼台铺。正德七年，佥事牛鸢、知府朱鑑，嘉靖八年，知府江珊相继修。西门无月城，嘉靖十三年兵备佥事康天爵增筑。"②

安东卫城，"临东海。建置无考，垒石甃瓮。周五里，高二丈一尺，阔二丈，壕深广如之。为门者四，岁久渐圮。嘉靖三十四年，经历何亨请修，规制仅存。"③

石臼寨备御所石城，"在（日照）县东南，周三里有奇。"④

夏河备御所石城，"周四里，在（诸城）县东南。"⑤

"塘头备御所土城，在（乐安）县东北，周三里。"⑥

此外，明代登州、莱州的沿海卫所虽然结构严密，但卫所均设于海岸线一带，彼此之间依然有相当距离，遇事难以互相支援。为了增强海防力量的机动性，遇紧急情况时能够及时增援，明朝永乐、宣德年间，又组建了登州营、文登营和即墨营，合称"海防三营"。登州营"总成"设于蓬

---

① 万历《莱州府志》卷三《城池》，第2页，民国二十八年（1939年）铅印本。

② 嘉靖《青州府志》卷十一《城池》，第25页，明嘉靖四十四年（1565年）刻本。

③ 嘉靖《青州府志》卷十一《城池》，第33页，明嘉靖四十四年（1565年）刻本。

④ 嘉靖《青州府志》卷十一《城池》，第33页，明嘉靖四十四年（1565年）刻本。

⑤ 嘉靖《青州府志》卷十一《城池》，第32页，明嘉靖四十四年（1565年）刻本。

⑥ 嘉靖《青州府志》卷十一《城池》，第30页，明嘉靖四十四年（1565年）刻本。

莱城。文登营建于宣德四年，原在文登县城内，宣德十年始于县东 10 里筑城①，"土城。周三里，东西南三门。"② 即墨营在莱州府境内，原置营于县南 70 里金家岭寨，土城，周 2 里。宣德八年，移置于即墨县北 10 里，营城"土筑，……周四里，高一丈五尺，……门四。"③ 三营犄角拱立，互相策应，使得整个山东沿海卫所都有了强大的纵深支持和稳定可靠的后援保障，对倭寇产生了强力的震慑作用。

三、山东沿海各县城池的修筑

明代城池的构筑形制，基本上继承了前代模式，都是以护城河、城墙作为主体结构。一切从军事需要出发，多层次、大纵深成为明代城池构筑的重要特点。

为了加强城墙的强度，明代基本用砖包砌，并用花岗石和条石做墙基，这方面超过了历代。至于城池的设备，如雉堞、城门、瓮城、角楼、马面和兵马道等构筑形式，大体和前代城池相同。

1. 登州府境内各县城池的修筑

各县衙署所在地多为当地的政治、文化中心，也是经贸往来的中心。明朝时，登州府管辖宁海州、蓬莱县、黄县、福山县、招远县、文登县、栖霞县、莱阳县 8 州县，除栖霞县、莱阳县两县地处半岛中部以外，其他各县均濒临沿海。为了防备倭寇的侵扰，在明朝政府的统一部署下，登州沿海各县均十分重视城墙的修筑，纷纷在原先城池的基础上扩大修筑的规模。

在明代之前，登州所属各县城池多为土城。自明朝中期以后，各县城池多相继改筑为石城，或者砖石结合，抵御能力大为提高。

---

① 光绪《增修登州府志》卷十二《军垒》，第 3 页，清光绪七年（1881 年）刻本。

② 顺治《登州府志》卷三《城池》，第 3 页，清康熙三十三年（1694 年）刻本。

③ 万历《莱州府志》卷三《城池》，第 2 页，民国二十八年（1939 年）铅印本。

据史料记载，文登县城，"旧土城。洪武元年，莱州镇抚韩整重修。周七里，高二丈，阔一丈。门三，东曰望海，南曰新建，西曰昆嵛。楼铺共十五座。池阔三丈，深八尺。""嘉靖间知县胡景华、张先相继修之。万历八年，知府刘自化议甃以石，知县郭包田竣事，增高五尺。十四年，知县李雷光复修。"①

黄县县城，"旧土城，颇阔。洪武五年，守御千户章胜病于难守，中分其半，改筑之。周二里有奇，高二丈四尺。四门，东曰正东，南曰朝景，西曰振武，北曰镇海。上各有楼池，阔一丈四尺，深八尺。十八年，革千户所。""正德十一年，知县周淳因水患逼近更筑，仍做水门以泄水。嘉靖二十二年，知县贾璋重筑。万历二十一年，知县张彙选甃以石，增筑楼堞。崇祯十三年，邑绅内阁范复粹提请增修，知县任中麟竟其事，增三尺。"②

招远县城，"旧土城，……元末毁于兵。洪武三年，王明善建。正德六年知县申艮筑。周二里有奇，高二丈四尺，阔一丈二尺。楼铺八座，池阔二丈二尺，深一丈，门三，东曰盐臬，南曰通仙，北曰望海。""嘉靖二年，知县罗锦增修，东南开门，曰云路。十一年，知县屈允元重修石城。"③

福山县城，"旧土城，多圮。洪武四年，分莱州卫右所备御于此。九年，置登州卫，撤莱州卫右所，还调登州卫中前所，备御千户员贵修。永乐九年，千户周圯砌以砖石，周二里，高二丈二尺，阔一丈。门三，东曰震惊，南曰平定，西曰义勇。建敌楼于上。池阔一丈五尺，深八尺。""宣德间千户王海，天顺间千户王钰，弘治十五年知县应珊、千户王麟，万历六年知县华岱、千户卢汝弼相继修筑。十九年，因倭警知县张所修增雉堞敌台。四十二年，毁于水，知县傅春修筑。四十三年，知县宋大奎竟

①　顺治《登州府志》卷三《城池》，第3页，清康熙三十三年（1694年）刻本。
②　顺治《登州府志》卷三《城池》，第1页，清康熙三十三年（1694年）刻本。
③　顺治《登州府志》卷三《城池》，第2页，清康熙三十三年（1694年）刻本。

其事。"①

栖霞县、莱阳县两县县城距海较远，在明朝初年时受倭寇威胁相对较小，城池的增筑不像其他各县那样迫切，因此时间稍晚，但两县城池亦有相当规模。后来，随着倭寇时常深入内地侵扰，两县城池陆续得到加固、重修。如栖霞县城，"旧土城，几二里许，甚早隘。成化六年，知县娄鉴稍加增葺……嘉靖三十七年，倭夷流藩，土民惊徒。知县李揆相其形势，廓其规模，伐石鸠工，阅月徂成。万历六年，知县鲍霖始竟其功。高丈余，广六尺，门四，东曰寅宝，西曰迎恩，南曰环翠，北曰迎仙，楼四铺三。""（万历）十年始瓮石堤，长一百五十步，护城址。二十五年，知县鲍纹建瓮城一座，敌台八座。崇祯十二年，知县钟其伟增城三尺。国朝顺治五年，登州府知府张尚贤重修。"②

莱阳县城，"旧土城。周六里，高一丈八尺，阔一丈二尺。""洪武三十一年，指挥邓青复筑。正统五年，知县郭敏重修。弘治二年，知县吴昂增修……正德十四年，知县司迪改砖城，增敌台八座。门四，东曰望石，南曰迎仙，西曰太平，北曰旌旗。……嘉靖三十四年，知县牛山木重修。崇祯十六年，署印推官胡守德、知县关捷先重修。"③

2.莱州府境内各县城池的修筑

莱州府辖平度州、胶州2州，共掖县、潍县、昌邑、高密、即墨5县，除高密县外，辖境内皆有海岸，而尤以掖县、即墨县的海防地位最为重要。

据万历《莱州府志》记载，平度州城，"洪武二十二年，知州刘厚土台，周五里有奇，高三丈，阔一丈五尺，门三，东曰迎阳，南曰永宁，西曰安庆。池深九尺，阔倍之。成化十二年，知州林恭重修。"④

①　顺治《登州府志》卷三《城池》，第1页，清康熙三十三年（1694年）刻本。
②　顺治《登州府志》卷三《城池》，第2页，清康熙三十三年（1694年）刻本。
③　顺治《登州府志》卷三《城池》，第2页，清康熙三十三年（1694年）刻本。
④　万历《莱州府志》卷三《城池》，第1页，民国二十八年（1939年）铅印本。

昌邑县城，"宋建隆三年土筑，周五里，高一丈八尺，阔一丈五尺。门三，东曰奎聚，南曰阳鸣，西曰瞻宸。池深九尺半，广倍之。正德六年，值流贼之变，本府同知刘文龙重修。"①

潍县城，"汉时土筑，周九里有奇，高二丈八尺，阔一丈五尺。门四，东曰朝阳，南曰安定，西曰迎恩，北曰望海。池深一丈五尺，阔如之。正德七年，以流贼陷城，本府推官刘信重修。"②

胶州城，"土筑。洪武八年，千户申义瓮以砖，周四里，高二丈五尺，基广丈余。门三，东曰迎阳，南曰镇海，西曰用城。池深一丈五尺，广倍之。万历癸酉，知州王琰重修。二十五年，增敌台八座。"③

高密县城，"元至正十二年，知县泰裕伯土筑。周三里有奇，高二丈五尺，阔一丈二尺。门四，东曰广惠，西曰通德，南曰永安，西南曰保宁。池深一丈，广倍之。嘉靖二年，以寇屡残，郡守郭五常申请砖筑。"④

即墨县城，"元至正十一年，知县吕俊土筑。周四里，高一丈六尺五寸，阔丈余。门三，东曰潮海，南曰环秀，西曰通济。池深七尺，广二丈。正德六年，流贼遍境，知府高元中重修。邑人御史蓝田记。万历二十八年，因倭警知府龙文明、知县刘应旃易土以砖。"⑤

3. 青州府境内各县城池的修筑

明代时，青州府辖莒州 1 州和益都、临淄、博兴、高苑、乐安、寿光、昌乐、临朐、安丘、诸城、蒙阴、沂水、日照共 13 县。其中，辖境东南的日照、诸城两县海防地位最为关键，而北部的乐安、寿光两县虽然也濒临沿海，但由于山东半岛东面有登州、莱州两州的屏护，所以其海防地位已大大下降。也正是由于这个原因，胡宗宪在《筹海图编》中，并未

① 万历《莱州府志》卷三《城池》，第 1 页，民国二十八年（1939 年）铅印本。
② 万历《莱州府志》卷三《城池》，第 1 页，民国二十八年（1939 年）铅印本。
③ 万历《莱州府志》卷三《城池》，第 1 页，民国二十八年（1939 年）铅印本。
④ 万历《莱州府志》卷三《城池》，第 1 页，民国二十八年（1939 年）铅印本。
⑤ 万历《莱州府志》卷三《城池》，第 2 页，民国二十八年（1939 年）铅印本。

将青州府辖境内的卫所及烟墩等情况统计在内。

现将青州府境内临海的日照、诸城、乐安、寿光四县城池的情况简单作一介绍：

日照县城，"金置县时所筑，周二里，高二丈有奇，壕阔一丈五尺，深半之。元至正十七年，毛贵寇益都邑人相士安率众修筑固守。国朝正德七年州判王伯安重修。门三，东曰永安，西曰太平，南曰望海。"①

诸城县城，"即唐密州，时为南北二城。国朝洪武四年，守御千户伏彪修，合为一，周九里，高二丈七尺，壕阔一丈九尺，深半之。为门者五，正南曰永安，东北曰乘武，西北曰西宁，东曰镇海，西南曰政清。正德八年知县申良重修，嘉靖二十八年知县祝天保复修。"②

乐安县城，"即故广饶城，周五里，高二丈五尺，池阔二丈，深一丈。成化间知县马亮重筑。正德六年流贼破。明年，兵备金事牛鸾复补筑新之，为门四，东曰东作，西曰西成，南曰阜财，北曰通济。"③

寿光县城，"……周三里半，辟门五，东曰宣和，西曰阅丰，南曰纳凯，其西二门无名。正德六年，知县张良弼重筑，增置敌楼、月城；七年，知县刘澜于壕外筑堤护之。九年知县李阶继葺。"

由于莒州和益都、临淄、博兴、高苑、临朐、昌乐、安丘、蒙阴、沂水等县并不临海，因此其城池的修筑情况从略。

四、山东沿海寨城、墩堡的修筑

1. 登州府境内

由于军寨及寨城规模较小，且数量较多，大多不见经传，只有少数在地方史志中有所记载，其中如黄河寨备御百户所，设百户 3 员，

---

① 嘉靖《青州府志》卷十一《城池》，第 33 页，明嘉靖四十四年（1565 年）刻本。
② 嘉靖《青州府志》卷十一《城池》，第 31—32 页，明嘉靖四十四年（1565 年）刻本。
③ 嘉靖《青州府志》卷十一《城池》，第 29 页，明嘉靖四十四年（1565 年）刻本。

守城军余 30 名，守墩军余 15 名；刘家汪寨备御百户所，设百户 3 员，守城军余 35 名，守墩军余 15 名；解宋寨备御百户所，设百户 4 员，守城军余 40 名，守墩军余 9 名。以上 3 寨俱登州卫中右千户所分设，各有城寨。

黄河寨城，"石城。周一百三十八丈，高二丈五尺，阔一丈五尺。"①

刘家汪寨城，"石城。周一百八十丈，高二丈五尺，阔一丈三尺。南一门，楼铺五。池阔一丈，深五尺。"②

解宋寨城，"石城。周二百四十尺，高二丈五尺，阔一丈三尺。南一门，楼铺五。池阔一丈，深五尺。"③

芦洋寨备御百户所，设百户 5 员，守城军余 38 名，守墩军余 15 名，系福山备御中前千户所分设。芦洋寨城，"砖城。周二里，高二丈七尺，楼铺六，东西二门。池阔一丈，深七尺。洪武二十九年百户张刚筑。"④

清泉寨备御百户所，设百户 3 员，守城军余 15 名，守墩军余 6 名，守堡军余 2 名，系宁海卫后所千户所分设。清泉寨城，"砖城。周二里，高二丈五尺，阔一丈五尺。门一，楼铺六。"⑤

登州府境内各卫直接管辖的墩台，登州卫有 6 座，威海卫 8 座，宁海卫 6 座，成山卫 10 座，大嵩卫 7 座，靖海卫直辖墩台最多，有 20 座；奇山守御千户所 4 座，宁津守御千户所 8 座，海阳守御千户所 7 座；福山备御中前千户所 2 座，寻山备御后千户所 8 座，金山备御千户所 5 座，百尺崖备御后千户所 6 座，大山寨备御千户所 2 座；此外，刘家汪寨 5 座，解宋寨 3 座，芦洋寨 6 座，清泉寨 2 座。

据顺治《登州府志》记载，登州府境内烟墩与堡的数量为 210 处。其

---

① 顺治《登州府志》卷三《城池》，第 4 页，清康熙三十三年（1694 年）刻本。
② 顺治《登州府志》卷三《城池》，第 4 页，清康熙三十三年（1694 年）刻本。
③ 顺治《登州府志》卷三《城池》，第 4 页，清康熙三十三年（1694 年）刻本。
④ 顺治《登州府志》卷三《城池》，第 4 页，清康熙三十三年（1694 年）刻本。
⑤ 顺治《登州府志》卷三《城池》，第 4 页，清康熙三十三年（1694 年）刻本。

中各卫所所辖烟墩 115 处，各地巡检司所辖烟墩 16 处，共计 131 处，其基本情况如下：

登州卫 6 处：蓬莱阁、田横寨、西庄、林家庄、抹直口、教场。

刘家汪寨 5 处：矫家庄、湾子口、淋嘴、西峰山、城儿岭。

解宋寨 3 处：木基、解宋、虚里。

芦洋寨 6 处：郭家庄、磁山、鹞鸣、八角嘴、城阴、白石。

福山备御中前千户所 2 处：鼍后、营后。

宁海卫 6 处：后至山、草埠、小峰、戏山、貉子窝、马山。

金山备御千户所 5 处：庙山、凤凰、小峰山、骆驼、金山。

奇山守御千户所 4 处：木祚、埠东、熨斗、现顶。

清泉寨 2 处：清泉、石沟。

宁津守御千户所 8 处：慢埠、龙山、羊家岛、芝麻滩、万古、柴家山、青埠、孟家山。

大嵩卫 7 处：望石山、擒虎山、草岛嘴、辛家寨、刘家岭、麦岛、杨家嘴。

大山寨备御千户所 2 处：大山、虎巢山。

靖海卫 20 处：柘岛、铎木、郭家口、石岗山、唐浪顶、标杆顶、瓜蒌寨、狗脚山、石脚山、路家马头、赤石、长会口、经土崖、明光山、青岛嘴、姚山头、峰窝、浪浪、大湾口、黑夫厂。

成山卫 10 处：白峰头、狼家顶、高础山、仲山、太平顶、夺姑山、马山、崮嘴、俞镇、里岛。

寻山备御后千户所 8 处：青鱼、葛楼山、马山、杨家岭、小崂山、黄莲嘴、古老石、长家嘴。

威海卫 8 处：绕绕、麻子、斜山、磨儿山、焦子埠、陈家庄、古陌顶、庙后。

百尺崖备御后千户所 6 处：望天岭、蒲台顶、百尺崖、嵩里、老姑顶、曹家岛。

海阳守御千户所7处：乳山、帽子山、驴山、白沙、峰子山、城子港、小龙山。

除卫所所辖烟墩外，各地巡检司所辖烟墩16处如下：

杨家店巡检司3处：黄石庙、城后、石圈；高山巡检司2处：大山、高山；孙夼镇巡检司3处：旗掌、塔山、岗岢；辛汪寨巡检司1处：辛汪；温泉镇巡检司2处：可山、半月山；赤山寨巡检司1处：田家岭；乳山寨巡检司1处：里口；行村寨巡检司3处：高山、田村、灵山。①

另，登州府境内各卫所所辖堡连同各地巡检司所辖堡共79处，各卫所所辖77处，乳山寨巡检司所辖2处。

福山备御中前所2处：福山、芝阳。

奇山守御千户所2处：黄务、西牟。

宁海卫12处：宋家、曲水、管山、板桥、石子儿、栲栳观、汤西、修福、查林、峰山、辛安、芜篓。

金山备御左千户所4处：邹山、清泉、石沟、朱家。

威海卫4处：曹家庄、豹虎、峰山、天都。

百尺崖备御千户所3处：芝麻岭、宝家崖、转山。

成山卫9处：神前、祭天岭、报信口、堆前、歇马亭、洛口、石础、北留村、张家。

寻山备御后千户所7处：曲家埠、胜佛口、大水泊、老翅、纪了埠、蒸饼、青山。

宁津守御千户所9处：帽子山、崮山寨、高楼山、拖地岗、王家铺、大顶山、土现口、龙虎山、崮山。

靖海卫8处：蒸饼、孤西、憨山、望将、坟台、店山、葫芦山、起雨山。

海阳守御千户所10处：牟山、猪港、扒山、桃村、孤山、黄利河、

---

① 顺治《登州府志》卷五《武备》，第22—26页，清康熙三十三年（1694年）刻本。

孔家庄、撇雨山、老埠港、汤山。

大嵩卫5处：小山、黄山、青山、管村、界河。

大山寨备御千户所2处：双山、黄阳。

乳山寨巡检司2处：长角岭、高庄。①

2. 莱州府境内

莱州府辖境的南部与北部均濒临沿海，因此寨城多集中在沿海地带。而烟墩的设置则以南部沿海为主，北部沿海的烟墩则要稀疏得多。

据万历《莱州府志》记载，莱州府境内的寨城很多，最主要的有以下几处：

马埠寨城，"周二里，高一丈五尺，阔一丈。南北二门。池深八尺，广一丈。在府西二十五里。"②

王徐寨城，"壁瓮。周二里，高一丈五尺，阔一丈。南北二门。池深八尺，广一丈，在府东北八十里。"③

马停寨城，"垒以石。周二里，高一丈五尺，阔一尺。南北二门。池深八尺，广一丈。在府东北一百六十里。"④

灶河寨城，"周二里，高一丈五尺，阔一丈。南北二门。池深八尺，广一丈。在府北五十里。"⑤

夏河寨城，"石垒。周三里有奇，高一丈七尺，阔二丈五尺。门四，池深六尺。阔一丈五尺。在胶州西南。"⑥

张家寨城，"土筑。在即墨县西南五十里里仁乡阴岛社。周二里，高二丈一尺，阔一丈。"⑦

① 顺治《登州府志》卷五《武备》，第22—26页，清康熙三十三年（1694年）刻本。
② 万历《莱州府志》卷三《城池》，第2页，民国二十八年（1939年）铅印本。
③ 万历《莱州府志》卷三《城池》，第2页，民国二十八年（1939年）铅印本。
④ 万历《莱州府志》卷三《城池》，第2页，民国二十八年（1939年）铅印本。
⑤ 万历《莱州府志》卷三《城池》，第2页，民国二十八年（1939年）铅印本。
⑥ 万历《莱州府志》卷三《城池》，第2页，民国二十八年（1939年）铅印本。
⑦ 万历《莱州府志》卷三《城池》，第2页，民国二十八年（1939年）铅印本。

楼山寨城，"土筑。在即墨县南四十里里仁乡南曲社。周二里。"①

此外，万历《莱州府志》还记载，除张家寨城、楼山寨城外，在即墨县境内还有以下寨城，但其具体筑城情况不详，如田村寨城，在即墨县东北 90 里移风乡古清社。金家岭城，在即墨县南 70 里仁化乡浮峰社，周二里。子家庄寨城，在即墨县东南 90 里仁化乡郑疃社。萧旺庄寨城，在即墨县东南 50 里海润乡萧旺社。走马岭寨城，在即墨县东北 90 里移风乡颜武社。羊山寨城，在即墨县东北 100 里移风乡兴仁社。大港寨城，在即墨县东北 60 里海润乡皋虞社。栲栳岛寨城，在即墨县东北 90 里移风乡兴仁社。由此亦可以看出，当时即墨海防地位之重要。

另据万历《莱州府志》记载，莱州府境内的烟墩共有 175 处，其基本情况如下：

灵山卫辖墩堡 30：帽子峰、将军台、沙嘴、黄埠、敲尧山、唐岛、安岭、李家岛、西子埠、烽火山在卫南，野人埠、黄山、长城岭、威家疃、捉马山、张家庄、呼兰嘴在卫东，沙嘴在卫东北，孙家港、刘峰沟、白塔夼、交叉涧、青石山、崇石山、东石山在卫北，焦家村、石喇叉、鹿角河、花山、大虎口在卫西。

鳌山卫辖墩堡 26：分水岭、石岭、小崂山、横担、擎石、龙口、石老人、栲栳岛、兰旺、捉马嘴，在卫南。狼家嘴、高山、羊山，在卫东。走马岭、峰山、蝎皮岭、黄埠、石炉山、桑园、石张口、大村、明旺、管前、马山、孙疃、那城，在卫北。

浮山寨备御千户所辖墩堡 18：麦岛、错皮岭、双山、塔山、瓮窝头，在所东。转头山、狗塔埠、桃村、中村、东城、张家庄、程家庄，在所南。程羊、女姑、楼山、孤山、红石、斩山在所西。

胶州守御千户所辖墩堡 25：曰鹿村、八里庄、柘沟河、塔埠、江家

① 万历《莱州府志》卷三《城池》，第 2 页，民国二十八年（1939 年）铅印本。

庄、沙埠、洋河、石河，在所南。曰孤埠、杜家港、沙岭、大埠、峰村、陈村、辛庄在所东。新增墩堡：沽河、会滩，在所东。三里河、千斤石、海庄、陈家岛、龙泉、刘家港，在所东南。圈林、龙潭，在所南。辖寨6，海庄寨、陈村寨、橛城寨、龙泉寨、两河寨、龙潭寨。

夏河寨备御千户所辖墩堡16：夏河、沙岭、黄埠、徐家埠、紫良山、海王庄、车垒、大盘，在所南。显沟、赵定营、走马岭、封家岭、沙岭、小滩、王家庄、丁家庄，在所北。

雄崖守御千户所辖墩堡11：椴村、王骞、王家山、公平山、望山，在所南。青山、米粟山、北渐山、陷牛山、朱皋、白马岛，在所北。

王徐寨备御千户所辖墩6：虎口、兹口、庄头、王徐、识会在所北，高沙在所西。

马停寨备御百户所辖墩5：盐场、零当望在所北，河口、界首、黄山在所西。

灶河寨辖墩3：单山、三山、本寨在所北。

马埠寨备御四百户所辖墩3：海庙、扒埠在所北，马埠在所南。

除各卫所所辖146处烟墩外，各地巡检司也分别辖有一定数量的烟墩，共有29处，如：

柴胡寨巡检司辖墩6：小皂儿、武家庄、上官、柴葫、大原在司北，诸高在司西。

鱼儿铺巡检司辖墩6：墨沙、河口、韩城、本司、烟火、立鱼河，俱在司北。

海仓巡检司辖墩8：海郑、白堂、土山、后灶、东关，俱在司东。新增墩3：花儿墩，在王徐寨；玉皇墩，在郎子埠；禄山墩，在禄山。俱万历二十五年建。

逢猛巡检司辖墩3：户埠、彭家港、鸟儿河，俱在司西。

古镇巡检司辖墩3：西庄，在司南；古稽、北青，在司东南。

栲栳岛巡检司辖墩3：栲栳岛，在司城内。丈二山，在司西南。金镘山，在司东。

莱州府境内烟墩数量，各卫所所辖与各地巡检司所辖共计 175 处。

3. 青州府境内

青州府境内所设卫所数量较少，卫所下属的寨城的数量也很少。目前，只有龙潭寨石城、高家港巡检司土城、夹仓镇巡检司石城等寥寥数处可以在各地方志中找到相关记载，但记述都十分简单。

"龙潭寨石城，周一里，在（诸城）县。南龙湾镇海口巡检司石城，周一百二十丈，在（诸城）县。信阳镇巡检司石城，周八十里，在（诸城）县南。萧家寨石城，周一里，在（诸城）县东南。"①

"高家港巡检司，土城，在（乐安）县北。"②

"夹仓镇巡检司，石城，在（日照）县南，周六十丈。"③

由于青州海防地位的下降，其辖境内的烟墩也不似东部沿海那样密集。据嘉靖《青州府志》记载，安东卫辖"墩一十有三：拦头山、雅高山、大河口、泊风、昧蹄沟、张洛、黑石、涛洛、小皂儿、三桥、风火山、虎山、关山。"④

诸城守御千户所辖"墩四：西大岭、黄石拦、东沙岭、黄石。"⑤

塘头寨备御百户所辖"墩十：公母堂、黄种、上泗河、旧寨、宁坟、荆阜、课墩、官台、甜水河、八面河。"⑥

石臼寨备御千户所辖"墩一十有五：南石臼、孤耆山、温桑沟、北石臼、青尼、董家、钓鱼、湘子泊、金线石、河故城、滕家、湖水、本寨、西堡、董家堡。"⑦

---

① 嘉靖《青州府志》卷十一《城池》，第 30 页，明嘉靖四十四年（1565 年）刻本。
② 嘉靖《青州府志》卷十一《城池》，第 32 页，明嘉靖四十四年（1565 年）刻本。
③ 嘉靖《青州府志》卷十一《城池》，第 34 页，明嘉靖四十四年（1565 年）刻本。
④ 嘉靖《青州府志》卷十一《兵防》，第 6 页，明嘉靖四十四年（1565 年）刻本。
⑤ 嘉靖《青州府志》卷十一《兵防》，第 7 页，明嘉靖四十四年（1565 年）刻本。
⑥ 嘉靖《青州府志》卷十一《兵防》，第 5 页，明嘉靖四十四年（1565 年）刻本。
⑦ 嘉靖《青州府志》卷十一《兵防》，第 6 页，明嘉靖四十四年（1565 年）刻本。

另，南龙湾巡检司辖"墩三：琅玡台、陈家贡、胡家。"

夹仓镇巡检司辖"墩四：相家、焦家、蔡家、三岔口。"

五、蓬莱水城：明代海防筑垒的杰出代表

从明洪武年间开始，倭寇频频侵扰我国，沿海地区均受其害。据记载，"倭寇所经，村舍成墟"。由于倭寇的猖獗，人们对海上重镇的认识更加深刻。许多有识之士格外强调登州的特殊地理位置，提醒沿海守备者要多加关注。

洪武九年（1376年）五月，明政府升登州为府，府治置于蓬莱县。关于建立登州府的原因，据《明太祖实录》载："时以登莱二州皆濒大海，为高丽、日本往来要道，非建府治，增兵卫，不足以镇之。"[1]

洪武年间（1368—1398年），登州卫指挥使谢观，为加强海防以及保护海运的需要，上奏朝廷建议对画河入海处"挑浚绕以土地，北砌水门，引海入城，名新开口。南设关禁，以讥往来"[2]，以扩建港口。谢观的建议引起了明政府的高度重视，于是明政府在始建于北宋时期的"刀鱼寨"的基础上，在南部加筑了城墙，将海湾环成"小海"，从而建成了水城，称"登州水城"。这是我国北方颇具规模的人工港口和海上要塞。后因防备倭寇的需要，于此设帅府，因此又被称为"备倭城"。我们今天所看到的蓬莱水城，主要就是明代的遗迹。

"备倭城"主要由两部分组成，一是陆地设施，包括城墙、城门、敌台、炮台、天桥、衙署、驻兵营房等；二是海港设施，包括以"小海"为中心的防波堤、水门、平浪台、泊船码头等。

登州水城总体上呈不规则的长方形，南北较长，约计655米，其南面

---

① 《明太祖实录》卷一零六，第3页，台北"中央研究院"历史语言研究所1962年版，第1768页。

② 光绪《增修登州府志》卷七《城池》，第2页，清光绪七年（1881年）刻本。

蓬莱水城与蓬莱阁

靠陆地较为宽阔,北面通海处则较狭窄。

城墙沿丹崖山地势修建,西面和西北两面高,东、南两面低。北墙建于丹崖山悬崖之上,因崖高三十余米,地势险峻,故而以崖为墙,只建有 1.4 米的垛墙。西墙建于丘陵脊背,虽不高亦较险峻。东、南两墙因地势低洼,筑得较高,平均高度约 7 米,均系夯打而成。墙内外均为砖石包砌,下部用石,上部砌砖。城顶设有垛墙,垛墙下端有方孔,顶端有凹形垛口,垛口下方有方孔。城顶近垛墙处有用砖铺砌的"海墁"。

城墙上面筑有敌台,俗称箭楼,即周围有远望、射箭窗孔的城楼。万历二十四年(1596 年),为防御敌人攻城,总兵李承勋在原有敌台的基础上,"瓮以砖,东、北、西三面共增敌台三座"①。其中西墙一座敌台伸出墙外 5.5 米,宽 6.2 米,高与城齐,台顶有垛墙。敌台后侧有伸入城内与墙同高的台基,长 6.2 米、宽 7.4 米。

---

① 道光《重修蓬莱县志》卷二《地理》,第 11 页,清道光十九年(1839 年)刻本。

水城设有南北两座城门。北门即水门，俗称关门口，位置在水城东北隅的平浪台对面。水门东、西两侧筑有高大的门垛与城墙衔接。门垛基部为长方形大石砌成，上部砌砖。西门垛就建在基岩上。东门垛建于沙底，底有木桩，上砌长条石块。口门曾安设过栅栏，可以起落，用以阻、放船。这是船舰由水城通往外海的唯一通道。"水城北隅，尖兀波面，中开广浦，以泊艟艨，城缺丈余，以桥出入，上横巨板，名曰'天桥'"[1]，所以又称"天桥口"。

在水门口外的东西两侧分别设有 1 座炮台。西炮台，在水门西北 100 米，建于城外丹崖东侧的陡壁上，伸出城外 12 米，宽 12 米。城墙开有小门道，以供进出。东炮台建于沿东墙向北延伸出的墙体之上，高出城墙 2.5 米，上筑垛墙。炮台的底基为大形长条石砌，上部皆用砖砌。南有台阶以供军士上下。东、西两炮台呈掎角之势，封锁着水门口外海面，是护卫水城的重要设施。

南陆门和北水门遥相对立。南门称振扬门，为一座陆门，门通陆地，供车马行人之用。振扬门初建时原为土门，后发展为砖券门，立砖券顶，两券两伏。门洞宽 3 米，进深 13.75 米，最高处 5.3 米。城门内不远就是驻兵营地与署衙、寺、庙等。从南门入城，唯一的道路是通向水门内平浪台的南北干路。中部靠北边有一条小路，横跨小海腰间，通往丹崖山。水城东西两边则只有城墙，没有城门，不能出入。

水城中的港湾，俗称"小海"，是由画河口疏浚扩大后整修成的。小海北部窄，南部阔，状如一个卡腰的葫芦，由北而南总长 650 米，总面积约为 6.5 万平方米。在其中部卡腰处，有一条东西走向通道，横贯水上，中间有活动桥板，以利船只进出。

小海的水位，随着大海潮汐的变化而升降，"满潮水深四尺五寸落潮

---

① （明）徐可先：《增置天桥铁栅记》。道光《重修蓬莱县志》卷十二《艺文志上·记》，第 21 页，清道光十九年（1839 年）刻本。

无水。弱头石尖外，满潮水深六七尺，落潮二三里许外，水深丈余，三里外水深数丈。再外直接对海之长山岛，水深十二三丈不等"。据实测，小海平常实际水深达三米以上，三百吨左右的海船，可以停靠，出入无碍。小海四周港岸经整修后，均可停船，这样整个小海可以同时靠泊上百只木帆船。平日里，小海供舰船停泊之用，同时又是水师操演排阵之所。

此外，为了抵御东北风和涌浪的力度，并阻挡泥沙侵入，避免造成严重回淤，在水门右侧抛石修筑了一道防波堤。防波堤由东北炮台向北伸出，涨潮时尽淹没，落潮时则部分露出水面。在水门外之左侧，则利用丹崖山靠海的陡坡，作为天然之防波墙。同时，在水门正南面约 50 米，以沙土石块填筑而成平浪台。平浪台东面与城墙衔接，西北角呈弧形，与城垣同高。其东北角有斜坡道下达码头，东侧有一敌台。平浪台有效地防止了东北风浪侵入城池，从而保证了小海内的风平浪静。平浪台北端建有平浪宫面对大海，俗称"小圣庙"，就是为了祈神平浪。

水城所依的丹崖山，正可以用作天然的瞭望台，同时又是船舶航行天然标识。站在丹崖山顶，无论是数十里以外的陆地，还是几十里的洋面，都可以一览无余；白天，过往船只以此山为参照标志，航行进港；夜晚，船舶则可利用丹崖山上的灯火导航。

丹崖山伸进海中的一部分，被用作天然的防波堤；水城港址在丹崖山内侧，宽阔隐蔽，适宜军用民需，船舶进出海口方便、通畅、安全。丹崖山下的画河直入大海，其入海口稍加修浚，即是一个优良的船舶出入口，而整个画河稍一改道，又被当成天然的护城河。

总之，整个水城的设计构思精巧，独具匠心，特点显著，别具一格，堪称天才杰作。备倭城环抱军港，护城河环绕备倭城；城围港，水绕城，堪称城中港，港上城，充分显示了水城建筑者丰富的想象力和卓越的聪颖智慧。登州水城建成后，登州的军事政治功能得到进一步加强，而其经济功能则进一步退化。

六、明朝后期山东沿海的炮台

明朝中叶以后，随着"铜将军火炮"、佛朗机、神火飞鸦（火箭）、子母炮、飞空击贼震天雷炮等火器的普遍使用，出现了炮台、碉堡和碉楼等军事筑垒。戚继光镇守蓟州时，在东起山海关，西至甘庸关的长城一线建立的炮台约有1200余座。建筑炮台一方面是为了加强防御力量，控制海岸、海口和重要地段，另一方面也是为了加强对守兵的保护。

明代的炮台是一种碉楼式掩体工事，即类似于后来的炮楼或者碉堡。炮台一般都充分利用、依托有利地形构筑防御设施，有的则设置在地形开阔、易攻难守又便于倭寇登陆的地段。据《中国军事史》介绍，那时的炮台高度通常为13—16米，构筑成三层，每层的四面都开设大小射孔，配置各种火炮，并在每层还备有铳和弩机。每座炮台的周围还构筑一道围墙，墙外挖掘一条环护壕沟，并在出入门口的壕沟上设置吊桥。

1621年，徐光启在意大利传教士利玛窦的影响下，在《移工部揭帖》中提出了对炮台改进设计方案：近城角筑址，但连接城身，台形正圆，直径18尺，高与城高等，分为上、中、下三层，上层为望楼，中、下层置炮眼，炮眼内大外小，砖石垒砌，以砖包土，炮台建筑以保护炮手为宗旨。

以上所说的是大型炮台的形制。在山东沿海，那种典型的炮台并不多，大部分是相当简陋的露天式墩台。据雍正《山东通志》卷二十《海疆》记载："设炮曰台，司烽曰墩，皆有堡房，系陆路汛兵守之。按东省沿海设立炮台，自明万历间防倭备辽，其比如栉。"[1] 可见，在《山东通志》中，凡是使用火炮的军事单元，都称之为炮台。这跟现在炮台的概念是不一样的。

按雍正《山东通志》中的统计，明代山东沿海炮台的修筑开始于万历年间，炮台总数达到100多座：安东卫炮台、岚头山墩、日照县涨洛口墩、

---

[1]　雍正《山东通志》卷二十《海疆》，第8页，清乾隆元年（1736年）刻本。

涛洛口墩、夹仓口墩、东墩、石臼所墩、龙旺口炮台、诸城县宋家口墩、董家口墩、董家口东墩、亭子栏炮台、龙湾口墩、古镇口炮台、胶州大湾口墩、唐岛口炮台、张头嘴墩、即墨县女姑口墩、青岛口炮台、野鸡台墩、石老人墩、董家湾炮台、登窑口墩、七沟墩、大桥墩、巉山口炮台、走马岭墩、新庄墩、黄龙庄炮台、周哥庄墩、望山墩、七口墩、米粟墩、金家口墩、莱阳县何家口墩、北墩、海阳县丁字嘴炮台、羊角盘墩、草岛嘴墩、宁海州琵琶口墩、旗竿墩、黄岛口炮台、南洪墩、白沙墩、浪煖口墩、文登县五垒岛炮台、长会口墩、望海墩、龙王庙墩、朱家圈墩、荣成县马头嘴炮台、北墩、石岛口炮台、石岛北墩、家鸡旺墩、青鱼滩墩、倭岛墩、裡岛墩、养鱼池炮台、池北墩、龙口崖炮台、朝阳口墩、竈埠口墩、海埠口墩、长峰口墩、樵子埠墩、文登县三官营墩、威海司东门外墩、文登县祭祀台炮台、貂子寨墩、宁海州清泉寨墩、沿台墩、福山县芝罘岛炮台、大口墩、八角口炮台、蓬莱县卢羊口墩、白石墩、刘家旺墩、湾子口墩、天桥口炮台、黄县黄河营墩、岞屺岛墩、招远县王徐口墩、掖县石灰嘴墩、高沙墩、三山岛炮台、小石岛墩、黑港口墩、海庙口墩、虎头崖墩、昌邑县鱼儿浦墩、利津县牡蛎口①。

以上炮台合计共 91 座。其中有 70 处原本是烟墩，而且有多处属于巡检司所管辖的烟墩。可见，大部分地方只是因为使用了火炮而被称为"炮台"。这些所谓的炮台最简单的结构就是烟墩加火炮，大部分处于有炮而无台的状态。据雍正二年（1724 年）山东登州镇总兵官黄元骧的描述："山东沿海之炮台，原系前朝之烟墩，非炮台也。……不过一土堆，上有炮亭一间，傍有营房三间，若发炮，连台恐亦震倒。"②再者，烟墩多设于偏僻之处或者高处，凡是可以放置于烟墩上使用的火炮，几乎全部是小型的炮。

① 雍正《山东通志》卷二十《海疆》，第 6—9 页，清乾隆元年（1736 年）刻本。
② 中国第一历史档案馆:《雍正朝汉文朱批奏折汇编》第 2 册，江苏古籍出版社 1991 年版，第 506 页。

第四章　明代山东海防文化（下）

第一节　明代山东海防思想与海防文献

一、明代山东海防思想

1.朱元璋的积极防御战略

为了有效抵御倭寇的侵扰，明政府在军事上实行卫所制度，在要害之地设立卫所；在建立卫所制度的同时，明政府从洪武十七年起，在沿海地区依据各地地理位置和地形特点，开始了大规模的海防筑垒，或称为海防要塞。从卫所设置及其海防筑垒的兴建可以看出，明初海防部署的基本特点是重点设防、以点控线，即集重兵于要害之处，设堡垒于主要海口，首先控扼重点区域。

2.郑汝璧"综合防御"理论

郑汝璧（1546—1607），浙江缙云人，隆庆二年（1568年）进士。

万历二十年（1592年），郑汝璧升任山东右布政使，寻加右佥都御史（明都察院设左右都御史，其下有左右佥都御史）巡抚山东。同年，日本军阀丰臣秀吉派20万军队入侵朝鲜。朝境大部土地被侵占，与朝鲜和山东一海之隔，民心惶惶。郑汝璧调兵遣将，加强戒备，防御倭寇进攻。

郑汝璧十分关注海防建设。他针对卫所兵员减少、军伍懈怠、屯田荒废等日益严重的问题，希望通过战略调整来保持海疆防务的长治久安，并提出他的综合防御理论。

郑汝璧"综合防御"理论的基本特点是着重强调防御实效，讲求长久之策。他在上呈朝廷的《条议防海六事疏》中强调说："山左之域，海环三面，故不论一时之警息，惟以周防为至计，其大要在练兵、修城、积粟、除器，使处处有武备，时时有戒心，急不周章，缓不玩偈，以实事而责久功。"① 为此，郑汝璧从"经久营卫"出发，提出了6条措施，恳请朝廷批准在山东海防中全面实施。

第一，"练兵马以重战守"。郑汝璧建议采用新法练兵，博采南北武技，"以南教师教南技，以北教师教北技"，让军队掌握多种军事技能，同时加强考核制度，通过比试技艺的方式来划分兵士等级，优进而劣汰。

第二，"议积粟以广贮蓄"。郑汝璧建议沿海各地改税银为税粮，把粮食全部留存在本地，借以扩大军粮贮备。

第三，"修城垣以固保障"。郑汝璧主张全力加固重要卫城，放弃部分小城，舍小取大，重在质量。

第四，"开岛田以佐军资"。郑汝璧建议派遣海防部队进驻岛屿，"什伍而耕，如屯田之法，以助粮饷，资防守"，"田场既毕，悉以粮食装载运至郡治"，这样"且耕且防，万亩之地即可资千军之食，有屯田之利，无海盗之害"，必会有效补充海防营卫的粮食来源。

第五，"置将领以便统率"。郑汝璧建议在胶州和莱州两处增设海防机动部队，先置得力将领，负责操练。其兵员抽自分散各处的营卫寨所，将即墨营移驻胶州，王徐寨守备移驻莱州，在不扩大征兵的前提下，加强南、北海疆的重点防御。

---

① （明）郑汝璧：《由庚堂集》卷二十四《条议防海六事疏》，《续修四库全书》（第1356册），上海古籍出版社2002年版，第627页。

第六，"分信地以专责成"。郑汝璧把山东海疆分为五大防御区域，分别由即墨营、文登营、登州营、王徐寨、滨州守备负责支援策应。同时，郑汝璧还制定出一套五大防御区相互协调支援的方案，使山东海疆全线形成完密的防卫支援网络。

郑汝璧的"综合防御"理论引起强烈反响，明王朝迅速批准了他的建议。在此理论指导下，郑汝璧对山东海防进行了综合整治，取得了明显的成效。

3. 冯琦的"纵深防御"理论

除郑汝璧的"综合防御"理论外，冯琦的"纵深防御"理论在当时也有很大影响。

冯琦（1558—1604），青州府临朐县人，万历五年（1577年）进士，曾官至礼部尚书。

明王朝在部署海防兵力时，一般都是沿海岸线分点驻守，偏重于陆岸防御。这种部署基本上是针对倭寇流动性强的特点而设置的，具有很强的实效功能，但也存在一些缺陷和弱点。

在海防部署方面，冯琦认为仅仅依靠沿海一线的防御并不能确保内陆安全无恙，必须建置二线重镇，作为一线海防之后备保障，于是他提出了纵深防御的理论，建议把一部分兵力部署在青州，把青州建为军事重镇，以青州为中心，辐射沿海，控扼登、莱2州。冯琦这样解释他的纵深防御设想："请略陈三郡之形势：齐之所以称四塞者何也？东面海，西南边山也，惟正北一面缩縠其口，……故青州者，海山之间一大都会也。登莱负海，险在郡东；青州负山，险在郡西。山东海面二千七百里，处处可登。出于登则莱不能救，出于莱则登不能救。南而诸城、日照，北而乐安、寿光，则直出于青之境内，而反抄登莱之后。盖登莱可捍外，不可卫内，若外控登莱，内护省直，扼山海而居其会，则惟青州为重。……故莫若建青州为重镇，厚增陴，广积饷，多屯兵，以据登之项背，互相声援，互相

155

灌输，而内于中原添一重保障，窃以为于计便。"①

为了防止倭寇的大规模进犯，他还主张把山东海防重点放在南部海疆。此外，冯琦针对山东海防的实际情况提出了一些具体的建议。例如，他主张，修葺城池，加强沿海陆地防守，阻止倭寇深入内地侵扰；训练民兵，增强海防兵力；为解决海防经费不足的难题，他还建议："量留登、莱二郡钱粮，半征本色，以贮仓凛备缓急"②。

4.王士性、宋应昌、汪应蛟、沈一贯的海防设想

在抗倭援朝战争期间，宋应昌、汪应蛟、沈一贯等人都曾针对山东海防问题提出自己的观点和主张，并分别留下了著作、奏折等文献。他们中的大多数，都曾在山东任职。在战争的特殊背景下，他们针对山东海防问题提出了一些具体的、应急的措施。但总的来看，他们不是从全国的高度统筹考虑海防问题，因此严格来讲尚未上升到海防思想的高度。

王士性（1547—1598），临海城关人，万历五年（1577年）进士，曾任山东参政。

王士性曾在河南、北京、四川、广西、云南、山东、南京等地做官，一生游迹几遍全国，凡所到之处，对一岩、一洞、一草、一木之微，悉心考证；对地方风物，广事搜访，详加记载，并成著作。所著有《五岳游草》十二卷、《广游志》二卷、《广志绎》五卷及《玉岘集》等。其中《广志绎》凡山川险易、民风物产之类，巨细兼载，眼光独到，是一部很有价值的人文地理学著作。

《广志绎》虽然是一部地理学著作，但在其中也包含了王士性对各地海疆、海防的认识和见解。王士性十分重视登州的海防地位，主张加强登州海防力量。他曾说："登州备倭之设，祖宗盖为京师，非为山东也。海上艨艟大舰，乘风而来，仅可抵登郡东面而止，过此而人，则海套之元，

____

① （明）冯琦:《东省防倭议》。雍正《山东通志》卷三十五《艺文之十二》，第36—37页，清乾隆元年（1736年）刻本。

② 陈子龙:《明经世文编》，第5册，中华书局1962年版，第4828—4829页。

大舰无顺风直达；欲泊而待风，则岸浅多礁石，难系缆。故论京师，则登州乃大门，而天津二门也，安得不于登备之！"①王士性在谈及山东海防重点时还曾提议把胶州当作南岸海疆重点屯兵的最佳选择："登州至安东，惟胶州为中，南北救援，咸相去五六百里。今遇汛时，当调登州总戎，驻胶州，以南援安卫、日照、安丘、诸城一带，而北仍不失救援。"②

宋应昌（1536—1606），浙江仁和（今浙江杭州）人，嘉靖四十四年（1565年）中进士。曾在山东任济南知府，巡抚山东。任职山东巡抚期间，宋应昌就关心武备，筹建海防，且颇有成效。宋应昌十分看重登州的海防地位，他在《重修蓬莱阁记》中说：登州地处要津，所谓"东扼岛夷，北控辽左，南通吴会，西翼燕云，艘运之所达，可以济咽喉，备倭之所据，可以崇保障……"③他曾于各道保甲中挑选壮丁、军卫中挑选余丁、矿洞中挑选枪手，约万有奇，扼要驻守青、登、莱三府④。另据《两朝平攘录》记载："……先是巡抚山东，即存心边务，题海防事宜五事。不报。又题海防要略，大意谓倭奴情形已著，而春讯不可不预为之防，因进选将、练兵、积粟三策，仍督造军器、火药，分拨沿海官兵，画策设防。"⑤

万历二十年（1592年），日本侵略朝鲜，朝鲜告急，宋应昌以兵部左侍郎经略朝鲜、蓟辽等处防海御倭军务，与总兵李如松率大军渡鸭绿江援朝。宋应昌是前线的决策者和指挥官。他所制定的一系列策略，不仅直接决定了前一阶段的战争进程，而且对整个战争的发展也产生了很大的影响。

---

① （明）王士性：《广志绎》卷三《江北四省》，中华书局1981年版，第59—60页。

② （明）王士性：《广志绎》卷三《江北四省》，中华书局1981年版，第60页。

③ （明）宋应昌：《重修蓬莱阁记》。光绪《蓬莱县续志》卷十二《艺文志上·记》，第8页，清光绪八年（1882年）刻本。

④ （明）宋应昌：《经略复国要编》，《四库禁毁书丛刊》（史部第38册），北京出版社2000年版，第97页。

⑤ 诸葛元声：《两朝平攘录》，《四库全书存目丛书》（史部第54册），齐鲁书社1996年版，第753页。

山东半岛与辽东半岛隔海相望，其间岛屿星罗棋布。海岛是大陆的天然屏障，也是海防的前沿。宋应昌针对山东海疆的这个特点，主张充分发挥海岛的作用，利用海岛的有利战略位置加强防御。他建议卫所抽调兵力驻守海岛，同时招募岛民精壮者为兵，二者同心协力，定期出海巡逻，遇警则举放号炮为信，及时给来犯日军以沉重打击。宋应昌的具体部署方案为："岛中俱可藏兵泊船，而各岛居民筑室耕田，尽成家业，诚一鼓舞召集，其忠勇为人推信者，每岛一人，量给冠带或名色把总，令其统率精壮者为兵。复将调来沙兵七千名，沙船二百只，应天船兵九百五十名，沙虎船八十只，兵一千五百三十五名，分布各岛，仍给以将军等大炮。令官兵与民兵，不时出海远哨，如有倭犯情形，则举放号炮，岛岛相传。昼则每岛举烟数十道，冲突海天，夜则举火数十一炬，照耀海面。倭奴见之，知我为有备耶，则不敢深入，疑我为虚设耶。则我兵实在诸岛战船绕其后，内地防守扼其前，而彼且腹背受敌矣。"[1]

宋应昌具有很强的全局观念，从战略的高度强烈呼吁加强环渤海地区的海防协调作战能力。他说："防倭甚于防虏，守海急于守边。……在山东沿海以及天津，在在皆称险要，而登、莱各海岛，处处皆宜设防。……辽左以及山海，山海以及天津，天津以及山东，地壤相接，势若率然，有如修守诚设，则戒备自严。语犯辽，则蓟兵可以扼其前倭犯蓟，则辽兵可以蹂其尾倭犯山东，则蓟、保可以遥其声援，而辽兵可以直渡朝鲜，捣其巢穴。兵连势合，权一事专，战守有此动彼应之机，调度无左牵右顾之虑。"[2]

汪应蛟（1550—1628），徽州婺源人，万历二年（1574年）进士。曾在山东任济南参政。万历援朝抗倭战争期间，明政府派天津巡按领兵赴朝镇抚，升汪应蛟为右都御史代天津巡抚，屯兵驻防，保卫海疆。

---

① 陈子龙:《明经世文编》，第5册，中华书局1962年版，第4347—4348页。
② 陈子龙:《明经世文编》，第5册，中华书局1962年版，第4345—4346页。

汪应蛟的《海防奏疏》共有两个，分别是：《倭氛未灭防御宜周疏》、《酌议海防未尽事务疏》。在《倭氛未灭防御宜周疏》中，他从当时倭情实际出发，从战略和全局的高度提出了一套防御计划，其中他对山东海防的布置给予了高度重视，提出的具体建议包括4个方面，一、"莱海宜增水兵，以防流突。"二、"成山宜增战卒，以控孤悬。"三、"安东宜置重将，以护运道。"四、"运艘宜给兵器，以防战斗。"过去，明政府在山东海防建设中只重视登州的防守，而对其他战略要地有所忽视。汪应蛟的这些设想是有价值的，对明政府重新思考山东海防具有十分重要的启迪作用。然而汪应蛟所提的各种具体措施，多为应急之策，是为了解决战争中遇到的某些困难，尚谈不上系统的海防思想。

沈一贯，鄞县（今浙江宁波市鄞州区）人，隆庆二年（1568年）进士。万历二十二年（1594年）由礼部尚书入阁。沈一贯入阁后面对的第一件大事就是援朝抗倭战争。作为内阁辅臣，沈一贯以较为积极主动的姿态参与到了战争决策、筹划当中。

沈一贯的山东海防备御论主要体现在他的两篇奏疏中，一是《议设天津登莱巡抚疏》，一是《垦田东省疏》。万历二十五年九月，沈一贯上《议设天津登莱巡抚疏》，建议在天津与登莱之间设巡抚，统一海防事权，专管海防事务。万历三十六年正月，沈一贯上《垦田东省疏》，主张在山东招徕百姓开垦荒地，扶持其发展，以备海防经费之用。沈一贯的这些主张，都是颇有见地的。

二、与明代山东海防有关的文献

明代，倭寇侵扰不断，不仅威胁着明王朝的统治，给沿海人民的生活也带来了沉重的灾难。明政府采取各种措施，投入大量的人力物力，加强海防建设，抵御倭寇。同时，文武官员、仁人志士都十分重视对倭寇、海防问题的研究，留下了很多关于海防问题的文献，包括奏疏、著作等。其中，郑若曾所撰海防著作种类多、水平高，影响也最为深远。

郑若曾（1503—1570），昆山人，著名军事家、战略家。自从倭患发生后，郑若曾就绘制了一些沿海地图，由苏州府刊行。1550年前后（嘉靖中期），明政府派胡宗宪任剿倭总指挥，征聘郑若曾入军中为幕僚，辅佐平倭事宜。之后，郑若曾撰写了许多有关御倭方面的著作，还亲自参加抗倭斗争。郑若曾运用世界地理知识对日本及周边国家开展深入而广泛的研究，并制订了一系列御倭的方略；他反对拘守海港，强调"防海之制，谓之海防，则必宜防之于海。"他还制定了海中战法以攻船为上，其次则靠火器的作战方案，订立了50条海防策略。郑若曾编纂的海防著作有《筹海图编》（十三卷）、《江南经略》（八卷）、《海防论》（不分卷）、《海防一览图》（一卷）、《筹海重编》（十二卷，邓钟重辑）、《郑开阳杂著》（十一卷，又题郑开阳杂著十种）、《万里海防》（二卷，四库全书题为《万里海防图说》）、《海防图论》（一卷，又题胡宗宪撰）。此外，还有王崇古、郑若曾辑撰《海防议草》，胡宗宪撰《海防图论补辑》（一卷）。郑若曾最有代表性的著作是《筹海图编》。自嘉靖四十一年（1562年）该书问世一直至清末，没有一部军事著作能超越它。

著名抗倭将领俞大猷（1503—1579）留下的与海防有关的文献有《镇海议稿》（不分卷）、《镇海议稿余集》（七卷）、《洗海近事》（二卷）、《平倭疏》、《平海纪略》、《浙海图》、《镇闽议稿》（一卷）。俞大猷是晋江（福建泉州）人，明代抗倭名将，军事家、民族英雄。嘉靖三十一年（1552年），俞大猷被调至浙江抗倭，此后一直战斗在浙江、广东沿海的抗倭一线，与倭寇作战无数，战功显赫。俞大猷与戚继光并称为"俞龙戚虎"。

明代，倭寇在浙江沿海活动最为猖獗，浙江长期以来是抗倭的主战场，因此关注浙江海防的文献特别多。譬如，在书名中带有"浙"、"两浙"等字样的有俞大猷撰《浙海图》、秦忭撰《浙东海防图》、周伦撰《浙东海边图》、张遇撰《浙西海防稿》、卢钟撰《浙海图》、黎秀撰《浙海图》、郭仁撰《两浙海边图》、刘见嵩撰《两浙海防类考》（四卷，另题谢廷傈撰）、范涞撰《两浙海防类考续编》（十卷）。另有《两浙海防考》（二卷）、《浙江海防兵粮疏》，撰者不详。

有一部分文献，在书名中冠以"倭"、"备倭"、"御倭"、"平倭"、"寇"等字样，如卜大同撰《备倭记》（二卷，又题《备倭录》、《备倭图记》）、归有光撰《备倭事略》、海上文人撰《备倭条议》、皇甫汸撰《备倭议》、张泳撰《备倭全书》、梁文撰《定海备倭纪略》、赵□撰《备倭约法》（一卷）、李贤撰《备倭考》、唐枢撰《御倭杂著》、李遂撰《明御倭军制》（一卷）、王□□撰《御倭条款》（一卷）、周大章撰《御倭武略》、王士骐撰《皇明御倭录》（九卷附录两卷）、徐学聚撰《嘉靖东南平倭通录》（一卷）、张寰撰《筹倭末议》、胡国材撰《平倭管见》、郭光复撰《倭情考略》（一卷）、赵士祯撰《倭情屯田议》（一卷）、谢杰撰《虔台倭纂》、诸葛元声撰《海寇》、万表撰《海寇议》（一卷）、茅坤撰《海寇议后编》（一卷）。

有一部分文献，则以"海防"、"筹海"、"平海"、"靖海"等为书名，如，蔡逢时撰《温处海防图略》（二卷）、李汝华撰《温处海防图略》（一卷）、张懋熺撰《海防说》、王之诚撰《防海要略》、张兆元撰《海防图议》（一卷）、徐必达撰《乾坤一统海防全图》（另题《徐必达海防图》）、刘机撰《海防考》（一卷）、钱薇撰《海防略》、王在晋撰《海防纂要》（十三卷另附图一卷）、万世德撰《海防图论补》（一卷）、万世德撰《海防奏议》（四卷）、茅坤撰《海防事宜》、周弘祖撰《新刻跌批武备全书海防总论》（一卷）。如，贾允元撰《筹海纪略》、萧彦撰《筹海重编》、夏泉撰《平海录》、郑茂撰《靖海纪》（一卷，又题《前令郑壹阳靖海纪略》）；如，徐一鸣撰《东海筹略》、李鼎撰《海策六篇》、唐枢撰《海议》（一卷）。

还有一部分文献，其作者已不可考，撰者不详，主要有《海防疏》（一卷）、《海道经》（一卷）、《御倭军事条款》（一卷）、《明御倭行军条例》（一卷）、《两浙海防考》（二卷）、《浙江海防兵粮疏》、《沿海经略总要》。

从全国来看，山东并不是海防的重点，因此在明代海防文献中，专门研究山东海防的并不算多。与山东海防有关的文献主要有以下几种情况，一是面向全国海防问题的，大多把山东作为其中一部分，二是各级官员在奏折中就山东海防建设提出了自己的看法和建议。

郑若曾的《筹海图编》卷一附有详细的《山东沿海山沙图》，卷七全部是针对山东的，有《山东沿海总图》、《登州府图》、《莱州府图》、《山东兵防官考》、《山东倭变纪》、《山东事宜》多个部分，介绍了山东海防的总体情况，并附有地图。"沿海山沙图"共由72幅地图组成，实际上是绘有岛、山、海、河流、沙滩、海岸线、城镇、烽堠等地物符号的沿海地形图，其中涉及山东的有18幅。《山东事宜》分别介绍了登州营、文登营、即墨营的情况，并对山东海防提出了一些见解和看法。郑若曾的《万里海防图说》，南起广东，历福建、浙江、南直、山东、辽东，计程八千五百余里。杂图七十五，各为之论。郑若曾的《海防图论》有《山东预备论》。

王在晋在《海防纂要》卷二中有《山东事宜》，完全是辑录郑若曾《筹海图编》中的内容。王在晋（？—1643），河南浚县人，万历二十年进士。曾任兵部侍郎、南京兵部尚书、兵部尚书。

王之城撰《防海要略》。据《山东通志》记载："王之城，字尔守，号会峰，新城人。隆庆间恩贡，历官忻州知州，擢淮安同知。府志本传云，擢温州府同知，适有海警，为画防海事宜，著防海要略一书，大要不以寇殃民，不以奉寇困民，当道见而叹服曰：丞大强人意。"[1]

张懋熺撰《海防说》。"懋熺，字伯光，号石帆。明崇祯甲戌进士，历官监察御史，巡按湖广。采访册载，是编云一卷；又载张谦宜石帆家传云有海防说，此行世而载邑乘者。"[2]另据《山东通志》记载，吴化澞撰

---

① 宣统《山东通志》卷百三十三《艺文志第十·史部》，民国四年（1915年）铅印本，第3711页。

② 宣统《山东通志》卷百三十三《艺文志第十·史部》，民国四年（1915年）铅印本，第3711页。

《登辽南北海岛图说》①。

与山东海防有关的文章、奏疏主要有以下几篇：

蓝田（1477—1555）撰有《城即墨营记》。蓝田，山东即墨人，嘉靖二年（1523年）癸未科进士，曾任河南道监察御史。

刘应节（1517—1591）撰《海岛悉平疏》。刘应节，潍县（今潍城区）人，嘉靖二十六年（1547年）进士。万历年间曾任右都御史兼兵部右侍郎，后晋升南京工部尚书，又被召为戎政尚书。万历三年（1575年），又改任刑部尚书。

在抗倭援朝期间，汪应蛟（1550—1628）撰《海防奏疏》，其中两篇奏疏《倭氛未灭防御宜周疏》和《酌议海防未尽事务疏》，都涉及山东海防，其中主要是为应付和解决战争中遇到的问题，提出了一系列有建设性的意见和建议。同时，冯琦（1559—1603）撰有《东省防倭议》，也是从抗倭援朝战争的高度对山东海防提出的建议。

周如砥（1550—1615）撰有《驳迁即墨营于胶州议》。周如砥，章嘉埠（今属即墨区段泊岚镇）人，万历十七年进士，授庶吉士检讨，后升任国子监祭酒。

第二节　明代山东的海防将弁

一、海防将弁的职官与品秩

明代武官品级都在六品以上，并区分为"世官"和"流官"。世官分为九等，分别是指挥使、指挥同知、指挥佥事、卫镇抚、正千户、副

---

① 宣统《山东通志》卷百三十三《艺文志第十·史部》，民国四年（1915年）铅印本，第3711页。

千户、百户、试百户、所镇抚等正式编制官员，规定为世袭制。"武官爵止六品，其职死者袭，老疾者替，世久而绝，以旁支继，年六十者，子替。"①

流官共八等，都督、都督同知、都督佥事、都指挥使、都指挥同知、都指挥佥事及正留守、副留守等，都是重要的高级将领，规定不准世袭，或由世官升授，或由武官任用，皆由皇帝任命。只有经过皇帝特恩，才能世袭。

还有一些无品级、无定员的官职，因情而设，名目繁多，如"总兵官、副总兵、参将、游击将军、守备、把总，无品级，无定员。总镇一方者为镇守，独镇一路者为分守，各守一城一堡者为守备，与主将同守一城者为协守。又有提督、提调、巡视、备御、领班、备倭等名。"②

明官制复杂，职权不一，嘉靖三十四年（1555 年）给事中孙濬曾奏请明确统一，兵部复奏明确：总督"主征集官兵，指授方略"，巡抚"主督理军务，措置粮饷"，总兵"主设法教练，身亲战陈"，卫所的指挥"责在保安地方，固守城隍"③。

都指挥使司是负责一个地区统率军队的领导机关，下辖若干个卫和所。明制，都指挥使司设都指挥使 1 人（正二品）、都指挥同知 2 人（从二品）、都指挥佥事 4 人（正三品），为都指挥使司主要官员。其下属有经历司，官员为经历（正六品）和都事（正七品）；断事司，官员为断事（正六品）、副断事（正七品）；司狱司，官员为司狱（从九品）。另外还有仓库和草场，官员称大使或副使。

都指挥使为一方军事长官，具体负责地方卫所军队的管理，考察所属军事官员、地方卫所军队的练兵、屯田、维护治安、军器制造，保护漕运、京操，防备沿海、沿边等任务，并可以与布政使、按察使共同对中央与地方重大问题提出建议与意见。经历、断事负责文秘等行政工作，司狱

---

① 《明史》卷七十一《志第四十七·选举三》。
② 《明史》卷七十六《志第五十二·职官五》。
③ 《明史纪事本末》卷五十五《沿海倭乱》。

负责处理卫所刑狱事务。

都指挥使及同知、佥事，常以一人统司事，曰掌印；一人练兵，一人屯田，曰佥书。凡遇朝廷吉凶大事，上奏表时，序衔于布政司、按察司之上。都指挥使、都指挥同知、都指挥佥事等高级军官都不世袭，而是由朝廷从世袭军官中升任或从武举人中任命。行都指挥使司设官与都指挥使司完全一样。

各卫设指挥使1人，正三品，指挥同知2人，从三品，指挥佥事4人，正四品；镇抚司镇抚2人，从五品，处理刑事案件及管理监狱；经历司经历，从七品，管理文牍及军民词讼；儒学教授，正七品，掌学校课试等；知事，正八品；吏目，从九品，仓大使、副使各1人。吏目、仓大使等官员，分别管理出纳文书、仓储等项事务。

千户所设正千户，正五品；副千户，从五品；所镇抚，从六品，其下属为吏目；百户所有百户，正六品；总旗、小旗。自卫指挥使以下军官都多是世袭的。

山东都指挥使司对卫指挥使、指挥同知、指挥佥事，5年进行1次考察，"考选其才者"，担任掌印指挥（简称"掌印"）和佥书指挥（简称"佥书"），"分理屯田、验军、营操、巡捕、漕运、备御、出哨、入卫、戍守、军器诸杂务"，称"见任管事"。余者保留原有俸禄，编入卫属军队，称"带俸差操"。镇抚、经历、千户等官吏，则由卫指挥使司负责，5年进行1次政绩考察，择贤能者主持所属军政事务；百户无升降制，由巡按考察后决定继任或免职。

除了都司、卫所之外，山东沿海还设立了登州营、文登营、即墨营。三营是一种不同于卫所制度的军事编制，营的职官设置与卫所有很大不同，名称上也有明显差别。如以文登营为例，"设把总、指挥各一员，中军管队官、千百户二十三员。"[1]据乾隆《莱州府志》记载："（即墨营）设

---

① 光绪《增修登州府志》卷十二《军垒》，第3页，清光绪七年（1881年）刻本。

把总二员，万历二十一年（1593 年），因倭寇屡警，改设守备一员、中军一员、哨官四员。"①可见，三大营的职官主要有守备、把总、指挥、中军管队官、哨官等，这些职衔在卫所制度中是没有的。据《中国军事史》的解释，把总是"营以下部队的指挥官和教练官"。当然，这里的"营"与今天部队编制中的"营"是不一样的。到万历年间援朝御倭战争时期，为了加强沿海防御，三营在级别上有所提高，改为守备。

卫所的职官可以世袭，但是海防三营的把总、守备却不可以世袭，而是一种流官。再以文登营为例，据光绪《文登县志》卷五《职官表一》中记载，明代文登营历任把总、守备共计 29 人，其中，在调任文登营之前，其职衔为指挥使 6 人，指挥同知 3 人，指挥佥事 7 人；出身进士者 3 人，出身武举者 2 人。详情如下：

指挥使：刘平，正德间由威海卫指挥使调任。商之霖，嘉靖间由靖海卫指挥使调任。李桢，万历间由宁海卫指挥使调任。侯永沐，万历间由宁海卫指挥使调任。王家将，万历二十五年由安东卫指挥使调任。戈定远，万历三十六年由临清卫指挥使调任。

指挥同知：王建极，万历二十年由安东卫指挥同知调任。裴虞度，万历二十四年由登州卫指挥同知调任。李茂实，万历三十二年由青州左卫指挥同知调任。

指挥佥事：王恺，弘治间由威海卫指挥佥事调任。石守忠，嘉靖二十八年由成山卫指挥佥事调任。袁贡，嘉靖间由成山卫指挥佥事调任。张楷，万历二十一年由济宁卫署指挥佥事调任。杨如松，万历二十三年由安东卫指挥佥事调任。费惠，万历三十九年由济南卫指挥佥事调任。胡来贡，万历四十年由东昌卫指挥佥事调任。

进士：张楷，万历二十一年任，武进士，由济宁卫署指挥佥事调任。彭云翮，万历四十四年任，莘县武进士。周鸿谟，万历四十八年任，即墨

---

① 乾隆《莱州府志》卷五《兵防》，第 2 页，清乾隆五年（1740 年）刻本。

武进士。

武举：袁贡，嘉靖间，武举，由成山卫指挥佥事调任。费惠，万历三十九年，武举，由济南卫指挥佥事调任。

此外，按调任文登营之前原任职的地点来看，多数来自山东沿海卫所，共有14人，占四分之三，其中威海卫2人，宁海卫3人，成山卫2人，安东卫3人，靖海卫、登州卫、莱州卫、青州左卫各1人。

万历《莱州府志》关于即墨营守备的记载非常简单，只记了五任守备，分别是陈望东，山阳县人，万历二十一年以都司任，武进士。杨汝东，万历二十四年由安东卫指挥调任，后升游击，管莱州营参将事。胡大经，万历二十五年由庐州卫指挥调任。李大生，万历二十八年任由庐州卫指挥调任，应袭。王师吉，万历三十一年由金山所副千户调任。① 以上5人中，杨汝东、胡大经、李大生3人在任守备之前的职衔为卫指挥，陈望东出身为武进士。

到明朝后期，万历二十四年（1596年），原总督备倭署改名为总镇府，但各地卫所没有变化。除继续维持原有的卫所制度之外，明政府在军队编制方面越来越多地设置"营"，如王徐营、莱州营、潍县营等。如王徐营，"万历二十一年设，守备一员，中军一员，哨官三员，兵五百名。"② 莱州营，"明万历二十五年，以倭警创设参将一员，统领全营。……设把总六员，分掌六营，各有署一所，每营哨官五员，共三十员。各营房一所，马步兵三千名。二十六年，以都司管参将事。二十九年，以游击管参将事。"③ 在莱州还增加了水寨1营："（万历）三十年二月，知府龙文明以倭寇警，议请添水寨一营，在三山下。设把总一员，哨官二员，沙船十三只，唬船六只，水兵四百一十八名。九月裁减营员，止存把总五员，哨

---

① 万历《莱州府志》卷五《兵防》，第10页，民国二十八年（1939年）铅印本。

② 乾隆《掖县志》卷二《营制》，第81页，清乾隆二十三年（1758年）刻本。

③ 乾隆《莱州府志》卷五《兵防》，第1页，清乾隆五年（1740年）刻本。

官十二员，兵三千四百余名。"①潍县营，"万历二十五年，因朝鲜及倭警，设游击一员，中军守备一员，把总五员，哨官二十三员，兵三千名，以防北海，未几裁。"②以上营的职官设置与海防三营相同。

"营"这种编制单位在各地的设置增多，说明明政府认识到这种编制单位灵活而实用。这是明代军制的重要变化。到了清代，营成为绿营军的基本编制单位。

二、山东海防将弁的功名与袭任

1. 卫所军官的科举功名——以登州府境内卫所军官为例

明代科举中设有武举，考试时，先试策略，后试弓马，前者不合格的，给予淘汰。万历年间，实施三场考试制度，第一场试马、步、箭、枪、战及拳博、击刺；第二场试营阵、地雷、火药、战车；第三场试兵法、天文、地理等，其中包括了技术、战术理论及一定的科学知识。这对于提高军官素质具有十分重要的意义。

据《增修登州府志》卷三十七《武秩下》记载，登州卫将领中，有武进士5人，武举20人。武进士分别为：沃田，嘉靖间任登州卫指挥同知，历漕运把总，擢都司，御倭淮阳，倭寇天长，田率兵赴援，斩获甚众。继而倭大至，兵寡矢尽，战殁。赠都督佥事，子世袭指挥使，立祠天长，并祀蓬莱忠孝祠。史之潘，嘉靖间任登州卫镇抚。周鲁，嘉靖间任登州卫千户，历登即二营把总。施礼，嘉靖间任登州卫千户。梁怀忠，万历间任登州卫百户，历旅顺游击。

20名武举中，以下4人先后任登州卫指挥使：于树，文登武举，正德间任；李隆荫，武举，万历间任，历守备督运辽饷；沃允谦，同知田子，

---

① 乾隆《莱州府志》卷五《兵防》，第1页，清乾隆五年（1740年）刻本。
② 乾隆《莱州府志》卷五《兵防》，第4页，清乾隆五年（1740年）刻本。

武举，嘉靖间任，历游击；沃献明，田曾孙，武举，崇祯间袭，管团操右营。五年，叛兵陷城，巷战死。赠都指挥使佥事，祀蓬莱忠孝祠。另，戚继光，景通子，由袭职，正德己卯武举，嘉靖间任登州卫指挥佥事。

以下 11 人先后任登州卫千户：张启光，泰子，蒋经，继祖子；刘承勋，万历间任，袭；刘一源，万历间任，袭，崇祯五年，城陷殉难，赠山东都司佥书；刘若毅，一源子，入国朝，历水营游击；方安，正德元年袭；曹中和，隆庆间任；曹应鸥、吴永濂、卢隆恩、王勋锡 4 人均万历间任。

以下 4 人先后任登州卫百户：施崇勋，万历间任；袁应科，万历间任；陈安国，生员，万历间袭，得武举；史经。

据《增修登州府志》记载，宁海卫将领中，武进士 1 人，武举 9 人。其中，黄柱，宁海卫百户黄端子，武进士，嘉靖间袭，百户升副千户。事母尽孝，尝刺"忠君孝亲"四字于背。历掌登文三营兵，提督莱州团练，累立战功。祀宁海忠孝祠。

武举 9 人中，以下 3 人先后任卫指挥使、卫指挥佥事：胡文蔚，曾任宁海卫指挥使；汤诏，袭千户，历即墨守备，升本卫佥事；李先春，任宁海卫指挥佥事。崇祯十六年，城陷殉难。以下几人先后任宁海卫千户：吴献策，嘉靖间袭；黄柱子汝忠，万历间袭，历文登掌营，没于海运；唐际盛，万历间任；张国俊，天启间袭，所镇抚升副千户，历抚标千总，时白莲妖贼倡乱，国俊从征，解兖州、曲阜、邹县等围，后于冈山接战，后援不至被执，大骂不屈，贼磔之。予世职，祀宁海忠孝祠。以下 3 人先后任宁海卫百户：陈綮，嘉靖间袭，历山东统领、边操都指挥佥事；陈必扬，綮子；田时種。

成山卫指挥佥事中，出身武举的有以下 6 位：

许国，武举，正德间，任擢万全都司，训练得法，廉洁自持，万全立祠祀之。历沙河镇总兵，后军都督佥事。刘云鹏，武举，嘉靖间任。唐玉，由癸卯武举，嘉靖间任，充山东参将。二十六年倭寇至，玉奉命南征，剿捕舟山沈家庄，擒贼首徐明山等，遂乘胜攻桃花冈。后获渠魁、汪五峰等，以功升南京右军都督。世袭指挥同知。袁贡，武举，嘉靖间任，历登交二营把总。袁维城，武举，万历间任，历紫荆关副总兵。袁应毂，武举，历通津游击，充参将。

大嵩卫将弁中，曾有武举 3 人，分别是：指挥使邵时成，梦祥子，武举，万历间袭；指挥同知郝孟元，雾子，武举；指挥同知李承胤，武举，万历间任历广东西山参将。

威海卫将弁中，曾有武举 2 人，分别是：指挥使王应卯；指挥佥事李仁，正德间袭。历备倭都司、山东都司佥书。

靖海卫将弁中，曾有武举 4 人，分别是：指挥使冯作，武举，万历间任；指挥使许选，武举，万历间任；卫镇抚赛宝，武举，正德间任，历本道中军守备；宋应期，武举，嘉靖间任。

2. 卫所军官的袭任——以登州府境内卫所军官为例

为了保证稳定的兵源，明政府吸收前代府兵制和世兵制的经验，实行军民分治。军有军籍，民有良籍，严格划分。军丁不受地方行政机构管束，军丁世袭，一人从军，一家便永远为军户。

军丁主要来源为"垛集"，即民户每 3 户出一丁的为军户，其余 2 户为"贴户"。军户所出丁称为"正军"，余下的壮丁称为"余丁"、"次丁"。正军被分配到指定的卫所戍守，允许娶妻生子，父死子代，世袭为军。如军户全家逃亡或死绝，由政府派官员到其原籍勾其亲属或贴产顶补，当时称之为"勾军"和"清军"。永乐时曾对垛集更代法进一步修订，增加"贴户"，以充裕兵源。对于逃亡、隐匿查处甚严。军户无免役期限。在明代，军户脱籍是非常困难的，"户有军籍，必仕至兵部尚书始得除。"①军户世袭，轮流充当正军出征执勤，至期返卫，可使军丁及军户安心生产且生活有所保障。这种制度，既可保障兵源，又能不误生产。

由于实行军户世袭制度，自卫指挥以下，官兵多世袭。卫所中下层军

① 《明史》卷九十二《志第六十八·兵四》。

官品秩的变化主要有两个特点，首先是世袭，再是调任、升迁。下面，以《增修登州府志》卷三十七《武秩下》的记载为依据，将登州府境内卫所千户及以上军官的袭任情况加以介绍，其他的不赘述。《增修登州府志》对海阳守御所、宁津守御所、百尺崖所千户、寻山后所、大山所的记载十分简单，在此亦并不展开。

（1）登州卫

以下为登州卫指挥使、指挥同知、指挥佥事、千户中父子相袭、相继情况：

指挥使：

栾銮，正德间任，历山东都司居庸关总兵，左军都督佥事；栾维垣，銮子。

许玺，正德间任，领民兵参将；许南金，玺子。隆庆间袭，历参将。

沃允谦，同知田子，武举，嘉靖间任，历游击；沃献明，田曾孙武举，崇祯间，袭管团操右营。五年，叛兵陷城，巷战死。赠都指挥使佥事。

指挥同知：

裴镗，正德间任，历德州守备都司；裴虞度，镗子，隆庆间袭，历文登营守备。

指挥佥事：

戚详，定远人，洪武初由百户从西略地有功，迁本卫佥事，后以战殁。赠明威将军，子世袭，葬蓬莱东南芝山，子孙遂籍焉；戚斌，详子；戚珪，斌子；戚谏，珪子；戚宣，谏子；戚宁，宣弟；戚景通，宁子，卫佥事，正德间袭；戚继光，景通子，由袭职，正德己卯武举，嘉靖间任；戚祚国，继光子，历山东都司掌印；戚兴国，祚国弟，生员；戚振宗，继光孙，昌国子，袭名案庆。

孙彦昭，江南人，洪武间以军功任，遂籍蓬莱；孙敬言，彦昭子；孙羲，敬言子，袭职后降正千户。

千户：

张傑，忠子，袭百户，以功进千户，世袭；张贯，傑子；张珣，贯孙；张泰，杰曾孙；张启光，泰子，武举；张宏骠，启光子。

蒋宣；蒋山，宣子，弘治间袭，建宏济桥，居民便之；蒋继祖，山子，幼有孝行，亲卒，庐墓三年；蒋继宗，山子，卫千户，正德六年，率兵捕流贼，至平度徐里村，遇贼齐彦名等，奋勇搏战，手刃四十余人，失援身陷，断右臂死，葬于蓬莱西山之阳，祀蓬莱忠孝祠；蒋经，继祖子，武举。

蒋应科；蒋承光，应科子，袭千户，年十七致仕家居。崇祯五年，叛兵陷城，承光朝服谕以祸福，贼笑以为狂。承光愤怒大骂，遂遇害，祀蓬莱忠孝祠。

蒋报国；蒋维翰，报国子。

孙英，义子，袭正千户；孙纲，英子；孙镗，纲子，署本卫佥事；孙续远，镗子；孙光祖，续远子；孙宏荫，光祖子；孙丕显，宏荫子；孙振先，丕显子。

黄之城，万历十六年袭；黄金炫，之城子。

阮凤鸣，以父宽得世袭；阮朝聘，凤鸣子。

卢本，百户清侄，宣德十年袭百户，正统十四年战于高粱，授副千户世袭；卢升，本子，成化四年袭；卢忠，升子，成化十六年袭，调中前所。

再以福山中前所为例。福山中前所隶属于登州卫，其千户、副千户中，比较有代表性的人物是李瀛和李承赐。"李瀛，正德十二年、嘉靖十九年任副千户，详宁海卫。""(宁海卫) 千户谦子。正德十二年袭千户，调福山所，后升本卫指挥，历文登营把总、山东都司领秋班，授护国大将军。"李瀛的祖父为李玺，"蓟州人，天顺八年任宁海卫千户"。其父亲为李谦，"玺子，弘治十年袭宁海卫千户"。后来，李瀛子李承赐亦袭任福山中前所千户。

刘师吉，崇祯初袭福山中前所百户。"(崇祯) 五年，叛兵陷郡城，总督刘宇烈命副总兵吴安邦自宁海间道袭之。兵过福山，师吉率乡勇以从半夜抵郡北门外迎仙桥。已有先登者，贼始觉出敌。师吉据桥力战，死之。赠副千户袭。祀福山忠孝祠。"后，其子刘武英曾任福山中前所千户。

（2）宁海卫

以下为宁海卫指挥使、指挥同知、指挥佥事、千户中父子相袭、相继情况：

指挥使：

李永，宿州人，永乐初屡立战功，任山东都司本卫世袭，遂籍宁海；李诚，永子，正统二年调碣石卫指挥，子孙仍袭祖职；李綱，诚子；李毅，綱子，成化元年袭；李昂，毅子，弘治二年袭；李代，昂子，正德八年袭；李明，代子，嘉靖三十六年袭；李维藩，明子，万历二十一年袭；李仁全，维藩子，崇祯十三年袭，十六年城陷殉难。

王用，泰州人，永乐间任山东都司佥事，得本卫世袭，遂籍宁海；王湘，用子。

董纯一，同知善子，嘉靖间任；董应祥，纯一子。董善，合肥人，正统间袭，遂籍宁海。十四年以入卫京师功陞指挥使，进都指挥同知，授镇国将军。

指挥同知：

张礼，寿光人，正统间袭，遂籍宁海。十四年以入卫京师功升指挥使，复擒达虏白颜帖木儿，擢山东都司同知，授镇国将军；张昂，礼会孙任文登营把总，倜傥多智，雅好宾客；张柱，昂子，嘉靖间任。

冯时，高陲人嘉靖间袭，遂籍宁海；冯用张，时子。

指挥佥事：

陶铎，登州卫指挥洪子。洪武间袭，移本卫。三十一年，击倭，败之；陶钺，铎弟，借袭，后殉难。另，陶铎之父陶洪，凤阳人，洪武间任登州卫指挥佥事。

侯勋，武原人，任佥事，遂籍宁海；侯岐，勋子。

王乙中，武清人，永乐初有靖难功。正统二年任千户。景泰初以平边寇功擢本卫佥事。赠明威将军，遂籍宁海；王玺，乙中子，成化间袭；王俵，乙中裔孙，崇祯间袭，历监军道中军，十六年城陷巷战死，祀宁海忠孝祠。

千户：

黄柱，百户端子，武进士，嘉靖间袭，百户升副千户。事母尽孝，尝刺"忠君孝亲"四字于背。历掌登文三营兵，提督莱州团练，累立战功。祀宁海忠孝祠。黄汝忠，柱子，武举，万历间袭，历文登掌营，没于海运。黄柱之父黄端，南昌人，曾任宁海卫百户。

李玺，蓟州人，天顺八年任；李谦，玺子，弘治十年袭。

刘顺，遵化人，宣德六年任右所遂籍宁海；刘理，顺子；刘相，理子；刘动，相子；刘昂，动子；刘永源，昂孙；刘邦基，永源子；刘世英，邦基子。

金山左所隶属于宁海卫。以下为金山左所千户中父子相袭、相继情况：

常忠，乐安人，正统七年袭副千户，遂籍宁海；常礼，忠子，成化八年袭；常寿，礼子，成化二十二年袭；常秉仁，三中武解元，因兄瞀废，袭及兄子泰，长携至京乞命承袭，时议贤之著有《松柏堂集》、《草堂诗馀》，以子康赠中宪大夫；常泰，秉仁侄，授武德将军；常师善，泰子。

张宁，宁海卫指挥同知礼从弟。张景，礼从弟。张礼，寿光人，正统间袭宁海卫指挥同知，遂籍宁海。十四年，以入卫京师功升指挥使，复擒达房白颜帖木儿，擢山东都司同知，授镇国将军。

（3）大嵩卫

以下为大嵩卫指挥使、指挥同知、指挥佥事、千户中父子相袭、相继情况：

指挥使：

李敬（洪熙元年任），李寿（敬子），李进（寿子），李璘（进子），李时（瓛子），李嵩（时子），李邻泗（嵩子），李应科（邻泗子），李址（应科子，生员）。

邵贵（以父英功，宣德六年任），邵玉（贵子），邵忠（玉子），邵寰（忠子），邵宏先（寰子），邵梦祥（宏先子），邵时成（梦祥子，武举，万历间袭），邵秉钺（时成子，入国朝）。

张宣（以父匡合功，宣德十年任），张祥（宣子），张聪（祥子，正德间袭，六年守即墨，与流贼战殉难，祀海阳名宦祠，墓在南河沟村东），张国勋（聪子，隆庆间任，历浮图古都司），张延龄（国勋弟），张钲（延龄子），张彭泽（钲子）。

指挥同知：

郝让（永乐十五年任），郝良（让子），郝忠（良子），郝彪（忠子），郝洪（彪子），郝维藩（洪子），郝霁（维藩子），郝雾（霁弟），郝孟元（雾子，武举），郝慰若（孟元子）。

薛松，薛交玉（松子），薛满（交玉子），薛斌（满子），薛继祖（斌孙），薛之垣（继祖子）。

指挥佥事：

王华，湖广龙门人，洪武三十一年任，遂籍海阳。王宾，华弟。王熊，宾子。王用，熊子。王玉，用子。王銮，玉子。王化，銮子。王溥，化子。王一心，溥子。王之藩，一心子。王铤，之藩子。

胡忠，洪武间任。胡广，忠子。胡靖，广子。胡宾，靖子。胡江，宾子。胡东齐，江子。胡天禄，东齐子。胡来顺，天禄子，崇祯间袭，李自成陷燕京。来顺闻变，投朱家井，家人亟救之不得死，恚甚，遂弃家遁迹，不知所之。

卫镇抚：

赵义，洪武三十一年任。赵敬，义弟。赵通，敬子。赵全，通子。赵成，全子。赵贤，成子。赵节，贤子。赵之宜，节子。

千户：

高怀川、高振武，以上俱中所。

梅胜；梅春，胜子；梅英；梅田，英子；梅杰；梅世动，杰子；梅蔡；梅如锦，蔡子。

韩诰；韩申位，诰子；韩烈，申位子；韩继先，烈子；以上俱后所。

（4）威海卫

以下为威海卫指挥同知、指挥佥事、千户中父子相袭、相继情况：

指挥同知：

刘元嗣，任边操。为人清俊，富于学位。刘鸿嗣，元嗣弟。国初，拣选本卫千总。

指挥佥事：

陶敞，宁海卫指挥铎子。宣德间袭，移本卫。其父陶铎，登州卫指挥洪子，洪武间袭移本卫。三十一年，击倭，败之。

陶继祖：万历十三年（1585年）袭。四十四年（1616年）大饥，煮粥以赈，多所全活。陶运化：继祖子，天启二年（1622年）袭。崇祯间掌印，重修卫学。历登莱监军、道中军守备、保定府城守都司。

董遇时，万历三十二年（1604年）袭。性仁厚。旧例编审，每用殷实家，为军牢屯催等役，民甚苦之。遇时力抉积弊，行条鞭，杂役俱免，编名军屯，皆招募，给工事。民感戴，立碑以颂其德。董祚丰，遇时子，天启五年（1625年）袭掌印，振纲饬纪。崇祯间，有营将协制之议，力拒之。

千户：

戚宠，隆庆四年任千户；戚宸，宠弟，万历十五年任千户。

（5）奇山守御所

以下为奇山守御所千户中父子相袭、相继情况：

张升，宜兴人，以父贵功，宣德间任奇山守御所副千户。

安靖，福山所副千户敬子，成化间任。其父安敬，齐河人，以父谦功，正德间任福山中前所副千户。

　　刘传，登州卫千户昱子，正德间任。其父刘昱，北直人，永乐间任登州卫千户。

三、山东沿海卫所的训练、屯田与教育

1.卫所的驻防与训练

　　明代对军事训练的优劣，有奖有罚，规定很严格。明政府规定，各地卫所军队每年轮流按期抽调至京师进行检阅和考核，称为京操。参加军操的军士，由各地千户管带领赴京。受阅期间编为三大营进行操练。考核要求"军士步骑皆善，将领各以其能受赏，否则罚"。规定凡不及格的军士经再试仍不及格者，遣至云南充军，军官贬职从征，总小旗则降为军士。各卫所将领按所属官兵不及格的比例大小，以此给予夺俸（减俸）、降级处分，甚至降为军士。

　　卫所都十分重视京操。各卫和守御所官兵一般都分为京操军、城守军、屯军和捕倭军4个部分。京操军即班军，指定期抽调赴京戍卫的军队，城守军又叫城守军余，是指防守卫所的守军；屯军是亦战亦耕的屯田军队；捕倭军属于机动部队。

　　各卫指挥使司的职能为治军与理屯。治军，即督率驻卫所的京边城操、守墩守堡及捕倭诸军，防倭守土；理屯，即组织屯田军三分守城、七分屯种，秋收结束后练兵习武，春耕开始后从事耕种。都指挥使及同知、佥事分工明确，常以一人统司事，曰掌印，一人练兵，一人屯田，曰佥书。

　　卫所基本上是分区防御，各有防区。山东沿海各卫和守御千户所的驻防情况大体上是明确的，前面已作过说明。但卫所属的千户所、百户所肯定也是分扎各处，不可能集中在某一个地方。然而，对于各个千户所的驻防，特别是千户所所辖百户所的驻防情况，史料中的记载并不多。

　　《登州府志》中所记黄河寨、刘家汪寨、解宋寨，都是登州卫中右千

户所所属百户所。黄河寨在龙口市境内："黄河寨备御百户所，百户三员，守城军余三十名，守墩军余十五名。"①光绪《增修登州府志》记载："分中右所百户于黄河寨，今属黄县。"②刘家汪寨和解宋寨在今蓬莱市境内。《读史方舆纪要》记载："又有刘家汪寨、解宋寨，俱设百户所，筑石城一里余守御，自登州卫中右千户所分设。"③顺治《登州府志》记载："刘家汪寨备御百户所，百户三员，守城军余三十五名，守墩军余十五名。解宋寨备御百户所，百户四员，守城军余四十名，守墩军余九名。以上三寨俱登州卫中右千户所分设。"④由此可见，登州卫中右千户所的防区东西狭长，范围很广。

芦洋寨在今烟台黄渤海新区境内，为登州卫中前千户所即福山千户所分设。《读史方舆纪要》记载："又有芦洋寨，亦置百户所，筑石城一里守御，自福山中前千户所分设。"⑤顺治《登州府志》记载："芦洋寨备御百户所，百户五员，守城军余三十八名，守墩军余十五名。系福山备御千户所分设。"⑥

清泉寨在今烟台市莱山区境内，宁海后千户所分设。《读史方舆纪要》记载："又东北有清泉寨，砖城周二里，置百户所于此，自宁海后千户所分设。"⑦顺治《登州府志》记载："清泉寨备御百户所，百户三员，守城军余十五名，守墩军余六名，守堡军余二名。系（宁海卫）后所千户所分设。"⑧同治《宁海州志》记载："清泉寨备御百户所，在州西北四十里，属宁海卫后所，分设百户三员，守城军余十五名，守墩军余六名，守堡军

---

① 顺治《登州府志》卷五《武备》，第 11 页，清康熙三十三年（1694 年）刻本。

② 光绪《增修登州府志》卷十二《军垒》，第 2 页，清光绪七年（1881 年）刻本。

③ 《读史方舆纪要》卷三十六《山东七·莱州府、登州府》。

④ 顺治《登州府志》卷五《武备》，第 11 页，清康熙三十三年（1694 年）刻本。

⑤ 《读史方舆纪要》卷三十六《山东七·莱州府、登州府》。

⑥ 顺治《登州府志》卷五《武备》，第 11 页，清康熙三十三年（1694 年）刻本。

⑦ 《读史方舆纪要》卷三十六《山东七·莱州府、登州府》。

⑧ 顺治《登州府志》卷五《武备》，第 12 页，清康熙三十三年（1694 年）刻本。

余二名。"①

《莱州府志》、《读史方舆纪要》中记载了马埠寨、灶河寨、马停寨3个百户所的情况。《读史方舆纪要》记载："王徐寨备御前千户所，府东北八十里。明初，置百户所，有砖城周三里。嘉靖中，改为千户所。马埠寨备御百户，所在府西二十五里，砖城周二里。又灶河寨备御百户所，在府北五十里，所砖城周二里有奇。又东北百六十里有马停寨备御百户所，石城不及一里。俱属莱州卫。"②乾隆《掖县志》记载：马停寨，县东北160里，地接黄县。明备御百户所，属莱州卫。灶河寨，县北50里。明备御百户所，属莱州卫。马步寨，县西25里。明备御四百户所，设有百户。③由以上材料可知，马埠寨、灶河寨、马停寨都属于莱州卫，但具体分属于哪个千户所，不详。

塘头寨百户所为青州左卫所辖，但具体属于哪个千户所，亦不详。嘉靖《青州府志》记载："塘头寨备御百户所，在乐安县东北。隶青州左卫，设官百户一员，守寨军余百名。"④《读史方舆纪要》记载："塘头寨，县东北百里，滨海要地也。备御百户所驻守于此，有土城周三里。"⑤

为了便于操练和检阅，卫所都建有教军场、演武场。《登州府志》用的是"教军场"、"教场"，《莱州府志》用的是"操厂"、"演武场"。

登州营、文登营、即墨营等3营，教军场的规模都比较大。登州营教军场，在北门外1里，周围4里零35步；文登营教军场，在营东2里，周围3里；即墨营教军场，在营南门，周围2里零71步。

威海、成山、靖海、大嵩4卫各有教军场，今略存遗址。另外在各州县，均有一定规模的教场，如黄县教场，在东门外；招远县教场，在东门

---

①　同治《重修宁海州志》卷十《建置志·武备》，第3页，清同治三年（1864年）刻本。

②　《读史方舆纪要》卷三十六《山东七·莱州府、登州府》。

③　乾隆《掖县志》卷二《海防》，第81—82页，清乾隆二十三年（1758年）刻本。

④　嘉靖《青州府志》卷十一《兵防》，第5页，明嘉靖四十四年（1565年）刻本。

⑤　《读史方舆纪要》卷三十五《山东六·青州府》。

外；栖霞县教场，在北门外；莱阳县教场，在北门外；福山县教场，在西门外；宁海州教场，在西门外；文登县教场，在西门外。[①] 各守御所的情况，不详。

据万历《莱州府志》记载，莱州营东操厂，在府治东北。西操厂，在府治后。二厂俱副使冯时雍建，今西厂改为守备府。王徐营演武场，在城南。即墨营演武场，在城南。这里所说的城南，应该是莱州府城南。即墨营与莱州府城直线距离约为九十多公里。

莱州卫演武场，在府城东北，庭三楹，两翼后庭三楹，两厢将台一，小庭一，门三，缭以垣。其后为海山亭。鳌山卫演武场，在卫城西。灵山卫演武场，在卫城东。雄崖守御千户所演武场，在所城南。

莱州府境内其他各州县，平度州演武场，在州城东，庭三楹，左有旗纛台。昌邑县演武场，在县城东，南庭三楹，缭以垣。潍县演武场，在县西，知县史善言建，庭三楹，缭以垣。胶州演武场，在州东北一里。洪武五年千户申义建，营垒今废，仅存大庭三门，木枋一座，将台一座。高密县演武场，在县城南。即墨县演武场，在县城南[②]。

据嘉靖《青州府志》记载，"（青州）演武场在东门外，兵备牛鸾、李松祥修。中为阅武堂。"[③]

2. 屯田与军粮补给

明政府在实行卫所制度的同时，"以军立卫，以屯养军"，实行一种寓兵于农、守屯结合的制度。除京师的卫所外，实行军屯自给，目的在于减轻国家负担。明太祖朱元璋曾说："吾养兵百万，更不费百姓一粒米。"[④] 最初，朝廷设屯田使，专门负责屯田，以后屯田成为军队各级官员的重要职责之一。

---

① 顺治《登州府志》卷五《武备·军器》，第21—22页，清康熙三十三年（1694年）刻本。

② 万历《莱州府志》卷五《兵防》，第10—14页，民国二十八年（1939年）铅印本。

③ 嘉靖《青州府志》卷十一《兵防》，第4页，明嘉靖四十四年（1565年）刻本。

④ 孙承泽：《春明梦余录》，北京古籍出版社1992年版，第808页。

明朝初年，屯田养兵，全国屯田90万顷，大部分是垦荒所得。永乐元年（1403年），税收屯粮二千三百四十五余石，占全国军民税收三分之二之上。在洪武至宣德四朝六十多年的时间里，饷粮基本上做到了军队的自给，不取自地方。据《明史》记载，永乐年间，"屯田米常溢三分之一，常操军十九万，以屯军四万供之。"①

各地卫所在平时都有防御任务，既要守，又要屯，并根据任务、形势决定守、屯任务的比例。一般情况下，边地，三分守城，七分屯种。内地，二分守城，八分屯种。每军户给田15—50亩，并给农具、耕牛，每户纳粮12石，存于仓库，除供给日常需要外，余粮还可作为军官的俸给。凡因作战任务而不能生产的，由国家按照标准供给。

屯田是检验卫所成绩的重要内容之一。永乐二年（1404年）正月，定屯田赏罚例，规定"凡管屯都指挥及千百户所管军旗，各以其岁所入之数通计以为赏罚。"②建文四年（1402年），制定屯粮缴纳标准，规定"军田一分，正粮十二石，贮屯仓，听本军自支，余粮为本卫所官军俸粮。"③

在都指挥使司和各卫，均有专门的人负责屯田。据《明史》记载："都指挥使及同知佥事，常以一人统司事，曰掌印，一人练兵，一人屯田，曰佥书。"④"凡管理卫事，惟属掌印、佥书。不论指挥使、同知、佥事，考选其才者充之，分理屯田、验军、营操、巡捕、漕运、备御、出哨、入卫、戍守、军器诸杂务，曰见任管事；不任事入队，曰带俸差操。"⑤各卫和守御所官兵一般为京操军、城守军、屯军和捕倭军4个组成部分，屯军的主要职责就是屯田，农忙时耕种，闲时进行军事训练，遇战事根据需要也会参战。

---

① 《明史》卷七十七《志第五十三·食货一》。

② 《明太宗实录》卷二十七，第3—4页，台北"中央研究院"历史语言研究所1962年版，第495页。

③ 《明史》卷七十七《志第五十三·食货一》。

④ 《明史》卷七十六《志第五十二·职官五》。

⑤ 《明史》卷七十六《志第五十二·职官五》。

随着卫所制度在山东的建立，卫所的屯田立刻就开始了。据宣统《山东通志》记载，洪武九年升登州为府，改守御千户所为登州卫，置指挥屯田。十年，升宁海军为卫，置指挥屯田。三十一年，建威海、成山、大嵩、靖海四卫，各置指挥屯田及分所正副千户百户；又建宁津（今属荣成）、奇山（今属福山）2 守御所，各置正副千户、百户并屯田。成化间，建海阳、大山（今属海阳）、金山（今属宁海）、百尺崖（今属文登）、寻山 5 守御所，各设正副千户、百户并屯田。①

永乐元年二月，明成祖命都督朱复到威海练兵，随后垛集威海居民分设各所，组成捕倭屯田军。胡士文在《新设威海卫捕倭屯田军记》中说："议耕、议守、议战，海寇闻风远遁，不敢侧目，以安数百万民，无仓卒之惊，无须臾之扰，其用心设法可谓密矣。斯民也，百谷既成，则荷戈于较艺之场，三农将兴，则负来于陇亩之地，名虽曰兵而实非兵。"②

正统至正德时期，山东饱受自然灾害，"山东各卫屯田瘠薄，而登、莱沿海一带尤甚。"③ 正统元年十二月，明政府"命山东靖海、成山、威海、百尺、宁津、寻山六卫所军余，俱寄籍文登县，佃耕民田。"④

有的卫所屯田地点距离卫所驻地较远，再加上屯田军经常被调往前线备战，致使屯田会受到影响，如"靖海卫系备倭处所，其屯田皆在莱阳等县，离卫二一百余里，先因倭寇登岸，取回屯军守城，田地至今空闲。"⑤

《登州府志》、《莱州府志》、《青州府志》中详细记载了境内各卫所的屯田数、屯田军余、屯粮数等。其中，屯田数、屯田军余数的变化不大，

---

① 宣统《山东通志》卷一百十五《兵防志第八·海防》，民国四年（1915 年）铅印本，第3283 页。

② 乾隆《威海卫志》卷二《建置志·武备》，第 2 页，民国十八年（1929 年）铅印本。

③ 《明孝宗实录》卷二百零六，第 7 页，台北"中央研究院"历史语言研究所 1962 年版，第 3835 页。

④ 《明英宗实录》卷二十五，第 5 页，台北"中央研究院"历史语言研究所 1962 年版，第500 页。

⑤ 《明英宗实录》卷六十五，第 1 页，台北"中央研究院"历史语言研究所 1962 年版，第1238 页。

屯粮数则会根据每年的丰歉情况有所不同，这里的屯粮数应该指的是某一个时期的数字。

据顺治《登州府志》记载，登州府境内各卫所的屯田数、屯田军余、屯粮数如下：

登州卫，种屯军余 114 名，屯田 183 顷 50 亩，屯粮 2202 石，崇祯十二年（1639 年）增银 210 两 3 分 7 厘 2 毫 3 丝。

宁海卫，种屯军余 291 名，屯田 154 顷 70 亩 8 分，屯粮 1560 石 5 斗，崇祯十二年增银 358 两 5 钱 1 分 5 厘 1 毫。

威海卫，种屯军余 224 名，屯田 74 顷 50 亩，屯粮 894 石，崇祯十二年增银 62 两 9 钱 4 厘 5 毫。

成山卫，屯田军余 240 人，屯田 187 顷，屯粮 1044 石，崇祯十二年增银 118 粮 7 钱 1 分 3 毫。

靖海卫，屯田军余 210 人，屯田 118 顷 75 亩，屯粮 1425 石，崇祯十二年增银 143 两 5 钱 2 分 1 厘 5 毫。

大嵩卫，种屯军余 428 名，屯田 168 顷 50 亩，屯粮 1022 石，崇祯十二年增银 336 两 7 钱 3 分 6 厘。

奇山守御千户所，种屯军余 60 名，屯田 67 顷 50 亩，屯粮 810 石，崇祯十二年增银 69 两 4 钱 8 分。

宁津守御千户所，屯田军余 66 人，屯田 54 顷，屯粮 648 石，崇祯十二年增银 86 两 5 钱 7 分 8 厘。

海阳守御千户所，屯田军余数未知，屯田 55 顷，屯粮 660 石，崇祯十二年增银 55 两 3 钱 6 分。

另，长山岛屯田，入民籍。[1]

据万历《莱州府志》记载，莱州府境内各卫所的屯田数、屯田军余、屯粮数如下：

---

[1] 顺治《登州府志》卷五《武备·屯田》，第 16—17 页，清康熙三十三年（1694 年）刻本。

莱州营，张舍屯田 224 顷 73 亩，屯粮无定额，随丰欹为多寡。（注：张舍为地名，今属平度市，位于平度市西北 28 公里，距莱州直线距离为 40 公里。）

莱州卫，屯田军余 290 名，屯田 349 顷 52 亩，屯粮 3834 石 3 斗 4 升。

鳌山卫，屯田军余 287 名，屯田 140 顷 25 亩，屯粮 1683 石。

灵山卫，屯田军余 287 名，屯田 143 顷，屯粮 1716 石。

胶州守御所，屯田军余 77 名，屯田 58 顷，屯粮 696 石。

雄崖守御所，屯田军余 77 名，屯田 59 顷，屯粮 708 石。[1]

据嘉靖《青州府志》记载，青州府境内各卫所的屯田数、屯田军余、屯粮数如下：

青州左卫，屯田军余 453 人，屯田 271 顷，屯粮 3258 石。

安东卫，屯田军余 391 人，屯田 147 顷，屯粮 1767 石。

诸城守御千户所，屯田 48 顷，屯粮 576 石[2]。

万历十五年二月，户部曾奏称"登、莱二府卫所屯田，斥卤沙薄，军逃地荒。应行山东抚按，将登州等十四卫所，并莱州等七卫所屯地，每名给蠲帖一张，明开荒熟、四至、条假数目、官军姓名，各收永为己业，抵兑月粮，退出屯丁，及莱州等卫兑剩屯地量派公费。"[3]为了解决沿海卫所粮饷不足的问题，山东巡抚郑汝璧（1546—1607）曾建议"开岛田以佐军资"。他看到"登州海北长山诸岛，……地土肥饶，可堪耕种。先年设有社，著居民，后因辽人潜住作耗，故行驱逐，徙民而空其地。"他认为"以膏腴可耕之地，委之蒿莱"，实为可惜，因此建议"以登州营卫之军什伍而耕，如屯田之法，以助粮饷，资防守。"他说："造辽船十余只以为利涉之资，酌地亩之广狭，定军兵之多寡，责令该营总哨官督率分布，群

---

① 万历《莱州府志》卷五《兵防·屯田》，第 14 页，民国二十八年（1939 年）铅印本。

② 嘉靖《青州府志》卷十一《兵防》，第 5—6 页，明嘉靖四十四年（1565 年）刻本。

③ 《明神宗实录》卷一百八十四，第 6 页，台北"中央研究院"历史语言研究所 1962 年版，第 3439 页。

聚而耕，耕毕即拏舟而返。……一遇有警，船可哨而兵可水，且耕且防。万亩之地即可资千军之食，有屯田之利，无海盗之害。"①

3. 卫所的教育与卫儒学

明政府十分重视教育。明初，置儒学提举司。洪武二年，诏天下府州县皆立学。朝廷设国子监，办国学，也称太学，培养文武官员。只有经过县、州、府学升入国学培养后，才能出任各级官职。

除府、州、县办学之外，各卫也办学。据《明史》记载："又有都司儒学，洪武十七年置，辽东始。行都司儒学，洪武二十三年置，北平始。卫儒学，洪武十七年置，岷州卫，二十三年置，大宁等卫始。以教武臣子弟。俱设教授一人，训导二人。"②

明代在军事上实行卫所制度，在险要之地建立卫所，派遣军队驻扎。但由于这些险要之地不仅地处偏远，而且经济、文化大多比较落后，致使卫所子弟没有入学读书的机会。为了解决这一难题，洪武十七年（1384年），明太祖朱元璋下诏在辽东等地设立卫学。此后，沿边重要地区也都先后设立了卫学。

明代山东的卫学，有1卫1所卫学的，有合2卫设立1所卫学的，也有联3卫、4卫设立1所卫学的。大嵩卫学建于永乐年间，是山东较早设立的卫学。成山卫学建于宣德二年（1427年），安东卫学建于成化间。成化中，定卫学之例，为军人子弟设立卫学，4卫以上军生80人，3卫以上军生60人，2卫、1卫军生40人，有司儒学军生20人。

到了清代，仿照明制在军队驻地设立卫学，专门教育"武臣子弟"。最初卫学额设廪膳、增广生员各10名。雍正十三年（1735年）裁卫立县，卫学随之改为县学，如大嵩卫裁撤后立海阳县，成山卫裁撤后立荣成县，原卫学都改为县学。

---

① 郑汝璧：《由庚堂集》卷二十四《条议防海六事疏》，《续修四库全书》（第1356册），上海古籍出版社2002年版，第632—633页。
② 《明史》卷七十五《志第五十一·职官四》。

　　威海卫学，始于永乐初年，学宫设在文庙（今城里学校）内，故有"学占卫城艮"之称。正统以后，学宫曾多次修建。明代，威海卫学生员廪、增各 20 名，附学无定数，总共诸生不满百人。清初，威海卫儒学仍沿明制。学宫仍在文庙内。顺治、康熙、雍正年间，曾多次修建学宫。学额时有裁并，初期岁考补八九名至十名，科考收六七名至八名。威海卫学学额同于县小学。雍正时定学额廪、增总共 10 名，岁考收文童 8 名，武童 8 名，科考只收文童 8 名，诸生总共 150 人。雍正十三年（1735 年）裁卫后，文登县令威海巡检启固封守学宫，卫学废，学额附于新设的荣成县。乾隆二年（1737 年），因"人户以籍为定"，又将生童名额改属文登县。自明永乐初至清雍正十三年，威海卫儒学延续三百多年。

　　明正统四年（1439 年），指挥使潘兴在县境西南端主持修建靖海卫学宫，生员只限于世袭军官子弟，至清雍正十三年（1735 年）裁卫建县时归并文登县。

　　荣成县：明宣德二年（1427 年），在成山卫的西北面建学宫 1 处，是为成山卫学。明天顺五年（1461 年），成山卫指挥使袁寿重修。明嘉靖四年（1525 年），迁至卫治之东北，明天启七年（1627 年）又迁到卫治之南。清雍正十三年（1735 年），裁卫建县，改学宫为县学。主体建筑有大成殿、明伦堂、名宦祠、乡贤祠、崇圣祠等。按规定，荣成县岁科入学文武童生各 16 名，廪膳生、增广生各 20 名，附生无额。清光绪三十年（1904 年）废科举，县学亦废止。

　　海阳县：明永乐年间，大嵩卫设卫学，校址在城里东大街文庙。置教授 1 名，主持教务，招收文武生各 8 名。清雍正十三年（1735 年）裁卫设县后，卫学改为县学。教谕为县学之长，延聘儒师、武师任教。《海阳县续志》载：县学有增生 40 名，廪生 20 名，文武附生各 16 名。学习年限不定。光绪三十二年（1906 年），县学废止。

　　鳌山卫学，旧在卫治东，明正统年间建，成化间、崇祯间、清康熙五十一年重修，雍正十二年收并即墨县学。设学与县学相同，廪膳生、增广生各 20 名，二年一贡。学额岁、科两试各取进附生 8 名，岁试取进武生 8 名。鳌山卫裁并后卫学仍存。光绪三十一年（1905 年）随废科举而废。

胶州：灵山卫学，旧在卫署东，明正统年间，弘治正德间修，清康熙七年地震毁，后修，四十一年、四十九年重修，雍正十二年收并州学。学额科岁试各取文童 5 名，岁试取武童 5 名，廪膳生、增广生各 12 名，二年一贡。

第三节　明代山东海防武器装备

一、明代武器装备的改进

1. 明代火器的突飞猛进

明代，随着社会生产力的发展和科学技术的进步，火器有了空前的发展。明代的火器，不仅种类增多，质量也在不断提高。管形火器的发展很快，由简单的火铳，发展到鸟枪、巨炮。到明朝中叶，"京军十万，火器手居其六"。

明朝兵器生产的组织，隶属中央的有兵仗、军器、鞍辔诸局和盔甲厂，各省都司卫所也各设局制造。明初对火器统制很严，只准由中央兵仗局和军器局两局制造。明英宗正统十四年（1449 年）开始授权各省可以制造铜将军、手铳之类火器。《明史》曾对军械、火器的种类、制造等作了详细的说明："明置兵仗、军器二局，分造火器。号将军者自大至五。又有夺门将军大小二样、神机炮、襄阳炮、盏口炮、碗口炮、旋风炮、流星炮、虎尾炮、石榴炮、龙虎炮、毒火飞炮、连珠佛郎机炮、信炮、神炮、炮里炮、十眼铜炮、三出连珠炮、百出先锋炮、铁棒雷飞炮、火兽布地雷炮、碗口铜铁铳、手把铜铁铳、神铳、斩马铳、一窝蜂神机箭铳、大中小佛郎机铜铳、佛郎机铁铳、木厢铜铳、筋缴桦皮铁铳、无敌手铳、鸟嘴铳、七眼铜铳、千里铳、四眼铁枪、各号双头铁枪、夹把铁手枪、快枪以及火车、火伞、九龙筒之属，凡数十种。正德、嘉靖间造最多。又各边自造，自正统十四年四川始。其他刀牌、弓箭、枪弩、狼筅、蒺藜、甲胄、战袄，在内有兵仗、军器、针工、鞍辔诸局，属内库，掌于中官，在外有盔甲厂，属兵部，掌以郎官。京省诸司卫所，又俱有杂造局。军资器械名目繁伙，不具载，惟火器前代所少，故特详焉。"[①]

明代火器的产量是巨大的。据《会典》记载，洪武时，军器局3年中造成揽口铜铳3000个，手把铜铳3000把。万历年间令兵仗局添造中样铜佛郎机4300付，大将军10位，二将军79位，三将军20位，神炮669个，神铳1558把，小铜佛郎机铳50付，并各随用子铳、铅弹、火药等项，限3年造成。

明初的管形火器，通常称作炮、枪、铳，爆炸性火器和抛石机也称作炮。一些较大的火炮，则封为将军。一般地说，管形火器中较大的则称为将军和炮，较小的则称为铳和枪。

16世纪（明武宗正德到神宗万历年间），明政府从国外输入了一些火器，其中具有较大影响的是佛郎机炮。这种炮具有装填便利，发射速度快和装有瞄准具等优点。嘉靖二年，明政府开始仿造，经过不断改进，提高了火器的效能。

明神宗万历三十二年（1604年）荷兰人至福建沿海漳州、澎湖一带与葡萄牙人争夺海上贸易，用大炮互相作战。后来明朝取得荷兰人的大炮，称之为"红夷炮"。天启时，赐以"大将军"号，并开始仿造。

明代爆炸性火器种类繁多，可分为炸弹类、地雷类和水雷类3种。炸弹类有击贼神机石榴炮、威远石炮、万人敌、慢炮等，用于投掷或放置在敌人必经的道路上以杀伤敌人。地雷类有地雷炸炮、自犯炮、炸炮、万弹

---

① 《明史》志第六十八《兵四·火器、车船》。

地雷炮、无敌地雷炮、伏地冲天雷等，用于埋设于敌人必经要道上，用以炸敌之人马。水雷类是用以破坏敌人船舰的爆炸性火器，如水底龙王炮、混江龙、既济雷等。此外，明代的燃烧性火器在性能和形制上，也较前代均有所改进。

明代，火箭的发展已经达到相当高的水平。《武备志》记载火箭的种类很多，概括起来，可分为单级与多级两类。单级火箭中，又有单发和多发两种。单发的如火箭、飞刀箭、飞枪箭等；多发的如五虎出穴箭（5支）、一窝蜂（32支）、百虎齐奔箭（100支）等。多级火箭有两个或两个以上的推送药筒，如火龙出水、飞空砂筒等。当时火箭的射程，一般约为三百步到五百步。火箭在明代火器中，占有一定地位。《武备志》对火箭评价很高，说"火箭亦水陆利器，其功不在鸟铳下"。

由于火器的发展，冷兵器逐渐失去优势地位，但就当时火器的性能、威力而言，还没有达到完全代替冷兵器的水平。

为了适应抗倭的需要，明政府还创制了许多杂式长兵器，如镜钯、马叉、狼筅等。短兵器中的刀，在形制上采取日本刀的优点，作了很大改进，并按步兵、骑兵、牌手的特点和战斗要求，制成长刀、短刀、腰刀等种。随着火器越来越多地使用，还发明了一些与火器并用的盾牌，如虎头火牌、无敌神牌等大型牌，可利用它掩护施放火铳、火箭。自明英宗正统十二年（1447年）开始一直到明末，先后曾试造多种多样的战车，但由于普遍存在体型笨重、运动不便、防护力薄弱等缺点，在实战中收效不大。

此外，据嘉靖《青州府志》记载，在青州还设有"兵仗局"，掌造刀、枪、剑、戟、鞭、斧、盔、甲、弓、矢等军用器械："（青州）兵仗局，在城东门内，贮颁降军器盔甲、腰刀、滚刀、镔铁刀、长枪、弓箭、挝牌、旁牌、铁腿、碗口铳、盏口铳、手把铳、震天雷、铁炮、磁炮、信炮、仙箭、螺蛳箭、将军炮。"[1]

---

[1]　嘉靖《青州府志》卷十一《兵防》，第4页，明嘉靖四十四年（1565年）刻本。

2. 明代火器的种类与性能

(1) 佛郎机

佛郎机是15世纪后期至16世纪初期流行于欧洲的一种火炮,最早是由葡萄牙人传入中国的。明代称葡萄牙为佛郎机,所以此炮被命名为佛郎机炮。

佛郎机大炮是一种铁制后装滑膛加农炮,身长五六尺,大的重一千多斤。佛郎机的特点是母炮和子铳分离,整炮由炮管、炮腹、子炮三部分组成。其腹部膨大,留有长口,炮身外面用木包住,并加防炸裂的铁箍,另有子铳(炮)5个。子铳称提心炮,相当于火炮的药室部分。开炮时,先将火药弹丸填入子炮中,然后轮流把子炮装入炮腹中,引燃子炮火门进行射击。炮管上前有准星,后有照门,可从照门孔内进行瞄准。一般在炮尾设有转向用的舵杆。佛郎机大多设有炮架,可以上下左右转动。

《武备志》卷一百二十二记载的仿制的佛郎机,子铳增为9门。一号佛郎机长八九尺,装铅子每个重1斤,用药1斤。二号长六七尺,装铅子每个重10两,用药11两。一、二号佛郎机,用于攻守城堡和水战。

佛郎机大炮射速快,能连续开火。每炮母炮载以炮车,配子炮3门,射时子炮装入母炮,射毕取出,再装填第二个子炮,这样就可以轮流、连续发射。其前3炮射击总共费时不到20秒。由于后装炮前后相通,空气流通,且炮管较薄,易于散热,这提高了火炮持续射击的能力,也减少了火药自燃的可能性。子炮的容量决定了火药的装填量,因此很少发生因填装过多而导致的炸膛事故。

由于佛郎机的炮腹相当粗大,子炮与炮腹间缝隙较大,造成火药气体泄漏,因此佛郎机的远射程有限,只可达百余丈。

红夷大炮的原型是欧洲在1600年前后制造的舰载加农炮,明代后期传入中国。明熹宗天启二年(1622年)开始仿制红夷炮,并封为大将军。崇祯十一年造的一尊,口径二寸半,长六尺,炮身有"红夷大炮一位重五百斤,装放用药一斤四两,封口铁子重一斤,群子九个……"的铭文。

后来所有类似设计的火炮都统称为红夷大炮。

多数的红夷大炮长三米左右，口径 110—130 毫米，重量在 1 吨以上。在设计上，红夷大炮与当时本国的火炮相比有很多优点，炮管长，管壁厚，口径大，整体形状从炮口到炮尾逐渐加粗，符合火药燃烧时膛压由高到低的原理。在炮身的重心处两侧有圆柱形的炮耳，火炮以此为轴可以调节射角，同时配合火药用量可以调整射程；设有准星和照门，依照抛物线来计算弹道，精度很高。

到了清代，改称红衣炮，重自 1500—5000 斤，长自 6 尺 6 寸至 1 丈 5 寸，装置在三轮炮车上。装药自 2 斤 6 两至 7 斤 8 两，铁子自 5 斤至 15 斤。红夷炮在明清历次战斗中，起了很大作用。

大样铜（铁）佛郎机。佛郎机输入后，明朝仿制和改制成大样、中样、小样 3 种。明世宗嘉靖二年（1523 年）开始在南京仿造大样佛郎机。这炮长 2 尺 8 寸 5 分，重三百多斤。后来《武备志》将仿制的佛郎机区分为五号，其中三号和四号是属于轻型的。三号长四五尺，装铅子每个重 5 两，用药 6 两。四号长二三尺，装铅子每个重 3 两，用药 3 两半。各式佛郎机的射程，凡重在七十斤以上的可达五六里。

百子佛郎机，是戚继光根据大样佛郎机改良而成的，主要是将其身管加长加厚，装戴在木制的两轮炮车上，发射时将两个车轮去掉，以内实棉絮的铁筒置于炮后，作为活动的横档，借以防止火炮后坐。

（2）神飞炮、威远炮、虎蹲炮与铜发熕

明末仿制的红夷炮，重一二千斤，火炮机动性很差，进入阵地往往需要好几十个人，而且装填、发射很缓慢，一发之后，很难继发。到 17 世纪 30 年代，采取了佛郎机和红夷炮的优点，创制了神飞炮，当时封为"神威飞电大将军"，在战场上号称火攻中的"狮子吼"。这种炮比佛郎机的威力大，比红夷炮轻便，装填容易，发射迅速，而且炮身可以长时间连续射击而不会炸裂。

神飞炮分为 3 式。一号神飞炮，身长 8 尺，口径 8 寸，重 1000 斤，有子炮 5 门，每门重 80 斤，长 1 尺 5 寸，可装药 5 斤。轰击战船、战车和城垣时，使用重 25 斤的炮弹 1 个；杀伤人马时，使用重 2 两的石子 200 个。二号神飞炮，身长 7 尺，口径 7 寸，重 800 斤，子炮 5 门，其重量及装填弹药的数量，都比照一号炮退减。

威远炮系由大将军炮改装而成。大将军炮原用铁箍缠身，重三百八十多斤，运动不便。改造后去掉铁箍，成为光素的炮身，并将装药部位增厚，前加准星，后设照门，名为威远炮。

威远炮分一号、二号两型。二号身长 2 尺 8 寸，口径 2 寸 2 分，重一百一二十斤；火门上有活盖，以防阴雨。1000 步处可瞄准发射。每次装药 8 两，重 3 斤 6 两的大铅子 1 枚；装小铅子时，可装 100 枚，每枚重 6 钱。发射时将炮口垫高 1 寸，大铅子可远达 10 里，小铅子可远达四五里，子弹散布面约四十多步。一号炮重 200 斤，口径大小和炮身长度，比照二号炮的尺寸增加。这炮用车装，每门炮配炮手 3 人。发射时将炮口垫高五六寸，射程比二号炮还远。

威远石炮和威远炮有本质区别。威远石炮并不是炮，而是一种类似地雷的炸弹。用石挖成，内装火药 2 斤、小石子 100 枚，用一个大石弹塞炮口，另开火眼安引线和发火装置，用沥青、黄蜡封固。守城时，置于城下敌人易接近之处，野战时置于敌人必经的要道，用长绳拉发。

虎蹲炮创造于嘉靖年间，是明代中叶将军炮之一。

明代的抗倭战争，多在我国东南沿海地区进行，那儿不仅山多，而且到处是水田。原有的毒虎炮体轻易跳，后坐达二三十步，常常伤害炮手；佛郎机笨重，运动不便；鸟铳力小，难以对付倭寇的结队冲击。因此，为弥补上述火器的缺陷而创造了虎蹲炮。

其炮身长 2 尺，上加铁箍，并配备铁爪、铁绊，重 36 斤。发射前用大铁钉将炮身固定于地面，炮头由两只铁爪架起，看上去很像猛虎蹲坐的样子，故得名。每次发射可装填 5 钱重的小铅子或小石子 100 枚，上面用一个重 30 两的大石子或大铅子压住。发射时大小子弹齐飞出去，轰声如雷，杀伤力及辐射范围都很大。虎蹲炮适用于野战，特别利于防守险隘，用之轰击敌人的密集作战队形，可以有效抑制敌人的攻势。

铜发熕是明世宗嘉靖中（1523 年以后）创制的，重 500 斤，发射的铅弹每个重 4 斤，石弹大如小斗。发射时要挖掘土坑，以便炮手点火后掩护，避免震伤。这种大型炮是在仿制佛郎机以后铸造的，据说威力很大，能洞穿墙壁，摧毁建筑物，利于攻坚。

铜发熕是明代的大型火炮，创制于嘉靖年间。重 500 斤，发射的弹丸重 4 斤。由于震动太大，虽军战船不能直接装载，要用专用的木筏装载发射。

（3）其他火器

百子连珠炮用精铜制造，长约四尺，装药1升5合。炮筒上近炮口处，有一尺多长的装弹嘴，装铅弹约百枚，分次发射。它安装在炮架上，炮有尾轴，手握尾轴，可以上下左右旋转，向各个方向射击。

千子雷炮为管形火器，用铜铸造，口径 5 寸，身长 1 尺 8 寸。装药满六分，填实，再装细土二分，微杆，再装填弹药铁子二三升。炮身用铁箍扣在四轮炮车上，前端安一隔板，使敌人不易发觉。燃放前去掉隔板，然后突然发射。

铅弹一窝蜂是一种多弹火枪，用铁铸造，口径小，身管短，能装百枚小弹丸。它较轻便，装入皮套内，一人可挎腰而携。发射时，先将前端铁脚插于地，将其固定，炮口昂起三四寸，炮尾抵于小木桩上。点火后百弹齐飞，散射面大，射程可达三四里。

攻戎炮为车载炮，安装在双轮的炮车上，用骡马拖曳，可随军机动。炮车有用榆槐木挖成的车箱，炮嵌在车箱内，加铁箍 5 道，车厢两侧各有铁锚 2 个。发射时，将铁锚向炮车前面扣住，并用积土压实，以减轻后坐力，情况紧急时，则仅用铁锚扣在地上。

明代后期创制的一种轻型火炮。身长一尺多，重 20 斤，靠尾部有一个火门，火门后面的筒壁上凿有一大圆眼，发射时用铁橛钉住，以消减其后坐力。

发射时的俯仰角随装药的多少而变,大致每装药 2 两,将炮口垫高 1 寸,其射程的远近因弹丸的大小而变。装入重 8 两的大铅子时,射程可远达五六里,装重 3 钱的小铅子时,射程可达二三里,散布面约三五十步。明代茅元仪《武备志·火器图说一》:"每位重十余斤,如一营三千人,用一百位;每位用人两名,人仍各带铳棍一根。其制大约与地雷连炮同,用佐威远地雷各炮。"①

"万人敌"出现于明朝末期,是一种守城用的大型爆炸燃烧式武器,重约八十斤,类似于烧夷弹。万人敌被称为"守城第一器"。这种火器是用泥制成的。先制作周围留有小孔的空心圆球,晾干后装填火药,并掺入有毒物质。当敌人攻城时,点燃引信,抛到城下,火焰会四面喷射,并不断旋转,烧灼敌军,因为它制作简单,取材又方便,又有杀伤功能,所以才有此称号。为了安全搬运,一般将其装入一个木框内备用。

3. 明代的战船

明代的造船业有了很大发展,船的种类有大福船、海苍、开浪船、苍山船、沙船、鹰船、网梭船、两头船等。据《明史》兵四"火器、车船"记载:"海舟以舟山之乌槽为首。福船耐风涛,且御火。浙之十装标号软风、苍山,亦利追逐。广东船,铁栗木为之,视福船尤巨而坚。其利用者二,可发佛郎机,可掷火球。大福船亦然,能容百人。底尖上阔,首昂尾高,柁楼三重,帆桅二,傍护以板,上设木女墙及砲床。中为四层:最下实土石;次寝息所;次左右六门,中置水柜,扬帆炊爨皆在是,最上如露台,穴梯而登,傍设翼板,可凭以战。矢石火器皆俯发,可顺风行。海苍视福船稍小。开浪船能容三五十人,头锐,四桨一橹,其行如飞,不拘风潮顺逆。艟船视海苍又小。苍山船首尾皆阔,帆橹并用。橹设船傍近后,每傍五枝,每枝五跳,跳二人,以板闸跳上,露首于外,其制上下三层,

---

① 熊武一、周家法主编:《军事大辞海》(上),长城出版社 2000 年版,第 1401 页。

下实土石，上为战场，中寝处。其张帆下椗，皆在上层。戚继光云：'倭舟甚小，一入里海，大福、海苍不能入，必用苍船逐之，冲敌便捷，温人谓之苍山铁也。'沙、鹰二船，相胥成用。沙船可接战，然无翼蔽。鹰船两端锐，进退如飞。傍钉大茅竹，竹间窗可发铳箭，窗内舷外隐人以荡桨。先驾此入贼队，沙船随进，短兵接战，无不胜。渔船至小，每舟三人，一执布帆，一执桨，一执鸟嘴铳。随波上下，可掩贼不备。网梭船，定海、临海、象山俱有之，形如梭。竹桅布帆，仅容二三人，遇风涛辄舁入山麓，可哨探。蜈蚣船，象形也，能驾佛朗机铳，底尖面阔，两傍楫数十，行如飞。两头船，旋转在舵，因风四驰，诸船无逾其速。盖自嘉靖以来，东南日备倭，故海舟之制，特详备云。"①

福船，又称福建船、白艚。据胡宗宪所著的《筹海图编》的描述，福船"高大如楼，其底尖，其上阔，其首昂而口"、"矢石火炮皆俯瞰而发"、"敌舟小者相遇，即犁沉之"、"而敌又难于仰攻"、"诚海战之利器也"、"能行于顺风顺潮回翔"、"不便亦不能逼岸而泊，须假哨船接渡而后可"。戚继光所撰《纪效新书》中，对福船的优缺点也做了全面的介绍，如"高大如城，吃水一丈一二尺"、"福船城风下压，如车辗螳螂，斗船力而不斗人力，是以每每取胜"、"惟利大洋，不然多胶于浅"、"非人力可驱，全仗风势"和"无风不可使"②。戚继光在闽浙沿海组建的对抗倭寇的舰队，主要采用福船。船上装备大发贡、碗口铳、鸟嘴铳、喷筒等大小火器。

福船可分6号。一号二号俱名福船，势力雄大，便于冲犁；三号哨船，又称草撇船；四号冬船，又称海苍船。哨船与冬船比福船小，便于攻战追击，海苍船吃水七八尺，风小亦可动。五号鸟船，六号快船，鸟船与快船又称开浪船，开浪船又更小，吃水三四尺，容纳30—50人，便于哨探。

草撇船，是福船的一种，明代水军中的中型战船。船侧舷上装有毛竹

---

① 《明史》卷九十二《志第六十八·兵四·火器、车船》。

② （明）戚继光撰：《纪效新书》卷一八《治水兵篇·福船说》。雒启坤、张彦修主编：《中华百科经典全书》第八卷，青海人民出版社1999年版，第2346页。

护板，以防铳弹，主要用于近海攻战及追击。

福船型中的第四号称为海苍船，和哨船差不多，比福船稍小，吃水约七八尺。乘员 53 人，水手 9 人，战士 44 人。到了明朝后期，武器装备有千斤佛郎机 4 门，碗口铳 3 个，噜密铳 6 把，喷筒 50 个，烟罐 80 个，火炮 10 个，火砖 50 块，火箭 200 支，药弩 6 张，弩箭 100 支。

海苍船中最小的叫苍山船，又名苍山铁，船体较小，高出水面，吃水 5 尺，设有橹，风顺则扬帆，风息则荡橹。此船轻便灵巧，主要用于追敌和捞取首级。全船 37 人，水手 4 人，战士 33 人。到了明朝后期，装备千斤佛郎机 2 门，碗口铳 3 个，噜密铳 4 把，喷筒 40 个，烟筒 60 个，火砖 30 块，火箭 100 支，药弩 4 张，弩箭 100 支。

山东登州、莱州的水军，以沙船、唬船居多，还有一种被称为赶缯船的福船。

沙船是一种遇沙不易搁浅的大型平底帆船。首先在今江苏崇明一带使用。宋代称"防沙平底船"，明代通称为"沙船"。明代茅元仪《武备志·军资乘·沙船》中说："沙船能调戗使斗风，然惟便于北洋，而不便于南洋，北洋浅南洋深也。沙船底平，不能破深水之大浪也。北洋有滚涂浪，福船、苍山船底尖，最畏此浪，沙船却不畏此。"

沙船结构独特，方头方尾，俗称"方艄"；它的长宽比大，具有宽、大、扁、浅的特点。平底、浅吃水，能坐滩，不怕搁浅。甲板面宽敞，型深小，干舷低；采用大梁拱，使甲板能迅速排浪；沙船上多桅多帆，桅高帆高，加上吃水浅，阻力小，能在海上快速航行；舵面积大，而且能升降，出海时部分舵叶降到船底以下，能增加舵的效应，减少横漂，遇浅水可以把舵升上。沙船载重量，小的 250—400 吨，中等 500—800 吨，大沙船达 1200 吨以上。

唬船，又称叭喇唬船。船底尖面阔，首尾一样。船底有龙骨，直透前后，每边 10 桨或 8 桨。另有风竖桅用布帆（软帆）。而在棚式结构方面，甲板以上舱室用弧形竹、苇席相盖。由于船只的形体较小，具有良好的机动性，所以便于掉头和转弯。又因航速较快，适用于近海作战。

赶缯船，是一种大型的福船。因船底为防藤壶等海虫腐蚀而经常涂上白灰或白漆，所以又称"白底船"。

大赶缯船船长 36 米多，宽 7 米左右，24 个船舱，可载重 1500 石。每船配水手、船工三十余人，水兵 80 人。中赶缯船长 23 米，宽 6 米，深 2 米，配水手、船工二十多人，水兵 60 人。大、中赶缯船均是双桅、双舵、双铁锚。

二、山东沿海武器装备的种类与数量：以《登州府志》记载为例

嘉靖《青州府志》记录了当时青州府境内官兵的武器装备情况："（青州）演武场在东门外，兵备牛鸾、李松祥修。中为阅武堂。"[1]"（青州）兵仗局，在城东门内，贮颁降军器盔甲、腰刀、滚刀、镔铁刀、长枪、弓箭、搊牌、旁牌、铁腿、碗口铳、盏口铳、手把铳、震天雷、铁炮、磁炮、信炮、仙箭、螺蛳箭、将军炮。"[2]

清初顺治《登州府志》曾记载了明朝末年登州境内武器装备的种类及数量，由此也可以推测莱州府境内的情况。

据顺治《登州府志》卷五《武备》记载：登州营原额兑领策应卫所军器 44268 件，见在军器 44263 件，未领军器 150 件。文登营原额兑领策应卫所军器 35890 件，见在军器 31290 件，未领军器 4681 件。即墨营原额兑领策应卫所军器 33705 件，见在军器 33508 件，未领军器 1197 件[3]。

"东门旧贮红夷炮 4 位，青州炮 1 位，铜发熕 2 位，佛郎机 2 位，威远 50 位，百子炮 4 位，虎威炮 2 位，竹节炮 9 位，鱼鼓炮 2 位，马蹄炮 1 位，信炮 5 位，铁子 5 万个。

---

① 嘉靖《青州府志》卷十一《兵防》，第 4 页，明嘉靖四十四年（1565 年）刻本。
② 嘉靖《青州府志》卷十一《兵防》，第 4 页，明嘉靖四十四年（1565 年）刻本。
③ 顺治《登州府志》卷五《武备·军器》，第 17—18 页，清康熙三十三年（1694 年）刻本。

南门旧贮红夷炮 3 位，大将军炮 1 位，铜发熕 2 位，九道箍炮 1 位，百子炮 13 位，威远炮 60 位，门炮 2 位，虎尾炮 14 位，佛郎机 2 位，鱼鼓炮 6 位，信炮 3 位，竹筒炮 3 位，钺斧 20 把，铁子 370 斤。

西门旧贮红夷炮 1 位，大轰 1 位，青州炮 1 位，连环炮 1 位，铜威远 2 位，铁威远炮 39 位，竹筒炮 1 位，百子炮 10 位，虎尾炮 8 位，佛郎机 6 位，铜发熕 3 位，鱼鼓炮 1 位，羊耳枪 50 杆，川心子 7 个，鸳鸯子 34 个，大铁子 12 个，铁子 24 包，铁蒺藜 1 筐。

北门旧贮红夷炮 3 位，西洋炮 1 位，九道铁箍 1 位，威远炮 20 位，铜发熕 1 位，百子炮 19 位，虎威炮 13 位，佛郎机 5 位，鱼鼓炮 6 位，竹筒炮 1 位，羊耳枪 130 杆，大小铁子 26880 个。"

另外，"十六年，知府戴城守打造军器数目：钺斧 1300 把，镢 350 张，蒺藜 8000 个，铁斧 40 把，锹 70 张。十一年，蓬莱知县刘邦弼置造军器数目：威远炮 2 位，三眼枪 12 杆，马蹄炮 10 位，火礶 300 个，火药 1100 斤，铁子 2400 个。十四年，蓬莱知县王开期置造军器数目：威远炮 3 位，百子炮 2 位，三眼枪 30 杆，喷筒 18 个，火药 200 斤，铁子 1000 个，铅子 208 斤，月牙铲、钩枪共 60 件，火灯 40 盏。"①

卷五《武备》中，还专门记载了蓬莱城的"新造军器数目"："鸟机 3200 门，镗镋 1000 杆，三眼铳 1000 口，长枪 8000 杆，火箭 1 万枚，六合枪 1100 杆，标枪 1 万枚，腰刀 3000 把，狼筅 3000 枚，藤牌 2100 面，藤盔 5730 顶，铅子 92 桶，□响器 10 副，抬鼓 34 架，圆 20 面。"② 这对我们了解明朝末年登州境内的武器装备情况具有十分重要的意义。

除了蓬莱县之外，《登州府志》还记载了沿海黄县、福山县、招远县、莱阳县、宁海州、文登县等县的军器种类及数量，详细情况如下：

"黄县，威远炮 34 个，佛郎机 9 个，三眼枪 280 杆，火礶 1003 个，

---

① 顺治《登州府志》卷五《武备·军器》，第 18—19 页，清康熙三十三年（1694 年）刻本。
② 顺治《登州府志》卷五《武备·军器》，第 19—20 页，清康熙三十三年（1694 年）刻本。

万人敌 60 桶，铅子 2166 斤，铁子 1511 丸，火药 1932 斤，属县印招远知县张直讲续置火药 1000 斤。

福山县，威远等炮 69 位，佛郎机 9 位，三眼枪 210 杆，火礶 1550 个，万人敌 110 桶，铅子 1300 斤，铁子 1200 丸，火药 3900 斤。

招远县，威远炮 43 位，三眼枪 173 杆，火礶 350 个，佛郎机 9 位，铁子 450 个，铅子 115 斤，火药 750 斤，火硝 100 斤。

莱阳县，知县关捷先于城破后修整捐置大威远炮 54 位，斑鸠炮 20 位，百子炮 3 位，三眼枪 50 杆，钺斧 50 把，钩镰 50 杆，长枪 200 杆，铅子 107 个，磺 390 斤，绳索 120 斤，黄腊 70 斤，灯油 300 斤，火礶 1000 个，雨笠 100 个。

宁海州，威远炮 8 位，三眼枪 13 杆，百子炮 6 位，佛郎机 7 位，余皆烧毁无存。

文登县，威远炮 48 位，碗口铜炮 33 位，佛郎机 8 位，火药并硝 1000 斤，属印本府通判朱捐置硝 1500 斤。"[1]

由以上可见，在登州境内常见的火器中已经有佛郎机、红夷、铜发熕、威远炮、百子炮、斑鸠炮、鸟机、三眼枪等，火器在兵器中占的比例已经有很大提高。在冷兵器中，除了常见的各类兵器外，还出现了一些新式的兵器，原有的兵器也在不断改进，如狼筅、藤牌、铁蒺藜等。

狼筅又名长枪，亦称作狼牙筅，原是明朝矿工起义军发明的，后来戚继光将其作了改进。

戚继光在长而多节的毛竹顶端装上铁枪头，中段设计了数层多刃形枝刺，用火熨烫的有直有勾，再灌入桐油，敷上毒药。狼筅一般长 5 米，附枝长短在 20—60 厘米之间。每根狼筅重约 3500 克，力气大的人才能使用。在戚继光所创"鸳鸯阵"中，狼筅兵在前冲阵，长枪兵紧随左右，大刀接应于后。战斗时，倭寇长刀虽长，却远不及狼筅；其刃虽锋利，却砍不断

---

① 顺治《登州府志》卷五《武备·军器》，第 20—21 页，清康熙三十三年（1694 年）刻本。

软枝。狼筅在抵抗倭寇的战争中发挥了重要作用。

据戚继光《纪效新书》卷十一《藤牌总说篇·狼筅总说》记载:"缘士心临敌动怯,他器单薄,人胆摇夺,虽平日十分精习,便多张皇失措,忘其故态。惟筅则枝茂盛,遮蔽一身有余,眼前可恃。足以壮胆助气,庶人敢站定。"①《练兵实纪·杂集》卷五《军器解·狼筅解》中说:"狼筅乃用大毛竹,上截连四旁附枝,节节枒杈,视之粗可二尺,长一丈五六尺。人用手势遮蔽全身,刀枪丛刺必不能入,故人胆自大,用为前列,乃南方杀倭利器。"②

藤牌是一种用藤条编织的盾牌,最早出产于福建。藤牌采集老粗藤制作而成,一般编制成圆盘状,中心凸出,周檐高起,圆径约三尺,重不过九斤,牌内用藤条编成上下两环以容手臂执持。这种藤牌,编制简单,使用轻便,加上藤本身质坚而富有伸缩性,圆滑坚韧,不易兵器砍射破入。藤牌传入内地之后,很快成为步兵的主要装备之一。

铁蒺藜,一种军用的铁质尖刺的撒布障碍物,是常用的防御器材。有4根伸出的铁刺,长数寸,凡着地均有一刺朝上,刺尖如草本植物"蒺藜",故名。在战争中,将铁蒺藜撒布在地,用以迟滞敌军行动。除在道路、防御地带、城池四周布设外,部队驻营时,也可以在营区四周布设。有的铁蒺藜中心有孔,可用绳串连,以便敷设和收取。宋代以后,铁蒺藜的种类逐渐增多,如布设在水中的"铁菱角",联缀于木板上的"地涩",拦马用的"蹄",在刺上涂敷毒药的"鬼箭"等。

---

① (明)戚继光撰:《纪效新书》卷十一《藤牌总说篇·狼筅总说》。雒启坤、张彦修主编:《中华百科经典全书》第八卷,青海人民出版社1999年版,第2304页。

② (明)戚继光撰:《练兵实纪·杂集》卷五《军器解·狼筅解》。雒启坤、张彦修主编:《中华百科经典全书》第八卷,青海人民出版社1999年版,第2480页。

第四节　山东人民的抗倭斗争

一、山东人民的抗倭斗争

倭寇侵扰中国沿海，以抢劫财物为主要目的，因此比较富庶的南方沿海各省如福建、浙江多成为其抢掠的对象。与福建、浙江相比，倭寇对山东的侵扰次数较少，大规模的战争亦不多见。

明朝初年，明政府在加强沿海防御措施的同时，对骚扰山东沿海的倭寇进行了积极的反击，其中比较大规模的反击行动有：

洪武七年（1374 年）夏六月，"倭寇胶海，靖海侯吴祯率沿海各卫，捕至琉球大洋，获倭寇人船，俘送京师。"①

永乐四年（1406 年）十月，"平江伯陈瑄都海运至辽东，舟还，遇倭于沙门，追至朝鲜境上，焚其舟，沙溺者甚众。"②

永乐四年（1406 年），倭寇的船队进犯威海港，侵占刘公岛，扬言进攻百尺崖所，实为"声东击西"，乘机在威海东海岸登陆，疯狂烧杀抢掠。据乾隆《威海卫志》载，当时卫城外的居民被害得"几无噍类"。倭寇继而攻打卫城。指挥金事扈宁，率领世职及春戍、秋戍两班京操军和守城军进行抵御，卫城人民大力支援。倭寇连续攻击 3 昼夜，卫城屹立无恙。此时，都督徐国公朱某率军赶到威海，里外夹攻，倭寇受挫败逃。

永乐七年（1409 年），"柳升败倭于灵山。永乐十四年，命都指挥同知蔡福等率兵万人于山东沿海巡捕倭寇，六月，倭舟三十二艘泊靖海卫杨村岛，命福等合山东都司兵击之。"③除此之外，宁海、成山、大嵩等卫官兵也数次击败入犯倭寇。以上军事行动，有的属于遭遇战，有的则属于主

---

① 《明史纪事本末》卷五十五《沿海倭乱》。
② 《明史纪事本末》卷五十五《沿海倭乱》。
③ 《明史纪事本末》卷五十五《沿海倭乱》。

动出击，给倭寇以沉重打击。

永乐十七年（1419 年），明朝军队将倭寇主力二千余人全歼于辽东全州卫西北望海埚上，是为著名的望海埚战役。此战系明朝抗倭首次大捷，此后一段时间，倭寇"敛迹不敢大为寇"。

到永乐年间，山东沿海形成比较牢固的防线，可以有效抵御小股倭寇的入犯。而辽东望海埚战役的胜利，又使得倭寇心存畏惧。此外，明成祖朱棣主动沟通与日本政府的交往，用堪合贸易来约束日本幕府禁止倭寇作乱，在一定程度上也减缓了倭寇的威胁。总之，到嘉靖中叶之前，虽有零星小股倭寇不时窜犯山东沿海，但始终未形成明初那种较大的威胁。

在山东抗倭战争中作出较大贡献的将领主要有柳升、陈瑄、卫青、吴祯、蔡福等人。

柳升（？—1427），字子渐，怀宁人。早期承袭父职，成为一名武将。永乐年间，跟随明成祖朱棣 5 次征战，立下不少战功。官至征虏副将军、安远侯。永乐七年（1409 年），柳升曾败倭于灵山。宣德元年（1426年），柳升与王通等征讨交趾黎利（今属越南）时，由于不熟悉地形加上轻敌等多种缘故，在进军途中中伏而死。英宗朱祁镇追赠其为融国公，谥襄愍。

陈瑄（1365—1433），字彦纯，合肥（今属安徽）人。早年曾参与明军平定西南的战争。靖难之役时，陈瑄率水师归附明成祖，被授为奉天翊卫宣力武臣、平江伯。自永乐元年（1403 年）起，陈瑄担任漕运总兵官，后期还兼管淮安地方事务。他督理漕运三十年，改革漕运制度，修治京杭运河，功绩显赫。宣德八年（1433 年），陈瑄病逝于任上，享年 69 岁。追封平江侯，赠太保，谥号"恭襄"。

卫青（？—1436），字明德，松江华亭（今上海松江）人。建文元年（1399 年）七月，以蓟州百户的身份投靠明成祖朱棣。永乐十四年（1416年），率军前往登州卫平倭。永乐十八年（1420 年）二月，率领军队及时赶到安丘，大败唐赛儿起义军，遂升任山东都指挥使。正统元年（1436

年）升任都督佥事，同年去世。

前面还曾提到都督同知蔡福。此外，在抗倭斗争中，有多名将领阵亡，如镇抚卢智、百户何福、王辅、李苑、周磐、毕高等。毕高，嘉靖二十二年（1543年）任即墨守备、泗州游击、淮阳参将、福建兴化参将。与少保戚继光为刎颈交，兴化之役多赖其力。三十六年（1557年）征倭，阵亡。赐祭，葬祀文登忠孝祠。

嘉靖年间，倭寇势力有所抬头，伺机而动，而由于卫所制的衰落，兵员缺额情况十分严重。当时，山东沿海各卫兵员大致如下：安东卫2649人，灵山卫1807人，鳌山卫2313人，大嵩卫2553人，靖海卫2267人，成山卫1819人，宁海卫3420人，威海卫1952人，登州卫3201人，莱州卫2890人，青州左卫4775人。平均每卫2878人，只占原额的57%[①]，其中府治所在的登州卫士兵仅有原来的3/5，而最少的成山卫仅有原来士兵总额的1/3。

嘉靖三十四年（1555年），山东沿海有多处地方遭到倭寇侵扰。一股倭寇在安东卫防区内登陆，被迅速击退；另一股在鳌山卫所辖的栲栳岛登陆，倭寇"阻风泊数日，持刀出"，迅速被官军掠获，其企图未能得逞。一股倭寇本来企图入侵日照，因防守严密未能得逞，遂转而窜到江苏赣榆一带沿海登陆，并流窜到海州、沭阳、桃源诸地，杀戮数千人。一股倭寇从胶州湾开抵威海卫以北海面，为风所阻，依山嘴处停泊。威海卫守军立即将其围困。数天后，倭寇粮尽水绝，持刀登岸抢掠。卫城守军奋力作战，将其全部捕获。次年（1556年）四月，一股倭寇窜至灵山卫所辖养马岛、海阳所附近，但遭到卫所官兵和民兵的激烈抵抗，很快被歼灭。在受到沉重打击后，倭寇几乎再没敢入犯山东沿海，而是转而寻机到防守比较薄弱的江浙、福建等南方沿海骚扰。

---

① 陈懋恒：《明代倭寇考略》，人民出版社1957年版，第36页。

二、戚继光的抗倭活动

戚继光（1528—1588），字元敬，号南塘，晚号孟诸，是明代杰出的军事家、民族英雄。

戚继光出身将门。元朝末年，戚继光六世祖戚祥由江西赣州迁居安徽定远，参加了郭子兴领导的农民军，后又随朱元璋转战南北各地。明朝建立之初，戚祥在扫灭元朝残余势力、统一全国的战争中不幸于云南战死。明政府追念戚祥的开国之功，授其子戚斌为明威将军，世袭登州卫指挥佥事。按明制，卫所官兵自指挥以下，军官多世袭，军士也多为父子相继，因此自戚斌至戚继光的父亲戚景通，历五代近一百四十年，戚氏家族一直袭任这个职位。

戚继光生于嘉靖七年（1528 年），戚景通希望他将来继承祖上的光辉，并发扬光大，于是给儿子取名继光。1544 年，戚景通因病去世，戚继光承袭了登州指挥佥事之职。是年，他刚满十六岁。

1546 年，戚继光负责管理登州卫屯田事务。嘉靖二十八年（1549年），戚继光乡试中武举，第二年到北京会试，正逢蒙古鞑靼部落进犯京师，他积极参加了保卫北京的战斗，初次显露出卓越的军事指挥才能，引起了朝廷的注意。嘉靖三十年（1551 年），戚继光奉命率领山东 3000民兵驻守京师的北大门——北部边防线上的蓟镇。戚继光怀着一颗报国之心日夜巡逻在边防线上，"南北驱驰报主情，江花边月笑平生，一年三百六十日，多是横戈马上行"[1]。戚继光在驻守蓟镇的三年时间里深受士兵爱戴，尽职尽责地完成了戍边任务。由于戚继光在保卫北京和驻守蓟镇期间的突出表现，嘉靖三十二年（1553 年），戚继光受张居正的推荐，进署都指挥佥事一职。在任期间，戚继光抱定"封侯非我意，但愿海波平"

---

[1]　曲树程注释:《戚继光诗稿》，黄河出版社 2007 年版，第 63 页。

的远大志向①，整理卫所，振饬营伍，训练士卒，严肃纪律，督修海防设施，并在水城中训练水军，整修战舰，使山东沿海的防务大大改观。

在戚继光的努力下，登州水城被营建成为进可攻、退可守的海上堡垒，登州水师编为5营10哨，战斗能力大大提高。为了海疆安宁，戚继光还身先士卒，亲自率船队巡航。登州水师从此声威远播，对倭寇产生了强大的震慑作用。在戚继光驻防登州期间，倭寇大为收敛，不敢轻易来犯。

戚继光在登州的卓越战绩引起了明政府的高度重视。当时，东南沿海一带的倭寇依然十分猖獗，因此明政府先后命戚继光率部赴浙江、福建抗倭。在浙江，戚继光从农民和矿工中精选了3090名，训练成一支战斗力很强的劲旅，史称这支军队为"戚家军"。"戚家军"军纪严明，勇敢善战，对百姓秋毫无犯，深受人民爱戴，留下了"冻死不拆屋，饿死不掳掠"的美名。至嘉靖四十二年（1563年），东南沿海的倭患基本上被荡除。戚继光为扫除东南倭患作出了巨大贡献，被誉为"民族英雄"。

隆庆二年（1568年），戚继光奉命北调，驻守蓟镇，总理蓟州、昌平、辽东、保定练兵4镇事务。当戚继光调离时，驻地百姓含泪相送，有诗曰："辕门遗爱满汇燕，不见胡尘十六年。谁把旌麾移岭表？黄童白叟哭天边。"②这反映了驻地百姓对戚继光依恋不舍的心情和极高的评价。万历十一年（1583年），戚继光奉调广东。翌年，抱病请退，回归蓬莱故里，于万历十五年腊月初八（1588年1月5日）病逝于蓬莱城，时年60岁，谥"武毅公"。

为纪念戚继光为抗倭作出的巨大贡献，嘉靖四十四年（1565年），朝廷于戚继光的家乡登州蓬莱城立"母子节孝"坊和"父子总督"坊，分别褒扬戚继光祖母阎氏及戚景通、戚继光父子，两个牌坊历经四百余年战

---

① 曲树程注释：《戚继光诗稿》，黄河出版社2007年版，第35页。

② 仝晰纲、马继业：《抗倭名将戚继光》，山东文艺出版社2004年版，第145页。

乱,至今犹存,激励着戚氏世代子孙和城中百姓。福建福州市建有戚公祠,是 1918 年为纪念戚继光在明嘉靖四十一年(1562 年)率兵支援福建抗倭而建。1936 年,著名诗人郁达夫游"戚公祠",写有《满江红》词,篆刻于祠东南石壁上,词中有这样的句子:"三百年来,我华夏,威风久歇。有几个,如公成就,丰功伟烈。拔剑光寒倭寇胆,拔云手指天心月。至于今,遗饼纪东征,民怀切。会稽耻,终当雪。楚三户,教秦灭。愿英灵,永保金瓯无缺。台畔班师酣醉石,亭边思子悲啼血。向长空,洒泪酹千杯,蓬莱阙。"福建莆田市黄石镇也建有戚继光纪念馆,嘉靖四十一年(1562 年),戚继光指挥了莆田黄石林墩大捷,连克倭营六十多座,歼敌四千多,拔除倭寇大本营,从此八闽倭患基本平定。同年,邑贤林龙江捐田 30 亩,在林墩首倡建生祠奉祀戚继光。浙江台州市、苍南县金乡也都建有戚继光纪念馆,海门人民也在城隍庙戚继光屯兵处建戚公祠以纪念戚继光的功绩。爱国将领戚继光不仅是登莱人民的优秀儿女,也是全国人民的荣耀和楷模。

抗倭英雄戚继光在登州时还曾留下了若干诗篇,晚年他把历年所写的诗文编为《止止堂集》,分《横槊稿》三卷、《愚愚稿》二卷,其中不少诗歌体现了他的胸怀抱负,表现了他时刻心系国家安危、忧国忧民的情怀,同时表达了他随时准备为保卫国家战斗至牺牲的决心。还有些诗句形象地表现了他当时的军旅生涯,这些诗句或情真意浓,或气势磅礴,读之使人顿生仰慕之情。戚继光还留下了《纪效新书》和《练兵实纪》两部兵书。《纪效新书》涉及选兵、号令、战法、行营、武艺、守哨、水战等内容,是他对抗倭战争的经验总结,也是他训练军队的教本。《练兵实纪》是戚继光镇守蓟州时撰写的,与《纪效新书》同为中国古代兵书的经典,备受后人推崇。

数百年来,历代政府对戚继光的褒扬与表彰、戚继光抗倭事迹在山东半岛各地广为传颂,都大大激发了人民的民族主义情感,鼓舞了人民抵御外侵的勇气和信心。

第五节　明代山东海防遗存

清王朝建立以后，对明代的卫所制度作了调整，雍正年间又在山东沿海地区改卫设县，至此明代的卫所制度完全解体，卫所筑垒除少数继续用作军事要塞外，一部分完全转变为普通的城镇，有的被闲置，而多数烟墩、烽堠则被完全废弃。

进入近代以后，随着远程火炮、重型火炮的引进和使用，城池在防御方面的能力大为下降，而清政府致力于建立近代海军保卫海疆，对各县城池的修筑不甚重视，致使各县城池出现了崩塌日坏的局面。经过数百年风雨沧桑，时至今日，明代海防筑垒大多损毁不存，只有少数筑垒残存下来部分遗迹。这些海防遗存既是数百年沧桑历史的见证，也是中国人民不屈不挠、抵抗外来侵略的象征。

一、烟台市境内的明代海防遗存

在今烟台市境内的明代海防遗存数量众多，最重要的遗存包括明代古城墙遗址、卫所遗址、军寨遗址、炮台遗址等多处，其余的均为烟墩遗址。其中尤以蓬莱市境内的海防遗存数量最多，类型最齐全，保护状况也最好，最典型的是戚继光故里。

戚继光故里在蓬莱市区武霖村，包括戚府、戚继光牌坊、祠堂等。这里是戚氏家族世代居住之地，距今已有四百多年的历史。戚府有横槊堂、止止堂、孟诸书屋、悠憩堂、望云楼等建筑；戚继光祠又名表功祠，是崇祯年间为褒扬抗倭英雄戚继光的功绩而专门修建的。该祠有门房、过厅、祠堂各3间，单层硬山建筑，砖石结构，过厅和祠堂有前廊。前门镌功德联，院内原有忠、孝碑亭，今已损毁不存，祠堂基本保存较好。戚家牌坊在戚府南面，有东西2座，均为石雕，形制相同，一坊题刻"父子总督"，

戚氏牌坊·父子总督坊

一坊题刻"母子节孝"。横坊雕有双凤戏牡丹、鱼龙闹海、麒麟丹凤、缠枝花木等，保存完好。

明代各县城池大多塌毁不存，现存古城墙遗址比较有代表性的是蓬莱水城遗址、登州府上水门遗址、登州府城墙遗址、黄县故城墙等。

蓬莱水城，位于蓬莱县城北丹崖山阳海滨，是我国现存最早、保存最为完好的古代水军基地，是研究中国古代海防设施的珍贵文物。

上水门遗址，位于山东省蓬莱市武霖社区与万寿社区交界处，是明朝登州府南部城墙的泻水城门，砖石结构，由 3 个相同的门洞组成。现遗址残高 9.1 米，残长 27 米，保存较为完整。拱形顶门洞高 6.5 米，宽 4.6 米，进深 10.75 米。

登州府城墙遗址，与上水门遗址相邻，原为上水门东南侧的城墙，现只存 3 段残缺的城墙，南北残长约 155 米，外砌砖石已不存，仅存内部夯土。

黄县故城墙遗址，位于烟台龙口市东莱街道办事处绛水河西路南端李巷村，只剩残部，宽 0.65 米，高 0.7 米，长 6.68 米，为同治七年重修。

在明代所城遗址中，保存最好的是烟台奇山所城，位于烟台市芝罘区。奇山所设于洪武三十一年，属山东都司直隶之守御千户所。清顺治十二年，清政府将奇山守御千户所废除，军变民地，官兵解甲，居民多从事渔农工商，奇山所城亦由军事城堡逐渐演变为商贸城镇。奇山所城旧址略呈方形，东西长 330 米，南北宽 270 米。城墙在抗日战争时期被拆毁。1950 年，所余城门又被拆除，现城内建筑主要为四合院式民居，皆砖石建筑，基本保留着明、清时期至民初的整体布局和古朴风貌。奇山所城是国内仅存的保存较完整的卫所遗址。

军寨遗址共有 4 处，分别是解宋营城址、赵格庄营寨、北头营寨、马山寨遗址。

解宋营城址位于今蓬莱市解宋营村，呈四方形，原有东、西、南、北4 门，现仅存南门，为砖石结构，城门上存有硬山顶门楼，现保存完好，完整无损。城北留有一段残墙，城外尚有一段护城河残迹。在城堡东西山岗上，现存烽火台遗址，一东二西。古城堡与烽火台遥相对应，反映出当时完整、严密的军事防御体系。

赵格庄营寨遗址位于蓬莱市新港街道办事处赵格庄村村东，营寨呈不规则四方形，现大部分城墙毁损，只剩一段长 92 米、高 3.5 米的西部城墙。

北头营寨遗址位于牟平区姜格庄镇北头村东 1500 米的小山北坡，由营寨、烟墩两部分组成，烟墩位于山坡最高处，为夯土筑成，保存完好；营寨位于烟墩北，寨墙为夯土和砖石混合筑成，现残存西部寨墙一段，高约一米，底宽约两米。

马山寨在烟台市高新区解家庄镇北寨村北山顶部，是目前烟台境内保存较完整的一处明代营寨遗址。现寨城与烽火台保存较好，基本保留了明代营寨的整体布局。寨城为土筑，平面呈四方形。南墙长 141 米，东墙长129 米，北墙长 145 米，西墙长 127 米。

宫家岛烟墩遗址

目前在烟台境内发现的烟墩遗址数量众多，总计有13处，其中福莱山烽火台、宫家岛烽火台已被列为市级文物保护单位，位于龙口市境内的西羔烟墩为县级文物保护单位。此外，解宋营东烽火台、铜井山烽火台、防风林烽火台、解宋营西烽火台、黑峰台烽火台、峰岭山烽火台、东峰台烽火台、西峰台烽火台、东峰子烽火台、南吴家木基烽火台等10处烟墩遗址与赵格庄营寨遗址合并为蓬莱海防遗址，升格为省级文物保护单位。

据统计，在烟台明代海防遗存中，蓬莱水城及蓬莱阁（含戚继光牌坊）、戚继光祠堂及戚继光墓为全国文物保护单位，奇山所、宫家岛烽火台、马山寨、解宋营城址、上水门遗址、蓬莱海防遗址为省级重点文物保护单位，而蓬莱海防遗址包括赵格庄营寨和10处烽火台遗址。此外，北头营寨遗址、福莱山烽火台、登州府城墙遗址为市级文物保护单位。西羔烟墩、黄县故城墙为县级文物保护单位。

二、威海市境内的明代海防遗存

今威海市境内的明代海防遗存，主要集中在威海市环翠区、乳山市、荣成市，有卫城遗址、所城遗址、军寨遗址和数量众多的烟墩。

威海卫城，位于环翠区环翠楼街道办事处环翠楼公园内，现仅存西墙南段和北段两部分，北段长约 100 米，残高 2—6 米，最宽处约 5 米。

成山卫城，北门现保存比较完整，石基砖券，城门洞高 3.8 米，深 10.3 米，整个城墙条石外用青砖包裹砌成。北门附近部分城墙由于被沙土掩埋亦得以保存下来。

靖海卫城，只剩下西南部一段残墙，高约 3 米，上宽 2 米，下宽 10 米。

宁津所城，现仅存北墙，长约 270 米，下宽 16 米，上宽 1.5 米，残高 6 米。

百尺所城，仅存西墙北段和北墙西段各 100 米，以及东墙北段长约 50 米的部分。

威海军寨遗址保存较完整的是安家军寨、罗山寨、九皋寨和后双岛军寨。

安家军寨，在乳山口镇安家村西北 100 米。分南、北 2 寨，北寨平面呈方形，边长 230 米。寨墙基宽 20 米，残高 1—6 米。寨内东南部设烟墩 1 处，底部直径约 20 米。北寨南 90 米设置小寨，是为南寨，东西长 64 米，南北宽 55 米，墙厚约 11 米，残高 0.5—1 米。

罗山寨，位于荣成市寻山街道办事处罗山寨村，呈边长约 250 米的正方形，残墙高约 6 米，上宽 1.5 米，下宽 12 米。寨内曾出土少量文物，主要包括石球、陶片等。

九皋寨，位于泊于镇寨子东村西 400 米。寨址东西长 130 米，南北宽 170 米，面积约为 2.3 万平方米，其形制、规模与之前发现的明代双岛兵寨遗址相一致。

后双岛军寨，位于环翠区张村镇后双岛村东。平面呈长方形，东西长170米，南北宽130米，寨墙基本保存，基宽3.5米，残高3.6米。另外，项家寨，位于俚岛镇项家寨村西；光禄寨，位于虎山镇光禄寨村。

在荣成市境内有沙寨子、红土寨、青木寨、武将寨、主到寨、草岛寨、琵琶寨等7处军寨遗址，墩东夼烟墩、英山烟墩、马山烟墩、朱子墩、张家墩、石桥子烟墩、马家墩、东烟墩、柳家庄烟墩、龙山后烟墩、范家墩、东墩、北沙岛烟墩、院夼烟墩等14处烟墩遗址。

在乳山市境内有海阳所军寨、东南寨军寨、姜格军寨、乳山寨军寨、寨前军寨、南土城寨、大陶家古寨等7处军寨，到根见烟墩、金港烟墩、寨西烟墩、韩家庄烟墩、陈家烟墩、南泓烟墩、大庄烟墩、西南赵家烟墩、宫家烟墩、常家庄烟墩、大陶家烟墩、老庄烟墩、帽山前烟墩、半海山烟墩、寨前烟墩、风台顶烟墩16处烟墩遗址。

此外，在今威海市环翠区有前峰西烽火台、塔山东烟墩、戚家庄土堠、墩前烟墩等4处烟墩遗址。在文登市境内有寨彦家古寨、胡家寨两处军寨遗址。

三、青岛市境内的明代海防遗存

在青岛市境内的明代海防遗存主要有卫所遗址雄崖所故城1处、古城墙遗址胶州古城墙及护城河遗址1处、夏河城城墙遗址1处、管家大村兵营遗址1处，烟墩、烽火台23处。

雄崖所故城遗址，位于即墨县丰城乡南、北雄崖所，筑于明代。雄崖所城墙已全部颓塌，仅于城东南尚存一段城墙残基。现只存南门和西门。南门经多次修葺，门洞和城楼尚为完好。西门保留原样，现存的拱券形门洞系明代建筑，砖石结构，长12.5米，外口高2.5米，内口高3.5米，底宽2.5米，门洞上方镶一石额，题为"镇威"。雄崖所城遗址是青岛仅存的明代卫所所城，被列为山东省文物保护单位。

雄崖所故城遗址·南门

胶州古城墙及护城河遗址，位于胶州市区内，为明清城墙遗址。外城墙习称"围子"，外护城河亦称"围子河"，外城墙兴建于明代，延续至民国时期。夯土堆基，砖石砌墙，上有垛口。今已毁弃，唯有一段夯土残垣尚依稀可辨。

夏河城城墙遗址，位于今黄岛区琅琊镇，仅存两段城墙，均为黄土夯筑。第一段在夏河城北村村后，营后村前，长约 50 余米，宽约 10 余米，高约 5 米余；第二段在河城北村村民杨茂兴家的院子中间，长约 20 余米，宽 3 米余，高约 3 米。现为省级文物保护单位。

管家大村军寨遗址，位于黄岛区红石崖街道管家大村社区西，北近胶州湾，南望龙斗山。遗址呈正方形，边长约 130 米，分布总面积约 1.69 万平方米。原有厚约 3 米的城墙，现仅存坍塌后堆成的大阡，残存高度 1—2 米不等。

位于即墨市境内的烟墩有黄龙庄烟墩、仲村烟墩、黄埠烟墩、烟台前烟墩、盘龙庄烟墩、掖杖村烟墩、南兴红庙山烟墩、栲栳岛烟墩、南百里烟墩、栲栳烟墩、白马岛烟墩、王哥庄烟墩、迟家店子米脐山烟墩、丈二

大张八墩台遗址

山烟墩等 14 处。

位于今黄岛区境内的烟墩有逄猛张墩台、吴家村墩台、西桥子墩台、董庄墩台、大张八墩台、戴家窑墩台、解家烽火台等 7 处。

此外，烟台山烽火台位于崂山区沙子口街道姜哥庄村北的烟台山巅；宋戈庄烽火台位于胶州市胶西镇宋戈庄东南岭地上。

第五章　清代前期的山东海防与海防文化

第一节　17、18世纪的中国与西方

一、西方列强的殖民扩张

17、18世纪，欧洲社会发生了巨大转折和变化，其中最重要的事件包括启蒙运动的深入开展、资产阶级革命高潮的兴起、工业革命以及西方列强的大规模殖民扩张。

1609年，尼德兰革命取得胜利，成为人类历史上第一次成功的资产阶级革命。1640年，英国爆发了资产阶级革命，到1689年终于确立了资本主义制度，为资本主义的进一步发展开辟了道路。欧洲大陆的主要封建国家也陆续进行改革，推行富国强兵政策，客观上推动了资本主义的发展。与此同时，欧洲国家加快了殖民扩张的步伐。

随着资本主义的发展、资产阶级革命浪潮的兴起，欧洲政治思想领域出现了批判封建制度、宣传资产阶级学说的思潮。各国学者、思想家纷纷批判蒙昧主义，破除迷信思想，主张用理性之光驱散愚昧的黑暗，以科学原理揭示自然和解释自然现象，因此这场反封建的思想解放运动被称为启蒙运动。启蒙运动所宣传的天赋人权、三权分立、自由、平等、民主和法制的思想，为欧洲资产阶级革命做了思想准备和舆论宣传。

从17世纪中期到19世纪上半叶，西、葡、荷、俄等早期殖民国家开

始衰落，以英国为首的西方资本主义国家得到了迅速发展，随之而来的殖民扩张使中国面临空前的挑战和危机。

1588 年，英国打败头号殖民国家西班牙的无敌舰队，开始树立海上霸权。16 世纪末，英国殖民势力开始侵入印度。1600 年，东印度公司建立，垄断了东方贸易。崇祯十年（1637 年），英国兵舰驶抵广东，闯入珠江，炮击并占领虎门炮台，后被中国军民击退。1640 年英国爆发资产阶级革命，经过半个世纪的斗争，到 1689 年最终确立了资产阶级的统治地位和资本主义制度。

1784 年，瓦特改良了蒸汽机，英国开始工业革命，机器工业逐渐取代工场手工业，工业生产突飞猛进。到 1820 年，英国工业生产量占世界工业生产总量的 50%，英国贸易占世界贸易总额的 18%。英国成为当时世界上最先进、最强大的资本主义工业国家和世界上最大的殖民国家。1793 年，英国以祝贺乾隆皇帝八十寿辰为名，派遣马戛尔尼使团来华，提出了开放宁波、舟山、天津等地为商埠，割让舟山附近的岛屿与广州附近的地方，减轻税率等要求，遭到清政府拒绝。嘉庆十三年（1808 年），英国兵船十余艘侵入澳门，其中 3 艘驶入虎门，停泊黄埔，滞留三四个月后才被迫撤走。嘉庆二十一年（1816 年），英国政府又派阿美士德使华。由于朝见礼节上的争执，阿美士德并没有见到嘉庆皇帝。1832 年，英国"阿美士德"号到中国沿海测量港湾航道，调查港口情况，并绘制地图。

1640 年，法国开始对华贸易活动。1660 年成立了中国公司。1698 年，第一支法国商船抵达中国，一批传教士随船而来。1789 年，法国爆发资产阶级革命，为资本主义的发展开辟了广阔的前景。19 世纪上半期，法国完成工业革命；1839 年，法国工业生产应用蒸汽机达到 2450 台。法国成为仅次于英国的资本主义工业国家。随着工业的发展，法国加紧向越南、中国扩张势力。

乾隆四十一年（1776 年）7 月 4 日，"独立宣言"发表，在美洲出现了第一个独立的资产阶级共和国美利坚合众国。美国经济虽然起步晚，但发展速度却很快。乾隆四十九年（1784年），美国商船"中国皇后"号首航来华，开始与中国通商。到1832年，与中国通商的商船数增加到62艘。1835年，美国组织东印度洋舰队。到1850年，铁路总长度15000公里，居世界第一。

一直到19世纪前半期，俄国都是一个封建农奴制国家，封建经济占统治地位。俄国对外扩张的目的主要是掠夺领土。16世纪下半叶，沙俄越过欧亚边界的乌拉尔山脉，向东扩张。17世纪中叶，武装侵入我国黑龙江流域和贝加尔湖以东地区。1689年雅克萨之战以后，中俄经过协商，订立《尼布楚条约》、《布连斯奇条约》，划定了两国东段和中段边界。同时，18世纪初期开始，沙俄不断侵占我国巴尔喀什湖以东、以南的大片领土。

二、清代前期的海禁

清朝初年，为了断绝东南沿海郑成功等抗清武装的物资供应，为了防止沿海民众联络、接济反清抗清势力，清政府实行"迁界禁海"。顺治十二年（1655年）六月，下令沿海省份"无许片帆入海，违者立置重典"。顺治十八年（1661年），更强行将江、浙、闽、粤、鲁等省沿海居民分别内迁30—50里，设界防守，严禁逾越。

康熙二十三年（1684年），清政府在收复台湾后，开放海禁，并在"粤东之澳门、福建之漳州府、浙江之宁波府、江南之云台山"分别设立粤、闽、浙、江四大海关作为管理对外贸易和征收关税的机构。可好景不长，由于海盗活动日益猖獗，西方殖民势力频繁侵扰，康熙五十六年（1717年），清政府正式实行南洋海禁。海禁之后，本来一度繁荣的对外贸易被禁止，沿海经济日趋萧条，当地居民的生活受到严重影响。一些生活无着的贫苦百姓，被迫逃亡海上，或铤而走险，或为犯乱。雍正五年（1727年），南洋海禁10年后，清政府废除南洋海禁，重新开放了粤、闽、江、浙4个口通商口岸。

18世纪中叶，英国已开始工业革命，西方国家的海外贸易日益扩张，特别是以英国东印度公司为首的西方商人，一直强烈渴望寻找机会打开中国市场，这引起了清朝政府的警觉和反感。乾隆二十二年（1757年），乾隆皇帝发布谕令："本年来船虽已照上年则例办理，而明岁赴浙之船，必当严行禁绝。……此地向非洋船聚集之所，将来只许在广东收泊交易，不得再赴宁波。如或再来，必令原船返棹至广，不准入浙江海口。豫令粤关，传谕该商等知悉。……令行文该国番商，遍谕番商。嗣后口岸定于广东，不得再赴浙省。"此后，清政府对西洋商人关闭江、浙、闽3个海关及下辖口岸，只留下粤海关"一口"与西方人贸易，但该谕令并不限制南洋商人，当时在南洋的一些西方殖民者仍被允许到闽、浙、江海关贸易，特别是闽海关。同时，清政府对丝绸、茶叶等传统商品的出口量严加限制；对中国商船的出洋贸易，也规定了许多禁令。这一谕令的颁布，标志着清政府开始彻底奉行起全面防范洋人、隔绝中外的闭关锁国政策。

乾隆二十四年（1759年），清政府为了加强对外贸易的管理，制定了很多限制外商的禁例，如《防范外夷规条》共有5项，称为《防夷五事》，主要包括：外商不得在广东省城过冬，外商需听中国行商的管束，外商不得在广州自由出入，等等。同时也加强了对内地商人的限制，设立了保商制度。保商受政府委派，拥有对外贸易的特权，凡外来的一切人员、船只、货物及纳税等事皆由保商担保。

为了打开封闭的中国市场，俄、英等国曾多次向中国派出使团，试图说服清朝皇帝改变闭关锁国的国策，但都无功而返。1793年，英国马戛尔尼使团来华，提出了开放商埠、减轻税率等要求，亦被清政府拒绝。

到嘉庆、道光时期，海禁政策更加严厉。嘉庆二十二年（1817年），清政府又将深受海外欢迎的茶叶作为禁止出口的货物之一。此外，粮食、铁器、硝磺、金银等物品亦在禁止出口之列。

此外，康熙年间，中国与罗马教廷间围绕"礼仪之争"矛盾加剧。

1706年，当康熙认识到罗马教廷不尊重中国习俗，执意干涉中国内政的图谋后，拒绝了教皇的要求，并果断决定实行禁教政策，不许外国传教士进入中国国内传教，这也被视为"闭关锁国"的一部分。

闭关锁国政策是一把双刃剑。在起初，这种政策对于维护封建统治起过一定的作用，但从长远来看，危害极大。它使中国处于与世隔绝的状态，致使清政府昧于世界大势，闭目塞听，思想麻木；它抑制了国内工商业的发展，阻碍了资本主义萌芽的滋长；中国的科技本来就不发达，由于未能及时吸收西方科学知识，致使中国的科技与西方的差距进一步拉大。

在鸦片战争前，受中国传统经济体制和清政府闭关政策的影响，英国对华贸易一直处于严重的逆差。为了倾销商品，掠夺原料，英国政府与商人开始寻找机会，试图以武力手段和强硬政策打开中国闭关自守的大门。

第二节　清代前期山东行政区划的演变

一、清初的"撤卫设县"

清朝初年，在军事上没有立刻废除明代的卫所制度，而是对它进行了改革与调整。

顺治三年（1646年），清政府规定："卫军改为屯丁。凡卫所钱粮、职掌及漕运、造船事务，并都司、行都司分辖，皆宜照旧"①。随后又规定，"指挥、千、百户名色，既已尽裁，而卫所必不可裁，应每卫设掌印官一员，兼理屯事，改为卫守备，千户改为卫千总，每所设一员，俱由部推；百户改为卫百总，每所设一员，由督抚选委；其不属于卫之所，俱给

---

① 《清实录·世祖实录》卷二十八，第9页，中华书局1985年版，第238页。

关防。"①卫所暂时保留下来，但卫所原有的武职，或裁撤，或改置。明代设立的卫指挥使被废除，而代之以守备署。守备署设"守备一员，正五品，管理庶政，兼理屯务"。此时，卫所官员仍为武职，不过其职责已转向维持地方治安，缉捕贼盗，其原有的军事性质已经被改变。守备署变成与州县平行的特殊行政单位，凡城池、民社、学校、钱粮，均与州县相同。

随后，卫所官员由原来的世袭制改为任命制。卫所守备、千总改由兵部推选，百总则由各省督抚选派委任。顺治十八年（1661年）规定："凡掌印都司、行掌印都司、屯局都司、金书、卫守备、守御所千总、卫千总，虽系武官，不管兵马，止司钱谷，仍照旧听巡抚统辖，撰入巡抚敕内。至漕粮船沿河拨兵护送之事，撰入沿河总督、提督敕内。"②至此，卫所的军事性质已经完全消失。

在对卫所职官进行调整，逐渐取消其军事职能的同时，清政府又对卫所进行了裁撤，主要有两种形式，或将部分卫所改为州县，或将部分卫所归并附近州县。康熙年间，清政府加快了裁并卫所的步伐。雍正年间，开始大规模地裁并卫所。雍正二年（1724年），雍正帝上谕兵部："今除边卫无州县可归，与漕运之卫所民军各有徭役，仍旧分隶外，其余内地所有卫所悉令归并州县，伤令直省督抚分别详悉区画具奏。"③这样，从顺治开始一直到雍正年间，历经三朝，最终在全国范围内完成了"撤卫设县"。

山东沿海卫所的改造与调整亦开始于顺治年间，起初也是先裁减卫所官员，并将其由世袭制改为任命制。沿海卫所官员纷纷由卫指挥使改为守备，由千户改为千总。

顺治十二年（1655年）始，清政府对山东沿海卫所进行了压缩和裁

---

① 《清实录·世祖实录》卷二十八，第9页，中华书局1985年版，第238页。

② 《清实录·圣祖实录》（一）卷五，中华书局1985年版，第95页。

③ 《世宗宪皇帝上谕内阁》，《景印文渊阁四库全书》（第411册），台北商务印书馆1986年版，第166页。

并，先后裁"青州左卫右、中、前、后四所，安东卫左、前二所，莱州卫右、中、前、后四所，灵山卫左、后二所，鳌山卫左、后二所，登州卫左、右、中、前、后五所，福山守御中、前二所，宁海卫左、右、前、后四所，威海左、前二所，成山卫左、前、后三所，靖海卫左、右、后三所，大嵩中、前二所……胶州所并灵山卫，宁津所并靖海卫，奇山所并宁海卫，海阳所并大嵩卫。"①顺治十六年（1659年），又裁并宁海卫。康熙十年（1671年），裁灵山卫经历、夏河所千总、胶州所千总。康熙四十一年（1702年），裁百尺崖后所，归并威海卫。

雍正二年（1724年），裁山东都司。此后在各省均不再设都指挥使司，军权由督抚、提督来掌握。此后，"撤卫设县"的力度和速度进一步加大。雍正十二年（1734年）河东总督王士俊奉命整顿封疆，决议裁卫。王士俊疏称："文登幅员已极辽阔，今再加威海、靖海、成山三卫地粮军户，其地周环八百余里，殊难管辖，而成山卫又未便听其孤悬海滨，且成山地方为海洋东面险要之区，则成山卫自应改设一县，以资弹压。"雍正十二年（1734年），裁灵山卫，归并胶州、诸城县。同年，裁鳌山卫、雄崖所、浮山所，归并即墨县。

卫所裁撤后，大部分并入附近州县。山东沿海经过"撤卫设县"，新增加两县，分别是海阳县，由大嵩卫改；荣成县，由成山卫改。

雍正十二年（1734年），裁大嵩卫，"析行村、高山、林寺三乡设海阳县，析青山乡入宁海州，分拨县卫粮银。"②大嵩卫原属莱阳县地，因处嵩山之阳，故名。"撤卫设县"后，因县地处于黄海之北，故名"海阳"。同年，又裁威海卫、成山卫、靖海卫3卫，改为荣成县。雍正帝："钦赐

---

① 昆冈等:《钦定大清会典事例》,《续修四库全书》(第 806 册),上海古籍出版社 2002 年版,第 698 页。

② 民国《莱阳县志》卷首《大事记》,第 16 页,民国二十四年 (1935 年) 铅印本。

嘉名，以始皇尝射大鱼于荣成山，山在邑境内，故命名因之。"①

至此，卫所全部消失，明代以沿海卫所分区防御为核心的防御体系完全瓦解，取而代之的是绿营分汛把守和水师巡洋会哨相结合的防御体系。与明代相比，清代沿海驻军大为减少。

卫所撤销后，清政府还在雄崖所、浮山所、鳌山卫、灵山卫等原卫所所在地设巡检司。同时，胶州逢猛巡检司移驻灵山卫，改为灵山卫巡检司；宁海州乳山巡检司移驻靖海卫，改为靖海卫巡检司；文登温泉镇巡检司移驻于威海卫，改为威海巡检司。

安东卫的裁撤比较晚。乾隆九年（1744 年），裁安东卫并于日照县。在此前一年，夹仓巡检司移驻安东卫。

二、清代前期山东行政区划及其演变

清代山东行政区划基本沿袭明朝旧制，但雍正、乾隆年间稍有变更。如雍正十二年（1734 年），将武定州和沂州升为府，并将原青州府所属的颜神镇升为博山县；次年又将泰安州、曹州升为府。同时，裁并大嵩、成山 2 卫，改设海阳、荣成 2 县。

乾隆三十九年（1774 年），将临清、济宁升为直隶州，与府平级，而其余各州仍为散州，与县平级。这样，清代山东布政使司共辖 10 府、2 直隶州、105 州县。

清代山东各府所辖州县如下：

济南府，府治历城，辖 16 州县：历城、章丘、邹平、淄川、长山、新城、齐河、齐东、平原、德州、德平、临邑、长清、陵县、禹城、济阳。

---

① 王道显：《浮山记》。道光《荣成县志》卷九《艺文·记》，第 18 页，清道光二十年（1840 年）刊本。

东昌府，府治聊城，辖 10 州县：聊城、堂邑、博平、茌平、清平、莘县、冠县、馆陶、恩县、高唐州。

泰安府，府治泰安，辖 7 州县：泰安、新泰、东阿、东平县、平阴、莱芜、肥城。

武定府，府治惠民，辖 10 州县：惠民、滨州、阳信县、海丰县、乐陵县、利津、沾化、蒲台、青城、商河。

临清直隶州，辖 3 县：武城、夏津、丘县。

兖州府，府治滋阳，辖 10 州县：滋阳、曲阜、宁阳、邹县、泗水、滕县、峄县、汶上、阳谷、寿张。

沂州府，府治兰山，辖 7 州县：兰山、莒县、郯城、费县、沂水、蒙阴、日照。

曹州府，府治菏泽，辖 11 州县：菏泽、濮州、曹县、定陶、范县、观城、朝城、巨野、郓城、单县、城武。

济宁直隶州，辖 3 县：金乡、鱼台、嘉祥。

登州府，府治蓬莱，辖 10 州县：蓬莱、宁海州、黄县、福山、栖霞、招远、莱阳、文登、海阳、荣成。

莱州府，府治掖县，辖 7 州县：掖县、平度州、潍县、昌邑、胶州、高密、即墨。

青州府，府治益都，辖 11 州县：益都、博山、临朐、临淄、博兴、高苑、乐安、寿光、昌乐、安丘、诸城。

在山东所辖 10 府中，武定、沂州、登州、莱州、青州等 5 府 21 个州县临海。其中，武定府有海丰、沾化、利津 3 县；沂州府有日照 1 县；登州府有招远、黄县、蓬莱、福山、宁海州、莱阳、文登、荣成、海阳 9 县；莱州府有掖县、潍县、昌邑、胶州、即墨 5 县；青州府有乐安、寿光、诸城 3 县。

与明代不同的是，清朝在行省与府（直隶州）之间设立"道"，并派驻道员，其主要职责是负责协助巡抚和布政使、按察使处理各府、州的有

关政务。但道不是固定的行政机构，而是属于临时派遣。清朝在山东共设
3 道，分别是济东道、兖沂曹济道、登莱青道。

济东道驻济南，负责济南府、东昌府、泰安府、武定府和临清直隶州
的有关政务。

兖沂曹济道驻济宁，负责兖州府、沂州府、曹州府和济宁直隶州的有
关政务。

登莱青道驻莱州，负责登州府、莱州府、青州府的有关政务。

再到光绪三十四年（1908 年），清政府升胶州为直隶州。胶州，本属
莱州，光绪三十四年升直隶州，领县 2：高密、即墨。

清代山东行政区划一览表

省	道	府	府治	所辖州县	州县总计
山东布政使司	济东道（济南）	济南府	历城	历城、章丘、邹平、淄川、长山、新城、齐河、齐东、平原、德州、德平、临邑、长清、陵县、禹城、济阳	16
		东昌府	聊城	聊城、堂邑、博平、茌平、清平、莘县、冠县、馆陶、恩县、高唐州	10
		泰安府	泰安	泰安、新泰、东阿、东平县、平阴、莱芜、肥城	7
		武定府	惠民	惠民、滨州、阳信县、海丰县、乐陵县、利津、沾化、蒲台、青城、商河	10
		临清直隶州		武城、夏津、丘县	3
	兖沂曹济道（济宁）	兖州府	滋阳	滋阳、曲阜、宁阳、邹县、泗水、滕县、峄县、汶上、阳谷、寿张	10
		沂州府	兰山	兰山、莒县、郯城、费县、沂水、蒙阴、日照	7
		曹州府	菏泽	菏泽、濮州、曹县、定陶、范县、观城、朝城、巨野、郓城、单县、城武	11
		济宁直隶州		金乡、鱼台、嘉祥	3
	登莱青道（莱州）	登州府	蓬莱	蓬莱、宁海州、黄县、福山、栖霞、招远、莱阳、文登、海阳、荣成	10
		莱州府	掖县	掖县、平度州、潍县、昌邑、胶州、高密、即墨	7
		青州府	益都	益都、博山、临朐、临淄、博兴、高苑、乐安、寿光、昌乐、安丘、诸城	11

三、山东的海口与海汛[①]

清代山东海防，注重海岸、海口的防守，不似明代那样放弃了海岛和海岸线。然而山东海岸线蜿蜒曲折，口岸众多，而且各地口岸险要形势各不相同，海防地位也因此各有差异。明朝中期，郑汝璧的"综合防御"理论与冯琦的"纵深防御"理论都曾深入探讨并力图解决山东海防的万全之策。

清代前期，在明代基础上，对山东海疆、周边岛屿及其沿海海口、口岸的情况，有了进一步的认识。据雍正《山东通志》记载：山东海岸线，"自安东卫起，循海而东而北，至海丰县直隶交界止。"[②] 其中，《山东通志》卷二十《海疆》详细记载了山东沿海各重要海口、口岸，自南到北分别是：安东卫岚山口、日照县涨洛口、涛洛口、夹仓口、龙汪口；诸城县宋家口、董家口、龙湾口；胶州古镇岛口、淮子口；即墨女姑口、董家湾口、登窑口墩、巉山口、金家口；莱阳县何家口；海阳县行村口、丁字嘴口；宁海州乳山口、南洪口、浪煖口；文登县五垒岛口、长会口、望海口、靖海龙王庙口、柳埠口、朱家圈口；荣成县马头嘴口、石岛口、家鸡旺口、养鱼池口、龙口崖、朝阳口、长峰口；文登县龙王庙口、双岛口；宁海州金山口、养马岛口、龙门口、清泉寨口；福山县芝罘岛口、大河口墩、八角口；蓬莱县卢羊口墩、刘家旺口、湾子口、抹直口、天桥口；黄县黄河营口；招远县东良口；掖县三山岛口、海沧口；昌邑县下营口、寿光县弥河口、乐安县新河口、利津县牡蛎口、沾化县绛河口、海丰县大沽河口[③]。以上海口、口岸在明代就受到重视，被视为海防要地，或设烟墩，或设巡检司，明代中期以后很多地方又添设炮台。

清朝初年，山东总督张元锡督管山东海防，他吸取前代海防思想的经

---

① 海汛意思是海洋的汛期，也指海潮。

② 雍正《山东通志》卷二十《海疆》，第 3 页，清乾隆元年（1736 年）刻本。

③ 雍正《山东通志》卷二十《海疆》，第 3—6 页，清乾隆元年（1736 年）刻本。

验和教训，根据各地口岸海防地位的不同情形，将沿海口岸分为 8 种类型，即险汛、要汛、冲汛、会汛、闲汛、散汛、迁汛、僻汛等"八汛"，并针对不同类型设计了相应的防卫方案。清制，凡千总、把总、外委等武官所统率的绿营兵均称"汛"，其驻防巡逻的地区称"汛地"。

乾隆五年《莱州府志》卷五《海汛》对山东沿海海口、口岸的情况进行了详细记载，并将其分为 8 种类型：

"海运故道，自江南淮安府起，至直隶张家港止，共止三千四百里，其间可以驻泊之口岸数百，可以避风之岛屿数百，相其形势，分别险、要、冲、会、闲、散、迁、僻之地而布置防汛。

一曰险汛：两山相扼，水多礁石，风汛无恒者，宜用把截。

二曰要汛：众道必由，舍此而歧者，宜屯重点。

三曰冲汛：往来必经驻泊定程者，宜用守防。

四曰会汛：居中控制众途总集者，宜立军门。

五曰闲汛：潮水出入，小口狭滩，不堪驻船者，宜设墩卒。

六曰散汛：道旁岛屿暂可避风者，宜委乡保。

七曰迁汛：避风入口、换风出口、无关正道者，宜用哨望。

八曰僻汛：支流数里，偏在一隅，不通大洋者，宜用侦探。"[1]

譬如，在山东沿海的海口、口岸中，莺游山、斋堂岛、福岛、芝罘岛、三山岛、海仓口等属于冲汛，田横岛海口为"险冲汛"，淮子口为"险要汛"，成山头为"险中要汛"；延真岛、刘公岛、长山岛三处则为"冲要汛"。唐岛为"次冲汛"，登州水城新开海口为"会汛"；闲汛有古镇口、薛家岛、屺崌岛，散汛有头营子、二营子、董家湾、女姑口，迁汛有灵山岛、登窑口，僻汛有柴胡荡。张元锡等人认为，"此八汛者，潦然心目，则可以审防汛之缓急，用兵之多寡，以逸待劳，百无一失。"[2]

---

① 乾隆《莱州府志》卷五《兵防·海汛》，第 6—9 页，清乾隆五年（1740 年）刻本。

② 乾隆《莱州府志》卷五《兵防·海汛》，第 7 页，清乾隆五年（1740 年）刻本。

对山东海疆认识的加深，影响着清政府在山东的海防建设。清政府本着"先冲要而后迂僻"的原则，因地制宜，设险防守，在关键地带重点布防，偏僻海口则实行巡哨侦察，充分反映了清政府重点防御和综合防御相结合的战略思想和以点带面的战略部署，可谓轻重有序，主次分明。

总的来看，山东海防的重点地区主要分为三部分：登州南北全境、莱州南面海岸，以及今日照市南北两侧的一段海岸。莱州北面海岸，因位置在山东半岛和辽东半岛环抱而成的"钳口"以西，而且东面有登州作掩护，其海防地位已有所下降。至于登、莱二州以西的海岸，因地处渤海腹地，且海岸多为泥滩，基本无险可守。

第三节　清代前期山东海防部署

一、军事部署

1.八旗驻防要津、绿营分汛防守

旧时军队驻防的地方称为"汛"；清代，在沿海、沿江、沿河、沿边、大路通衢设立墩堡，驻扎官兵，划地分守，叫作汛地。"营汛"指军队的戍防，也指戍防军队。

清代前期的经制兵（正规军）有八旗兵和绿营兵两种。八旗兵由皇帝直接指挥，集中控制于京师及全国各战略要点，具有国家和地区主力机动兵团的性质，而绿营兵则由各省军、政长官指挥，分散驻防于全国各城镇，有地方镇戍部队的性质。八旗兵和绿营兵相比，处于特殊地位。满族大臣、将领可以指挥绿营，而汉族将领不能指挥八旗。

（1）青州、德州驻防八旗

八旗有满洲八旗、蒙古八旗和汉军八旗之分，其旗帜颜色和形状分别为黄、白、红、蓝4色旗和镶黄、镶白、镶红、镶蓝4旗。每旗设都统，

归中央八旗都统衙门统管，地方督抚无权征调。八旗军又分为守卫京师的"禁卫兵"和驻防地方的"驻防兵"。"禁卫兵"以满洲八旗为主；"驻防兵"分布在全国各大省会、水陆要冲、边疆海防，控扼京师以外所有最重要的军事据点，合满洲、蒙古、汉军旗以为营。清军入关前，满、蒙、汉八旗的兵力合计十四万八千六百余人。

八旗都统衙门，为八旗兵的最高领导机构，不局限于军事，凡户籍、民事统归其管理。每旗设都统（从一品）1人、副都统（正二品）2人，分管满、蒙、汉二十四旗的事务。另有参领、副参领、佐领等官。随印房行走与随旗行走等散官秩，帮办事务，没有定额。

八旗都统衙门内设有俸饷房、马册房，俸饷房每旗由参将1人、章京2人、骁骑校（满、汉旗五人，蒙旗两人）管理本旗俸饷事务。汉旗内不设马册房。八旗另有联合办公组织，名为"值年旗公署"，简派各旗都统或副都统八人为值年旗大臣，并选派各旗司员若干，以共同掌管有关事项，年终向皇帝奏报。八旗都统下属单位有左右翼铁匠局、左右翼世职官学、汉军清文义学及十五善射处等组织。

在山东，八旗兵主要驻防在青州和德州。

德州驻防八旗：顺治十一年（1654年），直隶河间府（今河北省河间县）满洲驻防营（满洲镶黄、正黄和蒙古镶黄、正黄四旗）移防德州，归驻京都统直辖，官兵共355名。雍正二年（1724年）添设甲兵160名，乾隆五十一年（1786年）添设步兵50名。乾隆二十六年（1761年）改归青州副都统管辖。

青州驻防八旗：雍正九年（1731年），议政大臣田文镜题请于青州府设立满洲营，镇守山东地方，与德州营东西控制，别设城署、营房，分拨八旗兵驻扎。翌年正式定制，设将军1员，官兵总计2473名。乾隆二十六年（1761年），裁将军缺，以专城副都统领之，驻守青州，兼辖德州驻防营。直至清末，隶属兵部，并可直向皇帝奏事。

青州、德州驻防八旗的任务是监控当地行政和驻军，基本不参与具体的海防事务。

(2) 绿营山东三镇

清代前期,海防任务主要由沿海驻防的水陆绿营兵承担。绿营军以招降或招募的汉军组成,以绿旗为营标,故称绿营兵。

绿营的战略单位为镇,基本编制单位为营。清政府将全国划分为11个军事区,区的最高长官为总督,不设总督的区,则兼领提督的巡抚为最高长官。省的最高军事长官为提督或兼领提督的巡抚,省下分若干镇,镇的长官为总兵,镇下分若干协,协的长官为副将,协下设营,营的长官为参将、游击、都司或守备;营下设汛,长官为千总、把总或外委千总、把总。

绿营士兵有马兵、步兵、守兵之分。绿营士兵的升级,是按守兵升步兵,步兵升马兵,马兵升额外外委把总的顺序实行的。在兵役制度上,绿营主要实行的是募兵制,而非世兵制,这是与明代的显著不同。清制规定,绿营士兵一律募本地人充任,不得由外来或无固定籍贯的人充当。士兵入伍后经过整编,分配在固定驻地,士兵皆领带家属同至营地居住。在正常情况下,该营即永远居于该地,不再改变。士兵应募入伍虽出于自愿,但没有退伍的自由,一经入伍,即编入兵籍,成为职业军人,终生不能更动。兵籍由兵部掌握,裁撤和调动兵籍,都必须经兵部批准。绿营士兵年过50岁,因体衰力弱不能从事教练和作战时,才能解除现役、撤销粮饷。另外,清代实行余丁制。各营按额定人员数,规定一定的比例,发给马兵、步兵的部分子弟每月5钱饷银。拿饷的子弟,称为余丁。当部队奉调出征时,余丁要随营出发,担负杂役和部分运输工作。余丁年满16岁后,如遇营中守兵出缺,可参加考试,考试及格,即可补为守兵。因而,余丁实际即预备兵。

绿营的主要任务是镇戍。绿营设置的原则是"按道里之远近,计水陆之冲缓,因地设官,因官设兵,既联掎角之声援,复资守御之策应。"《康熙会典·镇戍》阐述绿营编制原则:"凡天下要害地方,皆设官兵镇戍。

其统驭官军者曰提督总兵官，其镇守一方者曰镇守总兵官。其协守地方者曰副将，次曰参将，又次曰游击，曰守备，或同守一城，或分守专城。下及千总、把总，亦有分巡备御之责，皆量地形之险易，酌兵数之多寡。"

据《乾隆会典则例》记载，当时全国共 66 个镇，1169 个营。绿营的兵种以步兵为主，也有部分骑兵和水军。绿营兵在极盛时期，兵力多达六十余万。平时镇戍地方，战时从各镇中抽调官兵，集中使用。康熙年间，全国绿营兵额共有 594414 人，沿海各省驻守的绿营兵，合计 293136 人，几乎占了全国绿营兵的半数，其中山东为 20000 人。

山东原设临清、沂州两镇；后设登州镇、兖州镇、曹州镇 3 镇。清历朝驻山东绿营兵额为 1.7 万至 2.4 万人之间。

顺治元年（1644 年），设临清、沂州两镇；1658 年沂州镇总兵官移驻胶州，改为胶州镇；1661 年临清镇总兵官移驻登州，改为登州镇；康熙二十二年（1683 年）裁胶州镇；当时，山东只设登州镇，通省 27 营皆归其节制。雍正元年（1723 年）建兖州镇，嘉庆二十二年（1817 年）建曹州镇。

登州镇驻府城（今蓬莱市），总兵官直辖本标中、右两营，兼辖文登、宁福、胶州、莱州、即墨、青州、寿乐 7 营，官兵共 3709 名。道光三十年（1850 年），登州镇改为水师镇兼辖陆路，同治十二年（1873 年）复改专管陆路。兖州镇驻府城（今兖州县），总兵官直辖本标中、右两营，兼辖台庄、沂州、泰安、沙沟、武定、安东营和济南城守营，官兵共 4716 名。曹州镇驻府城（今菏泽市），总兵官直辖本标中、右两营，兼辖临清、德州、东昌、高唐、寿张、梁山、巨野 7 营。道光二十年（1840 年）添设桃源营；1841 年添设单县营；同治元年（1862 年）添设濮州营，共计 12 营，官兵共 4702 名。

山东沿海各地为登州镇的防区。清代，镇、营、汛的兵额数及其上下级之间的隶属关系比较清晰，其基本情况如下：

登州镇，据乾隆《续登州府志》记载，驻扎府城，总兵官 1 员，带领中营中军游击 1 员，守备 1 员，千总 3 员，把总 3 员，外委千总 2 员，外委把总 6 员，马兵 367 名，步兵 730 名。右营游击 1 员，守备 1 员，千总 2 员，把总 3 员，外委千总 3 员，外委把总 5 员，马兵 368 名，步兵 795 名。

登州镇中营、右营分防蓬莱县汛，中右两营按年分番轮防。

中营：

分防黄县汛，把总 1 员，马兵 10 名，步兵 90 名。

分防招远县汛，把总 1 员，马兵 10 名，步兵 90 名。

分防黄河营汛，沿海西至屺峒岛，外委千总 1 员，步兵 12 名。

贴防钜齿牙山，栖霞县地方原右营汛中营贴防，步兵五十名以上，俱中营汛。

右营：

分防栖霞县汛，千总 1 员，马兵 10 名，步兵 70 名。

分防莱阳县汛，把总 1 员，马兵 10 名，步兵 70 名。又游巡平度即墨交界马兵 3 名，步兵 10 名。

分防东海沿边汛，把总 1 员，马兵 2 名，步兵 26 名。

分防芝罘岛汛，福山县地方外委把总 1 员，马兵 2 名，步兵 20 名。

分防钜齿牙山，步兵 50 名，以上俱右营汛。

文登营：副将 1 员，都司 1 员，前总 2 员，把总 4 员，外委千总 1 员，外委把总 3 员，马兵 130 名，步兵 504 名。

文登营驻劄本汛，县东北 10 里，副将 1 员，都司 1 员，把总 2 员，马兵 72 名，步兵 200 名。

分防文登县汛，千总 1 员，外委把总 1 员，马兵 20 名，步兵 50 名。

分防荣成县汛，千总 1 员，外委把总 1 员，马兵 10 名，步兵 78 名。

分防靖海卫汛，把总 1 员，外委把总 1 员，马兵 12 名，步兵 112 名。

分防海阳县汛，把总 1 员，外委把总 1 员，马兵 16 名，步兵 64 名，旧系宁福营汛，康熙三十九年改归本营。

宁福营：都司1员，把总2员，外委千总1员，外委把总2员，马兵65名，步兵266名。

宁福营驻扎宁海州，都司1员，把总1员，外委把总1员，马兵38名，步兵149名。

分防福山县汛，把总1员，马兵16名，步兵43名。

分防威海卫汛，外委把总1员，马兵2名，步兵30名。

分防行村海汛，海阳县沿海地方千总1员，外委千总1员，马兵9名，步兵44员[①]。

莱州营：参将1员，守备1员，千总1员，把总4员，外委千总1员，外委把总3员，马兵124名，步兵468名。

莱州营驻劄府城，参将1员，守备1员，千总1员，外委千总1员，外委把总3员，马兵36名，步兵214名。

分防掖县汛，把总1员，马兵20名，步兵75名。

分防昌邑县汛，把总1员，马兵20名，步兵46名。

分防潍县汛，把总1员，马兵20名，步兵58名。

分防北海汛，把总1员，马兵14名，步兵39名。

分防西海汛，千总1员，马兵14名，步兵36名。

胶州营：据道光《重修胶州志》记载，副将1员，都司1员，千总2员，把总5员，外委千总1员，外委把总3员，马兵111名，内经制外委4名，额外外委2名，步兵446名。

专防胶州汛，城守把总2员，在城马兵54名，外经制外委4名，额外外委2名，支食马粮步兵199名。

分防外汛，千总1员，外委把总1员，马兵14名，步兵40名。

分防灵山卫等汛，本口千总1员，马兵10名，步兵51名；古镇口外委把总1员，马兵2名，步兵13名。

---

① 乾隆《续登州府志》卷四《武备》，第9页，清乾隆七年（1742年）刻本。

分防登窑口等汛，本口把总1员，马兵3名，步兵44名；青岛口外委把总1员，马兵1名，步兵12名。

分防峿山所汛，把总1员，马兵2名，步兵13名。

分防浮山所汛，把总1员，马兵6名，步兵31名。

分防安邱汛，把总1员，马兵13名，步兵43名^①。

即墨营：驻扎即墨县，参将1员，守备1员，千总1员，把总1员，外委千总1员，外委把总1员，马兵81名，步兵286名。

分防平度州汛，把总1员，马兵15名，步兵60名。

分防高密县汛，把总1员，马兵14名，步兵50名。

分防诸城县汛，把总1员，马兵8名，步兵52名。

分防鳌山卫坡子口等汛，把总1员，外委把总2员，马兵13名，步兵60名。

青州营：参将1员，守备1员，外委千总1员，马兵70名，步兵298名。

专防益都县汛，把总1员，马兵18名，步兵55名。

分防临淄县汛，把总1员，外委把总1员，马兵7名，步兵35名。

分防博山县汛，把总1员，马兵8名，步兵20名。

分防博兴县汛，把总1员，外委把总1员，马兵9名，步兵45名。

分防高苑县汛，把总1员，外委把总1员，马兵7名，步兵35名。

分防临朐县汛，把总1员，外委把总1员，马兵11名，步兵44名。

分防沂水县汛，千总1员，外委把总1员，马兵7名，步兵44名。又兼垛庄駅汛，马兵20名，步兵26名。

寿乐营：寿光、乐安、昌乐3县本属青州府所辖之地，而营汛则属莱州^②。据咸丰《青州府志》记载，定制本营都司1员，千总1员，把总2

---

①　道光《重修胶州志》卷十九《志九·兵防》，第1—2页，清道光二十五年（1845年）刻本。

②　咸丰《青州府志》卷二十九《考六·兵防考》，第3页，清咸丰九年（1859年）刻本。

员，外委把总 1 员，马兵 57 名，步兵 226 名。

驻扎寿光县，都司 1 员，把总 1 员，外委把总 1 员，马兵 25 名，步兵 122 名。

分防昌乐县汛，把总 1 员，马兵 18 名，步兵 55 名。

分防乐安县汛，把总 1 员，马兵 14 名，步兵 49 名。

此外，山东北部沿海设有武定营，南部沿海设有安东营，均属兖州镇。兖州镇的其他防区以及曹州镇的防区并不靠海，其分汛情况在此不赘述。

武定营，驻扎武定府，雍正十二年升州为府，游击 1 员，千总 1 员，外委千总 1 员，外委把总 1 员，马兵 42 名，步兵 162 名。

驻防佘家港汛，海丰县地方，守备 1 员，马兵 20 名，步兵 60 名。

分防海丰县汛，把总 1 员，马兵 6 名，步兵 32 名。又防大沽河步兵 18 名。

分防利津县汛，外委把总 1 员，马兵 11 名，步兵 24 名。又防台子关步兵 16 名。

分防沾化县汛，外委把总 1 员，马兵 5 名，步兵 31 名。

另有分防蒲台县汛、分防长山县汛、分防青城县汛、分防阳信县汛、分防乐陵县汛、分防滨州县汛，辖区均不靠海。

安东营，安东本卫地，在莒州日照县。

驻扎本汛，分防岚山头、涨雒、涛雒、夹仓四海口，都司 1 员，千总 1 员，外委千总 1 员，外委把总 2 员，马兵 47 名，步兵 163 名。

分防日照县汛，把总 1 员，马兵 18 名，步兵 55 名。

分防琅琊台东、亭子栏汛，兼董家、琅琊、龙湾三海口，把总 1 员，马兵 4 名，步兵 30 名。

分防龙汪海汛，外委把总 1 员，马兵 2 名，步兵 14 名。

分防莒州汛，把总 1 员，马兵 16 名，步兵 54 名。

2.山东水师与巡洋会哨制度

（1）山东水师

清军水师有内河、外海之分，外海水师又分为水兵与守兵两部分。

清代在全国设水师提督3人，分别是福建（驻厦门）、广州（驻虎门）、长江（太平、岳州轮流做驻地），另有兼辖水陆提督3人，分别是江南（驻松江）、湖南（驻辰州）、浙江（驻宁波）。1840年鸦片战争爆发时，清朝全国水师的外海战船共约九百三十艘，在广东、福建、浙江、江苏4省敌前的水师兵力共约十万人，大小战船约七百多艘。

在山东，清政府组建水师，原为"防守海口，缉捕海盗"，因此水师规模很小，约"存明制十分之一"。清代前期山东的水师只有1支，乾隆《续登州府志》称之为"登州镇标水师营"，为外海水师。

关于登州水师营的设立及变化，宣统《山东通志》的记载与道光《增修登州府志》有一些出入。总的来看，原只有前营水师，后分为前、后2营，后又裁撤，多次变化，最后只剩前营水师。

明崇祯十一年，移镇临清，登州设城守营并水师营，水陆各左、右、中3营。顺治二年，水师裁为1营，设游击守备领之，初属城守营。顺治十八年（1661年），移临清镇于登州，改为登州镇，以原隶属城守营之水师，改为前营水师，归镇标节制，水师的地位有所提高。康熙六年（1667年），拨镇标左营守备1员，千总1员，把总2员，管领沙唬边江船13只，水兵386名，驻扎水城，分防东西海口。康熙四十三年（1704年），增水师兵1200人。原前营水师分为前、后2营，设游击1员，改沙唬船为赶缯船，共20艘，分巡东西海口，东由水城至宁海，西由水城至莱州府。康熙四十五年（1706年），前营水师移驻胶州，巡哨南海。后营水师仍驻守水城，巡哨北海。康熙五十三年（1714年），裁撤后营，以后营游击领前营，水师官弁裁减七百余人，拨赶缯船10艘归旅顺口水师营管驾，仅存前营水师游击1员，守备1员，千总2员，把总3员，赶缯船10艘，分南、北2汛，以游击、守备各带战船、水兵一半巡哨。

雍正七年（1729 年），每船增兵 10 人，两汛各增兵 100 人，增双篷艍船 7 只，每艘添配水兵 30 人，南汛艍船 3 艘，北汛艍船 4 艘。雍正九年（1731 年），又增兵 190 人，增设艍船 3 艘，每艘配兵 40 人，南北汛各 5 艘。雍正十二年（1734 年），于成山头增设东汛水师，抽拨南北赶缯船各 1 艘，双篷艍船各 1 艘，抽调南北汛将弁 4 人，分配战守兵，巡哨成山、马头嘴一带。至此，山东沿海形成了三汛水师，均归水师前营统辖。

总计，登州前营水师定制，水战兵、守兵 1200 人，赶缯船 12 艘，双篷艍船 12 艘，每船各带脚船 1 艘。

北汛驻登州府水城，赶缯船与双篷艍船各 4 艘，共配战、守兵 400 人，南面巡哨至成山头，与东汛会旗，北向巡哨至隍城岛，与直隶、盛京分防水师会旗。

东汛驻养鱼池，赶缯船与双篷艍船各 4 艘，共配水战、守兵 400 人，南面巡哨至马头嘴，与南汛会旗，北面巡哨至成山头，与北汛会旋。

南汛驻胶州之头营子，赶缯船与双篷艍船各 4 艘，共有战、守兵 400 人。南面巡哨至与江南交界的莺游山，东至荣成县马头嘴，与东汛会旗。

无论规模还是战斗力，清代山东水师力量均无法与明代相提并论。山东海岸线漫长，而山东水师所设战船不过 24 艘，战、守兵一千二百余人，守卫近海海域与海岸线都是十分困难的。这样的水师只能在近岸浅海巡逻，用于对付零星的海盗船只，不敢深入大洋活动。

（2）巡洋会哨制度

分班出巡警戒人员在预定的时间和地点会齐巡逻，称为"会哨"。明代水师就实行巡洋会哨制度，简称"海哨"，据乾隆《即墨县志》记载，"明初，防倭之法所既设官兵，又制有数百料大船，八橹哨船，若风尖快船，高把哨船，十桨飞船几等，以三四五月出哨，谓之大汛，七八九月出哨，谓之小汛，盖倭船之来视风向，清明后风自南来，重阳后风起自北，皆不利于行故也。"①

清代沿袭明代旧制，实行巡洋会哨制度，即按照水师布防的位置和力量划分一定的海域为其巡逻范围，设定界标，规定相邻的两支巡洋船队拨期相会，交换令箭等物，以防官兵退避不巡等弊端，确保海区的安宁。条例规定，江海巡逻会哨有总巡、分巡之分。总巡指各镇水师官每年定期巡洋制度，分巡是指由都司、守备担负的巡洋任务。

山东水师与江、浙、闽、粤相比，力量较小，而分防的海域又十分宽阔，因此不可能像其他沿海省区那样严格实行总巡、分巡制度，轮流派遣将士出洋会哨。

登州前营水师共分北、东、南三汛，北汛以千总、把总为专汛官，以登州守备为兼辖官；东汛以把总为专汛官，以成山守备为兼辖官；南汛以千总、把总为专汛官，以胶州游击为兼辖官；俱以该管总兵为统巡官、统辖官。

登州前营水师巡洋的海域范围是，西至隍城岛与直隶武定营交界，南至莺游山中间 180 里海域，无适当的泊船地方，以中间海域为界，南 90 里由登州北汛专巡，北 90 里归盛京旗兵水师巡哨。

登州水师营北、东、南三汛各自巡逻的范围是：北汛巡至隍城岛以及与铁山之间的分防海域，东南巡至成山头；东汛北巡到成山头，西巡至马头嘴；南汛东巡至荣成县的马头嘴，南巡至莺游山。登州水师前营每年出海巡哨的时间是三月出洋，九月会哨。明确划分巡逻范围的目的主要是为了便于追查海洋失事责任。如果发生疏防事件，照闽、浙海洋失事例议处。

山东水师及其巡洋会哨制度对保卫海疆安全，维护海洋秩序的安宁，特别是对抑制海盗的猖獗、肃清海盗之患起了十分重要的作用。但是，由于长期实行闭关锁国政策，此时的清政府对欧洲国家缺乏深刻的认识，从而在海防思想上是十分落后的。长期以来，历代政府把海洋作为强大的天然屏障，很少有人认识到巨大的危险会从海上而来。

---

① 乾隆《即墨县志》卷四《武备》，第 5—6 页，清乾隆二十九年（1764 年）刻本。

清政府落后的海防指导思想，导致水师的任务以查缉海盗为主，水师的职责主要是沿海岸巡逻会哨，而这种任务要求和巡逻形式不仅限制了水师的航海能力，还深刻影响到自身技术装备的改善。水师战船长期得不到改进，武器装备落后。水师官兵普遍只有海疆的概念，没有"海洋"的概念。水师长期在各自防区活动，航海、行船经验的总结不足，对辖区外的海洋地理、气候、水文等情况都不了解，更缺乏远洋航海知识。这样的水师无论如何是无力担负反击西方列强入侵重任的。王宏斌在《清代前期海防：思想与制度》一书中打了一个很恰当的比喻："让一支分散布防的缺乏远洋编队训练的以查缉海盗为主的军队，担负对抗世界上头号海军的入侵任务，无异于驱赢羊于群狼饿虎之口。"①

二、清代前期山东沿海的巡检司

清代，沿用明制，继续在重要关隘、交通要道设置巡检司。清代前期，山东沿海各地巡检司在职能、归属上与明代一脉相承，没有变化，但数量有增有减，设置地点也有所调整。

雍正年间"撤卫设县"，有的卫所被裁撤而改为设置巡检司，比较典型的是靖海卫、威海卫、鳌山卫巡检司。据光绪《增修登州府志》记载："(顺治)十三年，裁成山、大嵩、靖海、威海四卫，成山改为荣成县，大嵩改为海阳县，靖海、威海俱改为巡检司，属文登。按登州、宁海二卫皆在城内，其余各卫各所及各巡检司皆有城寨，今设官处其城犹存，余俱废。"②

巡检司仍归典史统辖。清代典史别称"右堂"、"少府"等，由儒士、吏员除授，未入流；本县县丞、主簿缺额时，典史兼领其事，无所不管。典史年俸银31两5钱2分、养廉银80两。典史办公地点称为典史廨，又

---

① 王宏斌：《清代前期海防：思想与制度》，社会科学文献出版社2002年版，第87页。
② 光绪《增修登州府志》卷十二《军垒》，第5—6页，清光绪七年（1881年）刻本。

称"巡捕衙"，下设攒典1人，协助办事，百姓习惯上称之为"司爷"、"捕廉老爷"等。

清代山东沿海巡检司的职责主要是盘查过往渔船，维护社会治安等。《清宣宗实录》卷道光八年十月壬辰条记载，"山东省出海口岸较多，登莱各属贫民，往往前赴盛京边外，占种官荒"，朝廷为此"严行禁阻"，并且规定商渔船只不许"夹带流民，私渡奉天"，"其专管海口之巡检汛弁，于商船出口时，务先亲往按票传验，其沿边采捕小船，亦令一体查察。"①遇到匪寇、海盗侵扰，巡检司也会协同地方武装进行抵抗，例如，"嘉庆三年秋，有红衣贼船七只，焚掠诸岛各海口，七月十五日，……贼抵石岛，荣成知县周志传、巡检戴允浩率居民御之，俱去。"②

据顺治《登州府志》记载，清朝前期一直到近代，登州府境内先后共设有巡检司15处③，分别为：

杨家店巡检司，属蓬莱县，洪武九年设，康熙十六年裁。

高山巡检司，属蓬莱县，元设之，明因之，康熙十六年裁。

东良海口巡检司，属招远县，明初设，乾隆三十年裁，移于黄山司。

黄山巡检司，属黄县，乾隆三十一年移招远东海巡检于此。

马停镇巡检司，属黄县，金设之，明因之，洪武三十一年移至白沙，康熙十六年裁。

孙夼镇巡检司，属福山县，洪武九年设，洪武三十一年移至西北20里浮栏海口，顺治十二年裁。

海口巡检司，属福山县，乾隆二十五年设，光绪末年裁；鳌山卫巡检移驻。

乳山寨巡检司，属宁海州，宋设之，明因之，雍正十三年裁。

靖海卫巡检司，原靖海卫南120里，雍正十三年设，乃宁海州乳山巡

---

① 《清实录·清宣宗实录》卷一百四十五，中华书局1985年版，第222页。
② 光绪《蓬莱县续志》卷四《武备志·兵事》，第8页，清光绪八年（1882年）刻本。
③ 顺治《登州府志》卷五《武备》，第15—16页，清康熙三十三年（1694年）刻本。

检司移驻。

辛汪寨巡检司，属文登县，洪武九年设，宣德九年移至长峰寨，康熙十八年裁。

赤山寨巡检司，属文登县，康熙十八年设；辛汪寨巡检司移于赤山寨。

温泉镇巡检司，属文登县，金设之，明因之，宣德九年移至古峰寨，雍正十三年裁。

威海巡检司，属文登县，雍正十三年设立，文登温泉镇巡检司移驻于此。

行村寨巡检司，属海阳县，景泰二年设，原属莱阳，雍正十三年后改归海阳。

石岛巡检司，属荣成县，雍正十三年设。康熙十八年辛汪寨巡检司移于赤山寨，雍正十三年改属荣成县，移于石岛。

在以上巡检司中，有9处为明代原设，至清朝前期继续留存。如孙夼镇巡检司、杨家店巡检司、高山巡检司、马停镇巡检司、东良海口巡检司、乳山寨巡检司、辛汪寨巡检司、温泉镇巡检司、行村寨巡检司。

在清朝前期，登州府境内的巡检司调整幅度比较大，按时间顺序看，顺治十二年，裁孙夼镇巡检司。康熙十六年，裁杨家店巡检司、高山巡检司、马停镇巡检司；康熙十八年，移辛汪寨巡检司于赤山寨。雍正十三年，原属莱阳行村寨巡检司后改归海阳；同年，乳山寨巡检司移驻靖海卫、温泉镇巡检司移驻威海、赤山寨巡检司移驻石岛。乾隆二十五年，鳌山卫巡检司移驻福山县，为海口司；乾隆三十年，裁东良海口巡检司，并于次年移于黄山司。

再者，除大多数巡检司在清朝前期即鸦片战争之前被裁撤外，另有多处巡检司的驻所发生变化，但名称没有变化，如马停镇巡检司移至白沙、孙夼镇巡检司移至浮栏海口、温泉镇巡检司移至古峰寨、辛汪寨巡检司移至长峰寨，而赤山寨巡检司、威海巡检司、石岛巡检司、海口司、黄山司、靖海卫巡检司均为原有巡检司移驻而设，其中海口司在光绪末年被裁撤，是为数不多的、在鸦片战争以后仍延续存在多年的巡检司之一。

据《莱州府志》记载，清朝前期一直到近代，莱州府境内共设有巡检司 11 处：

海沧巡检司，属掖县，洪武二十三年设，乾隆七年裁。

柴胡寨巡检司，属掖县，洪武二十三年设，雍正十二年裁。

亭口镇巡检司，属平度州，明初设，弘治十年移古现，顺治十六年裁。

固堤店巡检司，属潍县，洪武十三年设，民国二年裁。

古镇巡检司，属胶州直隶州，洪武八年设，乾隆三十六年裁。

逢猛镇巡检司，属胶州，洪武八年设，雍正十二年裁。

栲栳岛巡检司，属即墨县，洪武四年设，雍正十二年移驻雄崖所。

雄崖所，属即墨县，雍正十二年设，后移驻外县。

浮山所，属即墨县，雍正十二年设，乾隆三十七年移驻东平州。

鳌山卫，属即墨县，雍正十二年设，乾隆五十二年移驻福山县。

灵山卫，雍正十二年设，胶州逢猛巡检司移驻。民国二年裁。

在以上巡检司中，有 7 处为明代原设，至清朝前期继续留存。如海沧巡检司、柴胡寨巡检司、亭口镇巡检司、固堤店巡检司、古镇巡检司、逢猛镇巡检司、栲栳岛巡检司。

莱州府境内巡检司的调整情况，按时间顺序看：顺治十六年，裁亭口镇巡检司。雍正十二年，新设浮山所、鳌山卫巡检司两个巡检司，裁柴胡寨巡检司，移胶州逢猛巡检司驻灵山卫，移栲栳岛巡检司驻雄崖所。乾隆七年，裁海沧巡检司；乾隆三十六年，裁古镇巡检司；乾隆三十七年，移浮山所巡检司驻东平州；乾隆五十二年，移鳌山卫驻福山县。

可见，莱州府境内的巡检司多在鸦片战争之前被裁撤；而雄崖所、浮山所、鳌山卫、灵山卫 4 巡检司为清朝前期雍正十二年新设立或者原有巡检司移驻而设，但随后雄崖所、浮山所、鳌山卫 3 巡检司又先后移驻外地。鸦片战争以后，原有的巡检司只剩下固堤店巡检司和灵山卫巡检司；

民国二年，两巡检司全被裁撤。

据《青州府志》记载，清朝前期一直到近代，青州府境内共设有巡检司7处，分别为：

颜神镇巡检司，属益都县，嘉靖三十七年设，顺治二年裁。

高家港巡检司，属乐安县，明朝初年设，雍正十二年裁。

乐安镇巡检司，属乐安县，明朝初年设，雍正十二年裁。

穆陵关巡检司，属临朐县，在大岘山上，后移至蒋峪，洪武三年设，民国元年裁。

广陵镇巡检司，属寿光县，顺治十六年裁。

信阳镇巡检司，属诸城县，洪武三年设，光绪十七年裁。

南龙湾海口巡检司，属诸城县，后移至程家集，洪武九年设，乾隆七年裁。

以上7处巡检司，全部为明代原设，至清朝前期继续留存。青州府境内巡检司的调整情况，按时间顺序看：顺治二年，裁颜神镇巡检司。顺治十六年，裁广陵镇巡检司。雍正十二年，裁高家港巡检司、乐安镇巡检司。乾隆七年，裁南龙湾海口巡检司。光绪十七年，裁信阳镇巡检司。民国元年，裁穆陵关巡检司。

青州府境内的巡检司亦多在鸦片战争之前被裁撤；鸦片战争以后，只剩下信阳镇巡检司和穆陵关巡检司，两者先后在光绪十七年、民国元年被裁撤。

除以上巡检司外，以下各处巡检司在明代时原属于青州府管辖。清朝初年，山东行政区划发生调整，以下巡检司遂改属新设的沂州府，如夹仓镇巡检司，属日照县，在日照县城东南25里，洪武二年设于三皇岭，后改在夹仓镇，乾隆七年裁；十字路巡检司，属莒州，在莒州城南100里，康熙十六年裁；葛沟店巡检司，属莒州，在莒州城西南90里，后移至石埠集，景泰七年设，康熙十六年裁。沂州境内其他巡检司的情况在此则不再赘述。

除巡检司之外，各县有马快与民壮，但由于资料有限，只能窥其一斑。如，蓬莱县，"民壮：五十名。"① 据康熙《莱阳县志》："本县，守城民壮八十名。"② 据民国《莱阳县志》，雍正年间，莱阳县"自莱海划分，其负地方防守之责者，惟登镇右管分防莱阳县汛，把总一员，马步兵五十三名，及守城民壮四十名。"③

据雍正《文登县志》："文登县额设民壮五十名。雍正二年，知县王一夔捐置器械，团练技勇。"④ 康熙《黄县志》："旧有乡勇营，千总一员，李复兴训练乡兵二百五十名，今废。"⑤ 据乾隆《威海卫志》：威海卫，"雍正六年，新设民壮三十名，十三年改设弓兵二十名。"⑥

据道光《重修平度州志》，平度州，"州署额设民壮长枪手十名，鸟枪手十八名。"⑦ "明人虽升为州，统二县，然其兵制，非府治，海防不置营，平度汛惟设千总，辖于即墨参将，计马步兵卒与知州民壮百有余人，足以司侦逻，禁攘窃，备邮传而已。"⑧

第四节　清代前期山东海防指挥机构

清代以八旗兵、绿营兵为其主要军事力量，但在统治体制上，采用以满制汉、"以文统武"的原则，使他们相互制约，受命于清。

督、抚及漕运、河道所统兵员，为绿营兵，不能指挥八旗兵。而将军、

---

① 康熙《蓬莱县志》卷一《武备》，第 23 页，清康熙十二年（1673 年）刻本。

② 康熙《莱阳县志》卷二《建置·兵防》，第 1 页，清雍正元年（1723 年）刻本。

③ 民国《莱阳县志》卷二之一《政治志·内务·兵防》，第 32 页，民国二十四年（1935 年）铅印本。

④ 雍正《文登县志》卷二《武备》，第 7 页，清雍正三年（1725 年）刻本。

⑤ 康熙《黄县志》卷四《军器》，第 5 页，清乾隆二十一年（1756 年）刻本。

⑥ 乾隆《威海卫志》卷二《建置志·武备》，第 5 页，民国十八年（1929 年）铅印本。

⑦ 道光《重修平度州志》卷十四《志七·兵防》，第 2 页，清道光二十九年（1849 年）刻本。

⑧ 道光《重修平度州志》卷十四《志七·兵防》，第 1 页，清道光二十九年（1849 年）刻本。

都统、副都统、城守尉、防守尉则统率八旗兵，作为"驻防八旗"，分驻全国重要地点。八旗兵不受当地督、抚节制。但有的却可节制部分绿营兵。

各省虽以提督、总兵统兵，但军令则出自督抚，即"以文统武"，防止武将专兵。当需大量用兵时，从各省抽调绿营，拼凑成军，由皇帝派经略大臣、参赞大臣为帅，统兵作战。战后，兵归原防，将回原任。为避免将领在一地掌兵过久，产生弊端，朝廷还定有限年更调的制度。

一、军事指挥

1. 议政王大臣会议、军机处、兵部

清王朝的中枢权力机关有议政王大臣会议、南书房、军机处和兵部。

清入关之前，凡军国大政皆交议政王大臣会议决定。努尔哈赤规定，旗主定期协商国是，后来定期为一月一次，形成了制度，成为最高决策机构。议政王大臣会议由满族上层贵族组成，其办事机关是议政处。入关以后，这一传统被继承下来。

康熙十六年（1677年），选翰林入乾清宫南书店当班，替皇帝写谕旨、发布军政命令。南书房曾一度成为康熙年间的权力中心，而议政王大臣会议逐渐变为参谋会议。至乾隆五十六年（1791年），议政王大臣会议最终废除。

雍正七年（1729年），清政府出兵镇压准噶尔部叛乱。雍正八年（1730年），皇帝为掌握西北军情变化，及时下达诏谕，设立军机谋划与指挥机构，初名"军机房"，后来改名"办理军机处"。军机处成立后，南书房成为皇帝筹办文词书画的文事机构。至此，议政王大臣会议虽仍保留，但已不能干预军权。

军机处独立于所有政府机构之外，无编制，无定员，无定品，亦无下属官署，是根据皇帝诏谕对政府机构发号施令的权威性的御用组织。由皇帝指定数名满汉大学士和尚书、侍郎、京堂等兼任军机大臣。开始三人，

以后增加到五、七人，最多时十一人。由 1 人充任领班，根据皇帝个人的意图处理军机要务。军机大臣不直接处理朝政，只有对皇帝献计策方案的义务。除军机大臣外，还有军机章京，也由朝官兼任。他们主要工作是"掌书谕旨，综军国之要，以赞治机务，日常值禁以待召见"。

军机处一方面向下传达皇帝旨意，一方面是汇合各方面情况，向皇帝汇报。有关边疆军事情况的报告，各总督巡抚及将军直接送交军机处；皇帝诏谕如需迅速送至边关，一般不经政府其他机构，或令兵部按特种文件加速传送，称为"廷寄"。军机处设立后，皇帝的决策得以及时贯彻执行，办事效率大为提高。军机处存在了一百八十多年，宣统三年（1911 年）被撤销。

皇太极天聪五年（1631 年）设兵部。顺治元年（1644 年）设尚书，无定员。顺治五年（1648 年），定为满汉尚书各 1 人。满、汉、蒙族官员分掌武选、车驾、职方、武库 4 个清吏司，大体与明朝兵部组织相同。

在议政王大臣会议起中枢作用的时候，兵部按议政王大臣会议决定处理业务。军机处成立后，兵部完全听军机处号令行事。在人事制度上，仿明朝制度，文官归吏部；"武职隶兵部，八旗及营、卫官之选授，武选司掌之"，但除武科考选场合外，又规定八旗部队由八旗都统衙门负责管理，兵部只管绿营。绿营的兵册、编制、官职、管理、训练、武器装备等完全由兵部负责。

2. 山东提督（山东巡抚兼）、三镇总兵

提督、总兵为直接统率和指挥军队的武臣帅、将。清初，在统一全国的战争基本结束后，清政府实施了"以文统武"即以文臣的督、抚监督和节制武官的提督、总兵，并"减提督，增总兵，分一镇为数镇"的措施，以达到"无尾大不掉之患"的目的。

清朝一省绿营兵的最高长官为提督，全称为提督军务总兵官，官阶从一品，负责统辖一省陆路或水路官兵。其直辖部队称提标，一般是中、左、右、前、后 5 营；提督节制一个省的各镇总兵，所属官兵有镇、协、营、汛各级，职官有副将、参将、游击、守备、千总、把总等，各就其职掌，分防要地，或游弋巡哨，修整武备。提督比文职的巡抚高一级，但要受总督、巡抚的节制。

提督分为陆路提督与水师提督。清朝共在中国各地设置 12 名陆路提督，3 名水师提督（福建水师提督、广东水师提督及长江水师提督）。山东提督，顺治十八年（1661 年）设，驻青州，后迁济南。乾隆八年（1743 年）起，山东不专设提督，而是由山东巡抚兼任。

总兵，为武职二品官，管辖本标及所属各协、营，镇守本镇及所属地区，受本省总督及提督的双重节制。各镇除本标外，还辖有所属驻地各营。全国水、陆总兵共 83 人，分布在 19 个省区。水陆总兵所辖镇标，多少不一，约为 2—5 营，兵额也多少不等。副将，武职从二品官。职责一般有不同的两种，一是为将军、总督、巡抚、提督、总兵以及河督、漕督统领军务，称为"中军"；二是为督、抚、标、镇分险守要，统率"协标"，前者不另设衙门，但冠以"军标"、"督标"、"河标"中军等称号，以资区别。有此职衔的全国约十余人。总兵所属协全国计 74 人。全国绿营副将共为 137 人，其中 19 人为水师副将。山东共设副将 3 人，全部为分险守要、统率"协标"的副将。

参将，为武职正三品官，直接统兵，其所属为"营"；如为巡抚、提督管理营务，则称为抚标中军、提标中军。全国"督标"所属各营参将 16 人；山东不设总督，无此类参将；全国共有抚标中军 16 人，山东设 1 人；"提标"所属各营参将共 32 人，山东不设；总兵所属各营的参将共 89 人，山东共有 9 人。合计全国绿营参将共 177 人，其中 5 人为京师巡捕营参将，22 人为分布在苏、浙、粤及长江一带的水师参将，其余都为陆路参将。

游击，为武职从三品官，低于参将，但职守与参将同；有总兵的中军官，以协理营务的，也有分统各营的。全国共有 370 人，其中 49 人为水师游击。

都司，为武职正四品官，其职守与参将、游击同，有任各协（副将）

中军官的，称协标都司，也有分统各营的；全国共设 494 人，其中有 82 人为水师都司。

守备，低于都司，系武职正五品官，其职守为管理营务与粮饷，也有充参将、游击的中军官的。全国共有 887 人，其中 120 人为水师守奋。另有卫守备 40 人，属漕运总督管辖。

守备之下，还有千总、把总、补委等官，所属皆为"汛"，千总为正六品，把总为正七品，外委千总为正八品，外委把总为正九品。千总数，陆路为 1543 人，水师为 324 人，另有卫千总 51 人属漕运总督管辖。把总数，陆路共 4193 人，外委 3361 人，其中水师 722 人，外委 230 人。

在山东，《清史稿》记载："山东巡抚兼提督，驻济南府，节制三镇，统辖抚标二营，兼辖登荣水师一协。抚标左营、右营，登荣水师练军营。"①

"三镇"指的是登州镇、兖州镇、曹州镇，各设总兵官。顺治元年（1644 年），清政府原设临清、沂州两镇；1658 年沂州镇总兵官移驻胶州，改为胶州镇；1661 年临清镇总兵官移驻登州，改为登州镇；康熙二十二年（1683 年）裁胶州镇；雍正元年（1723 年）建兖州镇，嘉庆二十二年（1817 年）建曹州镇。

据《清史稿》记载："登州镇总兵统辖镇标二营，兼辖文登等七营。镇标左营、右营，文登营、胶州协、莱州营、宁福营、即墨营、青州营、寿乐营。"②

各营驻扎各地，多以把总为分汛官，辖领一定数量的马兵和步兵。马兵、步兵的差别，不仅仅是武器装备、作战任务的差别，而且代表等级的不同。马兵的地位、待遇最高；步兵次之，守兵最低。以登州府境内的分汛把总及其军事设施为例：

---

① 《清史稿》卷一百三十一《志一百六·兵二·绿营》。
② 《清史稿》卷一百三十一《志一百六·兵二·绿营》。

登州镇署，在蓬莱城南门内迤西，署西偏为箭亭。

中军游击署，在城南门内迤东，即登州道署旧址。西偏为箭亭，其南为军器库，道光二十四年建。

中营守备署，在城内钟楼南路东，即明监军道署旧址。

右营都司署，在城内洙泗桥迤东，署东偏为箭亭。

右营守备署，在都司署西。城汛千总署，皆僦舍而居，各州县亦多无署者。

水师前营游击署，在水城，今改为登罘水师副将署。

水师后营游击署，在水城，今改为登州水师游击署。

另外，演武厅，在城北门外半里许。明洪武三年知州李思齐建，北为将台厅，事后建太公庙及三义堂，东为齐寿台，前为教场，周围里35步。火药局，在城北门内迤东。营田，在城南崮山，居民佃种，属镇标。镫楼，在水城蓬莱阁畔。

黄县，分汛把总署，在城内。演武厅，在城东北里许。明万历四十五年知县王志禹建。康熙十一年，知县李蕃重修。火药局，旧在预备仓后。明崇祯十二年知县任中麟建，久废。咸丰十一年重建于关帝庙西北。镫楼，在屺㟂岛。

福山县，分汛把总署，在城内真武庙下。八角海汛千总，在八角海口。芝罘海汛外委，在烟台海口。演武厅，在城西半里。明嘉靖二十九年知县敢容重修，今废。

栖霞县，分汛把总署，在城内。演武厅，在城北二里。明嘉靖三十七年知县李揆建。

招远县，分汛把总署，在城内。演武厅，在东门外。

莱阳县，分汛把总署，在城内。演武厅，在东门外迤北。

宁海州，宁福营都司署，在城内。城汛千总署，在城内。演武厅，旧在州东南里许，后移于西门外。牧马场，在州东昆仑山内，属镇标。

文登县，文登营都司署，在本营内。明宣德四年建，原为把总署，后改为守备署。顺治十八年改为副将署，以东又建守备署。同治十二年，副将改归抚标统带，水师驻扎烟台，又改为都司署。其所建守备署后为都司署，今废。分汛把总署，又有协防外委，俱在城内。靖海分汛把总署，在靖海卫。威海分汛把总署，在威海卫。祭祀台海汛外委，在威海东山上，俗名祭祀台。演武厅，一在文登营东2里，周3里，一在县西门外，今废。

荣成县，分汛把总署，在城内。石岛海汛外委，在石岛。俚岛海汛外委，在俚岛。成山水师守备署，在养鱼池口，今改为荣成水师游击署。演武厅、镫楼，在县东成山上。

海阳县，分汛把总署，在城内。行村分汛外委，在行村。黄岛海汛外委，在黄岛炮台。演武厅，在南门外。

二、"以文统武"

1. 山东巡抚（兼提督）

为了保证军权的高度集中，防止武将拥兵自重，清政府吸收了前代统治军队的经验和教训，制定了一系列的规章制度，强化对绿营的统驭。各省以提督、总兵统兵，但军令出自总督、巡抚，即"以文统武"。总督和巡抚虽并非武官，并不直接统率军队作战，但身为军事统帅、军政大员，对重要军政大事具有决定权。据《康熙会典》卷九十三记载："国家军旅之事，专任武臣，……以文官监督，曰总督，曰巡抚。"

总督、巡抚、提督，都属"封疆大吏"。总督，为正二品官，加尚书衔的为一品，是管理一个地区的最高军政长官，下辖一到数省。在其辖区内。文职道、府以下，武职副将以下都由其奏请升免，并有对外交涉之权。《清朝续文献通考》中说："……督、抚分任各省兵政，其全权实操于部。故疆臣奏事，虽直达天听，必经部核乃办。其批交部议之奏，部臣仍得奏驳撤销，此实集权中央之明征也"。

全国设总督前后有8个，分别是直隶总督、两江总督、闽浙总督、两湖总督、陕甘总督、四川总督、两广总督和云贵总督。总督大都有兼衔。雍正元年（1723 年）规定，除授为尚书兼都察院右都御史外，余均为兵部右侍郎兼都察院右副都御史，由此总督又有监察地方之权。总督有自己亲领的直属部队，称为"督标"。在山东，不设总督，只设巡抚。

巡抚是一个省的地方行政长官，从二品官，兼都察院右副都御史，并多兼兵部侍郎衔，加衔后官为正二品。巡抚在地方上代表皇帝，综理全省军政，有"综治军民，统辖文武，考核官吏，修饬封疆"之责。遇用兵，督理粮饷；乡试时，主考武科。各省巡抚，除多兼提督衔，以节制本省各镇总兵。巡抚有自己的直属部队，名为"抚标"，一般为左、右 2 营。有总督驻在的省份，巡抚常由总督兼任。省以下分设府、州、县，以知府、知州、知县等官管理民政。

山东巡抚始设于顺治元年（1644 年）。据雍正《山东通志》记载："（山东）巡抚都御史，驻济南府，康熙五十三年兼理临清关务；雍正二年，颁给巡抚银关防一颗，临清都督印敕仍旧。会典直省总督巡抚故称都院，如专差各部侍郎则称部院，而所兼仍右副都御史。"①乾隆八年（1743 年），照山西、河南之例加提督衔。

巡抚之下，各省设有承宣布政使司和提刑按察使司。明代时，承宣布政使司、提刑按察使司和都指挥使司合称"三司"。到了清代，承宣布政使司、提刑按察使司被保留下来，而都指挥使司被废除。布政使与按察使并为巡抚所制，虽名为同僚，实同为督、抚属员。

山东承宣布政使司是省级民政机关，主管民政、财政和人事。设于顺治初年，驻济南，其行政长官称为承宣布政使司布政使，简称布政使，又称藩司、藩台、方伯，官秩从二品，受山东巡抚统属。承宣布政使司内设经历司和库大使等。经历司设经历 1 人，官秩从六品，掌出纳文移诸事，是布政使司署内的首领官，总理署内各项事务。库大使为杂职，秩正八

---

① 雍正《山东通志》卷二十五之一《职官一》，第 65 页，清乾隆元年（1736 年）刻本。

品，掌库藏账籍。此外，还设有典史和攒典，协助办理各项事务。

山东提刑按察使司是省级司法机关，主管司法、刑狱和纠察，兼领驿传。设于顺治初年，驻济南，其行政长官称为提刑按察使司按察使，简称按察使，又称臬司、臬台、廉访，官秩正三品，受山东巡抚统属。提刑按察使司内设经历司和司狱司等。经历司设经历1人，秩正七品，掌出纳文移诸事，是臬司署内的首领官。司狱司置司狱1人，秩从九品，掌管监狱。此外，还设有书吏、典史和攒典，协助办理各项事务。

此外，明代曾设登莱巡抚，驻莱州，雍正《山东通志》称之为"海防巡抚都御史"，即专门海防事务的巡抚。据雍正《山东通志》记载："海防巡抚都御史，嘉隆之际，倭寇朝鲜，登莱设海防道，以副使佥事推补。天启中，设登莱巡抚，以都御史任，主调兵御寇，济南巡抚则筹饷以济之。"[1]登莱巡抚和山东的关系是，一个侧重前线的军事，另一个侧重后勤保障。顺治初年亦设登莱巡抚，"海防巡抚都御史，驻登州府，顺治初设，九年停止。"[2]1644年至1647年间，清代登莱巡抚先后有3人，分别是陈锦、杨声远、朱国柱。

2.海防道、登莱青兵备道

清沿明制，在省之下设道，道的行政长官称道员，道员辅佐藩、臬两司，负责管理辖区内一切政务，是省与府、州之间的地方行政官员。道员均秩正四品，为定任实官，建有自己的衙署。

道分分守道和分巡道。分守道是由布政使司派驻某一地方的官员，管地方收纳钱粮诸事；分巡道是由按察使司派出巡查某一地方的官员，管刑名诉讼诸事。各守、巡道员可兼代其他不管辖某一地区而因事设置的专职道员之职，或兼兵备，或兼河务，或兼水利，或兼学务，或兼茶马屯田。据《清朝通典》卷三十四，道员的职掌是："分守、分巡及粮储、盐

---

① 雍正《山东通志》卷二十五之一《职官一》，第67页，清乾隆元年（1736年）刻本。

② 雍正《山东通志》卷二十五之二《职官二》，第4页，清乾隆元年（1736年）刻本。

法各道，或兼兵备，或兼河务，或兼水利，或兼学政，或兼茶马屯田，或以粮盐兼分巡之事，皆掌佐藩臬，核官吏，课农桑，兴贤能，厉风俗，简军实，固封守，以倡所属，而廉察其政治。"守、巡各道都有监察地方府、州、县之责，因而有"监司"之称。

清初，山东全省大致分为 8 道，至晚清时合并为 3 道，分别为济东泰武临道、兖沂曹济道和登莱青胶道，统辖全省的 10 府、3 个直隶州。分守济东泰武临道设于康熙九年（1670 年），驻德州，康熙十二年（1673年）移驻济南；分巡兖沂曹济道初设时驻兖州府，后移驻济宁州；分守登莱青胶道，原驻莱州府，1862 年移驻烟台。

清末，分守道和分巡道分工已无区别，职务相通。乾隆三十二年（1767 年），分巡兖沂曹济道和分守登莱青胶道各加兵备衔，有节制所辖境内都司、守备、千总、把总等武职的权力，遇有紧急情况，可移牒各地镇营，命其出兵并亲自统率。

与山东海防密切相关的是分守登莱青胶道。在康熙四十二年之前，在沿海的登州、莱州、青州 3 个府，"道"的设置曾发生了多次演变，而且名称也有很大差别。

顺治初年，登州设海防道、莱州设海防道、青州设兵备道，咸丰《青州府志》称"青州兵备道"为"兵备海防道"。康熙五年（1666 年），莱州道和登州道合并为登莱道，驻莱州府。康熙六年（1667 年）裁青州道，康熙九年（1670 年）复设青州海防道，康熙四十二年（1703 年）裁并登莱道为登莱青道。在《四续掖县志》中，则称之为"分守登莱青海防兵备道"。

据雍正《山东通志》记载："分守登莱青道一员，驻莱州府，副使衔，兼管通省海防。按顺治初登莱二府各设海防道，青州设分巡道。康熙五年，裁莱州道，归并登州道，改衔为登莱道。六年，裁青州分巡道，复设青州海防道。四十二年又裁并登莱道，今改衔为登莱青道。"[1]据乾隆《莱

---

[1] 雍正《山东通志》卷二十五之二《职官二》，第 3 页，清乾隆元年（1736 年）刻本。

州府志》记载："分守海防道，顺治初，登莱二府各设海防道，青州设分巡道；康熙五年裁登州道，归并莱州，改衔登莱道。四十二年又裁青州道归并登莱，改衔登莱青道兼管通省海防。"① 据光绪《增修登州府志》记载："国初，登莱各设海防道。康熙二年裁登州道并入莱州道，为登莱道。四十年又并为登莱青道。"② 在青州，原设"兵备海防道"。据咸丰《青州府志》记载："顺治初设兵备海防道，康熙六年裁，九年复，专为青州设也。四十年裁青州海防，加登莱道为登莱青道，移驻莱州。登莱青道……即非青州专官，又不驻府城。"③ 乾隆三十二年（1767年），登莱青道加兵备衔，称"登莱青兵备道"。

第二次鸦片战争以后，根据《天津条约》规定，登州被开放为口岸，后改在烟台。1861年，烟台正式开埠。同治元年（1862年），登莱青道兼任东海关监督，由莱州迁往烟台。据光绪《增修登州府志》记载，"登莱青兵备道，同治二年兼东海关监督，移驻福山烟台海口。"④ 再到光绪三十年（1904年），胶州升为直隶州，归登莱青道管辖，登莱青道遂改衔为登莱青胶道。

第五节　清代前期山东的海防筑垒与沿海炮台

一、沿海城池的增筑与续修

在冷兵器时代，城池是有效的防御工事。明朝中期以后，火炮的威力越来越大，且使用普遍。此时，城池本身几乎没有什么变化，但与火炮技

---

① 乾隆《莱州府志》卷六《职官》，第43页，清乾隆五年（1740年）刻本。
② 光绪《增修登州府志》卷二十五《文秩一》，第7页，清光绪七年（1881年）刻本。
③ 咸丰《青州府志》卷十一上《职官表》，第11页，清咸丰九年（1859年）刻本。
④ 光绪《增修登州府志》卷二十五《文秩一》，第8页，清光绪七年（1881年）刻本。

术的迅猛发展相比，城池的防御能力、效果都大为下降了。

山东沿海的城池大多在明朝初年经过全面整修且具有一定规模。明代修筑城墙有一定的规制，府县、卫所城池除大小不一以外，筑城的各项技术指标都是基本一致的。城墙高 10 至 15 米，宽 4 至 6 米，城垛高 1.5 米，方形或圆形居多，周长因居民地大小和地形而异；大多数城池按东、西、南、北方向辟有城门，有的城门设瓮城，城外有护城河，河宽 10 至 15 米，水深 1 至 3 米。大部分的府县、卫所城池平日里都是小规模的修修补补，大规模的增筑、续修发生在万历抗倭援朝战争期间，是为了适应战争需要而采取的应急措施。

到清代前期，城池在抵御外侵，特别是防备土匪、叛军的攻击方面依然是十分有效的。各府县十分重视城防，根据情况对城池进行了重修或者增筑。到清代各县城池多改为砖石结构。

雍正年间"撤卫设县"以后，有的卫城成为县治的城池，有的则改为巡检司，军事功能降低。特别是很多守御所和备御所的城、寨，原本规模就不大，军队撤走后，几经演变，成为普通的村镇。再到鸦片战争以后，有的城池开始走向荒废。

在清代前期，只有少数城池是新筑的，譬如青州驻防八旗兵的驻防城，在青州府北，雍正八年（1730 年）建，雍正九年告竣，南北 280 丈，东西 240 丈，呈长方形，城垛是用砖砌成，城墙用三合土，四周为人工挖的护城河，城墙高 1.2 丈，顶宽 0.7 丈，城周围长 6 里零 140 丈。外面城垛口 2000 个，护城河宽 45 尺，马道宽 15 丈，护城河共长 1120 丈。旗城共有官衙 57 座，用房 668 间，官殿 1 座，用房 22 间，庙宇 21 座，厅房 2 座，连同旗兵住房 4899 间。此外，在青州驻防旗城南，宁齐门外设有青州驻防旗兵教场，南北 160 丈，东西 220 丈，周围 760 丈，计 5 里 1 丈。军教场的中部有演武厅 5 间，厅后有照房 5 间，旗台 1 座，演武厅南 100 丈有照壁 1 座，在军教场的东西，有官菜园 50 亩。

另外，蓬莱沙城是鸦片战争爆发后临时修筑的。道光二十一年（1841

年)，于县城北画河入海口至抹直口村北，沿海岸分段堆沙为城，称为沙城，高 2—3 米，上宽 5 米，置炮十余门，以护县城。

除了少数新筑的城池之外，其他的城池陆续修补、增筑，基本情况如下：

登州府城，原为土城，明洪武九年（1376 年）扩建。扩建后的县城呈不规则正方形，4 座城门，3 座水门。城墙里外两侧砖石砌筑，中间填土夯实，高 11.6 米，厚 6.6 米，周长 5500 米，上筑 3 座角楼、4 座门楼，皆为砖木结构。东门名"春生"，南门名"朝天"，西门名"迎恩"，北门名"镇海"。各门外均筑有瓮城。3 座水门分别为：上水门，位于西南，黑水河、密水河由此门入城；小水门，位于东南，密汾河由此门入城；下水门，位于西北，三河合流由此出城。环城挖掘深 3.3 米、宽 6.6 米的护城河。明万历二十一年（1593 年），增筑炮台 28 座。明崇祯年间，加高城墙 1.16 米。清咸丰十一年（1861 年），重修城墙。

蓬莱水城，明洪武九年（1376 年）建，又名备倭城，是中国最早的海军基地之一。周长 1500 米，面积 25 万平方米，有南北两门，由小海、城墙、水门、炮台、空心台、平浪台、防浪坝等组成。明朝戚继光曾在此操练水师，抵御倭寇。清朝亦在此驻水师，守卫沿海疆域。

青州府城，原为土城。明洪武三年（1370 年），守御都指挥叶大旺予以加修增高，以砖石砌壁。城周围长十三里余，高 3 丈 5 尺，外有护城河 1 道，深 1 丈 5 尺，有城门 4 座，东门称海晏（旧名海岱），南门称阜财（旧名云山），西门称岱宗（旧名泰北），北门称瞻辰（旧名凌霄）。天顺年间，又增修城楼台铺。嘉靖年间，增筑西门月城。康熙五十五年（1716年），知府陶锦修城东门及南门楼，又修东南隅文昌楼。

福山县城，原为土墙。永乐九年（1411 年），千户周玘加以砖石，重行修葺，并于东、西、南、北 4 门（后，北门被堵封）之上修筑城楼。"其围 517 丈，高 3 丈，阔 8 尺"。弘治十五年（1502 年），城墙岁久楼敝，兵宪王和命知县应珊、千户王麟重建。万历六年（1578 年），兵宪蔡叔遂按部，以城墙窄隘命知县华岱、千户卢汝弼加筑。万历十九年（1591年），有倭警，知县张所修奉檄严防，于城墙置垛堞720座，并增建炮台。明崇祯五年（1632年），绕福山城墙北、西、南凿护城壕，"旧深1丈5尺，阔8尺"，"城守造车，引河水环绕"。"后，城守俱加挑浚，较昔倍为深阔"。崇祯十年（1637年），知县周翼龙奉上檄，于城墙建炮台8座。

即墨县城，清代时即墨县城周长4华里，东西和南北各长约一华里（东西略长）。设东、西、南3个门。各门都有两道城墙构成瓮城，设内外砖砌拱门，互不相对，便于防守。城楼高踞内门之上，分上下两层。城墙平均高约5米，厚约4米。巨石基台，墙身外壁砖砌成，内壁用三合土筑成，顶面以砖铺，其外侧砌有垛墙（又名女墙），垛墙上建有射口两千多个。整个城墙之上筑有16个堡垒式台城，台城与城墙合为一体，向外凸出，可以向左右瞭望或射击。垛墙以内为兵马道。城墙外有城壕，深二三米，宽五六米。乾隆三年（1738年），参将马世勋在即墨城南郭外修建校场（今南关新村一带），占地约一百余亩。筑有旗台1座，演武厅3间，民国初年废弃。

高密县城，高密县初建土城时，周572丈，高3丈，宽1.2丈；改筑砖城后，周3里93步，高2.3丈，上宽0.8丈，下宽1.3丈。城设4门。城墙外有池，深1丈，宽2丈，池上建桥。明万历二十年（1592年），设瞭望台，置敌台12座。崇祯十五年（1642年）城四隅设敌楼4座，上下安炮；城下设敌台4座，上下安炮4层，台中容20人。

诸城县城，明洪武二年（1369年），废密州，即密州治为诸城县治。洪武四年（1371年），置诸城守御千户所，守御千户伏彪大事修城，合南北城为一，改双门为钟楼，筑左右城垣，加固城池。后历代皆有修筑。时县城呈"凸"字形，城周9里30步，高2丈7尺，池深丈有5尺，广倍之。门5，南曰永安，东南曰镇海，西南曰政清，西北曰西宁，东北曰东武。门各有楼。城内街道呈"干"字状，楼、阁、亭、台、寺庙、祭坛、牌坊等名胜古迹颇多。

潍县城，潍县分为东、西两城，中以白浪河相隔，有 5 座桥连接。西城为老城，原为土城，正德七年（1512 年），莱州府推官刘信重修，崇祯十二年（1639 年），邑令邢国玺将城外壁以石砌之，乾隆十三年（1748 年），知县郑燮捐资倡众大修城墙，周长 8 里，外壁高 11 至 13 米，内壁高 13 至 16 米，城基厚 9 米，城头厚 4 至 6 米，城垛高 1.6 米。壁面陡立，人不能上下，只有 4 门及四角有梯阶可上城顶。东城俗称"东关"，咸丰十一年（1861 年）兵部郎中郭简之始建，同治五年（1866 年）竣工。城墙内外及顶均为三合土，里面亦为黄土，城基厚 7 米，城头厚 3 至 4 米，外高 7 至 9 米，内高 3 至 6 米，城垛高 1.6 米，城形似纺锤，方圆 10 里。

即墨营城，位于即墨县城以北 10 华里处的营上村，明正德甲戌年（1514 年）建筑，系土成，周长 4 华里。城有 3 门。清初废弃。

灵山卫城，明洪武五年（1372 年），魏国公徐达调指挥佥事朱兴在灵山卫筑土城以备倭。城周围 3 里，高 2 丈 5 尺，厚 1 丈 2 尺 5 寸，有 4 门。城池深 2 丈 5 尺，宽 2 丈。永乐二年（1404 年），指挥佥事郭崇重修灵山卫城，外包以砖，周方加 2 里，4 门加楼，增加铺舍十余所，后渐倾圮。弘治元年（1488 年），分巡副使赵鹤龄命指挥使张某重修卫城，名其 4 门为东朝阳、西阅武、南镇海、北承恩。

鳌山卫城，城墙以砖石砌成，周长 5 华里，高 11.61 米，宽 6 米，城壕深 5 米，宽 8.3 米。设东、西、南、北 4 门。城中建筑方正对称，城西建演武厅 1 座，供军士操演习武。清代仍在此城驻兵置防。

雄崖所城，建于明洪武三十五年（1402 年），所城呈正方形。城墙两面砖砌，中间黄土夯实，周长 4 华里，城有 4 门。清乾隆年间，雄崖巡检率部移驻福山县海口，所城废弃。

奇山守御千户所城，明洪武三十一年（1398 年）建于奇山北麓，城内面积约八万平方米，城周 1 公里余。城墙全部砖砌，高 7.33 米，厚 6.67 米。城外四周掘有护城壕，宽 11.67 米，深 3.33 米。城设 4 门，东谓保德门，西谓宣化门，南谓福禄门，北谓朝崇门，4门之上各筑两层城楼1座，上层作为瞭望，下层作为指挥。4城楼之间均衡设铺，铺呈圆弧状，突出城墙之外，可以三面御敌，组成4楼16铺格局。城内十字大街直通4门，城墙内侧有环行马路，可通达城上，指挥所设在北门。1918年2月，对4门及城楼重修1次。

此外，进入清代以后，狼烟墩台的作用降低，清政府陆续裁撤烟墩，并撤回驻军。到光绪年间，沿海墩堡大为减少，从前沿海烟墩"星罗棋布"的局面不复存在。据光绪《增修登州府志》记载，登州府境内的烟墩只剩以下几处：

蓬莱县，旧登州卫墩六，刘家汪寨墩五，解宋寨墩三，杨家店巡检司墩三，高山巡检司墩二，今沿海惟田横寨、湾子口、城儿岭3处。

黄县境内，旧墩十六，今沿海惟黄河营、河口、铃铛汪、刘家旺、黄山馆、呼家、界首、仁化、白沙、盐场、榆林、吕口、西皋、王回、小河口15处。

招远县，陆路惟磁口1处。

宁海州，旧宁海卫墩六堡十二，金山所墩五堡二，清泉寨墩二，今城南沿海惟小龙、草岛、黑虎、峰山、蜂窝、浪煖、大湾、白沙、万家港、东城子十一处；城北沿海惟清泉、石沟、草堆、马家、貉子、骆驼、戏山、石岘、小凤、候至山、金山、安澜、庙后、小峰、太平15处。

文登县境内，"旧威海卫墩九堡四，百尺崖所墩六堡三，靖海卫墩二十堡八，辛汪寨巡检司墩一，温泉镇巡检司墩二，今沿海惟朱家圈、威海口二处。"

海阳县，旧大嵩卫墩七堡五，海阳所墩七堡十，大山寨墩二堡二，乳山寨巡检司墩一堡二，行村寨巡检司墩三，今沿海惟旗杆石1处，陆路惟小纪集1处。

栖霞县，陆路惟寺口、郭家顶2处。

莱阳县，陆路惟榆科顶、谭家庄、院上3处。

二、清代前期山东沿海的炮台

清代前期，清政府认为沿海数万里，敌船处处可到，若处处设防，所费浩繁，兵力分散，不利防守，因此在海防建设上形成了"重点设防"的思想。

从全国海防布局来看，清政府的重点放在东南沿海的粤、闽、浙一带。为了对海口进行全面封锁，清政府在沿海各地港口、海口附近建筑了许多炮台。

鸦片战争之前，中国沿海炮台建筑一般是圆形建筑，如炮台附近地形复杂，后台墙可以有不规则变化。这种炮台被称为高台式"实心圆炮台"。炮台在临海方向建立敌台，敌台为露天建筑，俱用高、宽各1尺，长5尺的青石砌成高1丈3尺5寸、宽2丈5尺的高台，中间用土石填实，面铺石块，另用三合土或石块砌成多墙，高6尺5寸，厚4尺5寸。在垛墙上开设炮眼若干个，炮眼外小内阔，以便炮身移动改变射击方向。炮台之内通常建筑驻守兵的营房、神庙、药局、望楼以及官厅等，旁设台门，以便守兵出入。

康熙、雍正之际担任两广总督的杨琳曾这样描写广州一带的炮台："于临海山梁据三面之险，相度形势建立堡城，自八十丈以下至二三十丈不等。安兵自八十名以下至三四十名不等。城内俱筑实心高台，不用垛口，高出城墙垛口之上，眼界了亮，运用炮位三面应手，上设大炮数位，建造营房，官兵防守。"[1] 杨琳所说的"堡城"指的就是炮台。

在闽浙一带，炮台的建筑方法比较简单，外用毛石砌成，中间填上四五尺厚不等，炮手在台内可以利用台墙掩护，向外射击。堡内建筑士兵营房、仓库等。这种炮台与明末、浙沿海地区的寨堡极为类似。各炮台设炮4—10位不等，守兵20—50名不等。乍浦西山嘴炮台是康、雍、

---

① 《两广总督杨琳建沿海炮台序》，《广东海防汇览》卷三十一《方略二十》。

乾时期建筑的中型炮台代表，据《闽浙海防炮台图说》描述："西山嘴筑实心圆炮台，周围八丈，高一丈五尺，垛高三尺，安炮八位，后筑有围城，周围二十丈，高一丈二尺，内盖官兵房屋十二间，左千总一员，兵三十名。"①

明朝末年到雍正即位之前，山东沿海炮台原有近百座，虽数量很多，但都是简陋的墩台，防御能力极差。雍正年间，登州镇总兵官黄元骧、山东巡抚陈世倌先后建议收缩兵力，裁撤并不重要的炮台。雍正四年（1726年），清政府决定将山东沿海僻处炮台炮位撤回各营汛，在冲要处按照广东式炮台的样式修建炮台 20 座。随后，陈世倌先在蓬莱县所属之八角口建筑炮台 1 座。到雍正五年（1727 年），又在成山卫之龙口崖、文登县之马头嘴、莱阳县之丁字嘴、即墨县之崂山、胶州之唐岛口、诸城县之亭子栏等 6 处要地修筑炮台，样式与八角口炮台一样。

万际瑞继任登州镇总兵官后，奏请将原拟定在屺岛和南横 2 处修筑的炮台分别改在青岛口和黄岛修筑，得到雍正帝的批准。到雍正十年（1732年），山东沿海共建成炮台21座，分别是安东卫炮台、龙旺口炮台、亭子栏炮台、古镇口炮台、唐岛口炮台、青岛口炮台、董家湾炮台（在今青岛市沙子口）、崂山口炮台、黄龙庄炮台、海阳县丁字嘴炮台、黄岛口炮台、文登县五垒岛炮台、荣成县马头嘴炮台、石岛口炮台、养鱼池炮台（在今荣成市马山）、龙口崖炮台、文登县祭祀台炮台、福山县芝罘岛炮台、八角口炮台、天桥口炮台、三山岛炮台。在《灵山卫志》中，称这些炮台为"炮城"，如"古镇口亦有炮城，制如唐岛口，东西相列。""唐岛北岸有炮城，城上有楼，汛兵守之。"因为炮台有城有炮，所以"炮城"这个称呼也是合适的。

《山东海疆图记》的记载更为详细，炮台、火炮、兵力、归属等信息一应俱全："现存炮台，曰三山岛（属莱州北海汛，有外委把总一员，马

---

① 转引自茅海建：《天朝的崩溃》，生活·读书·新知三联书店 2005 年版，第 41 页。

兵二名，守兵十四名），曰天桥口（属登州水师营，有兵五名），曰八角口（属登州右营，有千总一员，马兵二名，步兵十四名），曰芝罘岛（属登州右营有外委一员，马兵二名，步兵十七名），曰祭祀台（属宁福营，或每汛马兵二名，守兵十四名），曰龙口崖（属文登营荣成汛，有马兵二名，守兵十四名），曰养鱼池（属荣成汛，有马兵二名，步兵十四名），曰石岛口（属靖海汛，有马兵二名，步兵十四名），曰马头嘴（属靖海汛，有马兵二名，步兵十四名），曰五垒岛（属靖海汛，有马兵二名，步兵十四名），曰黄岛口（属文登营海阳汛，有马兵二名，步兵十四名），曰丁字嘴（属宁福营行村汛，有守兵六名），曰黄龙庄（属即墨营雄崖所汛，有外委把总一员，马兵二名，守兵十四名），曰峰山口（属鳌山卫汛，有外委把总一员，马兵二名，守兵十四名），曰栲栳岛（属雄崖所汛，守兵六名），曰董家湾（属□□汛，有□兵□名），曰青岛口（属登窑口汛，有马兵二名，守兵十四名），曰唐岛口（属灵山汛，有外委把总一员，马兵二名，守兵十四名），曰古镇口（属灵山汛，有外委千总一员，马兵二名，守兵十四名），曰亭子栏（以下属安东营，有行营炮六位，汛兵十名），曰董家口（有行营炮五位，守兵十名），曰宋家口（有行营炮五位，汛兵十名），曰龙湾（有行营炮五位，汛兵十名），曰夹仓（有子母炮二位，行营炮一位，汛兵十名），曰龙汪口（子母炮二位，行营炮一位，汛兵十名），遽凡二十所。"为了慎重起见，作者还特别作了注释："安东营以下六所，皆据青州府志书之，省志于董家、宋家、龙湾、夹仓四所炮台，谓今已无存。而青州府志于炮位、汛兵记载特详，恐未必尔烟没，然终不敢臆断，故书之以备后日考。"

　　经过此次大规模建筑，清政府十分满意，认为沿海一带的炮台已经是星罗棋布、防范极为周密。然而，清政府的这种认识完全是在昧于世界大势，对西方了解甚少，对西方军事思想和武器装备知之甚少的背景下得出的。其实，与西方炮台建筑相比，中国的军事思想和炮台修筑技术都落后许多。此时西方盛行两种炮台，一种是圆形炮台，通常设于孤悬海岛之中，或半面环海，半面枕山之处，就其山麓形势，循环周筑；一种是棱型堡垒，一般建筑在内河两岸。这两种炮台均是掩体性建筑，其共同特点是，内储足够的弹药和粮食，各炮台与棱堡之间通常有隐蔽式通道联系，便于互相支援、撤退。炮台建筑充分考虑了各种火炮对自身的杀伤力，设有各种避弹装置。

清政府对中国沿海炮台充满了自信，但对炮台存在的诸多缺陷却几乎毫无认识。只有在经过鸦片战争的实战检验，付出了沉重的代价后，清政府对中国炮台技术的不足才开始有了清醒的认识。譬如，中国的炮台，多以砖石为主，表面上看非常坚固，但被炮弹击中时，碎石乱飞，如同霰弹，对炮台内的官兵会形成巨大杀伤力。炮台多为露天，敌台上的守兵仅以垛墙掩护其正面，顶部与后面没有遮蔽，很容易被炮弹击中，或者被溅起的碎石击伤。弹药库与兵营建在炮台之中，一旦被敌炮击中而爆炸，将会对整个炮台带来毁灭性打击。炮台之间缺少隐蔽的交通道路，在交战中会增加士兵的伤亡。总之，这种炮台未能充分重视自身的防护，缺乏隐蔽和保护设施，一旦交战，守兵会完全暴露在敌舰炮火之下。到了鸦片战争以后，清政府开始倾向于模仿西方炮台样式，修筑棱式炮台（即低后曲折炮台）与圆形暗堡式炮台，在修筑炮台时不再单纯使用砖、石，而是使用三合土居多。

总的来看，与东南沿海的福建、浙江、广东等省份相比，清代前期山东沿海炮台还处于十分低级的水平，炮台数量只有二十多座，且多为小型炮台，建筑技术落后，攻防效果亦不理想。这些炮台在缉捕海盗、维持沿海治安方面发挥了一定作用，但面对西方列强"坚船利炮"的进攻时，往往毫无还手之力。

三、炮台式海岸要塞的出现

在火器并不发达的年代，城池是十分有效的防御设施，但城池也有它的缺点,如它是一个集中的、点式的防御,一旦被围,往往孤掌难鸣。城池中原先的设施如城墙、角楼、战棚,在火炮轰击下很容易坍塌。

清代前期,火炮有了新的发展,火炮威力加大,射程越来越远。在攻城时,如果集中火力,容易打开缺口,实施突破。总之,在新的条件下,原先明代以卫所城池为体系的海防筑垒已经显得落后,不利于守备作战,难以实现有效防御。在清代嘉庆年间,在沿海沿江的设防中,逐渐采取炮台式要塞体系,即以分散配置,降低城墙高度,增加其厚度等方式来加强防护力,城墙、角楼、战棚等都被低矮的炮台所替代,从而克服了过去城池体系中存在的主要弊端。

炮台式要塞,由若干按地形配置的炮台组成。炮台分散疏开配置在要塞中,便于对付密集的炮火,提高要塞能力。各炮台疏散配置的位置,都是选择在能坚守要塞,便于打击敌人,利于伪装和防护最安全的最有力的地点。整个要塞中,若干个能独立作战的炮台,互相之间参差错落,形成互成掎角的防御体系,在作战中既能集中火力互相支援和掩护,又能实现兵力机动,火力交叉,多方打击敌人。它筑有永备工事,配置强有力的守备部队,储备充足的物资,能独立作战并能长期坚守。与过去的城池体系相比,炮台式要塞是一个很大的进步。从嘉庆年间开始,在最重要的海防要地,逐步以炮台式要塞取代了卫所城池体系的格局。

清代炮台式要塞,有的是在明代海防卫所城池体系的基础上逐步演变而成的,有的是选择海防要地新修筑的。清代炮台式要塞可以分为海岛要塞、海口要塞、海岸要塞、江防要塞等多种。海岛要塞用来固守近海的重要岛屿,掩护海口和海岸的安全。海口要塞用来扼制海口,保障海湾、海港的安全,在海岸设防中能起到控制咽喉和发挥锁钥的作用。海岸要塞用来巩固海岸、海湾和海港的安全,掩护水师支援海岛作战。江防要塞,用来保卫沿江要地,遏制航道,防止敌舰深入内地。

清代前期最典型的炮台式要塞是康熙五十六年(1717年)开始构筑的虎门炮台,它是保卫广州城的主要海防要塞。

清代炮台式要塞，是由若干个能长期坚守和独立作战的炮台所构成。每个炮台都由炮台、望楼、营房、火药库、演武厅、围墙、堑壕和障碍物等部分组成。

炮台：通常构筑在制高点，视野开阔，居高临下，可以控御险要。每个炮台有若干个露天或半掩盖的炮位，各种火炮巧妙布局，梯次配置，可以消除射击死角，互相掩护、支援。炮台、炮座及掩体多用三合土构筑而成，炮台之间有沟壕相连。

城池与围墙：在炮台周围，以砖石砌筑成连续环形围墙，将露天炮台、月台、望楼和营房等围合在内，形成一个小城池。整个城池只构筑一座城门，城门外构筑一道护门的挡墙。城门外构筑一个露天炮台，配备大炮，主要用于护城。围墙四角构筑突出的角台（类似马面），供作战时形成交叉火力。城墙上每隔1米开设1个射孔，射孔随地势起伏而交错参差，高低不等。

望楼：一般建一大一小两座，大望楼与城墙结合在一起，如马面一般突出城墙之外，用来观察敌情；小望楼设在城内，既可供观察，又可以指挥作战。

火药库：一般建在炮台的后方或侧后方，特别是在敌炮火不能直接命中的地方，用以储存火药和弹丸。火药库多为半掘开式，采用砖石构筑的卷拱结构；有隐蔽的暗道和炮台连接。

营房和演武厅：在炮台的附近，通常建有营房，供守台士兵食宿和休息。为保障营房安全，周围砌筑带有战斗设施的围墙。

清代前期，由于清政府并没有把海防重点放在北方，像虎门炮台这样的炮台式要塞主要出现在东南部沿海一带，而北方包括山东的炮台依然以"实心圆炮台"为主，炮台式要塞并不多见。不过，北方的炮台修筑逐渐吸收了炮台式要塞的技术与优点。到鸦片战争以后，山东的炮台均以炮台式要塞为建筑范本。

第六节　清代前期山东海防武器装备

一、清代前期武器装备的缓慢演进

1.西方武器装备的改进与飞跃

1840 年爆发的鸦片战争给中国人最直观、最深刻的认识就是西方列强的"船坚炮利"。然而，中西方武器装备方面的水平，从 17 世纪初开始就拉开了差距。在长达两个世纪的时间里，西方的武器装备有了突飞猛进的发展，而中国的武器装备不仅发展缓慢，某些领域反而后退，甚至连明朝时的水平也达不到。中西方科技、军事领域形成了巨大的"剪刀差"。在现在看来，这种差距让人瞠目结舌，望洋兴叹，但由于清政府长期实行闭关锁国政策，全国上下闭目塞听，思想保守落后，当时的中国人并没有认识到这种差距。

17 至 18 世纪，欧洲资本主义正处于蓬勃发展的时期，科学技术取得了长足进步，科学在军事上的应用大大促进了火器的发展。武器装备的改进在本质上是冶炼、铸造、火药制造、机械制造等各种技术综合进步的结果。

西方火器的发展经历了火门枪、火绳枪、燧发枪、击发枪等多个阶段，枪炮的变化特点是由没有膛线的滑膛枪改为有膛线的，填装方式由前膛装弹改为后膛装弹，同时火药、炮弹也在不断推陈出新。

前装式滑膛枪。最早的火枪都是从枪口装填弹药，而且枪膛内没有膛线，称为前装式滑膛枪。中国 13 世纪中叶发明的发射子窠的突火枪，就属于滑膛枪。19 世纪中叶以前，在西方使用的火门枪、火绳枪、燧发枪和击发枪多系前装滑膛枪。由于当时科技条件有限，滑膛枪射程比较有限，约为一百米，而且精度不足。

火门枪。14 世纪 30 年代，欧洲出现了一种管形金属制火器，称之为火门枪。它有一个铸铜或熟铁制造的发射管，发射管的下端有一火门，用来点燃火药。发射管尾端接上一个称之为"舵杆"的木棍或长矛，方便射手握持、瞄准和控制。发射时，将黑色火药从枪的膛口装入，再塞入诸如石弹、铁弹、铜弹或铅弹一类的弹丸，然后用手持点火物点燃火门里的火药，从而将弹丸射出。火门枪的发射一般需要两个人，分别负责瞄准和点火。火门枪操作麻烦，发射效率低，命中率也较低。中国早期的小型火铳等亦属火门枪。

火绳枪。用手持点火物引火发射，在战场上使用非常不便。大约在1450年，一位英国人发明了一种新的点火装置，用一根可以燃烧的"绳"点燃火药，并设计了半机械式的击发机构，故名火绳枪。

火绳是将一根麻绳或捻紧的布条放在硝酸钾或其他盐类溶液中浸泡后晾干而制成的，能缓慢燃烧。火绳枪的结构是，枪上有一金属弯钩，弯钩的一端固定在枪上，并可绕轴旋转，另一端夹持一燃烧的火绳。士兵发射时，用手将金属弯钩往火门里推压，使火绳点燃黑火药，进而将枪膛内装的弹丸发射出去。这样，士兵将金属弯钩压进火门后，可单手或双手持枪来瞄准目标。据史料记载，训练有素的射手每3分钟可发射2发子弹，长管枪射程大约一百米至二百米。

到15世纪后半期，欧洲的火绳枪有了相当的进步。16世纪，西班牙的一种火绳枪代表了当时欧洲火绳枪的先进水平。该枪口径最大射程250米，有效射程100米，采用机械式瞄准具，每分钟可发射2发。射出的铅制弹丸威力极大，能在100米内击穿骑士所穿的重型胸甲。

火绳枪在欧洲流行了约一个世纪。火绳枪在火器发展史上具有里程碑的意义，伴随火绳枪的发展，人类的战争从冷兵器时代进入到热兵器时代。

燧发枪。在燧发枪流行之前，曾有一种转轮打火枪，即用带锯齿的旋转钢轮与能够产生火花的燧石相结合，来点燃火药。不久，西班牙人取掉了发条钢轮，在击锤的钳口上夹一块燧石，传火孔边设有一击砧，射击时，扣引扳机，在弹簧的作用下，将燧石重重地打在火门边上，冒出火星，引燃火药击发。这种击发机构称之为撞击式燧发机，装有撞击式燧发机构的枪械称为撞击式燧发枪。1547 年法国人马汉在转轮火枪的基础上对燧发枪进行了重大改进，使用可靠、完善的击发发射机构和保险机构，大大改善了枪的性能。撞击式燧发枪大大简化了射击过程，提高了发火率和射击精度，使用方便，而且成本较低。

到 16 世纪 80 年代，很多欧洲军队都装备了这种撞击式燧发枪。17 世纪中叶，燧发枪的装备在欧洲十分普遍。后来，这种燧发枪被世界各国仿制和采用，直到 19 世纪中期，前后流行了二百多年。

18 世纪末，39 英寸（99 厘米）身管的燧发滑膛枪是英军的制式装备。1802 年，英国推出了新款燧发滑膛枪"褐贝丝"（Brown Bess Musket），虽然准确性不佳，但很受部队的欢迎。

后膛针刺击发枪。1807 年英国牧师 A.J. 福塞斯发明了使用雷汞击发药的击发点火装置，以后又有人把火帽套在带火门的集砧上，打击火帽即可引燃膛内的火药，这就是击发机。具有这种击发机的枪叫作击发枪。

1808 年，法国机械工包利应用纸火帽，并使用了针尖发火；1821 年，理查斯发明了一种使用纸火帽的"引爆弹"。后来，有人在长纸条或亚麻布上压装"爆弹"自动供弹，由击锤击发。1840 年，普鲁士人德莱赛发明了一种用针刺击发而且是从枪管后端装进子弹的枪。用击针的后装线膛枪具有良好的射程、威力、精度，装填速度也大为提高。同时，它有较好的防水性能，"瞎火"故障大幅度减少。

1841 年，德莱赛步枪立即被普鲁士军队采纳，列装军队。在普鲁士的三次王国统一战争中，这种新式武器大放异彩，令丹、奥、法三国骑兵闻枪色变。例如，普奥战争中，普鲁士军队依靠 M1841 针发枪子弹后装的优势，仅仅用了 7 周，就获得了战争的胜利。

后装线膛针刺击发枪的出现标志着枪的发展进入了一个新的阶段。此后，法国的夏塞拨击针后膛枪、英国的士乃德后膛枪、德国的毛瑟等相继出现。1864 年，英国采用美国人雅各布·斯奈得（Jacob Snider）的设计，将前膛装填的恩菲尔德改装为后膛装填并改用金属弹壳弹药。在这前后，圆柱锥形子弹也问世，并逐渐取代了原先的弹丸式弹药。滑膛枪的历史终结了。

火炮的发展与枪是同步的。16 世纪末，欧洲就出现了将子弹或金属碎片装入弹壳内制成的霰弹，用于杀伤集合的人马，很有杀伤力。使用火药包发射炮弹的方法，提高了发射速度和射击精度；用装满火药的管子代替点火孔内的散装火药，简化了瞄准和装药过程。17 世纪末，欧洲多数国家使用了榴弹炮。

18 世纪中叶，英法两国经过多次试验，统一了火炮口径，使火炮的各部分重量比例更为合理，还安装了用来测定炮弹初速的弹道摆。19 世纪初期英国生产了榴霰弹，可以准确地使蔽弹在目标上空爆炸。有的国家开始了线膛炮的秘密研制。

1821 年，法国人帕克汉斯发明爆破弹。爆破弹对于木质船舷的打击是灾难性的。19 世纪 40 年代，意大利的卡瓦利少校创制线膛炮。此后，火炮制造中普遍采用来复线（rifle）。来复线的设计可以让子弹产生自转，子弹射出后飞行中的稳定性大为提高，从而极大地提高了枪炮击中目标的精度。在这期间，火炮的闭锁装置也日渐完善。以上这些新技术引起了火炮革命，从而开创了后装式线膛炮的时代。

2. 清代前期的鸟枪与土炮

清代前期，欧洲各国火器正处于飞速发展、逐步代替冷兵器的时期，而清政府不重视火器的发展，致使我国兵器的研制和生产，一直处于停滞、衰败的状态，甚至没有保持住明代已达到的水平。到了鸦片战争前后，清政府的火器火炮，仍然停留在前装、滑膛、火绳发火的落后阶段。以现在的眼光看，当时清政府在军备上处于"鸟枪土炮"时代。

清政府对外妄自尊大，闭关自守，不重视吸收外国的先进科学技术，这直接或间接地严重影响和制约着清朝武器装备特别是火器火炮的发展，致使军队的装备、编制及训练等各项制度，始终没有摆脱冷兵器时代的落后的传统兵制。

清代武器落后的原因，还有一个重要的方面，那就是长期以来清政府在对待火器火炮问题上，出于民族偏见和维护统治的狭隘心理，对火器火炮采取了很多限制措施。康熙晚年，清政府为了防止汉人起兵反清，严格控制火器的研制和生产，严禁民间私藏私制火器。精良的火器一律掌握在八旗兵手中，就连绿营也只能使用陈旧低劣的火器。前代研制兵器的书籍如《武经总要》、《武备志》等都被列为禁书。这些措施使清代火器的发展受到制约，逐渐陷入停滞落后的处境。

清代前期的火器，主要是鸟枪和各种火炮。鸟枪当时称作"鸟鎗"，指的是 17 世纪的旧式火绳枪，枪管为滑膛，每分钟可射 3 份弹药，使用铅弹丸，也可用散弹，有效射程大约有八十米。

清代鸟枪，在形制、性能上与明代鸟咀铳、鲁密铳没有多大差别，仍然是滑膛、前装、散装药和用火绳发火。清代也制有燧石枪，如御制自来火枪，但没有装备于军队。

清初强调骑射，对火器特别是轻火器不予重视。直到康熙年间，才认识到火器的重要性。康熙三十年（1691 年），清政府在满蒙八旗中抽调五千多人，设立火器营，专门训练使用鸟枪。雍正时期，清朝统治者才进一步认识到"鸟枪一项，能冲锐折坚，最为便利"。

明末清初，由于战争的需要，清政府曾购买葡萄牙人在澳门生产的西洋火炮。随后又聘请葡萄牙技师和西方传教士，引进了葡萄牙、荷兰等国的铸炮术，在北京铸造"红夷炮"或"红衣炮"、"佛郎机炮"。中国的火炮技术一时大为改观。据清《文献通考》记载，从 1674 年至 1721 年，清政府共造大小铜铁炮 900 门。

清代火炮的名称很多。各种火炮长短口径尺寸不一，即使一省之中，同一名称而尺寸、重量也有很大差异。

清代把火炮按重量区分为轻重两种，27—390 斤的为轻炮，560—7000 斤的为重炮。按近代火炮分类，可分为加农炮和臼炮两种。金龙炮、红衣炮等几十种炮，一般身长四五尺到一丈二尺，可列为加农炮类；冲天炮、威远将军炮等，身长一尺九寸到二尺五寸，可列为臼炮类。臼炮是一种炮身短、射角大、初速低、高弧线弹道的滑膛火炮；口径与炮管长度之比通常在 1：13 到 1：12 以下。因其炮身短粗，外形类似中国的石臼，故而被称为"臼炮"。其射程近，弹丸威力大，主要用于破坏坚固工事。

清代前期铸炮材料分为铜、铁两种，铁又分为生铁、熟铁两类，外加铁箍。大者七八千斤，甚至上万斤，小者只有一百来斤。有的配有炮车炮架。清代前期的火炮大部分是滑膛前装炮，弹药一般均为散装药，发射用铁或铅制成的实心炮弹，个别的如子母炮、威远炮、冲天炮等用爆炸弹。个别火炮可以发射霰弹、铁钉、铁片。火炮以火绳点火，射击速度慢而且射程近。有的火炮射程为一百五十余丈，有的只能对几十丈内的目标有杀伤力。

由于重炮运动不便，清政府侧重发展轻炮，如子母炮、威远将军炮。五六百斤以上的重炮，主要用于城寨守备，野战则多用轻炮。到道光年间，各省多造三十多斤重、两人抬用的抬炮；后来又减轻六七斤称为抬枪。在 19 世纪中期之前，这种抬炮、抬枪曾经是清军主要火器之一，一直到中法、中日战争时依然残留着。

总的来看，在 17 世纪初，中国和西方在火器方面的差距还不大。而到 19 世纪初期，清军火炮技术依然停留在 17 世纪的水平上，没有重大改进。与日新月异、不断更新换代的西方火炮相比，两者整整相差了两个世纪。

以英国为例，中英武器装备的差距，表现在钢铁冶炼技术、铸炮工艺、瞄准系统、火药与弹药的质量等多个方面。

英国的冶炼技术十分先进，为制造高质量的火炮提供了良好的材料；清军冶炼技术落后，杂质多，铸造成的火炮粗糙，演放时经常炸裂。火炮质量的缺陷，致使炮手的安全得不到保证，这不能不影响炮兵的士气和战斗力。为了解决"炸膛"的问题，清政府的办法是加厚火炮管壁、外加铁箍，但这样增加了火炮的重量，不利于机动。

当时，英国已采用铁模铸造工艺，并使用镗床等对炮膛内切削加工，使之光洁，规格划一；而清朝仍用落后的泥模工艺，铸件粗糙。由于未对炮膛进行深入加工，致使炮弹射出后，弹道紊乱，影响了射击精度。

当时，英国对火药燃烧、弹道、初速等方面进行了反复研究和试验，火炮的各种尺寸比例和火门的设计比较合理；清朝没有科学研究和试验为技术支撑，对于火炮只是仿制，对于火炮身管与口径比例以及火门位置在火药燃烧中的实际意义没有深刻的认识。绝大多数火炮的火门口开得太前、太大。

中国的许多火炮无瞄准器具，或只有星斗确定大致方向。士兵主要靠经验来瞄准。再者，鸦片战争时，中国的许多火炮没有固定的炮架，炮手只能调整高低夹角，而不能左右灵活转动。所使用的炮架，大都用木料制成，只起固定作用；开炮之后，木架震松，难以使用。

总之，中国的火炮外表上看起来十分威猛，但威力与西方火炮相差甚远。从清初一直到 19 世纪中期之前，中国基本上处于鸟枪土炮时代。到 19 世纪末，随着洋务运动的深入开展，中国才基本上以近代枪炮替代早已过时的鸟枪土炮。

3. 山东沿海武器装备的种类与数量

雍正五年到雍正十年（1727—1732 年）间，清政府先后规定各省绿营的冷兵器与火器比例，原则是内地火器少些，沿海及边区各省火器多些；鸟枪兵一般占百分之四十到百分之五十，加上约占百分之十的炮兵，火器约占百分之六十。这个比例确定后，一直到 19 世纪中叶，基本上没有变化。

清代冷兵器基本上是沿袭明代。清初，八旗兵长于骑射，弓箭是他们的主要武器。后来弓箭兵逐渐为鸟枪兵所代替。清代长兵器以长枪为主，八旗和绿营均有长枪兵的编制。到 19 世纪中期以后，清军逐次改装带有刺刀的步骑枪，冷兵器的枪矛，遂被淘汰。此外，清代初期很重视防卫武器。甲有铁甲和棉甲，盾牌有木牌、挨牌、藤牌等。但随着火器的发达，木藤质的盾牌和棉制的盔甲，已不能抵御枪炮子弹。

鸦片战争前出版的山东各府县方志中，多在"武备"、"兵防"中记载当地的"兵器"、"军器"或者"军械"，由此可以了解当时武器装备的基本情况。

蓬莱县兵器，道光《重修蓬莱县志》的记载尤为详细：中营先锋旗 5 面杆，红旗 1 面杆，大纛 15 堂，内有黄县、招远 2 汛大纛 2 堂。青花铁盔甲 5 顶副，白花铁盔甲 138 顶副，内有黄县、招远 2 汛 18 顶副。青素铁盔甲 88 顶副，内有黄县、招远 2 汛 32 顶副。铁盔头 415 顶，内有黄县、招远 2 汛 104 顶。棉盔 2 顶，棉甲 417 身，内有黄县、招远 2 汛 104 身。官兵自备箭 10320 支。内有黄县、招远 2 汛 1880 支。腰刀 648 口，内有黄县、招远汛 156 口。藤牌 217 面，牌刀 27 口，砍刀 267 口，内有黄县、招远 2 汛 62 口。鸟机枪 10 杆，马鸟枪 32 杆，内有黄县、招远 2 汛 4 杆。鸟枪 310 杆，内有黄县、招远 2 汛 104 杆。子母炮 4 位，威远炮 10 位，铁喊炮 4 位，劈山炮 5 位，抬炮 12 位，行营炮 8 位，铁子 1140 斤，锣锅 78 口，帐房 78 架，锹 78 张，镢 78 张，斧 78 柄，镰 78 张。

右营先锋旗 5 面杆，红旗 1 面杆，大纛 15 堂，内有栖霞、莱阳 2 汛大纛 2 堂。白花铁盔甲 146 顶副，内有栖霞汛 7 顶副，莱阳汛 10 顶副，八角芝罘汛 3 顶副。青素铁盔甲 95 顶副，内有青花铁盔甲 5 顶副，芝罘汛 1 顶副，存营 4 顶副。铁盔头 490 顶，内有栖霞汛 53 顶，莱阳汛 45 顶，八角芝罘汛 28 顶。棉盔 3 顶，栖霞、莱阳、八角汛各 1 顶。棉甲 422 身，内有栖霞汛 54 身，莱阳汛 46 身，八角芝罘汛 29 身。官兵自备箭 9670 支，内有栖霞汛 830 支，莱阳汛 1010 支，八角芝罘汛 340 支。腰刀 663 口，内有栖霞汛 76 口，莱阳汛 73 口，八角芝罘汛 36 口。藤牌 27 面，牌刀 27 口，砍刀 267 口，内有栖霞汛 29 口，莱阳汛 29 口，八角芝罘汛 14 口。鸟机枪 10 杆，马鸟枪 32 杆，内有栖霞、莱阳 2 汛 4 杆。鸟枪 311 杆，内有栖霞汛 53 杆，莱阳汛 45 杆，八角芝罘汛 15 杆。子母炮 8 位，内有八角芝罘汛 4 位。威远炮 8 位，内有八角芝罘汛 2 位。铁喊炮 5 位，劈山炮

5位，抬炮12位，火药9990斤4两，内有栖霞汛1757斤11两2钱，莱阳汛1474斤3两2钱，八角芝罘汛374斤。铅弹1458斤，铅200斤，铁子1006斤。八角、芝罘岛炮台、湾子口、城儿岭、西大口僻处墩台共存贮火药280斤，铁子280斤，砂子70斤，锣锅76口，帐房75架，锹76张，斧17柄，镰77张，镢76张。

水营大纛4堂，铁盔125顶，棉甲172身，官兵自备箭1090支，火箭40筒，腰刀174口，藤牌16面，牌刀16口，钩镰枪16杆，竹杆枪40杆，缭割20把，火罐160个，火筒24个，鸟枪80杆，子母炮16位，威远炮8位，大炮8位，劈山炮8位，火药3082斤10两8钱8分，铅丸223斤8两9钱6分，铁蒺藜1600个①。

胶州营兵器，据道光《重修胶州志》记载："胶州营原设军装器械并添制枪炮额数：鸟枪二百四十三杆；嘉庆三年八月，又济南公所发来七十杆；八年九月内兵丁带回五杆，又鸟枪十七杆。道光十九年九月，抚标发给弓箭兵兼习者；藤牌二十五面，牌刀二十五口，白花铁盔甲九十二顶副，外委马兵披戴青素铁盔甲十九顶副，马兵披戴又青素铁盔甲四顶副，弓箭兵披戴青素铁盔甲九十顶副，弓箭兵披戴铁盔甲九顶副，弓箭兵披戴铁盔头三百一十九顶，各项步兵顶戴青棉甲三百一十九身，各项步兵披用诸盔甲皆乾隆以前制；威远炮三位，子母炮八位，炮台炮兵操演大小铁炮六位，存营炮兵操演五位，炮台炮兵操演一位，内有硼裂一位，劈山炮十位。嘉庆三年四月，内登镇拨去二位，余八位；鸟机枪四杆，预备火药一万七百五斤十五两二钱，炮手鸟枪兵按月支放，出陈易新，预备铅一千四斤六两四钱，炮手鸟枪兵按月支放，出陈易新；官腰刀六百四十一口，外委各兵佩带大铁子四百五十个，小铁子二千六百三十九个，稽锣锅七十四口，帐房七十八顶，大纛十面杆，什长小旗五十面杆，红旗十面杆；沿海炮台存火药四百斤，铁子四百斤，大沙子一百斤，火绳二十斤，

① 道光《重修蓬莱县志》卷四《武备》，第13—16页，清道光十九年（1839年）刻本。

火药火绳出陈易新；铁锨七十四张，铁镢七十四把，铁斧七十四柄，铁镰七十四张，鸟枪二十三杆，马兵执把操演砍刀二百二十口，抬炮十二位。又道光十九年，抚标拨给马兵兼习抬炮十位，又二十一年添抬炮十位，续添两位。"① 需要特别注意的是，"水师营军装器械额数：赶缯战船四只，每只带角船一只；藤牌十六面，钩镰枪十六把，竹杆枪四十把，缭割二十把，火筒四十四个，以上随船修制。牌刀十六口，腰刀一百七十四口，火罐一百六十个，火箭七十二筒，铁蒺藜一千六百个，以上随时修制。大炮八位，威远炮十位，劈山炮四位，子母炮十六位，子炮九十四个，抬炮四位，鸟枪八十杆，以上请项修制。"②

平度州兵器，据道光《重修平度州志》记载："白花盔甲二十二顶副，青铁甲十九顶副，铁盔棉甲三十七顶副，腰刀七十八口，鸟枪三十七杆，马兵二十二名，预箭八百八十支，每名四十支；守兵十八名，预箭，五百四十支，每名三十支；鸟枪兵三十七名，火绳一百一十盘，每名三盘；额存火药八百四十斤余，铅道一百四十九斤余。凡操演一四七日演弓箭兵，二五八日演鸟枪兵，三六九日演马兵，十日验马匹。"③

黄县兵器，据康熙《黄县志》记载："大炮二十五位，二炮十二位，三炮五位，鱼骨炮二位，虎尾炮五位，佛郎机九位，万人敌三十二桶（毁坏）；净铅一千斤，火药一千九十五斤，箭一百一十支（毁坏)"④。另据乾隆《黄县志》记载："大炮二十五位，现存九位在西门楼；二炮十二位，今无；三炮五位，现存一位在西门楼；鱼骨炮二位，虎尾炮五位，佛郎机九位，万人敌三十二桶，火药一千九十五斤，箭一百一十支，以上俱无；净铅一千斤，现存九百斤在东库。"⑤

---

① 道光《重修胶州志》卷十九《志九·兵防》，第4页，清道光二十五年（1845年）刻本。
② 道光《重修胶州志》卷十九《志九·兵防》，第5页，清道光二十五年（1845年）刻本。
③ 道光《重修平度州志》卷十四《志七·兵防》，第2页，清道光二十九年（1849年）刻本。
④ 康熙《黄县志》卷四《军器》，第5页，清康熙十二年（1673年）刻本。
⑤ 乾隆《黄县志》卷五《典制志·军器》，第2页，清乾隆二十一年（1756年）刻本。

文登县兵器，据雍正《文登县志》记载："文登营明原额兑领策应卫所军器三万一千二百九件。康熙十一年见存铁盔一百八十顶，铁甲一百八十副，大炮三十九位，鸟枪二百杆，铁子二百一十个，铅子二十二斤八两，火药三百一十八斤，火线五百二十条，大刀四十九口，短刀三十口，藤牌三面。"①

招远县兵器，据顺治《招远县志》记载："威远炮四十三位，三眼枪一百四十三杆，火罐三百五十个，佛郎机九位，铁子四十五个，铅子一百一十五斤，火药七百五十斤，火硝一百斤。"②

威海卫兵器，据乾隆《威海卫志》记载："威海卫，明设武库，贮甲胄、弓矢、大小炮、藤牌、狼筅、旗鼓、枪刀，各色军器。库废炮解，弓矢甲胄物化。雍正五年，现存弓箭六副、鸟枪十四杆、红夷炮五口、过山鸟三口、小炮十五口、腰刀三十二把。六年，新设壮丁器械：鸟枪十二杆、长枪六杆、弓箭十二副。"③

由以上可以看出，清代前期，虽然火器的数量有所增加，但比例依然偏低，少数的火器也多是落后的"鸟枪土炮"，总的来看基本处于冷兵器时代。而当时的欧洲各国火器飞跃发展，逐步代替冷兵器；不仅如此，火器创新层出不穷，在射程、射击速度、威力等方面都有了质的提升。中国兵器研制的停滞不前是造成近代以来中华民族遭受屈辱和灾难的重要原因。

二、中西方海上实力的巨大差距

1.15、16 世纪的欧洲海军

"坚船利炮"一词中，"坚船"排在前面。这也说明了一个问题，那就是当时的人们认识到，中国战船与西方战船相比差距更为悬殊。

---

① 雍正《文登县志》卷二《武备》，第 8 页，清雍正三年（1725 年）刻本。
② 顺治《招远县志》卷二《军器》，第 9 页，清顺治十七年（1660 年）刻本。
③ 乾隆《威海卫志》卷二《武备》，第 5 页，民国十八年（1929 年）铅印本。

自明代中期一直到明朝末年，中西方商船、战船的制造技术、航海性能方面的差距还没有拉开，双方的差距主要在科学技术、航海经验以及冒险精神、创新精神等方面。譬如，中国发明的罗盘针经阿拉伯人西传，14世纪时已经在欧洲普遍使用，使航行不致迷失方向。当时欧洲流行地圆学说，绘制地图的技术很先进。当然，欧洲的造船技术在当时也有了很大进步，出现了新型的多桅多帆、轻便快速的大船。

15 世纪下半期，随着航海技术的发展，欧洲能够建造较大的船只，以风力而不是人力航行。当时盛行的帆船是卡瑞克（Carrack）远洋帆船和卡拉维尔（Caravel）帆船。

卡瑞克帆船是欧洲史上第一款用作远洋航行的帆船，也是第一种完全风帆化的帆船。它拥有 3 桅或 4 桅，特征是有巨大的弧形船尾以及船首的巨大斜桅。它在前桅及中桅装配了数张横帆，后桅则配上一面三角帆。在大航海探险时代，卡瑞克帆船备受宠爱。1519 年麦哲伦环球航行时使用的船只都属于卡瑞克帆船，旗舰"特里尼达"号的排水量为 110 吨。但卡瑞克帆船有一个设计缺陷，它的前后都有巨大的船楼，导致船只重心过高，在逆风时不易操纵，遇到风暴很容易翻覆。卡瑞克帆船船身庞大，需要很多人同时操作，而且很容易出现于浅水区触礁的危险。

后来，葡萄牙人建造了一种叫作卡拉维尔帆船的小型帆船，并成为当时欧洲最盛行的帆船。初期的卡拉维尔帆船全长大约 20—30 米，船长和船阔比例为 3.5∶1，排水量 50 吨，只装备两根船桅，使用地中海普遍见到的三角帆（又称拉丁帆），转舵性能更高，船帆更易鼓起，速度亦大幅增加。这种帆船约重一百吨。

15 世纪末，随着新航路的开辟，卡拉维尔帆船开始添加远洋航行的特性，以三桅代替两桅，并把横帆和三角帆混合使用，提高了远洋航行所需的速度。同时，船艏楼、船艉楼增高，以增加远洋航行所需的稳定性。1492 年哥伦布在进行美洲探险时，旗舰"圣玛利亚"号（Santa María）为卡瑞克型，"平塔"号（Pinta）及"尼娜"号（Niña）则为卡拉维尔帆船。"圣玛利亚"号长约 23.66 米，船宽 7.84 米，排水量 120 吨，甲板长 18 米，有 3 根桅杆，都备有角帆。

在 16 世纪中期，卡瑞克帆船得到了改良，这就是"盖伦"帆船。大多数的航海国家迅速采用了这种船型。

西班牙"盖伦"船（Galleons）一般有 4 桅，前面 2 桅挂栏帆，后 2 桅挂三角帆。长约 46—55 米，排水量为 300—1000 吨，有数层统长甲板，尾楼很高。大型盖伦船尾甲板有 7 层，排水量达 2000 吨，有较好的续航力，在很长时间内是世界上最大的海船。

英国对盖伦船做了进一步改造，把艏部上层建筑降低，使之更适合远距离炮战。此类船长约五十米，排水量 500—600 吨，航速比以前增加，而且具有良好的操纵性。

盖伦帆船通常被分为 3 种具有代表性的大小尺寸建造：小型（100—400 吨），中型（500—800 吨），以及大型（900—1200 吨）。在 17 世纪中叶，英国人偏好于使用 300—500 吨级的小型盖伦帆船，而西班牙人则使用了一些 1200 吨级的庞然巨物。

1620 年 11 月，一群不满英国迫害统治的清教徒乘坐"五月花"号（May Flower）帆船由英格兰的普利茅斯出发来到北美大陆，在后来称为马萨诸塞州的地方建立了普利茅斯殖民地。"五月花"号是一艘英国 3 桅盖伦帆船，长 19.50 米，宽 7.95 米，排水量 180 吨，于 1615 年下水。后来随着美国的独立，该船遂声名远扬。

在这里，需要提一下中葡屯门海战。发生于 1521 年的屯门海战是中国第一次抗击西方殖民主义者的战斗，最终中国取得了胜利。

新航路开辟后，中国东南沿海陆续受到殖民主义者的侵扰。正德八年（1513 年），葡萄牙人阿尔瓦雷斯率一支葡萄牙船队到达珠江口沿岸，要求登陆贸易，未获明政府批准。同年，塞克拉率领葡萄牙海盗商船直接侵占"屯门海澳"，并在此修筑工事，刻石立碑，以示占领。

正德十六年（1521 年），广东海道副使汪鋐奉命驱逐葡萄牙人。汪鋐在第一次进攻失败后，制定了新的作战计划，并准备了一些装满油料和柴草的小舟。待南风刮起，汪鋐率军士 4000 众，船只五十余再次进攻葡萄牙人的船队。他们将装满膏油草料的船只点燃，借着风势，快速冲向敌人船队。由于葡人船只巨大，速度缓慢，很快被引燃。葡萄牙人大乱，纷纷跳海逃命。后来，由于风向逆转，葡萄牙人才勉强逃过明军的追击，逃回已窃据的满剌加（今马来西亚马六甲）。至此，中国收回被葡人盘踞的"屯门岛"及经常滋扰的"屯门海澳"及"葵涌海澳"。屯门海战之后，中国又与葡萄牙人在新会茜草湾发生战斗，葡萄牙人再次失败。

中国之所以能在屯门海战中取得胜利，原因是多方面的。譬如指挥官汪鋐周密计划，采用突然袭击的战术，借风势使用火攻，集中优势兵力。当时，明朝参战军队有南头寨及东莞守御千所士兵四千多人，战船及渔船五十多艘；葡萄牙有士兵及船员千余人，5 艘武装福船。中国的兵力是葡方的 4 倍。需要注意的是，屯门海战并不是中国海军与欧洲海军的交锋，而是中国军队与部分葡萄牙商人、武装商船之间的战斗。

2.17、18 世纪欧洲的风帆战列舰

17、18 世纪，风帆战列舰成为海洋的霸主。历史学家们称赞它为"魔鬼武器"。

风帆战列舰出现于 17 世纪，为木质船体结构，船上装有风帆，以风力为动力，排水量 1000 吨左右；舰上武器为前膛装弹火炮，发射用于摧毁船体的圆形弹丸以及杀伤人员的霰弹、破坏帆具的链弹。火炮多装在战舰的两侧，通过两舷开设的炮孔射击。后来，战列舰的吨位逐渐增大，顶级战列舰排水量增加至 3000 吨以上，火炮数量从几十门增至上百门。1840 年前，有的战列舰开始在水线以下包裹铜皮。

由于当时火炮的射程有限，在海战时的标准作战方式是采用直线航海战术，即战舰排成单列纵队航行，当敌舰进入火炮射程时，才发炮进行炮战，因此这种采用直线航海战术的军舰称为战列舰。自此以后，海战战术由原始的接舷肉搏改为远距离的炮击。

17 世纪的英荷战争中，双方的主力帆舰均为清一色的低舷、横帆，两舷装备加农火炮。这个时期火炮的射程并不远，以 24 磅或 32 磅火炮为例，射角 4 度时，射程可达 1350 米；射角抬高到 8 度时，可及 2250 米。英国皇家海军非常重视炮手的操练，英国舰炮的射速能够达到一分钟一发，这个时期炮弹的种类，除了通常的实心弹以外，还有霰弹和链弹等多种。

到了 18 世纪中叶，战舰大体上标准划分为 6 个"等级"。其中，前三个等级属于战列舰。一级平均吨位 2500 吨，定员 850 人，有 3 层甲板，共配备 100 门或 100 门以上火炮；二级平均 2200 吨，定员 750 人，有 3 层甲板，共配备约九十门炮；三级平均 1750 吨，定员 650 人，有 2 层甲板，共配备 64—74 门炮；四级配备有 50 门炮，2 层甲板；五级、六级战舰配备 24—40 门炮，称为巡洋舰。所有战舰均是 3 桅横帆。

1794 年，英国皇家海军一共有战列舰 85 艘，到 1815 年，战列舰增加到 99 艘。三级战列舰是英国皇家海军的主力，1794 年时有 71 艘，其中 51 艘装备 74 门火炮。到 1815 年，三级战列舰增加到 87 艘。

英国皇家海军的"胜利"号是风帆战列舰的佼佼者，也是英国海军的骄傲。在 1805 年的特拉法尔加海战中，它是霍雷肖·纳尔逊的旗舰。"胜利"号是一级风帆战列舰，舰长 67.8 米，舰宽 15 米，排水量 2162 吨。舰上装有 3 根桅杆，主桅高 62.5 米。航速八九节，相当于每小时 15—17 公里。它设置有 3 层火炮甲板，共装有 102 门铁铸加农炮和 2 门短重炮。舰上一次齐射，可发射半吨重的炮弹。船上能贮存 35 吨火药和 120 吨炮弹，一次可连续行驶 6 个月。

"宪法"号（USS. Constitution）是美国海军史上最有名的风帆驱逐快舰。该舰总长 62.2 米，宽 13.6 米，排水量 2200 吨，航速 13 海里 / 小时；装备 28 门 24 磅和 10 门 12 磅火炮，有效射程 400 米到 1200 米，船员 400 人。"宪法"号于 1797 年 10 月 21 日在波士顿下水。在 1812 年美英战争中一举成名。

3. 清代战船

如果说在清代前期中国水师的力量还可以做到驱逐海盗侵扰，那么到19世纪初以后，连这一点作用也难以做到。毋庸说西方的海军，就是与西方武装船相比，中国水师也早已是相形见绌了。

清初，中国水师主力战船以鸟船和赶缯船为主。中国水师一般以70—108尺（约合22.4—34.5米）长的赶缯船为主力战舰，次则以长50—70尺（约16—22.4米）的沙船和双篷艍船用于攻战追击，再次为长20—50尺（约6.34—15.36米）的唬船和哨船用于追逐哨探。康熙中后期，鸟船这种大型战船逐渐停废。各地水师巡洋会哨使用的是两种较小的战船，即赶缯船和双篷艍船。

雍正时期，海上主要战船改为赶缯船。闽浙地区的赶缯船长7丈9尺，宽1丈9尺5寸；广东的大赶缯船长7丈1尺，宽1丈7尺9寸；艍船长5丈3尺4寸，宽1丈4尺8寸。山东有赶缯船和艍船两种。雍正十年规定："山东外海战船照雍正六年浙江题定之例，赶缯船身长7丈3尺，板厚2寸7分；双篷艍船身长6丈4尺，板厚2寸5分。"

赶缯船，是中国大型福船的一种，因船底为防藤壶等海虫腐蚀而经常涂上白灰或白漆，所以又称"白底船"。其中大赶缯船长三十六米多，宽七米左右，24个船舱，可载重1500石。每船配水手、船工三十余人，水兵80人。中赶缯船长23米，宽6米，配水手、船工二十多人，水兵60人。大、中赶缯船均是双桅、双舵、双铁锚。

乾隆六十年（1795年）福建水师因赶缯、赶艍等船笨重，按泉州同安梭船改造；此后，同安梭船成为主力战船。嘉庆五年（1800年），又仿照广东米艇添造战船，分大、中、小三等（各载米2500石、2000石、1500石）。

鸟船，原是浙江沿海一带的海船，其特点是船首形似鸟嘴，故称鸟船。大型鸟船长为15丈，阔2丈6尺。

同安船，又名横洋船、同安梭船，原是福建同安一带民用海船，由于操驾容易，在乾隆末年被水师采用作为战船。嘉庆、道光年间，大型同安船是清朝外海水师的主力战舰。

同安船按大小分为一号、二号、三号、集字号以及成字号。小型的同安梭船船体呈梭形，航行快速，宽1丈5尺到1丈9尺；集字号大同安梭船拥有25门炮座，炮座均置于上层甲板，并且只有实心弹。

清嘉庆二十二年，闽浙总督汪志伊奏《军机处档奏折录副》附图两张，分别是《集字号大同安梭船图》和《壹号同安船图》；图中的集字号长26公尺，主桅高29公尺；使用3根桅杆，风帆较多；拥有主炮8门，分别为2400斤重红衣炮2门，2000斤重红衣炮2门，1500斤重红衣炮4门。此外尚有射程较短的小型火炮800斤重洗笨炮1门和140斤重劈山炮16门，共计25门。一号大同安梭船长22公尺，主桅高22公尺；拥有主炮6门，其中1000斤重红衣炮2门，800斤重红衣炮2门，500斤重炮2门；100斤重劈山炮4门，80斤重劈山炮4门，共计14门。

艍船，战船之一种，船体庞大，主要用于江南、浙江外海捕盗，其船头、船尾刊刻某镇某营某号捕盗船名。浙江的水艍船，船身长10丈1尺，阔2丈2尺5寸，船板净厚3寸1分。

唬船，即叭喇唬船，是元代至清代的一种战船。船底尖面阔，首尾一样，船底有龙骨，直透前后。每边10桨或8桨；另有风竖桅用布帆，甲板以上舱室用弧形竹、苇席相盖；形体较小，具有良好的机动性，便于掉头和转弯。航速较快，适用于近海作战。

赶缯船与双篷艍船作为雍正、乾隆时期的主力战船，与明末清初的战船相比，显然处于退步状态。15世纪初郑和下西洋时宝船的长度为44.4丈，阔18丈，而雍正、乾隆时期中国的大型战船赶缯船的长度仅有7.9丈，不及郑和宝船宽度的一半。王宏斌在《清代前期海防：思想与制度》一书中把赶缯船和郑和宝船的大小作了形象的对比：如果把赶缯船一只只摆在郑和宝船的船面上，需要五十余只才能摆满。赶缯船与清初的鸟船相比，在规格上也出现了严重退化。可见，中国人在那时根本没有深海远洋的观念，战船的改造是为了便于浅海近岸的航行，以对付零星的海盗活动为主要目标。

海军的实力是综合国力的象征，具体表现在造船技术、动力水平、战术、航海经验、舰载火炮等很多方面；与日益发展的欧美战船相比，中国战船在很多关键技术方面均落后"数代"，综合实力更是望尘莫及。

18世纪的欧洲军舰造船工艺水平相当高，各种海船、军舰已采用以舵轮带动滑轮操纵船舵的轮舵装置，一人便可灵活掌握战舰方向，从而提高了军舰、海船的机动性能，而且节省了舵手人数；而中国战船依然使用那种靠人力在整个甲板宽的地方大幅度转舵的笨拙方法。

欧洲军舰逐渐采用了以铜皮包裹船壳技术，可以防止海洋生物的附着，从而提高了航速；而中国老式木壳战船因船底附着海洋生物，严重降低了速度。

欧洲船帆技术改进也很大，艏部纵向三角帆和桅杆之间的支索帆比仅仅采用横帆航行起来更能吃风，从而可以获得更多的动力。满帆时，一艘大型帆船可以挂起36面帆，以10节的航速破浪前进（每节合1.852公里）。中国战船多是传统的双桅纵帆，上百年来没有得到改进。

18世纪欧洲军舰的设计特点是，火炮安装在甲板下面，整个战舰如同一个大型海上堡垒，从而有效保护了士兵，减少了伤亡。战舰大者装备一百二十余门火炮，小者装备六十余门，非战列舰也装备数十余门火炮。欧洲的火炮射程远，威力大。不仅有实心弹，又有爆破弹和霰弹，可以针对不同目标，发射不同的炮弹。大炮采用了燧发点火装置，淘汰了火绳点火法，射击速度可以达到平均每两分钟发射3发炮弹。以一艘200英尺长的军舰为例：它分上下3层安装了一百多门大炮，每发炮弹相当于一个人头大小，单舷火炮齐射，一次可以射出半吨炮弹；在1个小时内，军舰可以发射出30吨炮弹，而且能坚持作战数小时。

中国大型战船米船配兵 60 名，装配的火炮有十七八位，通常情况下只有十余位；火炮以及火罐、喷筒、藤牌、鸟枪等军器，全部置放在甲板之上。60 名水兵中，掌舵者需要七八人，管头桅帆者八九人，管大桅帆者需要十余名，除去指挥员等，真正的战兵只有三十名左右。士兵暴露在甲板上，缺乏掩护。

18 世纪，西方海战技术有很大进步。战列舰独特的作战方式是在行进中列成纵队，进行远距离炮战。英国正是依靠战列舰线型战术，保持了 100 年的海上霸主地位。后来，英国根据军舰性能的改进，抛弃了线型战术，采取集中优势舰队实施分割包围的战术。而中国水师的战术仍停留在古老的近距离接舷战、肉搏战、投掷火罐、喷筒的水平上。此外，为了便于海洋作战指挥，欧洲发明了旗语通信方法。

与欧洲军舰相比，中国战船装备太差，实力差距过于悬殊，几乎没有任何抵抗能力。不仅如此，到 18 世纪末 19 世纪初，中国战船连欧洲来的武装商船都对付不了。

英国东印度公司最初来到中国的商船平均为 190 吨。在 18 世纪上半期，平均 350 吨；18 世纪中叶，平均 500 吨；18 世纪末 19 世纪初，平均每艘排水量为 1100 余吨。1830 年，东印度公司多数商船排水量为 1300—1400 吨，有的为 1527 吨。

再以外国商船装备的火炮为例，1681 年，英国东印度公司派到厦门的"肯特"号，建造度量为 130 吨，携带 12 门火炮；"奥兰德"号的建造度量为 150 吨，配炮 14 门；"中国商人"号建造度量为 170 吨，携炮 14 门；"厦门商人"号的排水量为 310 吨，携炮 29 门。1730 年到达广州的外国商船中，荷兰的"多维"号载重 400 吨，携带 26 门炮；法国船"泰国"号载重 550 吨，配置 28 门火炮；普鲁士船"阿波罗"号载重 400 吨，配置 28 门炮。1732 年停泊在广州黄埔港的外国商船共有 11 艘，平均载重量 500 吨，平均海船携带火炮 30 余门。1794 年，英国东印度公司在广州的商船有 12 艘，其中"格拉顿"号的建造度量为 1200 吨，携带火炮 26

门；"皇家夏绿蒂"号建造度量为1252吨，配备炮位26门；"埃克塞特"号的建造度量为1200吨，携带炮位26门；"印度斯坦"号的建造吨位为1248吨，配备30门火炮。

1784年第一艘来华的美国商船"中国皇后"号（the Empress of China）是一只精巧的木制帆船，1783年在波士顿建造，总长35米，宽10米，可装载重量360吨，它装备了10门9磅重炮、4门6磅加农炮及少量的轻武器，而且配有各种新式航海设备。1832年，在中国沿海测量港湾航道的英国船"阿美士德"号（Lord Amherst）帆船是英国布莱克沃尔船厂建造的一艘巡洋舰，排水量506吨。

经过以上对比，两者的差距已经十分明晰。王宏斌在《清代前期海防：思想与制度》一书中的结论是：按照这个统计，中国战船在19世纪初期还赶不上17世纪英国商船的水平。需要注意的是，这不仅仅是中国战船与欧洲战船的差距，而是中国战船与欧洲商船之间的差距就足足有两个世纪。

在18世纪末，清政府高层官员已经与欧洲战船、商船有很多接触的机会，但对两者的差距视而不见。譬如，乾隆五十八年（1793年），马戛尔尼使节团一行共有4艘船，最大的一艘"狮子"号（Lion）军舰英国海军提供的，长32丈，阔5.5丈，吃水5.5丈，安铁炮42位，铜炮32位，属当时英国三等军舰；一艘载重1200吨的"印度斯坦"号（Hindustan）大货船，东印度公司提供的一艘2桅小帆船"豺狼"号（Jackal）作为供应船，还有一艘法式小帆船是使团途经爪哇岛巴达维亚（今印度尼西亚雅加达）时买的，取名"克拉伦斯"（Clarence），也作为供应船。此外，英王特意赠送了当时英国规模最大并装备有110门大口径火炮的"君主"号战舰的模型。英国人在礼单中还专门提及了"榴弹炮、迫击炮"以及手提武器如卡宾枪、步枪、连发手枪等，但在当时，中国官员将这些东西统统视为"奇技淫巧"，丝毫不感兴趣。

第七节　清代前期的海防文献与海防遗存

一、清代前期的海防文献

清代前期的海防文献在数量上远远不及明代，而且很多文献是对明代海防文献的整理与辑录，创新性的文献并不多。

由于清政府长期实行闭关锁国政策，严重禁锢了国人的头脑，人们只有"天下"、"天朝"的观念，对西方国家的了解甚少，更没有形成世界的概念。

明末清初以来，西方殖民者纷至沓来，侵扰中国东南沿海地区，但大部分海防文献并没有将倭寇与西方殖民者区分开来，而是将其混为一谈，这一方面反映出当时的海防思想、思路依然受到明代著作的束缚和制约，没有摆脱明中期以来的"备倭"框架，另一方面也反映出人们对西方殖民者及其潜在威胁的认识极为感性、片面。

很多海防文献对中国海防的规划、部署均是面向全国的，山东是沿海省份，自然也被纳入其中，但在清代前期，清政府海防建设的重点在东南沿海，山东仍然不是海防的重点。不过，清代前期海防文献在谈到山东海防时，大多使用"两东"的概念，即山东和辽东，这说明由于"两东"处于屏护京畿的独特地理位置，渤海海域的海防已经开始引起人们的重视。

清代前期的海防文献，以顾炎武的《天下郡国利病书》和顾祖禹的《读史方舆纪要》最为重要。

顾炎武与顾祖禹都是清初著名的经世学者。顾炎武为昆山人，留心经世之学。《天下郡国利病书》关于苏州、苏松、浙江、福建、广东的各卷，辑录了丰富的明代海防资料，其中多是对郑若曾等明人著作的辑录和继承。此书保存了明中期以来的抗倭文献，起着承前启后的作用，在清代有着巨大的社会影响。顾祖禹的《读史方舆纪要》共一百三十卷，可谓明

代以前历史地理学之集大成者，当时即被誉为"数千百年所绝无而仅有
之书"①，其中关于沿海各省的论述，多涉及明代以来的海防地理形势和分
防备倭情况。

　　韩奕撰《防海集要》，列举了沿海各要冲及明清以来的设官驻军方案。
此书内容摘录明代郑若曾的著作。如论"浙江海防形势"一段，辑自《郑
开阳杂著》卷一之"浙洋守御论"，论述"广东海防形势"一段，全部录
自《筹海图编》卷三之"广东事宜"，仅改动了个别文字。

　　杜臻撰《粤闽巡视纪略》六卷和《海防述略》一卷。杜臻，字肇余，
浙江秀水（今浙江嘉兴市）人，顺治十五年（1658 年）进士，累迁内阁学
士，擢吏部侍郎，工部尚书，是深受康熙皇帝信任的近臣。清军统一台湾
后，时任吏部侍郎的杜臻奉命与内阁学士席柱前往广东、福建巡视，主持
开海展界事宜。巡视期间，"因述其经理大略为《粤闽巡视纪略》，首沿
海总图，次粤略三卷，次闽略三卷，次附记台湾、澎湖合为一卷。"

　　在《粤闽巡视纪略》中，介绍了澳门的炮台："吞中虽有炮台，不设
戍兵，夷自为守。夷所恃者炮，东曰大炮台，列炮二十六，最大者一，重
万斤；少次者一，重九千七百斤；又次十五，各重五千斤；又次五，各重
四千七百斤；最小者三，各重四千五百斤。西曰汪洋炮台，列炮十有一，
大者六，各重五千斤；次者二，各重四千五百斤；小者三，各重三千八百
斤。贼在数十里外，用远镜登台瞩之，帆樯兵械，甲装服色，毫发毕照，
举炮一击，皆糜碎矣，以此无敢近者。"此外还有关于鸟枪的介绍："双联
鸟枪二，长尺有咫，可藏袖中，不施燃线，第用燧石，嵌火门而抶以铁
机，机动火发，发必叠双，夜行用以警备，人不能测。"西洋火器的传入，
约始于明嘉靖年间，葡人入居澳门后，建制炮厂，生产各种火器，特别是
澳门炮，成为一大特产。杜臻提到的是一种双管短枪，可以藏于袖中，为
个人防身之用。

---

　　① 《读史方舆纪要》卷首"魏禧叙"。

巡视粤闽之后，杜臻结合工部侍郎金世鉴、左都御史呀思哈在浙江、江苏巡视情况，写成《海防述略》，"是书胪列沿海险要形势及往来策应诸地，于诸洋列戍哨探事宜亦并及之。"此书很多内容录自明代周弘祖的《海防总论》，而《海防总论》又多录自郑若曾的著作。例如，《海防述略》中"登莱"一节基本是辑录郑若曾著《郑开阳杂著》卷二《登州营守御论》；"广东"一节文字，与《郑开阳杂著》卷一《广东要害论》很近似。

在"沿海全境"一节，对山东沿海作了细致的介绍："旬岛、劳山岛为安东界，孤耆山为石臼所界，计一千八百里抵山东青沈峰，历胡家峰为高港巡司界，沙嘴峰为灵山卫界，黄埠峰为夏河塞界，洋河峰为胶州界，大劳山、田横岛为鳌山卫界，走马峰为即墨界，马山为浮山所界，旬岛赤岛为雄崖所界，吾岛、徐福山为大山所界，巨高岛为大嵩卫界，竹岛为海隅所界，松岛莫邪岛、漫鸡岛为靖海卫界，佛岛为津宁所界，五垒岛下劳山为寻山所界，歇马墩洛口堡为成山卫界，海牛岛为不夜城界，窦家峰为百尺岩所界，古陌顶为威海卫界，父岛为金山所界，新安堡、戏山峰为海宁卫界，海鸡山为鼋河寨界，武家庄为马埠寨界，洋山为莱州界，八角岛、盌蚁岛为登州界，刘家窪为芦洋塞界，沙门岛为解宋斋戒，单山为黄县界，桑岛为马停塞界，龟岛为昌邑县界，歆末岛为寿光界，都里镇为蒲台界，青岛为利津界，黄岛为滨州界……"在以上记载中，尽管有多处错误，但基本情况尚算清晰的。

姜宸英撰《海防总论》一卷。该书回顾了明初海防废弛情况和嘉靖倭患经历，然后引用《筹海图编》卷十二"御海洋"篇的论述。姜宸英十分推崇郑若曾"必哨贼于远洋而不常厥居，挈贼于近洋而勿使近岸"的观点，谓"斯策之最善"[1]。该书字数有限，差不多相当于一篇长文。其中涉及山东的内容不多，除提及山东海防三营外，只是简单介绍了倭寇对山东的侵扰情况。姜宸英（1628—1699），字西溟，号湛园，浙江慈溪人。

---

[1]　姜宸英：《海防总论》，第8页。《学海类编》第四十六册《集余二事功》。

明末清初书法家、史学家，与朱彝尊、严绳孙并称"江南三布衣"。康熙十九年以布衣荐入明史馆任纂修官，分撰刑法志。又从徐乾学在洞庭山修《大清一统志》。康熙三十六年，成进士，以殿试第三名授翰林院编修，时 70 岁。两年后，为顺天乡试副考官，因主考官舞弊，被连累下狱，死于狱中。除《海防总论》外，还著有《湛园集》、《苇间集》。

俞正燮撰《清初海疆图说》。这是一本关于中国沿海七省海疆与台湾、澎湖诸岛屿的著作，前面有三篇"总论"即"七省海疆总论"、"天下地舆总论"、"天下海疆总论"，次为图说，有"台湾图说"、"澎湖海图说"、"浙江海图说"、"江南海图说"、"京师二东海图说"、"粤东海图说"、"福建海图说"等篇；所作各图，颇为简明。该书的章节安排与明代陈良弼《水师辑要》的部分章节基本一致，内容也多是直接辑录陈良弼的著作。

严如熤辑著《洋防辑要》二十四卷，道光十八年（1838 年）刊印。严如熤曾在两广总督那彦成手下参与筹划海防事宜，因有此书之编纂。本书系遍采《读史方舆纪要》、《天下郡国利病书》、《纪效新书》、《金汤借箸》等书中辑录有关海舆地理、海防作战等资料而成。严如熤称辑录前人观点资料的目的在于期望"沿海文武士民，恪循经制，无敢废坠，则亿万斯年享义安之福也已"①。卷一绘列各省沿海海岸及岛屿图，卷二、卷三叙述清朝海防制度，卷四至卷八为沿海疆域地理考，卷九至卷十五记载江南、浙江、福建、广东沿海自明以来的海防事略、兵力布置、炮台建设、海防政策等，卷十六以后则介绍海战中的战术、战略、武器、海洋气候及与海防有关的海运、盐务等，是研究明清海岸地理、军事防御的重要著作。

林福祥撰《平海心筹》，成书于道光二十三年（1843 年）。分上下卷，一万余字，附图 14 幅。上卷记水战火器、火药、广东水道等，下卷为防夷论、作战日记、收复香港的上书、训兵辞及书信等。本书中的"火器十三种"、"制药二十八方"等对火器、火药的制造、使用、性能等记载

---

① 严如熤：《洋防辑要·序》，道光戊戌来鹿堂版。

详细，堪称一部火器史。本书是林福祥参加抗击英军侵略的记录和经验总结。该书论述反击外国侵略的必要性、有利条件和斗争策略，记述了三元里抗英作战情况，有一定史料价值。林福祥（1814—1864），字亮予，号季薇，广东香山（今中山）人。鸦片战争后，林福祥历任江西赣州定南厅同知，南昌、抚州、饶州知府，吉安赣宁兵备道，浙江布政使，并参与镇压太平天国起义。咸丰十二年（1861年），被太平军俘虏，后又予以释放。同治三年（1864年），被闽浙总督左宗棠捕杀。

俞昌会撰《防海辑要》十八卷、图一卷，《清史稿·艺文志》有著录。此书大约撰于道光二十二年（1842年）。俞昌会，生卒年不详，浙江绍兴人，后落籍宛平。曾先后任桃源、善化、鄮县、清泉、湘潭知县，永州、桂阳州知州。

薛传源撰《防海备览》十卷，于嘉庆六年（1801年）刊印。温承志撰《平海纪略》。

《山东海疆图记》是专门研究山东海疆的著作。在此之前，没有人专门研究山东海疆，也没有出现专门研究山东海疆的专著。这本书的出现，填补了这一缺憾。这也说明，人们对山东海防重要性的认识有了深入。

鸦片战争之前，山东一直不是国家海防建设的重点。明代海防著作多把东南沿海海疆情势放在前面；山东作为沿海省份之一，其沿海海疆、海道、海口等情况也会被涉及，但内容比较简单，而且都是放在书的后半部分。

与明代海防文献、地方史志相比，这本书还有一个特点：在论述沿海形势时，以往的著作，多是从南到北，而这本书的顺序是从北至南。为什么会发生这样的变化，是一个值得研究的问题。

此书前三卷为"地利部"，有"水口志"、"山岛志"、"道里志"、"鱼盐志"；卷四、卷五为"天时部"，卷四有"潮汐"、"风信"、"日色"、"海市"，卷五有"祷祀"；卷五后半部分为"人事部"，记"兵戎志"、"官制"、"城寨墩台志"；卷六为"人事部"，有"战船"、"火器"、"操防"、

"商贩"、"讥禁"、"漕运"等。在卷六"操防"中，详细介绍了总督张元锡"海防图"中所列"八汛"，并介绍了山东水师的巡洋会哨制度。此外，此书辑录了各朝代关于山东海疆的诗词歌赋大约有七十篇，分布于各个专题之下。从内容上看，对山东海疆的记载，比此前的任何著作都要细致、全面。

此书很多内容亦辑录自明代海防著作或地方史志，如明代郑若曾《筹海图编》中的《山东预备论》、冯琦的《东省防倭议》、刘应节的《海岛悉平疏》、蓝田的《总督备倭题名记》；另外，还辑录了清代莱州府知府陈谦的《条陈节略》、徐绩的《蓬莱阁水操记》、徐可先《增置天桥铁栅记》等。

除以上海防文献之外，还有多部山东人自己撰写的海防文献，如胶州人柯培元的《海防志略》、邹县人张登岚的《沿海七省图说附考》四卷、滋阳人（今兖州区）范葆真的《海壖图志论说》。

据宣统《山东通志》记载："《海防志略》，柯培元撰，见采访册。"[1]柯培元，字易堂，胶州人。嘉庆二十三年（1818年）举人，补福建瓯宁县知县，署龙岩直隶州知州、台湾玛兰通判。著有《海防志略》、《玛兰志略》、《黄华山馆日记》、《说文辨误》、《石耳山房古文集》等。"《海壖图志论说》，范葆真撰。葆真，字实庵，滋阳人。采访册载是编云，葆真在杨春舫军幕时所撰也。"[2]"《沿海七省图说附考》四卷，张登岚撰。……前三卷为海疆图说，其防海谋略一卷，则穷高测远书及航海简法也。"[3]张登岚（1844—1912），字晓山，邹县（今邹城市）人，同治六年（1867年）诸生。早年居沛县，后迁居到邹东大峪口，提倡文教，设馆授徒。著有

---

① 宣统《山东通志》卷百三十三《艺文志第十·史部》，民国四年（1915年）铅印本，第3711页。

② 宣统《山东通志》卷百三十三《艺文志第十·史部》，民国四年（1915年）铅印本，第3711页。

③ 宣统《山东通志》卷百三十三《艺文志第十·史部》，民国四年（1915年）铅印本，第3711页。

《周易集腋》、《俗礼考源》、《天文算学汇编》、《各有攻守形势录》、《痘疹诗赋辨误》等书。

二、清代前期的山东海防遗存

清代前期的山东海防遗存主要为建立于清初至鸦片战争爆发之前的古炮台遗址，共有 3 处，分别为古镇口炮台、亭子兰炮台、唐岛炮台。这 3 处炮台同时修建，修建于清朝初年。此外，明代时建的烟墩，在清雍正年间大部分被裁撤、废弃，虽然遗留到现在的遗存数量很多，但一般归为明代遗存。

古镇口炮台，位于黄岛区滨海办事处古镇营村东南 1.5 公里，坐北朝南，面向海湾，雄踞山坡上，与积米崖唐岛的唐岛炮台东西相列。现保存下来的炮台破坏严重，但其轮廓尚存。炮台呈凸字形，北面炮城正方形，东西、南北各二十余米，里面为守兵居住的房屋；残墙高约 6 米，墙体底部厚 1.9 米左右、顶部厚 1.6 米左右，用花岗岩大石块垒砌。南面朝海凸起长约 6 米、宽约 5 米的炮台，用于置放火炮。围墙东南角为拱门洞出入口，高 2.6 米，进深 1.9 米，宽 2 米，青砖砌筑券顶，部分墙体已坍塌，炮台门上有长方形石制门额，镌刻"古镇口炮台"五个大字。据乾隆《灵山卫志》记载："（炮台）建于雍正四年（1726 年）"。"道光二十年（1840年），胶州知州韩亚雄为防御海匪又重新修筑"。"古镇口外委把总一员，马兵二名，步兵十三名。"在上述 3 个炮台遗址中，以古镇口炮台保存较完好，现为省级文物保护单位。

亭子兰炮台，位于黄岛区琅琊镇台西村以东的海边，斋堂岛湾北岸。亭子兰炮台通体为石砌，占地面积约 40 平方米；形状是城堡式，共设有14 个垛口；楼顶带有一周墙垛、方形楼体，长、宽各 5 米左右，高六七米，墙体厚 0.4 米左右。东、西、南 3 面设 4 个瞭望孔，其中南侧 2 个，东西两侧各 1 个。北侧建有台阶直达台顶。清雍正四年（1726 年），与古镇口、唐岛炮台同时修筑，形制也相同。现为山东省文物保护单位。

　　唐岛炮台，位于黄岛区积米崖港区大岔口村。据道光《胶州志》载，炮台建于清雍正四年（1726 年），配台炮 12 门，鸟枪 23 支，马刀 220 口，锹、斧、镰各 74 件，士兵人数不详。道光二十年（1840 年）重建。乾隆《灵山卫志》称之是与古镇口炮台东西相向的"姊妹炮台"。炮台石砌，石灰嵌缝，由炮位墩台和守城兵卒营房组成一个建筑整体。炮位墩台突出，原长、宽各 5 米，先残存长度为南北 5.74 米，东西 4.32 米。炮位两侧有条 1.5 米宽的阶梯通往台顶。现存炮城遗址东西总长 18.52 米，南北长 15.84 米，墙宽均 1.5 米。

第六章　近代山东海防与海防文化

第一节　19世纪到20世纪初的中国与西方

一、第二次工业革命与资本主义向帝国主义的过渡

19世纪上半期，随着工业革命的开展和资本主义力量的壮大，欧洲国家发生了一系列的革命和改革，直到1848年爆发了席卷欧洲大陆的资产阶级革命，为资本主义发展扫清了道路。工业革命进一步刺激了列强的殖民扩张，其殖民政策也逐渐以商品倾销取代以往那种公开直接的掠夺。商品倾销瓦解了殖民地、半殖民地旧的经济结构、社会结构，对古老的手工业有极大破坏，给广大人民造成了重大灾难。随着列强殖民掠夺的加剧，殖民地、半殖民地国家的民族独立和民族解放运动，如火如荼地发展起来。

鸦片战争、第二次鸦片战争期间，西方列强依靠第一次工业革命创造的"坚船利炮"打败了清政府。清政府在"千年未有之变局"的冲击下，从"天朝上国"的迷梦中惊醒过来，为了挽救统治危机，学习西方军事、科技，创办军事工业。但洋务派的学习对象集中在当时西方比较成熟的军事、科技成果，这些成果主要是第一次工业革命的产物。让中国人始料不及的是，第二次鸦片战争刚刚结束，即19世纪60年代开始，第二次工业革命在西方迅速展开，人类开始由"蒸汽时代"进入了"电气时代"。

第二次工业革命以电器的广泛应用为标志。1866 年，德国人西门子制成了发电机；到 70 年代，实际可用的发电机问世，电力成为新能源，电器逐渐取代以蒸汽为动力的机器。随后，电灯、电车、电影放映机相继问世。

第二次工业革命的另一项重大成就是内燃机的发明和使用。19 世纪七八十年代，以煤气和汽油为燃料的内燃机相继诞生。80 年代，德国人卡尔·本茨等人制造出由内燃机驱动的汽车。90 年代，柴油机创制成功。内燃机的发明解决了交通工具的动力问题。此后，内燃汽车、远洋轮船等也得到了迅速发展。

科学技术的进步带动了电讯事业的发展。19 世纪 70 年代，美国人贝尔发明了电话，90 年代，意大利人马可尼试验无线电报取得了成功，为迅速传递信息提供了方便。世界各国的经济、政治和文化联系进一步加强。

英国早在 19 世纪 30 年代就基本完成工业革命，到 50 年代已在世界上建立起工业垄断地位，成为"世界工厂"。1857 年发生的第一次世界性经济危机，表明资本主义世界市场已经形成。

19 世纪六七十年代，许多重要的国家通过改革或革命，如意大利的统一、德意志的统一、俄国农奴制度的废除、美国的南北战争、日本的明治维新等，在本国建立起资本主义制度。一系列革命运动的成功，使资本主义制度在世界上得到确立，形成一个世界体系，并将全世界都卷入了资本主义的旋涡。

19 世纪下半期，社会生产力得到了极大的发展。1870 年至 1900 年间，世界钢产量从 52 万吨增至 2830 万吨，铁路线长度从 21 万公里增至 79 万公里，石油产量从 80 万吨增至 2000 万吨，工业总产值增长 1 倍以上，其速度超过以往任何时期；一些新的工业部门出现了，如化学工业、电气工业、汽车制造业、飞机制造业等，尤其是电力取代蒸汽作为动力，为工业发展提供了巨大的前景。

19 世纪末 20 世纪初，资本主义进入了一个稳定发展的时期。在资本主义高速发展的基础上，生产和资本日益集中，并且由生产集中进一步发展到垄断时期，各主要资本主义国家美、德、英、法、日、俄等相继进入帝国主义阶段。资本主义发展到帝国主义阶段以后，西方各国以极残暴的手段从事扩张和掠夺，同时以资本输出的方式进行经济侵略，激起了民族解放运动的进一步高涨。

帝国主义政治经济发展的不平衡，加剧了各国之间的争霸和重新分割世界的角逐，并形成了同盟国与协约国两大帝国主义军事集团的对立。到 1912 年清帝退位、中华民国建立的时候，欧洲国家已经处于第一次世界大战的前夜。

二、中国的沉沦与抗争

两次鸦片战争以后，中国国门洞开，国家主权和领土完整遭到严重破坏，开始了向半殖民地、半封建社会的沉沦。

第二次鸦片战争结束后，外国公使进驻北京，中外出现了"和好"的局面。同时，列强为了巩固和扩大不平等条约中取得的权益，在侵略中国的活动中采取了"合作政策"，即在有关侵华的问题上，彼此协商和合作，以达到共同的侵略目的。列强一方面对清政府进行外交讹诈，扩大他们在中国的侵略势力，另一方面粗暴干涉中国内政，增强他们对清政府的政治影响。

19 世纪 60 年代到 80 年代，列强凭借从不平等条约中攫取的各种特权，逐步加深了对中国的经济侵略。以进口货物总值为例，1864 年为 4600 万海关两，1871 年为 7010 万海关两，至 1881 年增加到 9190 万海关两。1869 年，苏伊士运河通航，中英之间的航程比原先绕道好望角缩短了大约四分之一。1871 年，上海至英国伦敦与美国旧金山的电报线路接通，为西方列强扩大对华掠夺提供了便利。外国商品的大量输入，破坏了中国自给自足的自然经济，中国逐步被卷入了资本主义世界市场，成为西方资本主义的原料供应地。外国资本主义在华政治、经济势力的扩张，加深了中国社会的半殖民地化。

清朝统治集团中，一些头脑比较清醒的当权者如曾国藩、李鸿章、左宗棠等人，并没有被"中外和好"和国内相对稳定的局面所迷惑，他们亲眼看到西方列强坚船利炮的威力，预感到西方列强潜在的长远威胁。为了维护清朝的统治，实现富国强兵，19世纪60年代到90年代，洋务派开展了一场以引进西方军事装备、机器生产和科学技术为主要内容的自救运动。洋务派大规模引进西方先进的科学技术、兴办近代化军事工业和民用企业，在客观上刺激中国资本主义发展，一定程度上抵制了外国资本主义的经济输入。

洋务运动在中国开展了近十年以后，从1868年开始，日本开始了一场由上而下、具有资本主义性质的全盘西化与现代化改革运动"明治维新"。明治天皇进行近代化政治改革，实行君主立宪政体；经济上学习欧美技术，推行"殖产兴业"；提倡"文明开化"，社会生活欧洲化，大力发展教育等。明治维新使日本成为亚洲第一个走上工业化道路的国家。此后，日本综合国力迅速增强，一步步跻身世界强国之列。

随着明治维新的展开，日本走上了对外侵略扩张的军国主义道路。1871年，琉球国渔船遇到风暴漂流到台湾，与台湾高山族人发生冲突，五十余船员被杀。本来，此事与日本毫不相干，但日本以此为借口，图谋侵略台湾。1874年5月，日本军队三千余人在台湾登陆，高山族人民据险反击。10月，清政府在英、美等国调停下，与日本签订《台事专条》，派款日本军费白银50万两，日本才从台湾撤军。此后，日本先将琉球变为日本属国，1879年又以武力正式吞并琉球，改为冲绳县。

日本侵略台湾后，东南海防形势顿然紧张起来，清政府内部加强海防的呼声随之高涨。与此同时，中国西北、西南边疆地区出现了新的危机。浩罕汗国军官阿古柏侵入新疆，建立割据政权，至1870年占领了新疆大部分领土。在英、俄的笼络、收买下，阿古柏成为英、俄阴谋分裂我国新疆的工具。同时，英、俄两国加紧向西藏、云南渗透势力。1875年，英国驻北京使馆翻译马嘉理带领英国"远征队"擅自潜入云南境内，被当地居民打死，这就是马嘉理事件。英国以此为借口提出广泛的侵略要求，并以增派军舰来华相恫吓。1876年9月，李鸿章与英国公使威妥玛在烟台签订《烟台条约》。

清政府认为"海防"与"塞防"都十分重要，因此一面加强海防，筹划建立近代海军，一面任命左宗棠为钦差大臣督办新疆军务。1876年，清军分3路开进新疆，经过半年时间，收复北疆大部分领土。到1878年初，收复了除被俄国占领的伊犁之外的新疆所有领土。1880年，曾国藩之子曾纪泽赴彼得堡谈判，索还伊犁。谈判中，曾纪泽据理力争，经过半年多反复交涉，双方于1881年2月签订中俄《伊犁条约》，中国收回伊犁地区。1884年，中国在新疆设立行省，设置州县。

19世纪末，正在向帝国主义过渡的西方资本主义国家，将侵略目光集中到还没有被完全瓜分的少数地区。1880年，法国茹费理内阁变本加厉推行殖民扩张政策，增兵越南，策略以此为跳板侵略中国。1883年12月，法军向驻防在越南北部的中国军队发起攻击，中法战争爆发。1884年8月，福建水师在马尾军港内遭到法国舰队攻击，结果福建水师军舰、运兵船几乎全部被击沉，马尾造船厂、两岸炮台等亦全被法国舰队轰毁。1885年3月，中国军队在广西镇南关取得重大胜利，并乘胜进军，接连收复失地。李鸿章等人借口"乘胜既收"，与法国签订《中法新约》。最终，中法战争落得了一个法国不胜而胜、中国不败而败的结局。

日本侵略中朝两国，蓄谋已久。从19世纪70年代起，日本就急欲吞并资源丰富的朝鲜，并以朝鲜为跳板，向中国本土扩张。1876年，日本逼迫朝鲜签订《江华条约》，此后全面向朝鲜渗透势力，并与清政府争夺对朝鲜的宗主权。面对日本咄咄逼人的扩张政策和军事威胁，清政府反应迟钝，措施不力，严重影响了中国的战备。1894年7月，日本在牙山口外丰岛突然袭击北洋海军，甲午战争爆发。经过平壤之战、黄海海战、辽东半岛之战、威海卫之战，中国陆海各军相继战败，日军占领辽东半岛、威海等地，北洋海军全军覆灭，标志着历时三十余年的洋务运动破产。甲午战争给中华民族带来空前严重的民族危机，大大加深了中国社会半殖民地化的程度，而日本帝国主义通过甲午战争迅速膨胀起来，很快挤进帝国主义列强的行列。此后，日本更加野心勃勃地走上了侵略扩张的道路。1902年，为了对付俄国，英日结为同盟。1905年，日本在日俄战争中打败俄国后，更加丧心病狂，不可一世，它把侵略扩张的目光逐渐转向整个亚洲。

甲午战争以后，帝国主义加快了争夺中国的步伐。俄、英等国在中国强租海港、划分势力范围，掀起了瓜分中国的狂潮，中国面临被瓜分甚至是亡国灭种的严重危机。为了挽救民族危亡，康有为、梁启超等维新派知识分子大力宣传维新变法思想，制造变法舆论，使维新变法很快成为社会思潮的主流，维新变法运动也逐渐高涨起来。1898年6月，光绪皇帝颁布《明定国是》诏书，宣布变法。从6月11日开始，光绪皇帝陆续颁布法令，从经济、军事、文教、政治方面进行改革。新政引起了以慈禧太后为首的顽固守旧派的强烈抵制和反对。1898年9月21日，慈禧太后发动政变，囚禁光绪皇帝，重新"训政"，废除变法法令，并大肆搜捕维新派。"戊戌变法"宣告失败，从而使中国错失了一次全面走向近代化的机会。

1900年，义和团运动在直隶和京津地区迅猛发展。西方列强以保护使馆为借口，策划直接出兵干涉，各国侵略军聚集大沽口，然后由天津乘火车向北京开进。6月21日，清政府颁布向各国宣战谕旨。清军、义和团进行了英勇阻击，但抵抗连连失利。8月14日，八国联军攻抵北京城下，北京陷落。八国联军侵华战争结束后，清政府被迫在1901年与11个帝国主义国家签订《辛丑条约》，向各国赔款白银4.5亿两，在北京设立使馆区，惩办在义和团运动中和帝国主义作对的官吏；此外，大沽炮台以及北京至大沽沿路的炮台一律毁坏。北京至山海关铁路沿线12个战略要地，准许外国派兵驻守。《辛丑条约》的签订，加重了对中国人民的敲诈勒索，使中国完全陷入半殖民地半封建社会的深渊，而清政府完全沦为"洋人的朝廷"。

从1901年至1911年的10年，被称为"清末十年"。在国际环境上，这10年是相对安定的时期，中外之间没有发生直接的武装冲突。西方列强对中国的侵略，以政治控制和对华倾销商品、输出资本等经济扩张为主。1901年，清政府成立督办政务处，作为规划新政的机构，并逐步推出各项新政措施，涉及军事、官制、法律、商业、教育和社会等多个方面。清末新政是一场系统性的经济和政治体制改革运动，是中国现代化的重大事件之一。清政府推行新政的目的是为了维护其统治，为了达到这个目的，在改革中作出了巨大的努力。1905年，清政府派五大臣出国考察政治。1906年9月又宣布"预备仿行宪政"。但此时，全国人民已经对清政府失望透顶，清政府的任何改良措施都无法抗拒资产阶级的革命浪潮。1911年辛亥革命爆发后，各地纷纷响应，清政府的统治迅速陷入土崩瓦解。1914年，第一次世界大战爆发，日本为夺取德国在山东的侵略权益，对德国宣战，从而将"一战"的战火引到远离欧洲的中国青岛。

三、近代山东的海防思想

进入近代以来，特别是经过两次鸦片战争的失败之后，清政府亲身体验到西方列强"坚船利炮"的威力，深刻认识到自身海防力量的薄弱，同时也认识到西方海防思想与理念的长处，因此被迫抛弃了原先被动的海防防御策略，在向西方学习中努力探索适合中国国情的海防战略。

早在同治六年（1867年），丁日昌上书曾国藩，明确提出，只有创建近代海军以取得制海权，海防才有保障。同时他提出，建立北洋、东洋、南洋三支水师，以使"三洋联为一气"。同治七年（1868年）初，丁日昌重新拟订了三洋水师章程6条。这是一个统筹全局的海防战略构想。

19 世纪 70 年代日本入侵台湾后，清政府内部出现了"海防"与"塞防"的争论。以李鸿章为代表的洋务派官员大力主张采用西方勘察及设计方案，选择优良海湾设置海军基地，以现代化的海军装备来进行海疆防御。这标志着清政府海防思想的重大转变。此后，清政府加快了建设近代海军的步伐。

1875 年，清政府命沈葆桢和李鸿章分任南北洋大臣，从速建设南北洋水师，并决定每年从海关和厘金收入内提取 400 万两白银作为海军军费，由二洋分解使用。沈葆桢认为"外海水师以先尽北洋创办为宜，分之则难免实力薄而成功缓"；清政府考虑到北洋水师负责守卫京师，遂采纳沈葆桢的建议，决定优先建设北洋水师，等北洋水师实力雄厚后，"以一化三，变为三洋水师"。

光绪七年（1881 年），清政府就北洋水师基地的选址及其防务区域等问题进行激烈的讨论。当时，薛福成提出仍然以登州海域为海防重心的观点。他说："登州北面群岛错杂，自长山岛、庙岛以至北隍城岛，绵延约百余里。再自北隍城岛以北至旅顺口处，至旅顺山、海毛 [猫] 岛，海面不过六十余里，舟行过此，往往触礁，则其中经行之通道不过数处。北洋水师成军以后，似可分拨数船在此测量沙线，创设水寨。其群岛之间，轮船如可绕越，或拨炮船，或布水雷，或设浮炮台以守之。一旦有警，则以铁甲及大兵轮船分排横亘于旅顺、北隍城岛之间扼截敌船，不使北上。即有一二闯越者，彼接济即断，又惧我师之袭其后，心孤意怯，必且速退。如此则大沽、北塘不守自固，燕齐辽碣之间，周围洋面数千里竟成内海，化门户为堂奥，莫善于此。"①薛福成以登州为海防建设重点的构想，着眼于拱卫京师，在当时的历史条件下的确有其必要性，但是 19 世纪以来随着西方工业革命的完成、军事技术的突飞猛进以及巨舰大炮时代的到来，

---

① 薛福成撰：《酌议北洋海防水师章程》。陈元晖主编：《中国近代教育史资料汇编·洋务运动时期教育》，上海教育出版社 2007 年版，第 416—417 页。

这种只着眼于近海防御的海防设想显然又是落伍的。最后，李鸿章选定先在旅顺修建海军基地。同时，开始向英、德两国购买铁甲战舰。

1885 年，山东巡抚张曜考察威海，意欲设在威海提督署。但李鸿章认为："察度北洋形势，就现在财力布置，自以在旅顺建坞为宜。"直到 1887 年旅顺基地建设大部完成后，李鸿章才确定在威海卫建设海军基地。

光绪十二年（1886 年），许景澄给朝廷上疏，主张把海防重点放在胶州。他说："山东之胶州湾宜及时相度为海军屯埠也。……其规择形胜必取外口严密，内澳深广，盖先令我之师船屯藏安固，乃可蓄锐以击敌船，兵法所谓自立于不败者也。西国兵船测量中国海岸无处不达，每艳称胶州一湾为屯船第一善埠。查该处为大小沽河、胶莱南河会流入海之处。前明于此设立卫所，东曰浮山所，西曰灵山卫，以资控扼。其外群山环抱，口门狭仅三四里，口内有岛中峙，实为天然门户。周湾之地约数十里，水深八九拓至四拓不等。当烟台未开口岸时，航海商舶凑集颇盛，本非散地荒陬可比。且地当南北洋中，上顾旅顺，下趋江浙，均一二日可达，声气足资联络。若酌抽北洋、江南海军，合以山东一军，扎聚大支，则敌舰畏我截其后路，必不敢轻犯北洋，尤可为畿疆外蔽。……溯自浙之温州以北至于青齐滨海各处，非门口坦漫，即港路浅狭，惟该湾形势完善，又居冲要，似为地利之所必争。"[1]许景澄的海防主张十分有远见，代表着晚清时代最积极的一种海防理念。但是，当时正在奉李鸿章之命主持旅顺基地建设的刘含芳不同意许景澄的建议。他在上奏给朝廷的《查勘胶州湾条陈》中指出，北洋海军已经在建设旅顺基地，如果在胶州湾再开海军基地，耗费必大。北洋大臣李鸿章也认为，"北洋目前兵力、饷力实形竭蹶"，"断难远顾胶州"[2]，因此在胶州湾开辟海军基地的主张遂被搁置。1897 年"巨

---

① 许景澄：《条陈海军应办事宜折》。民国《胶澳志》卷十一《艺文志二·文存》，民国十七年（1928 年）铅印本，第 1404—1405 页。

② 李鸿章：《为筹议胶澳事宜致海军衙门函》，光绪十二年六月十五日（1886 年 7 月 16 日）。民国《胶澳志》卷十一《艺文志二·文存》，民国十七年（1928 年）铅印本，1405—1408 页。

野教案"发生后，德国人以此为借口强租胶州湾，山东南部海疆遂陷入了无险可守的境地。

第二节　近代山东海防部署

一、军事部署

鸦片战争以后，山东设登州镇、兖州镇、曹州镇3镇；山东沿海主要属登州镇防区；担任登州镇总兵者，道光二十年以后有玉明、武攀凤、德通、许联镳，咸丰年间有陈世忠、武迎吉、田浩然、王鹏年、曾逢年，同治年间有李懋元、施元敏、周惠堂、陈择辅，光绪年间有王正起、玉山、蔡国祥、李楹、章高元、夏辛酉、李安堂。

1. 旧式绿营水师

在雍正年间，山东就建立了北汛、东汛、南汛三汛水师，北汛驻登州府水城，东汛驻养鱼池，南汛驻胶州之头营子，战船为赶缯船与双篷艍船，战、守兵总计1200人。

鸦片战争以后，旧式水师在西方列强"坚船利炮"面前几乎毫无还手之力，但清政府在短期内无法改变现状。在1888年北洋海军成立之前，山东沿海防务仍然依靠旧式绿营水师。旧式水师归山东巡抚节制，而北洋海军直属清政府，这是两者的重要区别。

道光二十二年（1842年），因为北汛巡哨洋面辽阔，巡防不力，增设游击1员，改为水师后营，驻水城；改北汛守备为游击中军，守备长山岛。三十年，添设文登水师营，管驾赶缯船1只，红头乌船5只，广艇船2只，开风船4只，追捕海盗。①

---

① 《山东通志》卷一一四《兵防志第八·兵制一》。

同治十二年（1873年），山东巡抚丁宝桢整顿水师，将3营游击以下官39员，兵1311名，裁撤核留战兵700名，守名100名，分为登州水师营、荣成水师营，改归抚标直辖。设统领1名，每营管带1员，左、右、前、后、中哨官5员。所用战船，改原来首尾均齐、形体笨重之红头船、赶缯船为头尖尾大、船身较低的拖缯船，专去广东定做14只，每营配备6只，每船置炮21尊，并配以德制铜炮及洋枪，请德国人端乃尔教练。同时每船设正副舵长、椗长、隙兵、炮兵等员，改变了过去舵工、椗工、水手临时雇募的情况。

登州水师营，额设游击1员，守备2员，千总1员，把总3员，经制外委4员，额外外委4员，战兵365名，守兵50名，拖缯船7只，自登州天桥口起，东至成山头，西至武定营大沽河交界，北至北隍城岛东北90里，巡防洋面1770里。[①]

荣成水师营，额设游击1员，守备1员，千总2员，把总3员，经制外委3员，额外外委3员，战兵335名，守兵50名，拖缯船7只，自荣成县之成山头起，南至江南交界鹰游门，巡防洋面2070里。[②]

1881年，清政府将烟台防务划归北洋大臣节制。1888年北洋海军正式成军后，山东沿海防务主要归北洋海军，而旧式的绿营水师的职责依然以"防守海口，缉捕海盗"为主。

此外，1868年，清政府为加强运河防务，在济宁设立"利捷水师营"，哨官1人，水师25人，船24艘。"利捷水师营"属内河水师，与外洋水师在装备、编制、操练等方面均有很大不同。

2.山东的防军、练军与巡防队

鸦片战争以后，清代军制经历了一个由八旗、绿营制度到勇营制度、新军制度的嬗变历程。

---

① 《山东通志》卷一一四《兵防志第八·兵制一》。
② 《山东通志》卷一一四《兵防志第八·兵制一》。

清代在八旗兵、绿营兵外另行招募的军队，其士兵称"勇"，以"营"为单位，因此称为"勇营"，起初不属于正规军队。乾隆、嘉庆年间，为镇压农民和少数民族起义，暂募勇营，事后随即撤销。

太平天国起义爆发后，清政府号召地方官绅兴办"团练"，以保卫地方；另拨款给八旗、绿营募集乡勇，以充实军力。曾国藩的湘军和李鸿章的淮军是在镇压太平天国的过程中发展起来的实力最强悍的勇营。

太平天国被镇压以后，各省险要之处，皆以勇营留防，称之为"防军"。同治年间，在绿营额兵内挑选士兵，提高饷银，采用新式武器，加以训练，称为练军。在19世纪下半期，防军与练军一起构成了晚清国防力量的主体。据光绪二十四年（1898年）统计，各省防军、练军共三十六万余人。清末，防军、练军改为巡防队。

山东的勇营、防军、练军也是在镇压农民起义的过程中发展起来的。有的勇营是在山东招募的，有的则是由调任山东的官员从外省带过来的。勇营、防军、练军受山东巡抚、各镇总兵节制。

1853年至1868年间，几乎与太平天国起义同时，北方出现了捻军起义，主要活动在长江以北皖、苏、鲁、豫4省部分地区。捻军极盛时期总兵力达二十万众，后分为东、西捻军。为阻挡太平军、镇压捻军，咸丰三年（1853年）山东巡抚李惠、张亮基令各地招募勇丁，或数百人，多者千人。道员黄良楷所带诚勇人数最多，以3000人为一军。战事结束后即遣撤。同治二年（1863年），山东巡抚阎敬铭派副将陈锡周、参将安延德、游击王新安等赴湖南招募楚勇6营3000人，随升任山东按察使丁宝桢来山东。到1868年，山东按楚军营制饷章先后招募了济字营、东字营、振字营、吉胜营、常武营、平字营、绅字营、培字营、精健营、健武营、武胜营及利捷水师营等五十余个勇营。

1865年，新任按察使潘鼎新率鼎字军淮军10营及亲兵1营、马队2营共6000人来山东。1867年，为对付捻军的马队，巡抚丁宝桢派员赴黑龙江、吉林招募西丹（满洲八旗余丁），购买马匹，组成马队12营，共

3000 人。

捻军被镇压以后，清政府为减轻财政负担，裁撤 38 营，黑吉马队除部分调京外亦皆裁撤。潘鼎新所部淮军，分别调赴陕西和遣回安徽。到光绪二年（1876 年），山东只剩下王正起部振字 12 营 4000 人，莫祖绅部绅字 3 营 1000 余人，李培荣部培字 4 营 1500 余人，以及济字营、精健营和利捷水师营。

1884 年，新任山东巡抚陈士杰奉命率在郴州、桂阳等地编练的广武军中、前、左、右、后 5 营，副中营两哨，炮队左、右 2 营来山东，共计正勇 3200 名。7 月，光绪帝谕陈士杰："山东防勇兵力尚单，着陈士杰于该省腹地各郡，酌量抽调练军、勇营，或迅速增募，即行妥筹办理，总需添足万人，期于战守确有可恃。"[①] 据此，陈士杰就地招募勇丁 2000 名，新建马队营、泰靖营及邢字营等十余营。1886 年，裁撤广武军中、左、右、后 4 营。

1886 年，张曜调任山东巡抚，率所部嵩武军中、前、左、右、后 5 营，嵩武亲军中、右、后 3 营，骧武马队前、左两营，官兵共 4490 名，由新疆随调入鲁。1894 年中日甲午战争爆发后，该军八营由登州镇总兵章高元统率渡海援辽东，驻盖平，曾与日军鏖战。余部由孙万龄等统带，留驻山东登州、莱州、烟台、威海等地，亦曾与进犯山东半岛的日军作战。

1894 年中日甲午战争爆发后，山东巡抚李秉衡奉命增兵加防。除原有各营照旧分防外，增设东字练军 1 营，东字中军 5 营，又马队 2 营，正军 5 营、副军 5 营，抚标亲军 1 营，济康中、副中、前、右 4 营，新魁黔勇 5 营，开字 5 营，福字亲军 3 营，定字 5 营。新旧防勇达八十余营，共三万余人。

---

① 山东师范大学历史系中国近代史研究室选编：《清实录山东史料选》，齐鲁书社 1984 年版，第 1823 页。

1895 年战争结束后，即开始裁撤，到 1897 年，已陆续裁去一万六千余人，尚余三十余营。袁世凯于 1900 年接任山东巡抚时，全省尚有防勇 34 营。袁将其中的 20 营裁并改编成新军，其余 14 营改编成左、右翼防军各 4 营，分属曹州、兖州两镇总兵统带；沿海防军 4 营；抚标左、右 2 营。

1903 年，山东巡抚张人骏将沿海防军中、左、右 3 营改编成马队正营、步队中营。全省共有马、步、炮队 32 营和利捷水师营。

练军是在同治年间才出现的。同治六年（1867 年），通商大臣崇厚派洋枪队 500 名至烟台助剿捻军。此后，山东各镇开始挑兵赴烟台训练洋枪。当年登州镇标、文登营、宁福营共拨马步兵 523 名赴烟台操练。1869 年，巡抚丁宝桢整顿绿营，抽调马队 2 营兵 500 名集中省城济南训练。

光绪十七年（1891 年），巡抚福润从曹州镇标中调练步队中营；1893 年，从抚标中调练步队左营。1894 年前后，从各镇和抚标中挑选士兵编成练军的还有：东字练军 1 营，登荣练军 1 营，东昌练军马队 1 营，曹州练军 3 营、马队 1 哨，临清营练军 122 名，单县马队 1 营，沂州营练军 101 名，青州旗兵营马队 1 营，共约三千五百名。1897 年裁去 1900 名。

宣统二年（1910 年），山东巡抚孙宝琦，按陆军部《巡防队试办章程》，将全省除青州、德州八旗兵外的所有旧军，凡 20 岁以上 35 岁以下身体健壮者，统一改编成山东巡防队，合计共有官弁兵夫 12404 名。其中，步队 36 营，每营官弁兵夫 301 名；马队 8 营，每营官弁兵夫 181 名；按地域分为中、前、后、左、右 5 路，各路设统领官 1 员：中路，统领官聂宪藩，辖济南府、武定府。前路，统领官兖州镇总兵田中玉（兼），辖兖州府、沂州府、泰安府。左路，统领官登州镇总兵叶长盛（兼），辖登州府、莱州府、青州府。右路，统领官曹州镇总兵张善义（兼），辖曹州府、济宁直隶州。后路，统领官方致祥，辖东昌府、临清直隶州。每路设讲武堂 1 所，选派教练官 1 员。

3. 北洋海军

北洋海军正式成立于 1888 年。李鸿章在筹建北洋海军的同时，在威海建基地，在烟台建立炮台，烟台、威海沿海防务亦属北洋海军。北洋海军是李鸿章经营最久、用费最多、也最得意的洋务事业。

北洋海军直属清政府，其上级管理部门为海军衙门，同时受北洋大臣节制。山东巡抚不仅与北洋海军没有任何隶属关系，而且级别低于北洋海军提督，因此无权调度北洋海军。

第二次鸦片战争结束后，中外"和好"。1861 年，英国人赫德（Robert Hart）建议清政府购买英国船舰，用以进攻太平军。1862 年，清政府委托中国海关总税务司李泰国（Lay Horatio Nelson）在英国购买船只、招募人员，最终以白银 92 万两购买 7 舰，组成一支小型的舰队。李泰国推荐英国海军上校阿思本为舰队统领。1863 年 9 月，舰队抵达天津。但是，中英在舰队的指挥权方面发生严重分歧，清政府以"中国兵权不可假于外人"为由，拒绝李泰国等人的要求。最后舰队解散，各船返回伦敦拍卖，清政府支付军官水手一笔费用作为遣散费。在这一事件中，清政府白白损失白银约七十万两。

近代海军的建设，南方行动早于北方。从 1866 年左宗棠创办福州船政局开始，经过近十年的营建，到同治十三年（1874 年）时，福州船政局拥有的舰船有 18 艘，已初具规模。1879 年 7 月 4 日，为加强台海防务，清政府诏令闽局轮船先行练成一军，福建水师正式成立。在中法战争爆发之前，福建船政水师兵船已达 26 艘，排水量 9900 吨，官兵 1100 人，是中国吨位最大的一支舰队。

同治十年（1871 年），李鸿章与两江总督曾国藩协商，调"操江"轮赴天津巡哨。这是北洋最早的兵轮。次年，李鸿章奏请朝廷，将"镇海"轮拨归直隶留用，与"操江"轮共同在天津服役。

同治十三年（1874 年），日本侵略台湾，清政府深为震惊，海防之议兴起。清政府初拟建北洋、东洋、南洋 3 支海军，后来觉得"财力不足，势难大举"，于是决定先在南北两洋筹办海防。1875 年，任命沈葆桢和李鸿章分别督理南北洋海防事宜。

光绪元年（1875 年），李鸿章在英国订购了"飞霆"、"策电"、"龙骧"、"虎威"4 艘炮舰。4 舰于 1877 年来华后，先于澎湖、福建驻防，1878 年抵达天津，分驻大沽、北塘两个海口。

1879 年，沈葆桢去世，建设近代海军的重任落到李鸿章肩上。李鸿章加快了建设步伐，在天津设立水师营务处，由周馥主持，马建忠负责处理日常事务。光绪五年（1879 年），原南洋在英国订购的"镇东"、"镇西"、"镇南"、"镇北"4 艘炮舰，驶抵天津。李鸿章留下"镇东"等 4 船，将"龙骧"等 4 船拨给南洋。

光绪六年（1880 年）底，在英国订购的"超勇"、"扬威"两艘快船即将完工，李鸿章派丁汝昌、林泰曾、邓世昌等赴英国验收。光绪七年（1881 年）"超勇"、"扬威"竣工，启程回国。

光绪六年（1880年），山东新购"镇中"、"镇边"两艘炮舰驶抵大沽。李鸿章与山东巡抚任道镕商妥，将"镇中"、"镇边"与"镇东"等4炮船，及新购的两艘快船合为一小支水师，防护北洋要隘。

1881 年，李鸿章奏请朝廷同意，任命淮系将领丁汝昌为北洋水师提督，同时改三角形龙旗为长方形，以纵 3 尺、横 4 尺为定制。至此，北洋海军从英国购进 2 艘快船、6 艘炮船，加上先后调进沪、闽厂造的"操江"、"镇海"、"湄云"、"泰安"、"威远"5 船，共 13 艘舰船，已经初具规模。

光绪十一年（1885 年），李鸿章在德国购进"定远"、"镇远"两铁甲舰及"经远"、"来远"两舰，在英国购进"致远"、"靖远"两舰。光绪十四年（1888 年），北洋海军正式成立，提督署设于威海刘公岛，在威海卫、旅顺建立屯军房舍及办公处所。光绪十五年（1889 年），北洋海军在刘公岛设水师学堂，丁汝昌兼任总办。

全军分为中军、左翼、右翼、后军，官兵共四千八百余人。中军为致远、靖远、经远 3 舰；左翼为镇远、来远、超勇 3 舰；右翼为定远、济远、扬威3舰；后军为镇东、镇西、镇南、镇北、镇中、镇边6艘炮舰，左一、左二、左三、右一、右二、右三、福龙号7艘鱼雷艇，威远、康济、敏捷3艘练舰，操江、镇海2艘运输舰。

北洋海军设提督1员，统领全军操防事宜，归北洋大臣调遣；总兵2员，分左、右两翼，各带铁甲战船1艘为领队翼长；副将以下官员，根据所带舰艇的大小，职事的轻重，按品级分别安排；总兵以下各官皆终年驻船，不建衙署，不设公馆。编制定额：副将5员，参将4员，游击9员，都司27员，守备60员，千总65员，把总99员，经制外委43员。

北洋海军规定，海军提督有统领全军之权，凡北洋兵船，所有兵船均由提督统一号令；提督之下，则听左翼总兵一人之令；左翼总兵之下，则听右翼总兵一人之令；右翼总兵之下，则听资深副将之命。凡沿海陆路水师文武大员，如无朝廷节制北洋海军明文，兵船官概不得听其调遣。

甲午一战，北洋海军全军覆灭。到了清末，清政府从各国购置一些旧船，拼凑了巡洋、长江两个舰队，统一由海军部指挥。其中，巡洋舰队有巡洋舰4艘，海圻为英造，海筹、海琛、海容为德造；还有通济号练船、飞鹰号猎船、保民号运船，另外8艘为鱼雷艇，分别为辰、宿、列、张、湖鹏、湖隼、湖鹗、湖鹰。

光绪二十九年（1903年），南洋海军驻上海统领叶祖珪，命海圻舰舰长萨镇冰，在烟台筹办海军学校，首任校长为谢葆璋。

4.驻防山东的"新建陆军"

"新建陆军"简称"新军"。这支军队既不同于八旗、绿营，也不同于开始使用新式枪炮的防军和练军，因其武器装备购制洋枪洋炮，编制和训练效仿西方军队，故称新军。

光绪二十年（1894年）中日甲午战争爆发后，清政府命胡燏棻在天津小站（初为马厂）用西法编练新式陆军，"习洋枪，学西法"，称"定武军"，共计10营4750人。光绪二十一年（1895年）12月，袁世凯接管定武军，并加募步兵2000人，骑兵250人，将其扩充到7000人，改名为"新建陆军"，完全依照德国营制、操典进行训练，聘用德国军官充任教习。同时，署理两江总督张之洞也依照西式军队编练了一支新军，名"自强军"，步兵、炮兵、马兵、工兵13营一共二千余人，后来由刘坤一接办。

1896年，直隶提督聂士成挑选所部马步军30营，按德国军制训练，编为"武毅军"。直隶全省淮军、练军二万余人，被编为20营，按西法操练，分驻各地。

光绪二十四年（1898年），清政府以荣禄为兵部尚书，节制北洋海陆各军。荣禄将京津一带驻军合编为"武卫军"，分前、后、中、左、右5军，其中袁世凯训练的新建陆军被改编为武卫右军，袁世凯任总统官，辖左、右两翼（相当于旅），每翼设统领1人，统领下辖分统1人，负责训练步、马队和工程诸营。营设统带1人，帮统1人，左翼步兵2营，炮兵1营；右翼步兵3营，骑兵1营；共计七千三百余人。

此后，各省也开始编练"新军"。1901年，清政府下令将战斗力较强的军队改为常备军，其余编为续备军，同时加强洋枪操练。到清朝灭亡前，全国已练成新军16镇和16个混成协，其中装备与训练以袁世凯的北洋六镇为最佳，遍布直隶、山东与东北。

新军以镇为基本建制单位，每镇官兵定额12512人，由步、马、炮、工、辎重等兵种组成，协同作战；镇设统制率领，镇下分协、标、营、队、排、棚，分由协统、标统、管带、队官、排长和正、副目率领。

曾经驻防山东的新军主要有武卫右军、武卫右军先锋队、陆军第五镇、暂编陆军第九十三标等。

1899年，义和团兴起，清政府命袁世凯率武卫右军进入山东，部署在青州、潍县一线。光绪二十六年（1900年）4月，袁世凯又仿武卫右军营制饷章，增立一军，名为武卫右军先锋队，袁世凯兼任总统官。武卫右军先锋队辖20营，计1.4万人。其中步队16营，分左、右两翼，每翼两路，每路分前、后、左、右4营，每路各设统领1员督率训练。另设炮队左、右两营，作为中路炮队，骧武、精健马队两营，作为中路马队，各派统带 1 员管理训练。

1901 年 9 月，原张之洞在南京编练的自强军由张腾蛟率领进入山东，"交袁世凯酌量分配，督饬训练"。10 月，袁世凯任直隶总督兼北洋大臣，武卫右军和自强军随即跟随其离开山东。

光绪三十年（1904 年），新任山东巡抚周馥，以武卫右军先锋队为常备军，曹州镇、兖州镇防军 8 营及沿海防军 2 营与抚标前军 2 营为续备军。

光绪三十一年（1905 年）6 月，袁世凯从武卫右军先锋队中抽拨 12 营，陆军第四镇抽调步队 4 营，马、炮队各 1 营，并从青州、德州旗兵营闲散余兵内挑选精壮 500 名，和招募部分新兵，合编成北洋常备军第五镇，驻济南和潍县一带。不久即按新制改称陆军第五镇，直属陆军部管辖。

陆军第五镇辖步队第九协、第十协 2 协，每协 2 标，每标 3 营；马、炮队各 1 标，每标均 3 营，工程队、辎重队各 1 营。计全镇官长及司书人等 748 员，弁目兵丁 10436 名，夫役 1328 名，共 12512 名。1907 年 7 月，第五镇步兵第十八标、马队第五标第二营和炮队第五标第三营调奉天省（今辽宁省），编隶陆军混成第一协。宣统三年（1911 年），又补充续备军 3 营，直隶第五镇。

光绪三十三年（1907 年），陆军部令山东另编新军一镇，限 3 年成军。宣统二年（1910 年），山东巡抚孙宝琦以山东巡防队左路第四、第六两小营为基础，汰疲去冗，并征募部分新兵，组成暂编陆军第九十三标，额定官兵 2006 名，但因经费不足，实设官兵 1466 名。第九十四标未及编成，辛亥革命爆发，清朝灭亡。

二、近代山东沿海的巡检司、乡勇与团练

清代前期，清政府实行绿营"分汛防守"和水师"巡洋会哨"相结合

的海防措施，不太重视巡检司的作用，历经多次裁撤，巡检司所剩无几。鸦片战争爆发前后，登州府只有海口司，光绪末年被裁撤。莱州府只有固堤店巡检司和灵山卫巡检司；民国二年，两巡检司全被裁撤。青州府只剩下信阳镇巡检司和穆陵关巡检司，两者先后于光绪十七年、民国元年被裁撤。

近代以来，地方武装各地名称有很多，如团练、民团、乡勇、乡兵等，虽名称不一，但都属于地方武装范畴。地方武装一般分为两类，一是民兵，农闲时定期操练；二是遇紧急事情临时组织，令地方绅士加以训练，清查保甲，坚壁清野，以求地方自保。办团经费均来自民间，且由练总练长掌握。

鸦片战争以后，国家处于内交外困的境地，为了镇压农民起义，为了抵御西方列强侵扰，山东各地组织地方武装的次数增加，规模也有所扩大。

道光二十年（1840 年），鸦片战争爆发后，山东巡抚托浑布在蓬莱、黄县、荣成、宁海（今牟平）、掖县等地编练乡勇，以防英军入侵。道光二十一年（1841 年）十二月，山东巡抚托浑布"遍谕沿海绅民，围筑土堡，团练乡勇，以资防卫"，并"择年力强壮者，时加训练，地方官激其忠义之气，俾人人乐于自卫，以收实效"。托浑布还招募通晓水性的渔民充当水勇，"定为分班轮操，间日仍令捕渔为业，虽未编设队伍，既经官为统领，即与兵丁无异"[1]，增强水师的后备力量。道光皇帝还特别指示："蓬莱县之大竹山等处十三岛，居民多少不等，著即谕令届期塞断上岸道路，团练岛民自守。"[2]

咸丰元年（1851 年）太平天国起义爆发后，清朝政府令各官府、豪绅举办团练，镇压太平军。黄县人王允中奉旨同梁莘涵、李璋煜、王简、

---

①《清实录·清宣宗实录》（六）卷三百六十，中华书局 1985 年版，第 496 页。

②《清实录·清宣宗实录》（六）卷三百六十四，中华书局 1985 年版，第 562 页。

孙毓桂、刘跃春同办山东团练。咸丰三年（1853年）王允中去世，黄县士绅赵华林等十余人在城隍庙筹款招募勇丁，首办团练。其间，赵华林带团练兵勇协助清军镇压了石良集张九子起义。

咸丰三年（1853年），清政府为防备太平军北上，诏令山东在籍官员办团练。随后，招远县设团练局，蓬莱官府拨发枪械，举办联庄团练。清咸丰四年（1854年），莱州、登州知府再次下令属县举办联庄团练。寿光县亦命令各乡士绅举办团练。县内较大村庄，皆修垒挖壕，购买枪支，据寨守卫。1855年7月6日，海盗船13艘驶至黄县海面，沿海团练集结防备。后海盗船西上突破黄河营防线登陆杀掠，清军赶到已逃走。清军追至蓬莱栾家口，发炮射击，海盗船均中弹焚毁。

咸丰十年（1860年）四月，捻军东进，清政府诏令全国组织团练抵抗。贾桢向清廷奏议办团练，清廷命杜翮办山东团练，黄县人丁培镒襄办。丁培镒与士绅丁培杰、丁树香、王锤九、姜桂、胡春塘、赵赢海、王堂、姜涛筹办团练，在县城和重要村镇建造土圩。为防捻军，丁培镒催督县内863村办团筑圩。至同治六年（1867年），县境土圩增至六十余处。同年，登州、莱州等地办起团练，兵部主事张弼任莱州团练总团长。

咸丰十一年（1861年）7月，捻军入境前，栖霞县奉命筹办团练。先有于岸率众于城西大寺立团练局，继由官府"选城关绅耆以为团总"，在城东关帝庙设立官办团练局。10月，于岸部在同捻军作战中全军覆没，而官办民团则迅速发展，除县城附近设东隅、唐山、王格庄3个分团，东、南、西、北4门有街道防卫武装外，臧家庄、唐家泊等集镇亦有分团成立。至同治六年（1867年），团局拥有火炮24门和其他城防军械。栖霞团练曾配合营汛武装镇压入境捻军，伤亡九百余人。捻军南去后，团练武装遂解散。

咸丰十一年（1861年）八月，捻军由黄县进入蓬莱县，于栾家口村与北沟乡团练激战后西撤。九月，复入蓬莱县，先后于北沟、平山等地分别战败北沟、诸谷等乡团练，继攻县城，不克，后分兵东进。同年八月二十五日，捻军东征至招远县毕郭。二十七日，团练与捻军激战，双方伤亡严重。

同治二年（1863 年）六月，莱州知府夏云焕，下令民众筑寨栅，以防倭患。民团一直延续到民初。同治六年（1867 年），招远团练再次与东征之捻军发生激战。

光绪二十年（1894 年），中日甲午战争爆发。黄县知县肖启祥奉札与绅士山民、丁世常、王常益、姜淑、丁庭闻、姜椿灰、丁毓□商办团练事宜。7 月 21 日，在城隍庙成立团练总局，统属各乡团练，将团练保甲合并。全县分乾山、芦山、莱山、平山 4 都，领 44 社，社长兼社团长，各村举出村团长。社、村皆设公所。办团经费由绅富捐资和各村社自行筹措。县城圩内时有丁勇 80 人，至 11 月，招募团勇 300 人。丁勇昼夜巡查，守御城门。总局董事负责检查公所。村团长率团丁昼查街巷，夜派打更。圩内各团所用军火，由总局发给，四乡各团自筹。

光绪二十一年（1895 年）正月初三，黄县人王守训奉旨协王懿荣，回黄县办团练。县团练局申请巡抚李秉衡调营兵来黄防守，愿捐巨款协济粮饷。李巡抚责令登州防营提督夏辛酉招募丁勇 500 人，在黄县驻扎，会同民团加强防守。二月初成立防勇、团勇两部。防勇 1 营（士乡义胜军），林志魁管带，共 556 人，由团局发饷。团勇 2 营（士乡义胜团勇）1000 人，外守门查街勇 200 人，由团绅管带并发饷，帮带有黄县人游击王和亭。军械由烟台军装局发给广线枪 200 杆，铅丸 5 万粒；黄县军装局拨给来福枪 200 杆，火药 5000 磅，铜火帽 8 万粒，抬炮 200 杆，火绳数百斤。二月二十六日，钦差团练大臣王懿荣来黄县阅军，称赞"黄县办团练认真，为合郡第一"。三月二十三日，甲午战争结束，团勇汰弱留强，至八月有 600 人。十二月初二，奉巡抚批令，团勇遣散，留士乡义胜军 1 营。光绪二十二年（1896 年）正月十六日，义胜军遣散，城乡撤团，保甲中止。

辛亥革命后，各地团练逐步为联庄会、民团等地方武装代替。

第三节　近代山东的海防指挥机构

一、军事指挥机构

1.总理衙门与北洋通商大臣（直隶总督兼）

鸦片战争前，由于长期实行闭关锁国政策，清政府闭目塞听，思想落后，在外交上尚没有形成现代观念。清政府自以为"天朝上国"，视周边附属国、藩属国以及其他国家为未开化的"蛮夷"。当时，处理涉外事务的部门是礼部和理藩院。俄国使臣来华，由理藩院接待，其他各国均由礼部接待办理。凡是与外国有关系的各种事务均被称为"夷务"。

鸦片战争后，沿海五口通商，外交与通商事务由两广总督与各国交涉，特加钦差大臣头衔，称"五口通商大臣"。《天津条约》、《北京条约》签订后，外国公使进驻北京，各国在华设立使馆。各国外交官对清政府称之为"夷狄"的做法极为不满，多次要求建立专门机构处理外交事务。1861年1月，恭亲王奕訢等奏请设立总理各国事务衙门，接管以往礼部和理藩院所执掌的对外事务。1862年3月，正式成立。总理衙门先后存在了40年，1901年改为外务部。

总理衙门最初主管外交及通商、关税等事务，后来兼管海防、派遣驻外国使节、筑路、开矿、邮电、制造枪炮军火、同文馆、派遣留学生等事务，总揽全部洋务事宜，实际上成了政治、军事、外交无所不管的机构。

总理衙门由王公大臣或军机大臣兼领，"一切均仿照军机处办理"，设大臣、章京两级职官。大臣有总理大臣、总理大臣上行走、总理大臣上学习行走、办事大臣等，由亲王1人总领。初设时，奕訢、桂良、文祥3人为大臣，此后人数略有增加，从七八人至十多人不等，其中奕訢任职时间长达28年之久，庆亲王奕劻任职12年。大臣下设总办章京（满汉各2人）、帮办章京（满汉各1人）、章京（满汉各10人）、额外章京（满汉各 8 人)。

总理衙门直属机构有英国、法国、俄国、美国、海防 5 股,另有司务厅、清档房、电报处等机构;其中,海防股主办南北洋海防,包括长江水师、北洋海军、沿海炮台、船厂以及购置轮船、枪械、制造机器和置办电线、铁路、矿务等事。下属机构有同文馆、海关总税务司署,还管辖南、北洋通商大臣,选派出国公使等。

南、北洋通商大臣原为专职,后分别由两江总督和直隶总督兼任。咸丰十年(1860 年),置三口通商大臣,驻天津,管理天津、牛庄(后改营口)、登州(后改烟台)三口与外通商事务。1870 年改为北洋通商大臣,管理北方直隶(约今河北)、山东、奉天三省对外通商、交涉事务,兼办海防和其他洋务,驻天津。

道光二十四年(1844 年)设立的五口通商大臣原由两广总督兼任,1861 年后亦列于总理衙门之下,增管东南沿海及长江沿岸各口岸通商事务,兼办海防和其他洋务;先由江苏巡抚兼任,驻上海;后来演变成为南洋通商大臣,改由两江总督兼任,驻南京,长江及江苏以南沿海各省通商口岸均归其管理。北洋通商大臣、南洋通商大臣与总理衙门在业务关系上是平行的,遇到疑难问题时,可与总理衙门咨商,由总理衙门备顾问和代奏朝廷。

同治九年(1870 年),清政府裁撤三口通商大臣,所有洋务、海防各事宜,均归直隶总督经管,颁发钦差大臣关防,称"北洋通商大臣"或"北洋大臣",管理直隶(今河北)、山东、奉天(今辽宁)三省通商、洋务,办理有关外交、海防、关税及官办军事工业等事宜。

总理衙门主要负责外交事务的执行而非决策,决策的权力主要掌握于皇帝(实际上是慈禧太后)以及军机大臣。当然,由于主持总理衙门的恭亲王奕訢、文祥等人同时又是具有影响力的军机大臣,所以总理衙门参与决策的机会很多。

19 世纪 70 年代以后,总理衙门在北方洋务事业的重要性逐渐下降,其领导性地位渐被直隶总督、北洋大臣李鸿章的地位所取代。

同治九年（1870 年）8 月，李鸿章调任直隶总督。11 月 4 日，李鸿章接办了天津军火机器总局，改称天津机器制造局。11 月 12 日，清政府裁撤三口通商大臣一缺。裁撤后，所有洋务、海防各事宜，均归直隶总督经管，颁发钦差大臣关防，称"北洋通商大臣"或"北洋大臣"。管理直隶（今河北）、山东、奉天（今辽宁）三省通商、洋务，办理有关外交、海防、关税及官办军事工业等事宜。此后，李鸿章担任直隶总督兼北洋大臣达 28 年之久，专办清政府外交，兴办北洋海陆军，并在北方兼长江流域筹办轮船、电报、煤铁、纺织等企业，致使北洋大臣地位不断提高，职权不断扩大，势力远远超过本来地位与之对等的南洋大臣。特别是随着北洋海军威海卫基地的营建，山东登州沿海划为北洋海军的防区。

2. 海军衙门与北洋水师提督

总理海军事务衙门建立于中法战争失败后的 1885 年，是管理全国海军、统一海军指挥权的机构。

第二次鸦片战争时期，英法联军纵横海上，中国沿海旧式水师毫无招架之力，只能望洋兴叹。一部分有识之士开始认识到建立近代海军的必要性和重要性。19 世纪 60 年代，洋务运动兴起，清政府仿造西方军舰，或直接向西方购买军舰。

1874 年，日本侵入台湾，朝野震动。直隶总督李鸿章上洋洋万言的《筹议海防折》，促使清政府痛下决心，加强海军建设。此时，全国没有一个统一的海军指挥机关，各地水师归当地督抚节制，互不统属，难以协同作战。

1884 年 8 月，中法马江战役爆发，福建水师全军覆没。鉴于海战失败的惨痛教训，清政府在建立海军中枢机构的问题上很快达成共识。1885 年 10 月，醇亲王奕譞奏请设立"总理海军事务衙门"，获得允准。海军衙门的设立旨在统一全国海军的行政管理，从此以后，海军建设、海防筹划由海军衙门直接运筹。

海军衙门设总理 1 人，会办、帮办各 2 人，海军衙门成立之初，借用神机营署的空闲房间办公，办事人员有 22 人。光绪十四年（1888 年），奕譞请求免去管理海军衙门的职务。光绪十七年（1891 年），奕譞病死，清政府任命庆亲王奕劻总理海军事务，两江总督兼南洋大臣刘坤一协办海军事务。光绪二十年（1894 年），慈禧太后命奕訢管理总理各国事务衙门事务，同时总理海军事务，会同办理军务。海军衙门的实权主要掌握在会办、北洋大臣李鸿章手中，他趁机大力扩充北洋海军。

光绪二十一年（1895 年）2 月甲午战败，北洋水师全军覆没，次月海军衙门被撤销，海军学堂也一律停办。海军衙门从成立到撤销，前后共维持 10 年时间。

清末北洋海军的最高军事长官为提督，负责统辖北洋海军全军。

光绪十四年（1888 年），总理海军事务大臣醇亲王奕譞奏准颁布《北洋水师章程》，北洋海军正式建军。海军衙门根据李鸿章的提名，奏准以北洋海军记名提督、直隶天津镇总兵丁汝昌为北洋海军提督，旋赏加尚书衔。北洋海军提督归北洋大臣节制，驻威海卫并设督署于刘公岛上。从北洋海军成军到全军覆灭，只有丁汝昌任此职务。

丁汝昌（1836—1895），字禹亭，号次章，安徽庐江县人。早年曾参加太平军，后归顺湘军。不久，隶属李鸿章淮军，参与镇压太平天国和捻军起义。光绪五年（1879 年），李鸿章调入北洋海军。

北洋海军提督旗初为五色立锚旗，后改为五色团龙旗，分 1—5 号，用于提督座船悬挂。水师提督以下设总兵 2 员，分左右翼，各统铁舰，为领队翼长。副将以下各官，以所带船舰之大小，职事之轻重，别其品秩。总兵以下各官船居，不建衙署。副将 5 员，参将 4 员，游击 9 员，都司 27 员，守备 60 员，千总 65 员，把总 99 员，经制外委 43 员。官兵共计四千余人。

光绪二十年（1894 年），甲午战争爆发，丁汝昌指挥北洋海军与日军在大东沟附近海域发生海战，后舰队退保威海卫。光绪二十一年（1895

年），威海卫之战中，率军抗击日军围攻，最后在弹尽粮绝、援军未至的情况下，拒绝日军将领伊东祐亨劝降，服鸦片自尽，以谢国人。

3.外务部、陆军部、海军部

光绪二十七年（1901 年），据清政府与列强签订的《辛丑条约》第十二款规定，总理衙门改为外务部，仍位列六部之上。同年，设置督办政务处，以军机大臣领督办事，逐步开始推行"新政"。光绪三十二年（1906 年）改为会议政务处，隶内阁，以各部尚书为内阁政务大臣。

光绪三十二年（1906 年），原兵部改称陆军部，练兵处、太仆寺等机构亦并入，编组、人员有所更变。练兵处成立于 1903 年，主要负责编练军队，以庆亲王奕劻总理练兵事务，袁世凯为会办练兵大臣。练兵处设提调 1 人，下分军政、军令、军学 3 司，每司各设正使 1 人，副使 1 人，委员共 18 人。

宣统元年（1909 年），海军处由陆军部分出，改为"筹办海军事务处"，改设筹办海军大臣 2、参赞 1，下设参赞厅，分军制、军政、军学、军枢、军储、军防、军法、军医 8 司。次年，复改称海军部，改以大臣、副大臣负责。军防司取消，其他 7 司保留。

1909 年，军咨处也由陆军部分出，由贝勒载涛、毓郎负责，下设军咨使 2 人，机构改为总务厅及一、二、三、四厅和测地、制图 2 局。宣统三年（1911 年），军咨处改称军咨府。

二、"以文统武"制度的延续

1881 年之前，山东巡抚是山东最高军政长官，所有军政要务均在其管辖范围。1881 年，清政府将烟台防务划归北洋大臣节制。这样，山东境内防务分为两个部分，即烟台、威海等沿海地区属于北洋海军，山东内地及除烟台、威海之外的其他沿海地区仍属山东巡抚及三镇总兵负责。

1. 山东巡抚（兼提督）

鸦片战争以后，担任山东巡抚者，道光二十年以后有托浑布、程矞采、梁宝常、麟魁、王笃、觉罗崇恩、陈孚恩、张沣中、徐泽醇、刘源灏、陈庆偕，咸丰年间有李惠、张亮基、吴廷栋、文煜、清盛、谭廷襄，同治年间有阎铭敬、丁宝桢、文彬，光绪年间在 1895 年甲午战争结束前有李元华、文格、周恒祺、任道镕、陈士杰、张曜、福润、汤聘珍、李秉衡。在近代历次大规模对外战争期间，山东巡抚亲赴前线，调集军队加强防务；在北洋海军的建设过程中，多位巡抚亦积极出谋划策，密切配合。在海防建设中贡献尤为突出的有托浑布、陈庆偕、丁宝桢、周恒祺、陈士杰、张曜、李秉衡等人。

1840 年 8 月鸦片战争爆发后，山东巡抚托浑布带抚标兵丁，并调东昌等营兵丁，亲赴登州府督办海防，在荣成、蓬莱、威海卫、芝罘等战略要地增兵驻守，同时在蓬莱水城至抹直口一带沿海构筑沙城，加强防御。托浑布亲笔书写"海不扬波" 4 个大字以明心志，后被制成碑刻镶嵌于蓬莱阁上。

1841 年初，托浑布先后两次上奏清政府，提出加强山东海防的具体措施：一是在沿海险要之处添制火炮；二是将各岛居民迁往内地，在沿海实行坚壁清野；三是将小岛并入大岛，选择年青强壮的岛上居民加以训练，并配备军械；四是根据地势，修筑工事。以上建议均获得清政府的批准。1841 年 4 月、8 月和 9 月，托浑布先后 3 次亲赴登州，同登莱青道等地方官员察看海防情况，部署防务。除了登州海域之外，胶州、莱州等沿海的防御力量也得到了加强。为加强海防力量，托浑布多次奏请调拨银两以充军需。据不完全统计，托浑布自 1840 年 8 月至 1842 年 5 月 5 次专门奏请清廷准拨藩库及司库银共 42 万两。

1849 年，巡抚徐泽醇奉命严密搜捕在石岛、福山一带海面截劫商船并登岸抢掠的海盗。1850 年，海盗袭扰山东沿海。巡抚陈庆偕奉命严守海口，并将 3 汛师船与登、莱 2 府所属 4 县水勇合一，专派统领、协带等前往策应，同时在主要岛屿增设火炮予以支援。6月，经陈庆偕奏请，清政府改登州镇总兵为水师总兵，兼辖陆路。8月27日，登州水师兵勇击沉海盗船10只，擒获海盗三百余名。9月，陈庆偕令添造登州水师战船炮位。

1851年7月，巡抚陈庆偕令沿海艇勇出洋追剿。8月，清军水师营与十余只海盗船在荣成石岛海面交战。9月，新任登州镇总兵陈世忠、登莱青道英桂等奉命率沿海水勇出海与海盗作战。清政府抽调战船十余只，水勇四五百人助战，清军作战失利。

1871年，山东巡抚丁宝桢奏呈整顿山东沿海水师，裁减兵丁，酌留战守兵，由文登协副将带领。

光绪元年（1875年）"马嘉理事件"发生后，英、美、法等国军舰8艘集泊于烟台海面示威，清政府令登莱水师和洋枪队严加防备。11月，清政府批准巡抚丁宝桢在烟台、蓬莱、威海卫修筑炮台，在长山岛西部修筑沙土曲折炮台。同年，丁宝桢提出在威海建立海军基地。丁宝桢在《筹办海防折》中提出要加强威海防御的具体计划，他说："刘公岛北、东两面为二口门，岛东口虽宽，水势尚浅，可以置一浮铁炮台于刘公岛之东，而于内面建一砂土炮台，海外密布水雷，闭此一门，但留岛北口门为我船出入，……则威海于口可为轮船水寨。轮船出与敌战，胜则可追，败则可退而自固，此威海之防也。"

1880年8月，清政府令山东巡抚周恒祺加强烟台、蓬莱海防。周恒祺调曹州镇总兵王正起率部于烟台、福山、黄县一带布防，并令登州、莱州二府增招兵勇。

光绪九年（1883年），在登莱青候补道刘含芳的主持下，在威海金线顶建造了水雷营1处。1884年，中法战争爆发后，清政府令山东巡抚陈世杰加强山东沿海防务，陈世杰赴烟台、黄县督办招募兵勇。

1885年，海军衙门派山东巡抚、北洋海军帮办大臣张曜来威海勘察，张曜主张在威海设提督署。但当时李鸿章认为："察度北洋形势，就现在财力布置，自以在旅顺建坞为宜。"1888年，慈禧太后下懿旨命张曜襄办海军。

1891年6月，李鸿章和张曜，乘船赴威海卫视察海防设施和水陆各营操练，然后由威海卫赴胶澳查看港湾。张曜以为胶州湾为军事要地，应即设防，并上奏朝廷："胶澳设防，实为要图。……此次臣等会同前往详审勘度形势，自应预为经画，未可再缓。……所需布扎营队，拟就山东现有各营抽拨，毋庸添募，以节经费。"随后调派章高元到青岛驻防，并在团岛嘴高地修筑了炮台。

1894年甲午战争爆发时，山东巡抚为李秉衡。清政府调青州驻防旗兵500人协助固守刘公岛。11月16日，李秉衡抵烟台一带督办海防，并调派福字前、右两营抵威海港北岸。

2. 登莱青胶道

自乾隆三十二年（1767年）开始，登莱青道加兵备衔，称"登莱青兵备道"，辖登州、莱州、青州3府。道员秩正四品，级别在知府之上；道员为定任实官，建有自己的衙署，通称道员衙门。登莱青道原驻莱州，烟台被开放为商埠后移驻烟台。登莱青道权力很大，行政、弹压地方、海防等事务无所不包；同治元年（1862年）又兼任东海关监督。

鸦片战争以后，担任登莱青道者，道光二十年以后有王澐、达镛、英桂、诸镇，咸丰年间有舒梦龄、王鸿烈、张凤池、陈显彝、汪承镛、贡璜、崇芳，同治年间有潘霨、刘达善、龚易图，光绪年间有张荫桓、方汝翼、盛宣怀、李正荣、刘含芳、李兴锐、锡桐、李希杰、何彦昇、蔡汇沧、潘志俊、徐抚辰。

在这里，需要特别一提的是刘含芳。1892年5月，刘含芳调补山东登莱青兵备道，监督东海关；1893年11月到任。

调任之前，刘含芳曾在旅顺任职11年，在北洋海军海防工程建设中，功绩显著。1881年奉李鸿章之命筹办旅顺、威海鱼雷营、水雷营，修建水雷土船坞。1883年，任旅顺港务工程局会办，负责旅顺军港工程建设，同时积极辅佐总办袁保龄设屯防营、筑炮台、建库厂、守机器，开办水雷、鱼雷学堂和医院，把旅顺建成了北洋海军重镇。1886 年 9 月，李鸿章又命他主持旅顺港坞工程局，协同直隶按察使周馥监督工程进度和质量。1890 年，工程竣工，他与提督丁汝昌、按察使周馥、天津海关道刘汝翼一起负责验收。1891 年 2 月，清政府授他甘肃安肃道，经北洋大臣李鸿章奏请，暂留旅顺办理海防。

1894 年甲午战争爆发后，日军占领烟台东炮台，刘含芳率军据守西炮台，并以外交手段促请外国领事团出面交涉，致使日军止步。

1881 年，北洋海军进驻威海后，在刘公岛设机器厂和屯煤所。当时只有 12 条船，属临时屯泊。光绪九年（1883 年），在候补道刘含芳的主持下，在威海金线顶建造了水雷营 1 处。

李鸿章认识到胶州湾对于海军的重要意义，两次派管理鱼雷营道刘含芳、水师统领丁汝昌，会同英籍总兵琅威理前往查勘测量。1886 年 3 月，刘含芳勘察胶州湾后认为，"此口地势偏僻，断非目前兵力饷力所宜用也"，应先搞好旅顺、烟台、威海之门户，以卫京津。

1895 年 2 月，甲午战争进入最后阶段，北洋海军腹背受敌，刘公岛上的水师学堂、机器厂、煤场及民房等，均毁于炮火。丁汝昌派出亲信怀揣密信，凫水登岸去烟台，向刘含芳求援。大约在同时，有人向刘含芳谎报威海已失，战斗已经结束。刘含芳据此报告山东巡抚李秉衡，本来要前往威海的援兵随即被调往莱州。

1895 年冬，刘含芳奉命从山东渡海勘收旅顺诸处。所到之处，他见过去亲自督建的海防工程尽遭摧毁，愤慨填膺，痛哭失声。

除刘含芳之外，在此简单介绍英桂、龚易图、张荫桓、方汝翼和盛宣怀。1851 年 8 月，清军水师营与十余只海盗船在荣成石岛海面交战失败，失船 9 只。9 月，新任登州镇总兵陈世忠、登莱青道英桂等与守备黄富兴奉命率沿海水勇出海与海盗船作战。清政府抽调上海战船十余只，水勇四五百人助战。清军作战再次失利，损兵折将。

1871 年，龚易图任登莱青兵备道。龚易图，字蔼仁，号含晶，福建闽县（今福州市区）人，咸丰九年（1859 年）进士。捻军兴起后，龚易图留在山东，跟随僧格林沁作战，屡立战功；先后任东昌府、济南府知府。同治九年（1870 年）任登莱青兵备道道员兼东海关监督，在烟台设育婴堂、慈善堂，举办慈善事业。后升任江苏按察使、广东按察使、湖南布政使等职。晚年在上海筹办织布局，发展民族工业。

1877 年，张荫桓继任登莱青兵备道。张荫桓在登莱青道任职时间不长，政绩亦不多。后调任安徽"宁池太广道"、安徽按察使。1885 年，张荫桓被任命为特派美国、秘鲁、西班牙 3 国大臣。3 年后回国，被任命为总理衙门大臣，兼户部侍郎，赏加尚书衔，成为清廷重要大臣。中日甲午战争中曾与邵友濂为全权大臣赴日谈判。1898 年 3 月，协助李鸿章与俄国签订《旅大租地条约》。张荫桓曾将康有为介绍给翁同龢，荐举给光绪帝。戊戌变法时，调任管理京师矿务、铁路总局，支持变法。戊戌变法失败后遭弹劾，充军新疆。1900 年八国联军侵华战争爆发后，慈禧太后把怨恨倾泄到对开战有异议的大臣身上。此时张荫桓被流放新疆，但慈禧念念不忘旧怨。1900 年 7 月，张荫桓在新疆被杀。张荫桓是继戊戌六君子之后为变法而死的朝廷大员。

光绪七年（1881 年），由方汝翼主持编写的《增修登州府志》完成。

光绪十二年（1886 年），盛宣怀任山东登莱青兵备道道台兼东海关监督。1887 年，盛宣怀在烟台独资经营客货海运，航运范围不仅扩大到山东整个沿海，而且还开辟了烟台至旅顺的航线。1891 年春，盛宣怀在烟台设立慈善机构广仁堂。

3. 北洋海军中的道员

甲午战争期间在北洋海军中效力的官员中，戴宗骞和牛昶昞两人的官职是道员。按清代官职，属于文官系统。

戴宗骞（1842—1895），字孝侯，安徽寿州（今淮南寿县）人。1861 年入李鸿章幕僚，参与镇压捻军，升知县。1872 年受命率淮军治理南运河，并在津沽兴军屯；1880年随吴大澂佐吉林边务，徙民屯垦，晋迁知府。吴大澂在三姓、宁古塔等地进行移民实边、试办屯田的同时，编练军队，建绥、巩、卫、安4军。光绪六年（1880年），4军13营编练完成。其中，绥字军由戴宗骞为统领，在三姓编练。绥字军5个营其中步兵3个营、马队2个营，驻防三姓巴彦通，配用西式枪炮。步兵每营500人，马队每营250人。每营5哨，每哨10队。改单一八旗兵制为满、汉各半，改世袭兵制为招募兵制。

1882年，戴宗骞负责建造威海卫军港，经营台垒，以备海防。1887年，李鸿章奏派戴宗骞总统绥、巩各军，督办威海防务。戴宗骞在威海湾南北两岸共修筑海岸炮台6座，陆路炮台4座，由绥、巩军共8营驻守。1891年晋道员。

1894年中日战争爆发后，任威海卫陆路总统领，率领绥军4营，守卫威海卫北岸炮台。1895年1月，日军从荣成湾登陆，向威海卫进逼。30日，日军集中兵力进攻南帮炮台，戴宗骞率绥军正、副两营在南帮炮台后路之南虎口山防守。不久，南帮炮台、北帮炮台先后失守。2月2日，丁汝昌派小艇载戴宗骞至刘公岛。当晚，戴宗骞吞鸦片自杀。

牛昶昞（1838—1895），字深斋或心斋，河南荥阳人。曾在北洋代理机器制造局任会办6年。李鸿章以劳绩优异，奏请留在直隶作候补道员。光绪二十年（1894年）中日甲午战争时，以候选道任威海卫水陆营务处提调，并管东口水雷营。

1895年日军围攻刘公岛，牛昶昞与洋员密谋投降，遭丁汝昌拒绝。丁汝昌自杀后，牛昶昞勾结洋员以提督的名义起草投降书；后又以海陆军代表身份登日松岛舰，与日本联合舰队司令伊东祐亨签订《威海降约》11条，将北洋舰队残余的11艘军舰和所有军资器械移交日军。为推卸责任，他诡称丁汝昌派广丙管带程璧光将投降书送往日船。事后，他又将投降的罪名全部推到丁汝昌身上，致使丁蒙冤15年之久。清政府当时未辨真伪，仅给予其革职处分。1895年，牛昶昞死于天津。

第四节　近代山东沿海的炮台与海防筑垒

一、两次鸦片战争期间旧式炮台的添设

1840 年 6 月，鸦片战争爆发。7 月，英军攻陷浙江重镇定海，随后多艘英国船只北上驶入登莱洋面，停泊在砣矶岛及烟台等处停泊窥测，补充给养。8 月初，英国远征军海陆联军司令、海军少将乔治·懿律率军舰由定海北上，途经荣成成山角、长山岛进犯天津大沽口。山东沿海基本上处于有"海"无"防"的状态。

鸦片战争爆发后，举国震惊，沿海戒严，山东沿海的形势也顿时紧张起来。登州控扼渤海海峡，对保卫京师的安全具有重要意义，因此清政府采取了一系列应急措施。

8 月 15 日，山东巡抚托浑布率兵到登州府督察。9 月，托浑布派兵分别在蓬莱、芝罘、威海卫等战略要地驻守。1841 年，托浑布经过详细勘察，着手在登州海滨要害地点增加炮位，先后在沿海要隘分别安放大炮三百余门，并在烟台、石岛、庙岛、砣矶岛等地的重要地段埋设炸药、堆筑沙堤，挖掘壕沟。与此同时，托浑布又饬令蓬莱知县王文焘调集民工，在水城东北海边修筑沙城，以拱卫登州府城。沙城长数里，分 8 段，北距海边约五十米，南距府城约五百米。沙城上有青砖砌成的敌台十余座，上置火炮，对防御列强的海上侵袭起到一定作用。此外，托浑布陆续在登、莱、青 3 府沿海各口岸"择年力强壮者，时加训练，地方官激其忠义之气，俾人人乐于自卫，以收实效"[1]，编练乡兵，联合防卫。同时招募通晓水性的渔民充当水勇，以增强水师的后备力量。

为充实海防力量，登州府水师营增设战舰。1842 年，清政府又续拨

---

[1]《清实录·清宣宗实录》（六）卷三百六十三，中华书局 1985 年版，第 547 页。

山东司库银 15 万两，作为登州等处海防经费。7 月，清政府又急令江南提督刘元孝率精兵 1000 人赴登州，加强登州沿海防务。

鸦片战争结束后，清政府并没有立即停止海防建设。1844 年，继续在蓬莱城西北的紫荆山筑建炮台。1850 年，山东巡抚陈庆偕将 3 汛师船与登、莱 2 府所属 4 县水勇合一，专派统领、协带统辖，同时在主要岛屿安设大炮。6 月，清政府又改登州镇总兵为水师总兵，兼辖陆路。9 月，陈庆偕继续在登州添造水师战船炮位。

据光绪《增修登州府志》记载，道光、咸丰年间在登州府境内添设的火炮、炮位有：

八千斤大炮六位，道光二十一年铸。

六千斤大炮十位，道光二十一年铸。

三千斤大炮一位，系旧炮，咸丰三年解赴武定。

二千斤大炮二十六位，旧炮三位，余俱道光二十一年铸。三十年拨九位入水师，运赴石岛。咸丰三年，解一位赴武定，四位赴东昌。

一千三百斤大炮二位，旧炮一位。道光二十一年，济南解来一位。三十年拨一位入水师，运赴石岛。

一千斤大炮一位。道光二十一年，济南解来。三十年拨入水师，运赴俚岛。

八百斤大炮八位，皆旧炮，道光二十六年俱拨入水师。

永固铜炮一位，道光二十一年自京运来，咸丰三年解赴省城。

神功铜炮一位，道光二十一年自京运来，咸丰三年解赴省城。

六百斤铜炮三位，道光二十一年诸城县解来，咸丰三年解赴省城。

四百余斤铜炮二位，道光二十一年诸城县解来，咸丰三年解赴省城。

车炮四位，道光二十一年济南城守营解来。

隋车炮、耳炮八位，道光二十一年城守营解来。

一百八十余斤威远炮三拾三位，道光二十一年济宁州解来，二十五、二十六两年俱拨入水师。

一百七十余斤威远炮七十九位，道光二十一年自省解来，二十五年拨二十六位入水师，咸丰三年解六位赴武定。

一百五十余斤威远炮二十四位，皆旧炮，道光二十五、二十八两年俱拨入水师。

一百五十余斤灭寇炮十九位，皆旧炮，道光二十八年俱拨入水师。

以上炮位，"中营游击管理。每年冬令运至海滩，总镇传集水陆将弁按十日两次轮流演放。"①

但是令人遗憾的是，《南京条约》签订后，朝中自上而下大多数官员以为既然已经签订"万年"和约，自此可以高枕无忧，加之清政府"防寇"甚于"防夷"的意图十分明显，清政府把海防建设的重点放在防止、缉捕沿海海盗上，而对"船坚炮利"的西方列强产生了麻痹大意思想，丧失了应有的警惕。

据光绪《增修登州府志》记载，在19世纪80年代之前，登州府境内的炮台②有旧式炮台，也有新式炮台，或在旧式炮台上添设新式火炮，比较重要的有以下几处：

海阳县境内，一在黄岛口，一在丁字嘴。

荣成县境内，一在龙口崖，一在养鱼池，一在石岛口。

文登境内，一在马头角海口，一在五垒岛，一在祭祀台。

黄县境内，一在黄河营，一在屺嵊岛。

福山县境内，在烟台西之通伸岗上，光绪二年建，中为走轮炮台及望楼，四角皆有台，又东西护台5，圩墙周里余。一在芝罘岛，一在八角口。

蓬莱县境内。一在城西紫荆山上。道光二十四年（1844年）建。中为望台圩，暗开炮门25处，地周13亩。一在水城天桥口。

---

① 光绪《增修登州府志》卷十二《军垒》，第14页，清光绪七年（1881年）刻本。
② 光绪《增修登州府志》卷十二《军垒》，第15—18页，清光绪七年（1881年）刻本。

再者，到了近代以后，烟墩陆续裁撤，所剩无几。光绪《增修登州府志》记载："旧登州卫墩六，刘家汪寨墩五，解宋寨墩三，杨家店巡检司墩三，高山巡检司墩二，今沿海惟田横寨、湾子口、城儿岭三处……"

福山县境内，"旧沿海千户所墩二堡二，奇山所墩四堡二，芦洋寨墩六，孙夼镇巡检司墩三，今俱废。"

文登县境内，"旧威海卫墩九堡四，百尺崖所墩六堡三，靖海卫墩二十堡八，辛汪寨巡检司墩一，温泉镇巡检司墩二，今沿海惟朱家圈、威海口二处。"

荣成县境内，"旧成山卫墩十堡九，宁津所墩八堡九，寻山所墩八堡七，斥山巡检司墩一，今俱废。"

海阳县境内，"旧大嵩卫墩七堡五，海阳所墩七堡十，大山寨墩二堡二，乳山寨巡检司墩一堡二，行村寨巡检司墩三，今沿海惟旗杆石一处，陆路惟小纪集一处。"

黄县境内，"旧墩十六，今沿海惟黄河营、河口、铃铛汪、刘家旺、黄山馆、呼家、界首、仁化、白沙、盐场、榆林、吕口、西皋、王回、小河口十五处。"①

二、烟台西炮台、东炮台的修筑

近代烟台共有两处新式炮台，西炮台为山东巡抚丁宝桢主持修筑，东炮台为北洋大臣李鸿章主持修筑。

1856年，距《南京条约》的签订刚刚过了十几个年头，英、法等列强又寻衅挑起了第二次鸦片战争。第二次鸦片战争的"隆隆"炮声彻底把清政府从"天朝上国"的迷梦中惊醒了。清政府中部分最早觉醒过来的官员，产生了向西方学习科技、军事，以维护清政府统治的"洋务"思想；

---

① 光绪《增修登州府志》卷十二《军垒》，第15—18页，清光绪七年（1881年）刻本。

同时，在抵抗西方列强侵略的过程中，清政府的主权意识、海权意识以及世界观念逐渐萌发、深化，海防建设的理念在西方的影响下也发生了重大转变。也就是从此时开始，清政府以防御西方列强的侵略为直接目标，着眼从维护国家利益的全局出发总体筹划海防和国防。中国的海防终于走上了近代化的道路。

1858 年，清政府被迫签订《天津条约》，其中将登州划定为通商口岸。后来，列强以"港狭水浅"、不适宜外国商船通航为理由，要求将通商口岸改在烟台，得到清政府的同意。此后，烟台逐渐成为整个胶东半岛的政治、经济、文化中心，而清政府海防建设的重点自然也由登州转移到烟台。

第二次鸦片战争后，随着洋务运动的开展，清政府加强海防的措施主要有两项，一是训练新式军队，装备新式枪炮；二是在沿海大规模修筑炮台，安装从国外购置的大炮。

1871 年，山东巡抚丁宝桢奏呈整顿山东沿海水师。1873 年，改登州

东炮台遗址

西炮台遗址·东北角炮台

水师前后二营为登州水师营，文登水师营为荣成水师营，以文登营副将统领两营，驻扎烟台，改归抚标节制。

光绪元年（1875年），"马嘉理事件"发生后，英、美、法等国军舰8艘集泊于烟台海面示威，清政府令登莱水师和洋枪队严加防备，并在烟台通伸岗设海防营，驻兵3000名。丁宝桢认为，"以山东之东三府，三面环海，外寇随处可登，宜扼要屯守"，主张实行重点防御。他奏请在烟台、蓬莱、威海等地改建新式炮台，从国外购置新式火炮，随即得到清政府批准。在丁宝桢的主持下，"烟台山下及八蜡庙、芝罘岛之西，共建浮铁炮台三座"，"登州于城北建沙土高式炮台，城内建沙土圆式炮台。长山之西建沙土曲折炮台，与郡城相掎角"[1]。这一时期建立的炮台多改用克虏伯后膛大炮，或者阿姆斯特朗前膛大炮，装备比较先进。一直到清朝末年，这些炮台和火炮都是清政府用来控扼关键海口的最重要的海防设施。

---

[1]　《清史稿》卷一百三十八《志一百十三·选举八》，上海古籍出版社1986年版，第539页。

烟台的西炮台也是在这一时期修建的。西炮台在今芝罘区通伸岗北端山顶，完工于光绪二年（1876年），最初置土炮8门。这里地势突兀，位置险要，视野辽阔，面对海疆。发生战争时，进可攻，退可守，军事位置十分重要。

光绪十三年（1887年），清政府又将炮台增修扩建，最终建成由围墙、瓮城、演兵场、地下坑道、炮台、指挥所、弹药库等组成的封闭式军事设施群，并在此添置当时世界著名的火炮——德国克虏伯重炮。在建设过程中，除东北角1座用于瞭望的望楼"兼用砖石"外，"一切工程，悉用三合土筑造"，其坚固程度堪比现在的水泥混凝土。

西炮台共建有大小炮台8座，炮台设在通伸岗四角，炮口分别向东北、西南、西北、东南4个方向，射面广阔，西控制到八角海口，东控制到烟台山海区，北控制到芝罘岛海域。其中，东北角炮台正对烟台港，因而规模最大，设施也最好，炮台上建有中心圆柱体炮位，上设花岗岩炮座和铁炮，周围为圆形地陷建筑，4门4室相通，构成通道式阵地。西北炮台依山势建成不规则五边形，外以垛墙相围，中心为圆柱体炮位，台上设花岗岩炮座和铁炮。

各炮位之间以城墙连接，依山就势，蜿蜒而建。墙上设置有二百余个射击孔，墙内侧修建有跑马道。南墙中部建有砖券大门，门上嵌石匾"东藩"两个大字，寓意此炮台是京津的屏障。南门内北侧为演兵场，演兵场北山巅南侧，以淡红色石岛石砌筑成一座半地下指挥所，所内建有地下通道、兵士营房和弹药库，用于储弹藏兵。至此，西炮台成为烟台重要的军事要塞。这也是迄今我国保存最完整的古炮台之一。

东炮台的建立与李鸿章有关。1881年，清政府将烟台防务划归北洋大臣节制。1886年5月22日，直隶总督、北洋大臣李鸿章巡阅烟台西炮台后，决定在归岱山再建炮台，以与西炮台形成交叉火力，严密防御烟台海域。

经过五年艰苦施工，1891年东炮台竣工。东炮台所在归岱山临海负山，地势险要，东西北三面均为深约二十米的临海悬崖峭壁，是烟台天然之关隘。东炮台的布局与西炮台相似，亦由炮位、护墙、大门、地井、坑道及营房等组成。大门内为练兵场，正中 3 个炮位，东西向排列，皆为地坑式，石砌墙体，水泥地面。中心炮台呈"冂"形，南向开口有台阶式通道可通地面，通道两侧皆设耳室，北部东西两壁各有连接地井的通道，内有洞室，可以藏兵储弹。中心炮台东北与西北 20 米处的海岸边又分别设置马蹄形小炮台，以互为掎角。中心炮台以南地下筑有营房两栋，营房大门外东侧有壕沟六十余米，有曲折蜿蜒的小径可通向东端的地井，地井东北二十余米处，有混凝土高台地堡 1 座。大门的东南有七十余米的土壕，其尽头建有两座圆形混凝土的地堡，所有地堡均向海面开有横长的射口，可以瞭望，亦可以射击防御。

三、北洋海军威海基地的建设

1874 年，日本派兵登陆台湾，企图将之占据。事件发生后，清政府朝野震惊。恭亲王提出了"练兵、简器、造船、筹饷、用人、持久"等 6 条的紧急机宜，原浙江巡抚丁日昌提出《拟海洋水师》章程入奏，建议建立三洋海军，李鸿章则提出暂弃关外、专顾海防。在洋务派的一致努力下"海防"之论压倒"塞防"，清政府决心加快建设海军。光绪五年（1879年）5 月，清政府确定"先于北洋创设水师一军，俟力渐充，由一化三"[1]，并委派直隶总督兼北洋通商大臣李鸿章督办北洋海军。

清政府采取买船与造船并重的方针，以加速海军建设。从同治十一年（1872 年）到光绪六年（1880 年）自造船 22 艘，从美国购船 2 艘，从英国购船 14 艘。李鸿章则认为"中国造船之银，倍于外洋购船之价"[2]，极

---

① 中国近代史资料丛刊《洋务运动》（第二册），上海人民出版社 1961 年版，第 387 页。
② 中国近代史资料丛刊《洋务运动》（第一册），上海人民出版社 1961 年版，第 47 页。

力主张购船。1885 年以后，又从德国购进铁甲舰 2 艘、新式巡洋舰 3 艘、鱼雷艇 5 艘，从英国购进新式巡洋舰 2 艘、鱼雷艇 2 艘。

1881 年北洋海军进驻威海后，在刘公岛设机器厂和屯煤所。当时只有 12 条船，属临时屯泊。1883 年，在候补道刘含芳的主持下，先在威海金线顶建造了水雷营 1 处。1885 年，山东巡抚张曜考察威海，意欲设提督署。但李鸿章认为："察度北洋形势，就现在财力布置，自以在旅顺建坞为宜。"直到 1887 年，才确定在威海卫建设海军基地。1888 年 12 月 17 日，北洋水师正式宣告成立并于同日颁布施行《北洋水师章程》。从此，近代中国正式拥有了一支在当时堪称世界第六、亚洲第一的海军舰队。

1888 年北洋海军正式成军后，李鸿章开始营建威海基地，在刘公岛和威海港南北两岸修建海岸炮台、刘公岛海军公所、铁码头、船坞、子药库等。从 1889 年到 1891 年，威海各海岸炮台陆续建成。其中，南帮炮台包括海岸炮台 3，分别在赵北嘴、鹿角嘴、龙庙嘴；北帮炮台包括海岸炮台 3，在祭祀台、北山嘴、黄泥沟。刘公岛上的炮台包括海岸炮台 6，在旗顶山、南嘴、东泓、黄岛、公所后、迎门洞。另在日岛筑地阱炮台 1 座，置 12 厘米平射炮 2 门、6.5 厘米平射炮 4 门、20 厘米地阱炮 2 门。共计威海卫基地炮台 13 座，配备各种大炮 54 门。此外，在威海湾南北两岸各设水雷营 1 处，各营弁兵、匠人等 136 人；南岸水雷营附设水雷学堂，招收水雷学生四十余名。光绪十七年，威海基地的第二期工程开始，以修建陆路炮台为主。其中，南帮炮台包括陆地炮台 2，在杨枫岭、所城北。北帮炮台包括陆地炮台 2，在合庆滩、老母顶。光绪二十年甲午战争爆发时，除北岸老母顶炮台因战争爆发未完工外，共建成 3 座炮台，有大炮 9 门。甲午战争爆发后，清政府又在海港南岸增设摩天岭、莲子顶，在北岸增设东里夼、棉花山、佛爷山、紫峰顶、遥了墩、远遥墩等多座临时炮台。

1891 年 5 月，李鸿章来威海校阅海军，向清政府奏报说："就渤海门户而论，已有深固不摇之势"。后来因总理海军事务的醇亲王奕譞讨好慈禧太后，挪用海军经费修建颐和园，北洋舰队再未添置新舰艇和装备。1894 年 5 月，李鸿章再次来威海校阅海军，发出"窃虑后难为继"的感叹。3 个月后，中日甲午战争爆发，清政府花费巨资、经营多年的北洋海军以及周边附属海防设施尽管在战争中发挥了巨大的作用，给日军沉重打击，但是由于战局不利，这些以炮台为主的海防设施最后除少数被清军自行炸毁外，全部被日军毁坏。

四、清军设防胶州湾

胶州湾位于胶东半岛西部，地理位置十分重要。但是，由于当时青岛仅为一个小渔村，而清政府的海防重点又放在威海和烟台，因此到 1898 年德国强租胶州湾之前，这里的防务一直十分薄弱。

中法战争结束后，清政府加快了筹建新式海军的步伐。1886 年 3 月，北洋大臣李鸿章派道员刘含芳勘察胶州湾，拟就设防事宜进行调查。刘含芳勘察胶州之后上奏说："胶州澳居山东之南海，……口东青岛，高四十七八丈，有关有市，地属即墨。……青岛北面能屏蔽之处，有深水一条，宽约二里，直通即墨之女姑镇，能行大舰自三、五丈以至十丈者，仅长十里，沿边淤滩暗礁，一、二、三里不等。再东又浅，去女姑镇尚有十五里，可望而不可及。以全澳之论，地虽宽广，而能泊大舰有屏障之处，仅此青岛。"[①] 刘含芳认为，在当时情况下，"此口地势偏僻，断非目前兵力饷力所宜用也"，应着力搞好旅顺、烟台、威海之门户，以卫京津。

几乎在同时，驻德国公使许景澄上疏清政府指出："西国兵船测量中国海岸无处不达，每艳称胶州湾为屯船第一善埠。"其内水深澳广，其外群山环抱，实为天然门户，"且地当南北洋之中，上顾旅顺，下趋江浙"，

---

① 《刘含芳查勘胶州湾条陈》。民国《胶澳志》卷十一《艺文志二·文存》，民国十七年（1928 年）铅印本，第 1408—1411 页。

"似为地利之所必争，应请渐次经营，期于十年而成巨镇"[1]，力陈在胶澳设防的必要性。御史朱一新也上奏清政府，认为："欲固旅顺、威海，则莫如先固胶州。""南北洋地势辽远，宜建胶州为重镇，以资联络，兼以屏蔽北洋"[2]，并请饬详细勘度。

为了慎重起见，李鸿章电令丁汝昌偕英人总教习琅威理再次勘察胶州湾。丁、琅勘察后报称，胶州湾地势优良，"实为海军之地利，南北洋水师总汇之区"，应予设防，并提出了设防的具体方略。李鸿章接到丁汝昌、琅威理的报告后于 1886 年 7 月 16 日上奏慈禧太后。奏称：丁、琅之议，"与许星使（指许景澄）所拟及刘含芳勘度，情形大略相同。自来设防之法，先近后远，旅顺与大沽掎角对峙，形势所在，必须先行下手，俟旅顺防务就绪，如有余力，方可议办胶州。"如建海军屯埠，约需军费不下数百万两，实难筹度。"惟地利所在必争，若我不先置守，诚恐海上有警，被人占据，……可否请旨饬东抚（指山东巡抚）酌拨数营。"最后，北洋大臣李鸿章以"北洋目前兵力、饷力实形竭蹶"，"断难远顾胶州"[3]为由，停止了在胶州湾开辟海军基地的努力。

1891 年，北洋舰队旅顺、威海两基地建设完竣。5 月，李鸿章与海军帮办、山东巡抚张曜在校阅北洋海军后，率北洋舰队专程赴胶州湾实地考察，随后奏请在胶澳、烟台筑台设防，获得清政府的批准。由于李鸿章先集中精力在烟台修建炮台，因此胶澳的海防建设迟迟未能实施。直到 1892 年夏天烟台炮台完工后，李鸿章才调派登州镇总兵章高元率带 4 营约三千人于秋天到青岛口驻防。总兵衙门设于青岛村，广武前营驻防小泥洼村北，广武中营驻防信号山南，嵩武前营驻防青岛村西北侧，嵩武中营

---

[1] 许景澄：《条陈海军应办事宜折》。民国《胶澳志》卷十一《艺文志二·文存》，民国十七年（1928 年）铅印本，第 1404 页。

[2] 《朱一新敬陈海军事宜疏》，光绪十二年六月初八日。民国《胶澳志》卷十一《艺文志二·文存》，民国十七年（1928 年）铅印本，第 1417—1419 页。

[3] 李鸿章：《为筹议胶澳事宜致海军衙门函》，光绪十二年六月十五日（1886 年 7 月 16 日）。民国《胶澳志》卷十一《艺文志二·文存》，民国十七年（1928 年）铅印本，第 1405—1408 页。

驻防八关山西北侧。章高元移驻青岛口后，先后修建了总兵衙门、电报局、军火库、前海栈桥及4座兵营，并计划沿海岸修筑团岛、西岭（今台西镇）、青岛（又称"衙门炮台"）3处炮台。由于经费无着，再加上甲午中日战争的干扰，工程进展缓慢，到1897年11月胶州湾事件发生时，仅完成了衙门炮台1处，其余2处炮台未能竣工。

1871年德意志帝国完成统一后，迅速走上向外扩张的道路。在德国地质学家李希霍芬的建议和鼓吹下，德国选定胶州湾作为最佳占领目标。1897年11月巨野教案发生后，德皇威廉二世立即电令德国远东舰队司令棣利斯以此为借口侵占胶州湾。翌年3月6日，德国强迫清政府签订了《中德胶澳租借条约》，强行"租借"胶州湾水域及周边五百五十余平方公里的陆地。从此，青岛沦为德国的租借地，山东南部海疆由此无险可守。

德国强占胶州湾后，德皇威廉二世为了达到长期占领胶州湾的目的，一方面将胶澳租借地置于德国海军部管辖之下，任命海军将校出任"胶澳总督"，统一指挥在胶澳租界内的军队、行政、法律等部门，另一方面在青岛修建了规模庞大的炮台群和数量众多的军营等海防设施，以抵御其他帝国主义国家对胶州湾的争夺，而中国在胶州湾的海防权益完全丧失。

第五节　近代山东海防武器装备

一、"鸟枪换炮"：近代新式枪炮的使用

1. 新式枪炮的进口与仿制

两次鸦片战争期间，中国在武器装备方面与西方列强相差甚远。当时，正是西方军械推陈出新的时候，接连出现了美国格林炮、英国马蒂尼–亨利步枪、德国毛瑟步枪等新式武器。

格林炮即加特林机枪，是一种手动型多管旋转机关枪，由美国医学博士理查·乔登·加特林（Richard Jordan Gatling）在 1860 年设计，1866年首先在美国陆军装备。加特林机枪是现代机枪的先驱，也是第一种在世界范围内大规模实用化的机枪。后来，加特林机枪由 4 管改为 6 管，又增加到了 10 管。在 19 世纪末期，经过改进后的加特林机枪射速最高曾达到每分钟 1200 发。

随着采用管退式、半自由枪机式等自动原理的自动武器陆续出现，多管手摇式转管机枪已基本消失，进而被管退式马克沁机枪、导气式勃朗宁机枪和哈其开斯机枪等自动武器取代。同治十三年（1874 年）前后，加特林机枪输入中国，当时称其为"格林炮"或"格林快炮"。

1862 年，美国人皮博迪发明了一种后膛装填步枪，使用了起落式枪机和简单的火枪式击锤击发方式。1866 年，奥地利人弗雷德里克·冯·马蒂尼修改了皮博迪的设计，用安装在枪机内部、由弹簧控制的击针代替了笨重的外置击锤，使得击发时间变得更短。1871 年，这种步枪被英军采用，命名为马蒂尼-亨利 MK1 步枪。

1867 年，德国毛瑟兄弟设计了一种旋转式闭锁枪机的后装单发步枪。1871 年，这种步枪被采用成为标准的制式步枪。毛瑟式枪机安全、简单、坚固和可靠，后来出现的大多数旋转后拉式枪机都是采纳了毛瑟兄弟的设计原理。

从同治初年开始，清政府为了加强军事力量，一方面大量购买西方洋枪洋炮，另一方面耗费巨资，引进西方制造近代先进兵器的技术，陆续兴办了一批近代兵器工厂，制造近代新式枪炮，装备清朝军队。

咸丰十一年（1861 年），曾国藩在安庆创设安庆内军械所，这是洋务派仿制西式武器最早的军工企业。当时设备比较简陋，规模不大，生产基本处于手工业状态。

同治四年（1865 年），曾国藩、李鸿章在上海设立江南制造总局。此后几年，先后又设立了金陵制造局和福州船政局等，这些工厂规模大，设备比较先进，生产组织比较严密。福州船政局专门制造兵船、炮舰，江南制造总局在初期兼营小型舰船外，其他各厂都是以制造近代新式枪、炮、弹、药为主。其产品由清政府调拨，先后发送到各地的清军手中。

江南制造总局是当时我国最大的军火生产工厂，生产品种繁多。江南制造总局制造的近代快枪多是仿造德国和美国。1867 年，仿造德国 11 毫米口径单响毛瑟前膛枪和美国 13 毫米林明敦单响边针后膛枪，其中林明敦单响边针后膛枪为中国生产的最早的后膛枪。1883 年，仿造 11 毫米单响毛瑟后膛枪和美国 11 毫米单响黎意后膛枪。1884 年，将林明敦边针枪改为 10 毫米口径中针枪。1890 年，将黎意枪口径改为 8 毫米，称黎意新枪，即转入以生产黎意新枪为主。1891 年，综合奥地利曼利夏连珠快枪和英国新利枪、南夏枪 3 种枪的优点，研制出 8 毫米 5 响快利连珠后膛枪（简称"快利枪"）。1898 年，仿造德国 1888 年式 7.9 毫米口径毛瑟枪。1901 年，快利枪停造，专造 7.9 毫米毛瑟枪。1907 年，试造成 6.8 毫米口径毛瑟枪，但仍以生产 7.9 毫米口径毛瑟枪为主。自 1867 年至 1911 年，江南制造总局共生产各种枪支 76414 万支。

19 世纪 70 年代以后，各省督先后设立了一批中小型兵工企业，如左宗棠的兰州制造局，山东巡抚丁宝桢的山东机器局等。

湖北枪炮厂是洋务运动后期兴办的军火工厂。1896 年开始，汉阳兵工厂开始仿造德国 1888 式委员会步枪（即毛瑟步枪），定名为八八式。早期德国产 1888 式步枪采用了全长式枪管套筒，国内仿制品也是如此，因此其早期枪型被称为"老套筒"。当时的世界各国，包括美国在内，主要使用黑火药装填子弹的单发步枪，因此八八式步枪是当时最先进的武器。1904 年，汉阳兵工厂进行了改进，去除了枪管的套筒，以上护木取代，其他则参考了德国 1898 式步枪，改进了照门。汉阳造步枪，一直生产到 1944 年，前后经历了半个世纪，为当时中国生产时间最长的步枪。

从投产之日起，截至光绪三十二年（1906 年）底止，湖北枪炮厂总共造成马步快枪 101690 支，枪弹 43437931 颗，各种快炮 730 尊，前膛车炮 135 尊，各种开花炮弹 631705 颗，前膛炮弹 60860 颗。

2. 新式大炮的引进

19 世纪 40 年代，意大利的卡瓦利少校创制线膛炮成功。19 世纪中期，火炮的闭锁装置日渐完善，后装式线膛炮的技术得到改进。各式不同类型的新式火炮如雨后春笋涌现，其中对中国影响比较大的有德国的克虏伯炮、英国的阿姆斯特朗炮等。此外，炮弹由实心球形发展改进成空心爆炸长弹。发射火药由黑色火药改换成无烟火药。无烟火药的威力比黑色火药大四至五倍。

从同治初年开始，清代海军战船先后装备了近代火炮。有些购自外洋的舰船装备的火炮，在当时是非常先进的。清政府自造舰船装备的火炮，有的是洋务近代兵器工厂制造的，有的直接购自西方。海防要塞各炮台基本上也都装备了近代火炮。光绪十一年（1885 年），李鸿章在 1 年内购买的德国大炮就有克虏伯后膛炮 408 门，克虏伯山炮 64 门，普鲁士野战炮 80 门等。这些新式枪炮与我国的鸟枪土炮相比，构造先进，性能优良，装填方便，射程远，威力大。据《清史稿》记载：山东沿海"炮台用克虏伯后膛大炮，参用阿姆斯特朗前膛大炮。兵丁用格林炮、克虏伯四磅炮、亨利马悌尼快枪，请求行阵攻守之法。"①

19 世纪的火炮，除了前膛炮、后膛炮的差别，还有管退炮和架退炮的不同。火炮发射时的后坐力是非常大的。最早的火炮是整个后座，然后由人工推回炮位。后来，火炮多安装在炮架上。按照火炮制退复进的形式，即火炮后坐时的动作、制退方式，可以分为架退炮和管退炮。架退炮是指火炮发射后坐时，炮架和炮管一起进行回退的火炮。火炮发射之后，依靠炮架的位移来抵消后坐力，整体位置移动极大，需要人工重新复位才能进行下一发的装填、射击，因而射速较慢。管退炮是指火炮发射之后，只有炮管会发生回退动作的火炮。由于这种设计可以快速实现火炮炮管发

---

① 《清史稿》卷一百三十八《志一百十三·兵九》。

射后的重新自动复位，因而在当时被称为速射炮。

在 19 世纪 70 年代之前，世界上的主流火炮无论是陆军炮还是舰炮，主要都是架退炮。1894 年甲午战争时期，北洋水师的克虏伯、阿姆斯特朗舰炮、岸炮大多属于老式架退炮。而日本海军吉野舰装备的 4.7 英寸口径阿姆斯特朗速射炮，属于标准的管退炮，火炮炮管下方连接一个类似液压筒一般的制退复进机，火炮发射后，炮架不动，炮管牵连着"液压筒"内的活塞装置运动，形成独特的"管退"运动。

克虏伯炮

19 世纪中叶，德国克虏伯家族的阿尔弗雷德·克虏伯（Alfred Krupp，1812—1886）创造出了"罐钢"，又用这种性能极好的钢造出了优良的后膛钢炮。俾斯麦依靠克虏伯生产的大炮先后战胜了奥地利和法国，奠定了普鲁士在欧洲的强国地位，而克虏伯大炮也从此世界闻名。

当李鸿章了解到普鲁士用克虏伯火炮打败法国的情况后，对德国青睐有加，此后中国陆军开始学习德国，军火采购也逐渐移向德国。1871 年，李鸿章购买了 328 门克虏伯大炮。瑞乃尔、李劢协、汉纳根等一批德国军事教官来到中国指导淮军操练炮法。定远号、镇远号、济远号等军舰都是向德国订造的，舰上的大炮多是克虏伯公司制造的。

1880 年，德国克虏伯公司设计制造了克虏伯 305mm 后膛炮，属于克虏伯钢套箍炮。北洋水师的"定远"、"镇远"各装备了 4 门这种火炮，分别布置于两座相连的梨形炮塔内，采用磨盘式炮架。每门炮重 31.5 吨，上有炮罩，炮台用装甲环绕，本身不动，炮台内的火炮可自动旋转，水压动力；弹头重 329 公斤，初速 500 米 / 秒，射速为 1 发 /3 分钟，有效射程 7800 米。

"定远"、"镇远"的 2 座双联装大炮使用的是露炮台设计。所谓的露炮塔，指的是不使用旋转装甲炮塔，而是把装甲做成一圈围在炮的四周，炮在装甲内部可以调整方向。旋转炮塔和甲板的接缝处一旦被击中，炮塔很容易被卡死，无法调整方向，而不转的露炮台则不存在这个问题。

1888 年，德国克虏伯公司制造了多种口径的行营炮，射程 5000 米，随炮配有弹药车。使用的炮弹共有 4 种，分别是"单层开花子"、"层叠开花子"、"子母弹"、"群子弹"。甲午战争之前，北洋海军在刘公岛以及南帮、北帮炮台安置不同口径的行营炮四十余门。

阿姆斯特朗炮

阿姆斯特朗炮是 1855 年由英国发明的一种大型线膛炮，设计者是威廉姆·阿姆斯特朗爵士（Sir William Armstrong）。

1854 年，阿姆斯特朗爵士设计了一种 3 磅后膛装填线膛炮，后来设计了多种型号。1861 年下水的英国铁甲舰勇士号（Warrior）上装备了十门左右，随后英军舰队越来越多的采用这种火炮。

由于当时后膛大炮的设计还不够成熟，1870 年，英军开始撤装后装炮，以前装炮代替。1876 年，阿姆斯特朗向英国海军部提交了重 100.2 吨，口径 450mm 的前膛重炮设计。这个设计未被英国军方接受，但引起了意大利军方的很大兴趣。1880 年，意大利向阿姆斯特朗订购了一批百吨前装阿姆斯特朗炮，装备在战列舰杜里洛号（Duilio）和单达洛号（Dandalo）上，每舰配备四门左右。百吨阿姆斯特朗重炮是前装炮时代的巅峰。此后，后装系统逐渐代替前装系统，前装炮走向没落。阿姆斯特朗又研制新型后装火炮，并因承造 17 英寸（432mm）的巨炮而再次扬名。

哈乞开斯炮

哈乞开斯（Hotchkiss）是法国人，他设计的多种类型的火炮授权英国阿姆斯特朗公司生产，有的则由法国哈乞开斯公司制造。

哈乞开斯炮有多种类型。5 管回转速射炮，有 37mm、47mm 等多种型号，由法国哈乞开斯公司制造。其中，37mm 型炮重 209 千克，射速 60 发 /1 分钟，射程 2778 米；47mm 型炮重 578 千克，射速 5 发 /6 秒钟，射程 2020 米；弹药有开花弹、实心铁弹。北洋水师的"定远"、"镇远"等军舰装备了此炮，主要用途是对付鱼雷艇之类的小艇，同时在接舷战时提供近距离速射火力支援；甲午战争中，中国陆军也装备了该炮的陆军型。

37mm 单管速射炮身管较短，只有 840 毫米，后坐力小，没有配备复进机，适合安装在小型舰艇和大型舰艇的桅盘内使用。火炮炮管重 34 千克，炮架重 17 千克，初速 402 米 / 秒，射程 800 米；北洋海军济远、致远、靖远、平远、福龙、左一等见均有配备，主要用于取代相对笨重的哈乞开斯 5 管 37mm 速射炮。

47mm 口径速射炮（机关炮），炮重 235.5 千克，射速 20 发 /1 分钟，射程 4575 米，北洋水师的"济远"等军舰装备了此炮。

此外，北洋海军在刘公岛公所后炮台安置 240mm 地阱炮两门，在日岛炮位修建两个大地阱，设置英国阿姆斯特朗 200mm 口径地阱炮两门。地阱炮是指把大炮放置在凿出的大坑里面，配上液压装置，可以让大炮升降自如。每次开炮之后，大炮会自动降下来，方便重新装炮弹。地阱炮的设计，大大增强了其隐蔽性。

总之，从 19 世纪中期起，经过同治、光绪三十余年的苦心经营，清朝的陆军、海军和海防要塞各炮台陆续装备了近代枪炮，换掉了原先的鸟枪土炮。

二、铁甲巨舰的引进

1. 鸦片战争期间的中英海军

在工业革命过程中，产生了以蒸汽机为动力的轮船，当时称"汽船"，有螺旋桨和明轮驱动两种。1769 年，法国发明家乔弗莱建造了世界第一艘蒸汽轮船"皮罗斯卡菲"号；1802 年，英国人薛明敦也建成一艘蒸汽轮船，但它们均未得到实际应用。1807 年 9 月，美国人富尔顿设计、制造的蒸汽轮船"克莱蒙特"号试航成功。"克莱蒙特"号，全长 45.72 米，宽 9.14 米，排水量 100 吨，船速每小时 6.4 公里。蒸汽机船以蒸汽机为动力带动桨轮，代替过去的人力、风帆。

鸦片战争之前，中国战船已经远远落在了西方海军的后面。当时，中国水师战船最大的是福建的横洋梭船和广东的米艇。大横洋梭船长为 8.2 丈（27.3 米），宽为 2.6 丈（8.7 米）；广东大米艇长 9.5 丈（31.7 米），宽 2.06 丈（6.8 米）。清军的大型同安船装有 8 至 10 门炮，小型的只有 4 至 5 门。林则徐在广东禁烟期间，认识到中外海军的巨大差距，曾派人将从美国旗昌洋行购买的 1060 吨的武装商船"剑桥"号改造成战舰，更名为"甘米力治"号，上面装备火炮 34 门；同时，从葡萄牙购买 3000 斤大炮装在大战船上。

当时，英国海军不仅拥有数量众多的大型风帆战舰，而且拥有吃水浅的铁甲轮船，如"复仇女神"号是当时新式的战船。这种轮船可以在深海行驶，也可以在内河航行，由于动力充足，在无风时还可以牵引大型帆船。在轻武器方面，英国的滑膛燧发枪本来就比中国的火绳鸟枪有效得多，而在鸦片战争时英国开始使用更为先进的带有击发装置的滑膛枪。

鸦片战争爆发时，最初参战的英国皇家舰队共包括军舰 16 艘，运输舰 28 艘，武装汽船 4 艘，载炮 540 门，总人数包括海军陆战队在内约一万二千人。16 艘军舰中，74 炮战列舰（battleship）3 艘，巡航舰 5 艘，轻巡舰及 2 桅纵帆船 8 艘。

74 炮战列舰排水量为 1746 吨，长 17 英尺，宽 47 英尺 6 英寸，高 21 英尺，装备 74 炮。这 3 艘战列舰是战列舰中吨位最小的一个等级。74 炮战列舰是按照拿破仑战争时期皇家海军的战舰分级标准来命名的。74 门炮是军舰分级的基准之一，只有装备 74 门炮以上的战舰才有资格作为海军主力舰使用。实际上，这一级的战舰通常都会装备 80 门以上的大炮。这种战舰都是排水量在 1700—3000 吨之间的 3 桅大帆船，载员 300—500 人之间。装有 3—4 层武装甲板，一般装备大炮 74—120 门之间，在前甲板或后甲板上装有称为 gunbank 的主炮炮台。

巡航舰为排水量为 1000 吨左右的 3 桅快速战舰，载炮一般在 25—50 门之间，与战列舰最大的不同是武装甲板通常只有 1 层，所有的大炮都安放在同一层开放式甲板上，因此舰身低矮，比较不容易被击中。轻巡舰及

2桅纵帆船是体形较小的辅助型军舰，一般为2桅（1根主桅1根前桅）三角帆船，特点是行驶灵活，逆风性能好，主要担任侦察与护航等任务。

鸦片战争结束后，1842年8月29日清政府与英国在军舰皋华丽号上签署了《南京条约》。皋华丽号（HMS Cornwallis），又译为康沃利斯号，建于1813年，以当时英国海军将领威廉·康沃利斯（William Cornwallis）命名。皋华丽号属于三级风帆战列舰，排水量1700吨，装有大炮74门，人员约350名。

19世纪上半期，随着工业革命的完成，蒸汽机普遍使用，钢铁冶炼技术、造船技术、机械制造技术不断进步。蒸汽动力、金属船体、装甲和新式火炮的结合，产生了全新的战舰，迅速改变了海军的面貌。1849年，法国建造出世界第一艘以风力为主要动力装置，蒸汽机为辅助动力装置的战列舰"拿破仑"号。

普奥战争期间的1866年，普鲁士盟友意大利王国与奥地利帝国在亚得里亚海利萨岛附近海域发生大海战。意大利舰队遭受重创，损失了3艘铁甲舰，1000余名官兵。这是以蒸汽为动力的铁甲舰之间的第一次战斗。这场海战标志着海上战斗已经从风帆时代过渡到了蒸汽铁甲时代。

到了1873年，英国建成"蹂躏"号战列舰，长87米，宽20米，排水量9448吨，武备4门304mm炮；该舰已完全废除风帆，成为世界海军史上第一艘纯蒸汽动力战列舰。此后，风帆战列舰逐步退出历史的舞台，风帆被往复式蒸汽机替代；桅杆保留下来，是为了火炮控制、观察和信号通信等工作的需要；船体使用金属建造；为了抵御新式火炮的攻击，船身以厚厚的装甲覆盖保护；原先排列在两舷的旧式火炮被新式的后装线膛火炮取代；主炮大多配备在甲板中心线上的装甲炮塔里；火炮的数量虽然减少，但威力大，射程远。

2.北洋海军主力战舰

北洋海军具有一定实力是从1881年开始的。1881年11月，"超勇"、"扬威"两艘巡洋舰驶抵大沽口，这是北洋海军最早的两艘巡洋舰，在设计、装备等方面与当时西方列强同类军舰相当。在此之前，北洋海军大都是军民两用的炮船兼运船和一些蚊子船，战斗力十分有限。1885年10月，德国制造的定远、镇远、济远号驶抵大沽口，加入北洋水师。1887年9月，英国制造的致远、靖远和德国制造的经远、来远回国，加入北洋海军。1888年北洋海军正式成军。

在北洋海军11艘主力战舰中，德制5艘：定远、镇远、经远、来远、济远；英制4艘：致远、靖远、超勇、扬威；福州船政局制造两艘：平远、广甲。1888年北洋海军成军后，再未从西方购买主力战舰。

北洋海军的战舰，可以分为近海防御型炮舰、撞击巡洋舰、蒸汽装甲战列舰、穹甲巡洋舰、装甲巡洋舰、近海防御铁甲舰、鱼雷巡洋舰等多种类型。主力战舰中，定远、镇远属战列舰，其他属巡洋舰。蒸汽铁甲舰（战列舰）是一种拥有大口径火炮的攻击力与厚重装甲的防护力的高吨位海军作战舰艇。巡洋舰是在排水量、火力、装甲防护等方面仅次于战列舰的大型水面舰艇；在17—18世纪的帆船时代，巡洋舰装备火炮较少，一般不直接参与战列舰战斗，主要执行巡逻及护航任务。巡洋舰速度较快，拥有同时对付多个作战目标的能力。

北洋海军主力战舰表

军舰类型	军舰	制造	加入北洋海军时间
近海防御型炮舰（蚊子船）	镇南、镇北、镇东、镇西 镇中、镇边	英国	1879 1880
撞击巡洋舰	超勇、扬威	英国	1881
蒸汽装甲战列舰	定远、镇远	德国	1885
穹甲防护巡洋舰	济远	德国	1885
	致远、靖远	英国	1887
装甲巡洋舰	经远、来远	德国	1887
近海防御铁甲舰	平远号	福州船政局	1890
鱼雷巡洋舰	广甲	福州船政局	广东水师旗舰
	广乙、广丙	福州船政局	1894
1906年，世界海军进入"无畏"战列舰时代，而清政府在甲午战争以后，已无力紧追世界海军的发展步伐，建设现代化海军。			

"蚊子船"

"蚊子船"属近海防御型炮舰，由英国阿姆斯特朗船厂制造。这是一种船身较小、安有巨炮、能击穿铁甲的浅水炮船，因船身极小，故称。北洋海军共有 6 艘，分别为镇东、镇西、镇南、镇北、镇中、镇边。

"蚊子船"长 127 尺，宽 29 尺，吃水 9.5 尺，排水量 440 吨，航速约八节；木质船身，外包钢板，无装甲。装备 1 门 11 英寸阿姆炮，两门 3 英寸 12 磅炮。"蚊子船"速度慢，灵活性差，不适合远洋作战，只能充作海岸防御的浮动炮台。甲午战败后，北洋海军 6 艘"蚊子船"全部被编入日本联合舰队。

撞击巡洋舰

超勇、扬威属撞击巡洋舰，由英国阿姆斯特朗公司制造。这是世界上第一级完全摆脱风帆时代窠臼的非装甲巡洋舰。在"致、靖、经、来"回国之前，"超、扬"是北洋水师主力军舰。

超勇号长 64 米，宽 9.75 米，吃水 4.57 米，排水量 1350 吨，航速 15—16 节，续航能力 5000 海里 /8 节；舰身为铁质外包钢板，甲板装甲 0.27 寸，炮塔装甲 1 寸，司令塔装甲 0.5 寸，舰艏水线下 11 英尺处装有撞角。装备阿姆斯特朗 10 英寸主炮 2 门、阿姆斯特朗 40 磅副炮 4 门、阿姆斯特朗 9 磅炮 2 门、11mm10 管格林机关炮 4 门、37mm 单管哈乞开斯炮 4 门、4 管诺典费尔德炮 2 门、舰载杆雷艇 2 艘。

黄海海战中，超勇号先遭到日第一游击队围攻，中弹起火。日本本队绕到北洋舰队阵后，又聚攻"超勇"，最终沉没。

黄海海战中，扬威号在日第一游击队围攻下，全舰烈火熊熊，只好撤离战场，转到浅水区自救。正待火势得到控制之时，高速逃离战场的"济远"撞上扬威号，致使其迅速沉没，管带林履中愤然蹈海自尽。

蒸汽装甲战列舰

19 世纪 70 年代以后，工业革命以后开始出现的蒸汽装甲战列舰已发展到较高的水平。此时的战列舰被称作"铁甲舰"（Ironclad）。大型蒸汽装甲战列舰的排水量达到 8000 至 9000 吨。军舰普遍使用蒸汽机作为动力，而且蒸汽还被用于操纵舵系统、锚泊系统、转动装甲炮塔系统、装填弹药、抽水及升降舰载小艇等。在主甲板的中央轴线上或者舰体两侧装配了能做 360 度全向旋转的装甲炮塔，舰炮也都普遍采用了螺旋膛线。北洋海军的定远级铁甲舰是这一时期的杰出代表。

定远、镇远属蒸汽装甲战列舰（一等装甲舰），其中定远为北洋海军旗舰，舰长 94.5 米，宽 18 米，吃水 6 米，正常排水量 7335 吨，满载排水量 7670 吨，航速 14.5 节，续航能力 4500 海里 /10 节。装甲总重为 1461 吨，铁甲堡水线上装甲厚 14 英寸（355mm），水线下装甲厚 12 英寸（305mm），305 炮座装甲厚 304mm，炮盾厚 15mm，司令塔装甲厚 203mm。装备有德国克虏伯 305mm 后膛炮 4 门，克虏伯 150mm 后膛副炮 2 门，75mm 克虏伯炮 4 门，37mm 5 管哈乞开斯机关炮 8 门，57mm、47mm 哈乞开斯速射炮各 2 门，14 英寸鱼雷发射管 3 具，总炮数 22 门。此外，定远和镇远两舰各装备舰载鱼雷艇 2 艘，分别为"定一""定二"、"镇一""镇二"，排水量 16 吨，艇长 19.5 米，110 匹马力，航速 15 节，装备 1 门 37mm 哈乞开斯炮、2 具 14 英寸鱼雷发射管（艇艏左右各 1）。当时，定远、镇远堪称"亚洲第一巨舰"。

穹甲防护巡洋舰

致远、靖远为穹甲防护巡洋舰，英国阿姆斯特朗船厂制造；济远号也属穹甲防护巡洋舰，德国伏尔铿（Vulcan）造船厂建造。

致远号舰长 76.2 米，吃水最深 4.57 米，排水量 2300 吨，航速达 18.5 节，是北洋水师主力战舰中航速最快的。装甲为拱形"穹甲"，装置于船身中间，中部位于水线以上，两侧向下倾斜至水线以下。穹甲厚 50.8—101 毫米，司令塔装甲 100 毫米，炮盾装甲 50 毫米舰首装备 1 门双联装、舰尾 1 门单装 210 毫米克虏伯舰炮，舰舯部靠前方两侧各有 1 门 150 毫米舰炮，舰首和舷侧各 4 门 57 毫米舰炮。此外，还装备有 457 毫米鱼雷发射管 4 具和机关炮 10 门。

1894 年 9 月 17 日的甲午海战中，致远号在弹药将尽且遭受重创后，管带（舰长）邓世昌下令冲向日本联合舰队旗舰松岛号，欲与敌同归于尽，不幸被敌击中鱼雷发射管引发管内鱼雷爆炸沉没，全舰官兵 246 人为国殉难。

在黄海海战中，靖远舰在北洋水师失去统一指挥的情况下，管带叶祖珪下令升起指挥旗指挥舰队继续作战，承受了日舰炮火的集中打击，共中弹 110 处。靖远舰后来参加了威海卫保卫战，在奋勇作战且受重创后，为免落入敌手，由广丙舰将其炸沉。

济远舰先后参加了丰岛海战、黄海海战和威海卫之战。丰岛海战中死 13 人伤 40 人，黄海海战中被击中 15 弹，死 5 人伤 10 人。黄海海战后，管带方伯谦因临阵脱逃被斩，由广乙舰原管带林国祥继任管带。

装甲巡洋舰

经远号、来远号属于装甲巡洋舰，由德国伏尔铿（Vulcan）造船厂建造。

经远舰长 82.4 米，宽 11.99 米，吃水 5.11 米，排水量 2900 吨、、航速 15.5 节；水线带装甲厚 9.5—5.1 英寸，装甲甲板倾斜处厚 3 英寸，平坦处厚 1.5 英寸，炮座装甲厚 8 英寸，炮盾厚 1.5 英寸，司令塔装甲厚 6 英寸；配备双联克虏伯 210mm 前主炮 1 座，1880 年式克虏伯 150mm 炮 2 门，75mm 克虏伯炮 2 门，47mm 哈乞开斯速射炮 2 门，40mm 哈乞开斯炮 1 门，37mm 5 管哈乞开斯炮 5 门、18 英寸鱼雷发射管 4 具。

1894 年 9 月 17 日，经远号、来远号都参加了黄海大战。经远舰在管带林永升指挥下奋勇作战，不幸被日 4 艘巡洋舰集中火力击沉，包括管带林永升在内的全舰 231 名官兵为国捐躯。来远舰在黄海大战中亦遭重创。1895 年 2 月，来远舰参加了威海卫保卫战，后在威海卫港内遭日军鱼雷艇队偷袭而击沉。

近海防御铁甲舰

平远号属近海防御铁甲舰，福州船政局制造，代表了中国近代造船业的最高成就。平远号原属福建水师,1890年调归北洋海军,更名为"平远"。

平远号长59.99米, 宽12.19米, 舰艏吃水4.19米, 舰艉吃水4.4米, 正常排水量2067吨、满载排水量2650吨, 航速10.5节;装甲甲板厚76.2毫米, 水线带装甲厚238.76毫米, 炮座及司令塔装甲厚127毫米, 炮盾厚38.1毫米。装备260mm克虏伯前主炮1门, 射速三四分钟1发;150mm克虏伯副炮2门, 射速2分钟1发;57mm哈乞开斯速射炮2门, 射速1分钟20发;47mm哈乞开斯速射炮2门, 射速1分钟20发;37mm5管哈乞开斯速射炮4门, 射速1分钟60发;另有18英寸鱼雷发射管4具。

在黄海海战中, 在管带李和指挥下, 平远号奋起反击, 1发炮弹击中"松岛"320mm主炮塔下的机关, 引起爆炸;下午时分,"平远"被击中, 燃起大火, 被迫退出战斗, 驶向大鹿岛附近灭火自救。甲午战争结束后, 平远号编入日本舰队。1904年日俄海战中, 平远号在铁岛以西触雷引发大爆炸, 随即沉没。

鱼雷巡洋舰

"广甲"、"广乙"、"广丙"属鱼雷巡洋舰, 又称"钢胁钢壳鱼雷快船", 皆福建船政局制造。

广甲号长67.66米, 宽10.27米, 舱深7.71米, 排水量1300吨, 是"威远"级的第六号舰。装备150mm克虏伯主炮3门, 射速2分钟1发;120mm阿姆斯特朗炮4门, 37mm5管哈乞开斯速射炮4门, 射速1分钟60发;鱼雷发射管2具。广乙号长71.63米, 宽8.23米, 吃水3.96米, 排水量1000吨, 功率2400马力, 航速16.5节, 编制110人, 管带为守备衔。装备克虏伯120mm速射炮3门、57mm哈乞开斯速射炮4门、37mm5管哈乞开斯机关炮4门、18寸鱼雷发射管4具。

"广甲"、"广乙"、"广丙"3舰原属广东水师, 其中"广甲"为广东水师旗舰;1894年5月,3舰往北洋会操。会操结束后, 朝鲜局势渐趋紧张, 3舰留北洋备战,"广乙"、"广丙"后调入北洋水师。

1894年7月25日,"广乙"舰参加丰岛海战, 海战中遭重创搁浅,自焚于十八岛附近。1894 年 8 月，广甲号参加黄海海战。"济远"逃跑后，广甲号在吴敬荣带领下随之逃跑，后在三山岛触礁。"广丙"舰曾参加威海卫保卫战，当时管带为程璧光。甲午战争结束后被编入日本舰队，1895 年 12 月在澎湖遇风暴沉没。

练船

北洋海军有康济号、海镜号、敏捷号 3 艘练船。康济号为"威远"级铁胁双重木壳船，福州船政局制造。原属福建水师，1888 年，划归北洋水师用作练船。

康济号长 72.37 米，宽 11.17 米，舰艏吃水 5.13 米、舰艉吃水 5.30 米，航速 12 节，排水量 1310 吨。由于作为练习舰使用，该船武器五花八门，主炮为 80 磅瓦瓦苏尔火炮，12 磅阿姆斯特朗 2 门，还有 87 毫米口径的克虏伯舢板火炮 4 门，并配备格林机关炮 2 门和诺典菲尔德机关炮 2 门，同时装有金陵制造的 10 磅小口径火炮 4 门，后又增设鱼雷发射管 1 具。该船是甲午海战后唯一幸存的北洋水师军舰。1895 年 2 月，该舰载着丁汝昌等北洋将领的棺枢及残存的北洋官兵驶离威海卫，当时管带为萨镇冰。该舰后更名"复济"，1910 年退役。

通报舰

北洋海军有湄云号、泰安号两艘通报船。所谓通报舰是指拥有高航速，承担舰队内通信联络的小型舰只。湄云号原为炮舰，福州船政局制造。全长 51 米，宽 7.9 米，排水量 578 吨，航速 8 节，炮 3 门。甲午战败后被编入日本海军。

运船

北洋海军有操江号、镇海号两艘运输船。操江号为上海江南制造总局制造，原属南洋水师，1871 年被调入北洋水师。

操江号为木壳木胁，长 54.86 米，宽 7.92 米，排水量 640 吨，航速 9 节。该舰曾作为通报舰使用，后长期来往于旅顺与烟台运输物资。在 1894 年丰岛海战时，操江号正好从附近海域经过，遂被日舰"秋津洲"

俘虏，被编入日本海军。1903年在执行测量任务时触礁沉没。后又被打捞修复，至1965年被拆解。

鱼雷艇

北洋海军有13艘鱼雷艇，"左一"号为英制，其他12艘均为德制。

福龙号鱼雷艇为德国制造，原属福建船政舰队，后被调入北洋水师。福龙号长42.75米，宽5米，吃水2.3米，排水量120吨，最高航速24.2节。装备14英寸鱼雷发射管3具，其中2具分别位于艇艏两侧的鱼雷舱内，另外1具位于艇体尾部甲板上的旋转发射架上。艇前后装有47mm哈乞开斯速射炮2门，射速1分钟20发。

黄海海战中，管带蔡廷干指挥官兵攻击日舰"西京丸"，连发3枚鱼雷，都被西京丸侥幸躲过。威海卫之战中被日军俘虏，后被编入日本舰队。

1895年北洋海军全军覆没。11年后的1906年，英国无畏号战列舰下水，世界海军开始进入"无畏"战列舰时代。无畏号是第一艘真正意义上的现代化战列舰，它以蒸汽轮机为动力，是第一艘安装蒸汽轮机的主力舰；航速达到了惊人的21节；无畏号装备了10门12英寸主炮，而当时的战列舰通常安装4门12英寸口径的火炮和各种中等口径的火炮。无畏号的远程大口径火力比其他战列舰强一倍半。火炮射击指挥仪的使用，可以确保大口径火炮在最大射程上仍有较高的命中率。此后无畏号成为了现代战列舰的代名词，所有这些后来建造的战舰都被冠以"无畏舰"的称呼。

第六节　近代山东海防将领与甲午战争

一、马尾船政学堂与北洋海军将领

1866年，闽浙总督左宗棠奏请在福州创办制造兵船、炮舰的新式造船企业福州船政局。这是当时中国最大的船舶修造厂。9月，左宗棠调任陕甘总督，由沈葆桢（1820—1879）总理船政大臣，任用法国人日意格、德克碑为正副监督，总揽一切船政事务。船政局分铁厂、船厂和船政学堂3部分组成。

中国第一所近代海军学校就是创办于1866年的福建船政学堂。初建时，称为"求是堂艺局"。1867年，搬迁至马尾，改名为船政学堂。

1866年，求是堂艺局开始招生，先行开设驾驶专业。这次招生共录取刘步蟾、林泰曾、严复、方伯谦、林永升、黄建勋、叶祖珪、邱宝仁等几十个人，年龄约为12—15岁。另外从香港招来邓世昌、林国祥等，皆已学过英文，基础较好。严复以第一名被录取。同治五年（1866年），求是堂艺局正式开学，校址暂设在福州城内定光寺、仙塔街。

船政学堂分为不同的专业，前学堂为制造学堂，培育船舶制造和设计人才，开设法语、基础数学、解析几何、微积分、物理、机械学、船体制造、蒸汽机制造等课程，优等生后被派往法国学习深造。后学堂为驾驶学堂，旨在培养海上航行驾驶人员和军事指挥人才，以后增设了轮机专业，主要开设英语、地理、航海天文、航海理论学等课程，学习优异者选送英国留学。船政学堂后来又设立绘事院、艺圃，主要培养技术工人。

1871年，刘步蟾、林泰曾、叶祖珪、方伯谦、林永升、邱宝仁等18人与部分前学堂学生登上"建威"舰，开始海上远航。这次远洋训练北起辽东，南至新加坡，先后到达厦门、香港、新加坡、槟榔屿，历时4个月。

1873年，沈葆桢奏请派遣船政学堂优秀学生出洋留学，并建议前堂学生赴法国留学，后堂学生赴英国深造。1877年，船政局正式派出35名学生赴英、法等国学习。其中12名赴英留学生中有刘步蟾、林泰曾、林永升、方伯谦、叶祖珪、萨镇冰、严复等，都取得优异成绩。1881年、1886年，船政局又分别派出两批留欧学生。其中，第三批出洋学生中还包括天津水师学堂优秀学生刘冠雄。

福州船政局的毕业生，除被选派出国留学外，多进入福建水师、广东水师服役，从下层军官做起，一步步成长起来。后来，很多留学生、毕业生调任北洋海军，成为北洋海军的骨干。例如，后堂驾驶班第一届毕业生共33名，甲午战争前夕在北洋海军任主力舰管带的有刘步蟾、林泰曾、邓世昌、林永升、方伯谦、叶祖珪、林国祥、黄建勋、李和、邱宝仁等。此外，萨镇冰为第二届，林履中为第三届，刘冠雄为第四届，程璧光为第五届。再以1894年参加黄海大战的12艘北洋海军主力战舰的指挥官为例，首届船政学堂毕业生占了大半以上。可以说，甲午战争是马尾船政学堂毕业生与日本海军的对决。

刘步蟾，福建侯官人。1874年，任"建威"号练习舰的管带（舰长），当时年仅22岁。1877年赴英国留学，直接被派往英国海军地中海舰队实习。1879年，从英国留学回国，调北洋海军充任"镇北"号炮舰管带。1880年，清政府向德国订购"定远"号、"镇远"号铁甲战列舰和"济远"号穿甲巡洋舰，刘步蟾奉派赴德国驻厂监造。同年冬，他又被派为驻英国海军随员，接收向英国订购的"超勇"号和"扬威"号撞击巡洋舰。1885年，刘步蟾将"定远"号战列舰等接驶回天津大沽，即被任命为"定远"号战列舰的管带。1888年北洋海军成军，刘步蟾为右翼总兵。

林泰曾，福建侯官人，林则徐胞弟之孙。1874年，任"安澜"号兵船枪械教习，升"建威"号练习舰大副。次年随福建船政学堂总教习日意格赴欧游历，入英国高士堡海军军官学校学习；1876年，作为船政局首批留学生赴英国深造，并在英国地中海舰队实习，1879年回国。1880年调入北洋水师，任"镇西"舰管带。1881年，赴英国接收超勇、扬威舰，充"超勇"管带。1886年任"镇远"舰管带。1888年北洋海军成军，林泰曾为左翼总兵。

林永升，福建侯官人。1875年，调赴"扬武"练船。1877年，与林泰曾、萨镇冰、刘步蟾、严复等到英国格林威治海军学院深造。1880年，调往北洋，任"镇中"炮舰管带，翌年转任"康济"练船管带。1887年，与邓世昌、叶祖珪、邱宝仁等赴英、德接带新舰，林永升负责接带"经远"快船。1888年，被委为"经远"舰管带。

叶祖珪，福建闽侯人。1877年，作为船政局第一批留学生进英国格林威治海军学校学习，先后在英国海军"索来克伯林"号装甲战列舰、"芬昔勃尔"号巡洋舰实习。1881年，管带"镇边"号炮舰。1887年，奉派赴英、德接收订造的"致远"、"靖远"、"经远"、"定远"4舰。1889年，管带"靖远"舰。

方伯谦，福建侯官人。1874年，充"伏波"舰正教习，旋调任"长胜"舰大副。光绪元年（1875年），调任"扬武"舰千总。1876年，作为船政局第一批留学生赴英国格林威治海军学校学习；1878年毕业，在英国东印度舰队旗舰"恩延甫"号上实习。1880年留学期满回国，充任船政后学堂正教习、练习舰教习。1881年调入北洋，委带"镇北"炮舰。翌年，任"镇西"炮舰、"威远"练船管带。1885年，调任新购巡洋舰"济远"号管带。

邓世昌，广东番禺人。1874年，任"琛航"运输船大副。1875年，任"海东云"炮舰管带；1877年，代理"扬武"巡洋舰大副。1878年，任"振威"炮舰管带，并代理"扬武"快船管驾。1880年，任"飞霆"蚊子船管带。1880年夏，邓世昌调至北洋海军，任"镇南"蚊子船管带。1880年底，北洋水师在英国定购的"超勇"、"扬威"两艘巡洋舰完工，丁汝昌率水师官兵二百余人赴英国接舰，邓世昌随往。1881年，"超勇"、"扬威"启航回国。途中，由邓世昌操纵"扬威"舰。1881年，邓世昌任"扬威"舰管带。1887年，北洋海军在英、德两国订购的巡洋舰"致远"、"靖远"和装甲舰"经远"、"来远"竣工，李鸿章派邓世昌以营务处副将衔参将兼"致远"号管带身份赴英、德两国接收。

邱宝仁，福建闽侯人。1875年，复上"扬武"舰练习。1876年，调往北洋海军，任"虎威"蚊子船管带，1877年任"策电"蚊子船管带，1879年任"镇东"蚊子船管带。1887年，赴德国接收"来远"、"靖远"、"经远"、"致远"4舰以及"左一"鱼雷舰回国的途中，身兼"来远"和

"左一"鱼雷艇的管带。

黄建勋，福建永福人。1874年，充任"扬武"快船正教习、"福星"炮舰正教习。1876年，作为福州船政第一批留学生赴英国留学。1877年底，上英国铁甲舰"伯乐罗芬"号实习。1880年学成归国，充任福州船政学堂驾驶教习。1881年调至北洋，充任大沽水雷营管带。1882年任"镇西"炮舰管带。1887年，调任"超勇"快船管带。

林履中，福建侯官人。1874年、1875年，先后在"建威"练习舰、大型练习舰"扬威"号上实习。1876年冬，补"伏波"炮舰大副。1881年调北洋水师，任"威远"练船教练大副。1882年赴德国验收新购"定远"铁甲巡洋舰的鱼雷、炮械，然后到英国高士堡学堂学习。1885年，林履中跟从刘步蟾协带"定远"回国后，派充大副。是年冬，升调副管驾。1887年，调任"扬威"快船管带。

李和，广东三水人。1875年上"扬威"练船实习。1889年委带"镇南"炮舰。1892年调带"平远"快船。

萨镇冰，祖籍山西代县，出生于福州。1872年萨镇冰毕业，在"扬武"练船实习。1874年任"海东云"船二副。1875年调福建水师巡洋舰旗舰扬武任职。1876年，作为福建船政第一批留学生出国，被派往英国格林威治皇家海军学院学习驾驶。1880年回国。1881年任南洋水师"澄庆"炮船大副。1882年调任天津水师学堂教习。1885年调任"康济"号练船管带。1886年任"威远"练舰管带。

除以上将领之外，广东水师广甲、广乙、广丙3舰管带吴敬荣、林国祥、程璧光也参加了甲午战争，其中林国祥为福州船政局第一届毕业生，程璧光为第五届，吴敬荣曾被派往美国学习。

吴敬荣，安徽休宁县人。1874年，作为第三批赴美幼童被派往美国学习，当时只有11岁。1889年充任"敏捷"练船帮带大副。1892年调任广东水师旗舰"广甲"快船帮带大副，12月升"广甲"管带。1894年，广东水师"广甲"、"广乙"、"广丙"3舰北上会操。会操事毕，"广乙"、

"广丙"留北洋，"广甲"返回广东。后吴敬荣指挥"广甲"舰解送贡品至天津，也被留在北洋。

林国祥，广东新会人。1871年毕业后在"建威"、"扬威"等舰实习。1874年任"琛航"号管驾。1877年接管"伏波"轮船。1890年管带"安澜"轮。1892年管带"广乙"舰赴北洋随同操演。1894年，林国祥率"广乙"舰北上与北洋舰队会操。事后，留助北洋舰队。

程璧光，广东香山人。1875年，考入福州船政学堂，学习航海驾驶。毕业后上"扬武"舰实习。历任南洋水师"超武"炮船管带、"元凯"炮船管带、福建水师学堂教习、广东水师"广甲"快船帮带等职。调升"广丙"舰管带。

此外，从1872年开始，清政府先后分4批派出120名幼童赴美国留学。在第四批赴美幼童中，陈金揆、沈寿昌、黄祖莲曾在北洋海军任职，并在中日甲午海战中牺牲。

陈金揆，江苏宝山人。1881年，赴美幼童被全部撤回国，陈金揆被派入天津水师学堂学习，后在"威远"练船见习。1883年，任"扬威"舰二副。1885年11月，升补"扬威"大副。1887年8月，随邓世昌赴英、德接带新订购的"致远"、"靖远"、"经远"、"来远"。1888年回国后委充"致远"舰大副。1889年任"致远"舰帮带，兼领大副。

沈寿昌，上海人。1881年被派"威远"舰实习，不久任"威远"二副。1886年，升"济远"大副。

黄祖莲，安徽怀远人。1875年入上海方言馆，以成绩优异选为官费出洋生，进美国海军学校学习航海驾驶。1881年回国后入天津水师学堂驾驶班，在"威远"练船见习，后调"济远"舰。1889年充"济远"舰驾驶二副。1892年调充广东水师"广丙"舰帮带大副。1894年"广丙"北上会操，留在北洋海军。

二、甲午战争中的北洋海军将领

日本侵略中朝两国，蓄谋已久。明治维新开始后，日本急欲吞并朝鲜，并以朝鲜为跳板向中国扩张。1876 年，日本以武力胁迫朝鲜签订《江华条约》，从此全面向朝鲜渗透势力。1894 年 5 月，朝鲜爆发东学党起义。日本陆续向朝鲜增兵，并不时向中国军队挑衅。1894 年 7 月，日本海军在牙山外丰岛海域袭击北洋海军，甲午战争爆发。甲午战争从 1894 年 7 月一直持续到 1895 年 4 月，中日两国的陆海军先后在平壤之战、黄海海战、辽东半岛之战、威海卫之战中激烈交火，清军损失惨重，节节败退。1895 年 2 月 17 日，日军在刘公岛登陆，威海卫海军基地陷落，北洋舰队全军覆没。4 月 17 日，李鸿章代表清政府与日本签订丧权辱国的《马关条约》，战争结束。

北洋海军参与的战役主要有丰岛海战、黄海海战和威海卫之战。在历次战斗中，北洋海军官兵奋勇抵抗，涌现出了一大批可歌可泣的英雄人物，留下了许多催人泪下的英勇事迹。

1. 丰岛海战

北洋海军参加丰岛海战的是"济远"、"广乙"、"操江" 3 艘军舰。7 月 25 日，"济远"、"广乙"两舰护送入朝清军到达牙山后，回航接应正向牙山驶来的"高升"号。当驶至牙山口外丰岛西南海域时，遭到日本联合舰队"吉野"、"浪速"、"秋津洲" 3 舰的突然袭击，"济远"发炮还击。在实力极为悬殊的情况下，双方战斗约一小时。"广乙"船舵被击毁，被迫撤退，驶至朝鲜十八岛附近搁浅。管带林国祥为避免军舰落入敌手，下令凿坏锅炉，破坏了舰船武备弹药，将"广乙"舰焚毁。这是中国在甲午战争中损失的第一艘战舰。"济远"舰负伤后，管带方伯谦怯阵，转舵向西北方向驶避；日舰"吉野"紧追不放，"济远"水手王国成、李仕茂用 150mm 尾炮向"吉野"连发 4 炮，将其击伤。

正当双方激烈交战时，由天津运载一千余名清军官兵的英国商船"高升"号和"操江"号驶近作战海域。"操江"当时作为通报舰使用,在去朝鲜途中与"高升"号相遇,遂结伴而行。日舰"浪速"号发炮强行拦截"高升"号,舰上官兵拒绝投降,用步枪英勇还击。"浪速"舰长东乡平八郎竟下令将"高升"击沉,清军950人除二百余人获救外,其余均殉难。"操江"号排水量只有600吨,火力极弱,最后被"秋津洲"劫持,管带王永发和舰上官兵被押往日本关押,备受摧残。

此次海战,中国军舰"广乙"搁浅自焚;运兵船"高升"被击沉,船上近千名官兵殉难;运输舰"操江"被日舰掳走,而日军无人伤亡。8月1日,中国和日本同时向对方宣战。

2. 黄海海战

1894年9月17日,北洋海军全体出动,护送四千余名援军至大东沟。中午时分,正当北洋海军准备返回旅顺时,在鸭绿江口大东沟遭到日本联合舰队的突然袭击。此次海战中,北洋海军投入主力战舰10艘,附属舰8艘,日本联合舰队有主力战舰12艘参战。

10时23分,日本联合舰队第一游击队率先发现了北洋水师。几乎同时,北洋水师"镇远"舰哨兵发现日本舰队。丁汝昌随即命各舰升火,准备战斗。日本联合舰队第一游击队火力最强、航速最快的4艘战舰在先,本队在后,呈单纵阵,接近北洋水师。北洋水师在行进中由双纵阵改为横阵,旗舰"定远"位于中央,其余各舰在其左、右依次展开,舰队呈楔形梯队,向日本舰队冲去。

12时50分,在双方相距5300米时,北洋水师旗舰"定远"舰首先开炮。10秒钟后,"镇远"舰也发出炮弹,北洋舰队其他各舰一起发炮轰击。联合舰队旗舰"松岛"发炮还击,"定远"主桅中弹,信号索具被毁,在飞桥上督战的丁汝昌身负重伤。他拒绝随从把自己抬入内舱,坚持坐在甲板上督战。"定远"舰管带刘步蟾代替丁汝昌指挥,沉着应战。

日第一游击队利用航速优势绕攻北洋舰队右翼"超勇"、"扬威",两舰相继被击中起火,退出战斗。13时30分前后,"超勇"沉没,管带黄建勋落水，"左一"鱼雷艇驶近相救，黄建勋不就，从容死难，时年42岁；舰上官兵也大部壮烈牺牲。"扬威"号全舰起火，因伤势过重，被迫撤离战场，转到浅水区自救。

"经远"遭"吉野"、"浪速"、"秋津洲"、"高千穗"4舰围攻，中弹起火。激战中，管带林永升不幸"突中炮弹，脑裂阵亡"，时年41岁；帮带大副陈荣和二副陈京莹也先后中炮牺牲。最后，"经远"舰中弹累累，左舷倾覆而沉没。全舰官兵二百余人，除16人遇救外，其余全部阵亡。"靖远"、"来远"因中弹过多，暂时退出战斗，避至大鹿岛附近修补损坏的机器。不久，"靖远"、"来远"抢修完毕，重新投入战斗。

14时15分，日本舰队绕至北洋舰队背后，与第一游击队形成夹击之势，北洋舰队腹背受敌。在混战中，"致远"舰受到"吉野"、"高千穗"的集中轰击，多处受伤，船身倾斜。邓世昌命"致远"舰全速撞向"吉野"号，决意与之同归于尽。日军集中炮火向"致远"射击，击中右侧鱼雷发射管，引起大爆炸而沉没。全舰官兵除7名遇救外，其余自邓世昌以下包括大副陈金揆在内全部壮烈殉国，时年45岁。

"致远"沉没后，"济远"管带方伯谦、"广甲"管带吴敬荣，临阵脱逃。正当"扬威"号官兵扑灭大火，准备重返战场的时候，高速逃离的"济远"舰在慌乱中撞上"扬威"号，致使其迅速沉没。管带林履中悲愤，蹈海自尽，时年42岁。慌不择路的"广甲"号在逃跑途中，在三山岛触礁，第二天被路过的日军舰队发炮击碎。

此时，北洋海军只剩"定远"、"镇远"、"来远"、"靖远"4舰。"定远"、"镇远"中弹甚多，多处起火，仍英勇战斗。"靖远"舰管带叶祖珪见"定远"桅楼折断，代替旗舰升旗集队，继续与日舰战斗。日军也精疲力竭，伤痕累累。日舰"赤城"号被击中，舰长坂元八朗太被击毙，"比睿"、"西京丸"亦遭重创。下午3时30分，"镇远"舰的30.5公分大炮连续击中日本旗舰"松岛"号2次。松岛后甲板四号炮塔中弹，火焰引发炸药，发生了大爆炸。

黄昏时分，日舰首先退出战斗，向南驶去。北洋舰队稍事追击，收队返回旅顺。历时五个多小时的黄海海战到此结束。

黄海海战中，北洋舰队损失"致远"、"经远"、"超勇"、"扬威"、"广甲"5艘军舰，死伤官兵千余人；邓世昌、林永升、黄建勋、林履中等4位主力舰管带殉国，方伯谦因临阵脱逃，在旅顺被正法；日本舰队"松岛"、"吉野"、"比睿"、"赤城"、"西京丸"5舰受重创，死伤官兵六百余人。此后，李鸿章为保存实力，命令北洋舰队躲入威海港内，不准巡海迎敌。黄海的制海权落入日本之手。

3. 威海卫之战

威海卫之战是北洋海军的最后一战。黄海海战后，北洋海军退守威海，当时尚存大小舰艇27艘；威海卫南北两侧陆上筑有炮台23座，岸炮160余门，守军19营；另烟台、酒馆（今牟平东）、荣成等处有驻军41营，兵力共计60营三万多人，分别由北洋大臣李鸿章和山东巡抚李秉衡统辖。

此前，1894年9月，北洋舰队在旅顺完成修理返回威海，"镇远"舰入港时触礁受伤，林泰曾以战局方棘时损伤巨舰，自认失职，于11月16日自杀谢罪，时年44岁。

1895年1月，日军两万五千人，在荣成龙须岛登陆，然后分南北两路包抄威海卫。同时，日本海军从海上发起进攻，封锁刘公岛。日联合舰队第一游击队在登州实施炮击，加以牵制。25日，日军行至白马河东岸。嵩武军总兵孙万林率领一千多名清军孤军奋战两小时。日军大队赶来后，孙万林军寡不敌众，被迫转移。30日，日军进攻威海卫南帮炮台，摩天岭守将周家恩挥师力战，身中数弹仍率余部顽强抵抗。最后周家恩腿部、腹部负重伤而亡，守军全部牺牲。日军占领摩天岭后，北洋海军以排炮对其猛轰，击毙正得意地要随军记者为其拍照志功的日军旅团长大寺安纯少将。这是甲午战争中被中国军队击毙的日军最高将领。

1月30日，日本海陆军向日岛炮台发起进攻。"康济"舰管带萨镇冰率守军英勇还击，击中"吉野"、"松岛"、"扶桑"等舰。在浴血奋战八昼夜之后，日岛炮台两门大炮被击毁，弹药库被敌击中爆炸，守军被迫撤至刘公岛。

2月2日，北帮炮台失守；3日，日军占领威海卫城，刘公岛成为孤岛。日军海陆夹击北洋舰队，丁汝昌指挥各舰英勇抗击。日本联合舰队司令伊东祐亨致书丁汝昌，劝他带领舰队投降。丁汝昌不为所动，决心死战到底，他下令各舰冒死突围，又命令炸舰沉船，以免资敌。5日凌晨，旗舰"定远"舰遭日军鱼雷艇偷袭，中雷搁浅。管带刘步蟾将其作为"水炮台"使用，继续反击日军。不久，"来远"舰中雷倾覆，练舰"威远"、差船宝筏中雷沉没。

9日，丁汝昌登"靖远"舰驶近南口，与敌力战，"靖远"舰被击中搁浅。次日，丁汝昌派人将搁浅的"靖远"舰炸沉。同一天，"定远"弹药告罄，刘步蟾将"定远"舰炸毁后自杀，实践了自己在开战初立下的"苟丧舰，当自裁"的誓言，时年43岁。

一些外国顾问、教官洋员和部分贪生怕死的将领勾结起来，胁迫丁汝昌投降。丁汝昌见陆援和突围已均无可能，在绝望中自杀，时年59岁。丁汝昌临死前，他让人将北洋海军提督印截角作废，以免被人利用。

威海营务处提调牛昶昞等主降将领又打算推署镇远管带杨用霖出面主持投降事宜，杨用霖严词拒绝，回舱后口吟文天祥"人生自古谁无死，留取丹心照汗青"的绝命诗，用手枪从口内自击殉国，时年41岁。

12日，美籍洋员浩威起草投降书，伪托丁汝昌的名义，策划向日本投降。14日，牛昶昞与伊东祐亨签订《威海降约》，将威海卫港内舰只、刘公岛炮台及岛上所有军械物资，悉数交给日军。17日，日军在刘公岛登陆，威海卫海军基地陷落。

威海卫一战，北洋海军丁汝昌、刘步蟾、杨用霖、戴宗骞等将领自杀，"镇远"、"济远"、"平远"、"广丙"等10艘舰船作为日军战利品，编入日本联合舰队。周家恩、张友志、何大勋等战死，陈万清重伤，刘超佩、阎得胜因作战不力被正法。北洋舰队全军覆没，标志着洋务运动的彻底破产。

北洋海军主力舰管带结局

舰名	管带	军校	军级	结局	时间	战舰结局
	丁汝昌		提督	自杀	威海卫之战	
定远	刘步蟾	马尾	总兵	自杀	威海卫之战	搁浅，自沉
镇远	林泰曾 杨用霖	马尾	总兵 总兵	自杀 自杀	威海卫之战	编入日本舰队
经远	林永升	马尾	副将	与舰同沉	黄海海战	战沉
来远	邱宝仁	马尾	副将	革职		中雷
致远	邓世昌	马尾	副将	与舰同沉	黄海海战	战沉
靖远	叶祖	马尾	副将	革职	威海卫之战	搁浅，自沉
济远	方伯谦	马尾	副将	正法	黄海海战后	编入日本舰队
超勇	黄建勋	马尾	参将	与舰同沉	黄海海战	战沉
扬威	林履中	马尾	参将	与舰同沉	黄海海战	战伤，被"济远"撞沉
平远	李和	马尾	都司	革职		编入日本舰队
广甲	吴敬荣	留美	都司	革职		逃跑，被击沉
	戴宗骞			自杀	威海卫之战	
	刘超佩			正法	威海卫之战	
	刘树德					

第七节　近代山东海防文献与海防遗存

一、近代海防文献

　　进入近代以来，从全国范围来看，传统知识分子撰写的与海防有关的文献有逐渐减少的趋势。这主要是因为，一般知识分子对现代战争知之甚少，绝大部分人是门外汉。在鸦片战争之前的海防文献中，海防地理类著作占了很大比例。此类著作的编纂，不需要太多专业的军事理论，一般知识分子尚有能力完成。而在鸦片战争之后，对外战争遭到惨败，海防地理类著作已经远远落伍，根本无力应对海防形势的新变化，因此普通的知识分子纷纷知难而退。

这一时期出现的海防文献主要有：

关天培撰《筹海初集》四卷。此书是关天培为加强广州海防，辑录关于筹议海防、整饬营伍、训练军队等资料，以及摘抄奏稿成书。卷首有广州虎门各炮台图十幅，卷末附秋涛浴铁图、中流击楫图、伏波洗甲图等，是研究鸦片战争发生背景、广州海防部署以及中英交涉情况的重要资料。

卢坤、邓廷桢等辑录《广东海防汇览》是一部史料价值极高且编辑体例十分严谨的专题类编著。该书刻印于道光十八年（1838年），分为四十二卷，五十余万言。它是在广东督抚衙门精心组织下，经过广泛搜集档案、书籍资料，由著名学者加以认真甄别，分门别类编成的。

王之春编（原题芍唐居士编）《防海纪略》二卷。王之春（1842—1906），字爵棠，湖南清泉县人。先后作为曾国藩、李鸿章和彭玉麟的部属，参与镇压太平天国起义，后历任山西巡抚、安徽巡抚、广西巡抚。曾出访日本、俄罗斯、德国、法国，多次向朝廷上书自强新政。

《防海纪略》成书于清同治十年（1871年）。本书曾分别以《夷艘入寇记》、《夷艘寇海记》、《英舶入寇记》、《道光洋艘征抚记》、《洋务权舆》等书名刊行或传抄流传，为记叙鸦片战争之重要史料。现存光绪六年（1880年）上洋文艺斋刊刻本。

此书系删补《英夷入寇记》而成。作者鉴于清同治年间中外争端日多，欲以此书为清政府对外交涉中提供借鉴，故叙次得体，事实准确，语词秉直，无多顾忌。书末附《津事述略》，记述同治九年（1870年）天津教案事颇详。中国史学会主编的《鸦片战争·书目解题》曾认为作者是魏源，而广东省文史研究馆编的《三元里人民抗英斗争史料》则认为作者是李德庵、李凤翔父子。

另，薛传源编《防海备览》，嘉庆六年（1801年）山堂藏版；俞昌会编《防海辑要》，道光壬寅（1842年）百瓹山房藏版；无名氏编《海防要览》，光绪甲申（1884年）文宜书局刻本。

近代以来，在海防建设中起主导作用的是洋务派官员、外交官等，他们对海防建设发表的意见和建议，大多建立在充分了解西方及其军事、外交的基础之上。再者，随着海防观念、军事理论的逐渐进步，洋务派官员开始站在全国的高度筹划海防建设，单纯涉及山东海防的少之又少。例如，郑观应撰《防海危言》，傅云龙撰《北洋海防津要表》1卷。

这一时期的海防文献还有一个特点，那就是在向西方学习的过程中，西方海防著作开始陆续输入进来，如德国人希理哈所著《防海新论》，美国人伯德撰、毕德格译的《海防策要》等，在此并不赘述。

二、山东海防遗存

1.今烟台市境内的海防遗存

近代山东海防建设的重点在威海和烟台，因此海防遗存主要分布在这两个地方。

近代以来，清政府把海防建设的主要精力放在创建近代化海军上，而且设防地点偏重威海卫，因此在烟台的海防设施本来就不多，留存至今的遗址只有西炮台、东炮台两处炮台和北洋海军采办厅建筑1组。3处遗存全部位于今烟台市芝罘区。

西炮台位于芝罘区通伸岗北山，这里地势突兀，位置险要，战略位置十分重要。西炮台初建于光绪二年（1876年），置土炮8门。次年，清政府又将炮台增修扩建，最终形成由围墙、瓮城、演兵场、地下坑道、炮台、指挥所、弹药库等组成的具有古代城堡特点的封闭式炮台群，并添置了当时世界上最先进的德国克虏伯重炮。西炮台从此成为近代烟台重要的军事要塞，西炮台是迄今我国保存最完整的近代炮台之一。

东炮台在芝罘区归岱山。归岱山临海负山，地势险要，东、西、北3面均为深约二十米的临海悬崖峭壁，是烟台天然之关隘。1886年，直隶总督李鸿章巡阅烟台西炮台后，决定在归岱山再建炮台，以与西炮台形成交叉火力，严密防御烟台海域。经过5年艰苦施工，1891年东炮台竣工。

东炮台的布局、建筑风格均与西炮台十分相似，亦由炮位、护墙、大门、地井、坑道及营房等组成。

两炮台遗址形成于义和团运动和八国联军侵华战争之后。光绪二十七年（1901年），清政府被迫与英、美等11国签订《辛丑条约》，根据条约规定，两炮台大炮全部拆除，炮台被废弃。1938年日军侵占烟台后，炮身、炮座也被毁掉。

北洋海军采办厅在烟台山脚下，芝罘区会英街1—3号。从外表上看，这只是一个普通的院落，建筑上并没有什么特别之处，可在当年，这里是负责采办北洋海军后勤补给物资的重要处所。

2. 今威海市境内的海防遗存

威海近代海防遗存主要集中在刘公岛、日岛以及威海港南北两侧海岸。当年，这里是中国第一支近代化海军北洋海军的屯泊基地，清政府在此设有工程局、机器局、屯煤厂、电报局和电灯台、海军公所、铁码头、船坞、水师养病院、水师学堂等机构和设施，刘公岛、日岛、威海湾南北两岸等要地修筑炮台十余座。这里还是中日甲午战争的重要战场。这些海防遗存大部分即形成于甲午战争期间，现在刘公岛以及周边海防遗存被整体列为刘公岛甲午战争纪念地。1977年12月23日，北洋海军提督署被列为山东省重点文物保护单位。1988年1月13日，国务院公布刘公岛甲午战争纪念地为全国重点文物保护单位。2000年，山东省政府公布了刘公岛甲午战争纪念地28处北洋海军及甲午战争遗迹的保护范围和保护内容（其中北洋海军提督署、威海水师学堂内包含部分稍晚增建的英式建筑）。2000年6月刘公岛甲午战争纪念地列为山东省优秀建筑。

北洋海军提督署，又称"水师衙门"、"海军公所"，为北洋海军指挥中心，位于刘公岛南坡中部偏西，建于1887年。提督署现保存完整，经多次修缮，现在是中国甲午战争博物馆的主要陈列展示场馆。

提督署大门建筑为3开间，正上方悬挂李鸿章题"海军公所"匾额。大门外东西两侧各置乐亭，飞檐翘角，四面歇山；南面与之相连，建东西辕门。东西辕门内左右对称各竖立刁斗旗杆 1 支。提督署平面呈长方形，按中轴线建前、中、后三进院落，每进有中厅、东西侧厅和东西厢房。前、中、后院的中厅分别为礼仪厅、议事厅和祭祀厅。东、西两路有长廊贯通南北，各厅、厢、院落之间，廊庑相接。四周围以毛石墙。建筑风格多为清代举架、抬梁与穿斗相结合的砖木结构形式。院内东南角有演武厅 1 座，建筑风格为中西合璧，屋宇高敞，空间宽阔。

丁汝昌寓所，位于提督署以西 200 米处，建于 1888 年，为北洋海军提督丁汝昌的官邸。寓所建筑为砖木结构，坐北朝南，分左中右 3 跨院落。中跨院为四合院式，有正厅、东西厢房和倒厅，院内西侧有丁汝昌亲手栽植的紫藤 1 株，至今已过百年。

威海水师学堂，位于刘公岛丁汝昌寓所西 300 米处，建于 1890 年，周围环绕石砌堞墙和围墙。甲午战争中遭战火，损毁严重，今存照壁、小戏楼、俱乐部、东西辕门和一些房舍。

铁码头，位于刘公岛丁汝昌寓所西南 300 米处。平面呈 T 字形，墩桩凝结如石，坚实耐用。铁码头栈桥上有铁轨与屯煤所、工程局、机器局、鱼雷修理厂相连。

麻井子船坞，位于刘公岛西部南岸黄岛炮台与水师学堂之间，1887 年建。泊船坞池平面呈不规则梯形，块石砌筑。西侧南端设出入口。北侧堤系填海而成，兼为连接黄岛炮台的通道；南侧堤是船艇主要靠泊区；西侧堤为防波堤。

公所后炮台，在水师学堂堞墙北 150 米之小山上，包括半地下兵舍与炮位两部分。半地下兵舍紧依炮台南面劈山而建，赭红色花岗石砌筑，石制檐口、立垛、腰线、排水口、门窗拱券等，外观呈明显的欧洲建筑风格；兵舍之间既相对独立，又相互连通，皆可经坑道直达炮位。地面炮位两座，呈圆形，当年的设计为地阱式暗炮台，后毁于甲午战争。除公所后炮台之外，刘公岛岛内炮台还有多处，其形制与所后炮台近似。黄岛炮台在岛西端，东泓炮台在岛东端，旗顶山炮台在岛中部主峰后山。

日岛炮台，在刘公岛南1海里处，系清军自南岸搬土填筑而成。建地阱炮台1座，置平射炮6门，地阱炮2门，阱壁筑有掩体和储弹间。甲午威海之战中，"康济"舰管带萨镇冰率30名水兵守此炮台，击退日军多次进攻。

除以上遗址外，刘公岛上的东泓炮台、旗顶山炮台及其石码头、工程局、机器局、屯煤所、鱼雷修理厂、蒸馏所等保存较好，南嘴炮台、迎门洞炮台、黄岛炮台能寻其踪迹；在威海港南北两岸，现在能寻其踪迹的还有柏顶炮台、黄泥沟炮台、北山嘴炮台、摩天岭炮台、杨枫岭炮台、所城北炮台、鹿角嘴炮台、皂埠嘴炮台、邵家庄炮台等炮台遗址和沟北船坞、电报局、电灯台、南帮信号台、水师养病院、炮队营、海埠村北洋海军石拱桥等遗址。

第七章　19世纪末20世纪初的青岛与威海

第一节　德占时期的青岛

一、德国对青岛的军事占领

19世纪末，中国在甲午战争中战败后，帝国主义掠夺在华利权，强租海港，划分势力范围，掀起了瓜分中国的狂潮。

1860年到1872年间，德国著名地质学家斐迪南·冯·李希霍芬曾8次来华进行考察。他在1882年出版的《中国》第2卷中用相当多的篇幅讨论了山东的问题，并指出胶州湾是适合德国占领的理想地点。李希霍芬的论述对于德国侵华政策的制定有重要影响。

19世纪70年代初，德国完成统一，成为新兴的资本主义国家，立刻走上海外扩张的道路。1895年底，德国向总理衙门提出让与一个军港"借地储煤"的要求，遭到清政府的婉辞。1896年11月，担任天津税务司的德国人德璀琳在与德国海军司令克诺尔海军上将的谈话中说，胶州湾极值得德国争取。1896年12月，德国向清政府提出租借胶州湾的要求，遭到拒绝。

1897年11月1日，两名德国传教士在山东曹州府巨野县被杀。11月7日，德皇威廉二世以此为借口，命令驻扎在吴淞的德国东洋舰队"立刻开往胶州湾，占据该地，并威胁报复，积极行动"。10日，东洋舰队司令

369

棣利司率领巡洋舰"德皇"号、"威廉亲王"号、"鸬鹚"号 3 艘巡洋舰和装甲舰"乌登堡"号、"奥登堡"号从上海吴淞口出发前往胶州湾。

14 日拂晓，德军在前海栈桥突然登陆，然后立即分兵抢占清军军械库、弹药库，俯瞰炮台的高地、要隘，并向清军发出照会，限清军 48 小时内撤出女姑口和崂山以外。在德军逼迫下，章高元率领部队移驻青岛山后的四方村一带。清军撤退时，14 尊克虏伯钢炮被德军扣缴。15 日，德军二百余人进至四方村，逼章高元再退。在清廷不准开仗的指令下，清军被迫从四方村退至沧口附近。19 日、20 日，王文韶、李鸿章分别电令章高元"不可轻起兵端"，后又令章高元部移驻烟台。

12 月 1 日，正当清军膳就准备拔营时，德军对已退至法海寺正准备拔营移防烟台的章高元部发动袭击，千总赵先善阵亡，损失毛瑟步枪 58 支和部分装备，清军始终未予还击。20 日，清军全部撤到烟台。至此，德军完成了对青岛的占领。

1898 年 3 月 6 日，清政府被迫与德国签订了《中德胶澳租借条约》，规定将胶州湾及南北两岸租与德国，租期 99 年；德国在山东境内修筑两条铁路，可以开采铁路沿线两旁 30 华里以内的矿产。从此，德国在租借的名义下，强占了胶州湾，并把山东省变成了它的势力范围。

1898 年 4 月 27 日，德国在青岛设立胶澳总督府，任命罗绅达为第一任胶澳总督。胶澳总督为租借地最高统治者，在租借地内，除邮政、司法官吏直接受德国本部管辖外，其余均受总督指挥。

德军占领青岛后，先占用清军兵营驻扎，后在清军兵营原址和台东镇、沙子口、李村、沧口等地，建兵营十余处。其中，比较大的有"俾斯麦兵营"（原清军广武中营址）、"伊尔蒂斯兵营"（原清军嵩武中营址）、"毛尔梯克兵营"、"小泥洼兵营"（原清军广武前营址）4 座。

为了防止其他帝国主义国家染指青岛，德国先后在太平山、青岛山、汇泉角、团岛、台东镇等十余处要地构筑团岛炮台、台西镇炮台、衙门炮台、俾斯麦南炮台、汇泉角炮台等永久性海防炮台和俾斯麦北炮台、伊尔奇斯北炮台、伊尔奇斯东炮台、仲家洼炮台等永久性陆防炮台，配置80—280毫米火炮39门；临时性炮台22个，配置37—210毫米火炮86门；并在大港设有移动炮台。德军所筑炮台，大多为掘开式永备型，炮台上设有钢制顶盖用作瞭望所，顶盖的周围镶有暗光镜，可以360度旋转观察军情。炮台所设火炮多为旋转的曲射炮，既可封锁海面，又可攻击陆上目标。此外，德军还在太平山、青岛山、小湛山、大港、台东镇和柳树台等地，筑有堡垒二十余个，每堡可容士兵1个连；堡与堡之间挖有堑壕；壕前修有掩体和胸墙，并进行伪装。壕后筑有瞭望哨，堑壕外架铁丝网，由此构成了比较严密的军事工程体系。

德国在青岛的统治长达十七年之久，直到1914年第一次世界大战爆发后，日本借口对德宣战，强行占领胶州湾和青岛。

二、日德青岛之战

1914年8月，第一次世界大战爆发，欧洲主要国家都卷入战争，无暇东顾，日本趁机扩张其在中国的势力。

1914年8月15日，日本对德国发出最后通牒，要求德国立即撤退在中国海面上的一切德国军舰，将胶州湾无条件地交于日本。8月23日，日本联合英国对德国宣战。

1914年8月27日，日本海军第二舰队驶抵崂山湾，封锁青岛海面。9月2日独立第十八师团先头部队山田支队在龙口附近海域登陆，然后沿莱州、平度向即墨推进。9月18日，崛内支队在仰口登陆后，由王哥庄向西南山区进发。9月21—26日，日军野战重炮兵2个联队、保障分队及辎重队在崂山湾登陆。其间，英军2个大队亦在崂山湾登陆。

9月26日，西进的一支日军占领潍县车站，控制了胶济铁路。27日，日英联军在孤山、浮山一线与德军激战一天，德军败走，从李村河口至沙子口、从孤山至浮山一线阵地全部被日军占领。至此，日军完成了对青岛德军的包围。

10月13日，日军后续部队在崂山湾登陆，准备对坚守在青岛要塞里的德军发动最后攻击。经过1个月的部署，日英联军完成了进攻青岛要塞的准备工作。10月31日拂晓，日军从陆地、海上对德军发动全面进攻，德军损失严重。11月6日，日军攻占德军中央堡垒，德军小湛山至海泊河口防线崩溃。7日，日军在炮火掩护下，先后占领太平山、青岛山和贮水山。至此，德军最后一道防线被日军突破，海军亦全部覆没。德总督卖尔瓦的克见大势已去，命余部炸毁防御设施，在观象山上挂起白旗，向日军投降。11月10日，日德双方开始谈判。16日，日军进占青岛市区。从此，青岛沦为日本帝国主义的殖民地。日军进而控制了山东省，夺取德国在山东强占的各种权益。

日军侵占青岛后，占用原德军兵营，将"比士马克兵营"与"伊尔地斯兵营"合并，改为"万年兵营"；"毛尔梯克兵营"改为"若鹤兵营"，并新建1座"旭兵营"。同时，日军在东起女姑口、西至济南火车站的胶济铁路沿线设据点七十余处，分别驻扎宪兵和陆军。

此外，日军除修复被德军炸毁的炮台外，还在太平山、青岛山、台东镇、团岛、台西镇和仲家洼等地增建永久性炮台8个，配置37—280毫米火炮29门；临时性炮台12个，配置50—150毫米火炮59门；在海泊河入海口南岸挡浪坝上配有移动火炮和机关炮；在德军遗留堡垒（碉堡）及附近，配置机关炮39门、机关枪47挺。

从1914年一直到1922年的9年间，青岛一直被日本占领。"一战"结束后，战胜国在法国巴黎召开所谓的"和平会议"，中国作为战胜国出席会议。1919年6月28日的《凡尔赛和约》规定，德国在山东的一切特权转让给日本，中国外交遭到惨败，从而引发了五四运动。

1921年11月至1922年2月，华盛顿会议召开。会议期间，中国和日本签订了《中日解决山东问题悬案条约》及其附约，规定：日本将德国旧租借地交还中国，中国将该地全部开为商埠；胶济铁路及其支线由中国赎回等。1922年12月10日，中国北洋政府收回青岛。

三、德国军营与炮台遗址

1898年至1910年间，德国在青岛除设立军营、修筑炮台外，还修建了胶澳总督府、总督官邸、德华银行、山东路矿公司、观象台、火车站等多处建筑，大多保存完好，沿用至今。保存下来的军营、炮台等军事设施遗址有十余处，如军营遗址有俾斯麦兵营、伊尔蒂斯兵营、毛奇兵营旧址3处，炮台遗址有青岛山炮台、汇泉炮台、团岛炮台、台西镇炮台、太平山北炮台东炮台、湛山炮台6处，此外还有德国第二海军营部大楼、水师饭店等遗址。

俾斯麦兵营，位于在青岛山西南麓，是胶澳德军司令部驻地，1899年修建，由4座高楼营房和十余座附属建筑组成；4座营房平面呈H形，地上3层，地下1层，其中1幢楼房地下2层。楼房正中以及两边均以阶梯形山花作为装饰，属于典型的19世纪末期欧洲建筑的风格。楼房前为练兵场。日德战争中，为德军作战指挥部。德军战败后，兵营为日军占用，更名为万年兵营。现在大楼、官兵宿舍、楼梯等均保存完好，归中国海洋大学鱼山校区使用。

伊尔蒂斯兵营，因地处伊尔蒂斯山（今太平山）南麓而得名。始建于1899年，背山面海，由两座主楼和其他附属建筑组成。大楼地上2层，地下1层，用花岗岩石块砌成，具有典型的南欧建筑风格。楼顶为坡形，红瓦，在建筑中部设装饰性山墙。大楼两翼各有1座塔楼，呈尖锥形。大楼走廊为内走廊，设计在大楼背阴一侧。日德战争后，兵营被日军占用，更名为"旭兵营"。兵营西南原有练兵场。现在两幢主楼和附属建筑均保存完好，由北海舰队使用。

青岛山炮台，位于青岛山南部，是德军在青岛最重要的海岸防御设施，原有两座炮台，装备了大炮两门，机关枪两挺。地下指挥部深藏于青岛山腹内，分为上、中、下 3 层，共 50 个厅室，分为指挥区、后勤区、生活区。顶部建有瞭望塔，可作 360 度旋转，用以全天候监控进出胶州湾的舰船。炮台下有暗道与俾斯麦军营相通。日德战争期间，炮台、大炮已被炸毁，只留炮台钢制底座；德军地下指挥部和瞭望塔至今保存完好。

汇泉角炮台，位于汇泉角上，1902 年建成，这是德国在青岛建成的第一座永久性炮台，钢筋混凝土浇筑，配置两门 240 毫米加农炮、两门 150 毫米加农炮，均为克虏伯炮塔式旋转火炮。德炮台前后方建有大、中、小 3 处地下掩蔽部，用来储藏弹药、给养，以及用作观测、指挥所和供值勤官兵居住。掩蔽部内建有数十个房间，并有数条地道通向数里外的伊尔蒂斯兵营等要地。炮台周围挖掘壕沟，修筑围墙、铁丝网。日德战争结束后，汇泉角被日军占领。现炮台地下掩蔽部保存完好。其南炮台掩蔽部规模最大，依山势而建，北高南低，东侧与山体连为一体。掩蔽部顶部以南岩基上立有小石碑，上刻"汇泉角炮台基址"，为旧时文物。中炮台掩蔽部位于大掩蔽部之北，为倒"品"字形建筑，2 层，上宽下窄；小掩蔽部在遗址最北端。

团岛炮台，德军在清军炮台的基础上扩建而成，安置 3 门 88 毫米的加农炮，成为德军扼守胶州湾航道的重要海防炮台。炮台附近建有较大规模的地下掩蔽部，内有大小房间十余间，上覆厚土，极为隐蔽。日德战争结束前，德军将炮台火炮予以炸毁，但炮台地下掩蔽部至今保存完好。

台西镇炮台，在团岛以北西岭山丘上，原名西岭炮台，初为章高元所筑。德军占领青岛后扩修，将其更名为台西镇炮台，在此安置 4 门口径为 210 毫米的加农炮，修筑了两处大型掩蔽部，四周环绕宽深的壕沟和高大的堤坝围墙。日德军结束前，德军将台西镇炮台火炮炸毁。现两处堡垒式掩蔽部保存完好。南堡垒有 8 个大房间，3 个出入口。掩蔽部南端有 1 个供观察敌情用的可以自动升降的深井式瞭望台。北堡垒与南堡垒规模相近，有 8 个房间和 2 个出入口。其南侧亦有深井式瞭望台，规模略小于南堡垒。

德海军俱乐部，位于湖北路，1898 年始建，1902 年建成，属于典型的德国文艺复兴时期建筑风格。地下 1 层，地上 3 层；正中建有凸起的山墙，角处建有尖顶塔楼；第一层为石基砖墙，第二层以上以蓝条装饰。

第二节　英租时期的威海卫

1898 年，德国强迫清政府签订《胶澳租界条约》，强占胶州湾，进而把山东变为其势力范围；同年，俄国强迫清政府签订《旅大租地条约》，强租旅顺口、大连湾及附近海面。这样，辽东半岛完全落入俄国手中，整个东北全境成为俄国的势力范围。

为了阻挡俄国势力由东北地区南下，英国驻华公使窦纳乐向清政府提出，按照租让旅顺口的同样条件租借威海卫。清政府以威海卫尚在日军的占领之下为托辞，予以拒绝。

英国展开外交活动，与德国、日本达成默契，随后对清政府的态度愈加强硬，将十余艘军舰开至烟台示威。4 月 30 日，清政府被迫派出庆亲王奕劻、刑部尚书廖寿恒与英使窦纳乐谈判。5 月 23 日，中国向日本付清甲午战争赔款，日军撤出威海卫。第二天，英国即强行占领威海卫。

7 月 1 日，清政府被迫在北京签订《中英议租威海卫专约》，取得了威海卫港湾连同刘公岛和威海卫沿岸 10 里宽地段的租借权。8 月，中英双方代表在刘公岛西端的黄岛上举行租借仪式，威海卫遂沦为英国殖民地。

英国强租威海卫以后，在刘公岛设远东舰队司令部，冈特、阿瑟·铎沃德先后任司令。在威海港内，常泊军舰三艘；夏季有巡洋舰五六艘，旗舰一艘，鱼雷艇八九艘；冬季泊有巡洋舰二三艘。英国海军陆战队常驻刘公岛，兵力有四五十人。1930 年 10 月交收威海卫前夕，英国皇家海军苏格兰第二营陆战队驻威海，人数不详。此外，英国陆军每年夏季派驻 1 个团，有一千四五百人，冬季常驻 1 个营，有一百七八十人。

1899 年，英国又在威海招募中国人组建华勇营，又称中国旅、中国团队。人数初为六百余名，后来增加到一千三百多人。驻在北大营、北竹岛、南竹岛和寨子等处。华勇营由英国人担任军官，先后有英国陆军上校鲍尔、中校布鲁斯、上尉沃森和巴恩斯等。1900 年，华勇营被派镇压刘荆山、于冠敬、崔寿山等发动的抗英斗争，随后又跟随英国军队到天津、北京镇压义和团。1906 年，华勇营被解散，当时人数约六百人，其中一部分人转为巡捕。

光绪三十一年（1905 年），俄国在日俄战争中战败，被迫放弃旅顺。《中英议租威海卫专约》曾有规定，"租期应按俄国驻守旅顺之期相同。"清政府藉此向英驻华公使提出收回威海卫的要求。英国政府反借口旅顺非俄国退让，拒绝交还。

1921 年 12 月，北京政府代表施肇基、顾维钧等在华盛顿会议上提出归还各国在华租借地的要求。从 1922 年 10 月一直到 1924 年 10 月，中英之间谈判多次，终于达成了协议，但一直未能完成签字手续。

1929 年 6 月，南京国民政府外交部长王正廷向英国驻华公使提出威海卫的归还问题。经中方力争，1930 年 2 月 13 日，中英重新拟定《中英交收威海卫专约》和《协定》。同年 4 月 18 日，王正廷和蓝普森在南京分别代表中英两国政府签字。同年 10 月 1 日，中英两国在南京互换批准约本议定书。

1930 年 10 月 1 日，接收典礼在英国威海卫行政长官署大院举行。随后，国民政府威海卫管理公署成立，英国驻威海卫办事大臣庄士敦率随员及驻威英国军队取道香港回国。英国在威海长达 32 年之久的殖民统治结束。

目前，英租威海卫时期的军事遗存主要有：英国海军上将别墅旧址，在威海市刘公岛东村丁公路（西摩街）；英海军司令避暑房旧址（四眼楼），在威海市环海路 7-1 号黄泥沟村；英国太平洋舰队司令部旧址，在刘公岛西部水师学堂东辕门东；英海军舰队司令避暑别墅旧址，在刘公岛"龙柏三兄弟"北；华勇营大楼旧址，在威海市区北山路 1 号、6-2 号。

此外，在刘公岛以及威海市区，目前能确认的与军事有关的遗存还有刘公岛海军疗养院医疗仓库、刘公岛海军医官长官邸、刘公岛皇家海军村、海军陆战队航母飞行员营房、大英水师局工程师办公室、住宅、海陆军联合服务俱乐部、海军会计长私宅、海军军需库职员住宅、海军粮库职员住宅、海军军需官私宅、皇家海军酒吧、皇家海军酒吧经理私宅、皇家海军电影院、军官食宿处、军医住宅。

第八章　与山东海防有关的诗文题记

第一节　诗文词赋

　　数百年来，山东海防建设在抵御少数民族进攻与列强侵扰，维护民族独立方面发挥了重要的作用。在艰苦卓绝的斗争中，先后涌现出了一大批爱国将领。他们不屈不挠、浴血奋战的英勇事迹永远激励着后人，他们对战争的记述、对战争经验教训的总结，亦是留给后人的珍贵文化遗产。海防建设以及爱国将士英勇抵御外侵的斗争也引起了许多文人志士的关注和赞誉，从而留下了不少与海防、抵御外侵有关的诗文词赋等。在此，主要拣选一部分重要的诗文与词赋以供参考，同时对其作者作简单介绍。

　　蓝田（1477—1555），字玉甫，号北泉，山东即墨人。嘉靖二年（1523 年）癸未科进士，授河南道监察御史。嘉靖四年（1525 年），蓝田巡按陕西。曾先后 7 次上疏，历数恶吏罪状，因而声震一时。后遭人陷害，夺官入狱，后经友人营救获释，从此不再为官。嘉靖三十四年（1555 年），卒于家。著有《蓝侍御集》、《北泉集》、《东归唱和》、《白斋表话》等。蓝田所作《观王进卿、施天秩二将军畋猎歌》，反映了即墨营军人的威武状态，其诗云：

　　　　　　进卿万户气如虹，平明选徒猎胶东。
　　　　　　天秩武举力似虎，手挽强弓飞白羽。

马上横吹三叠罢，封狐狡兔惊叱咤。

左呼黄犬右苍鹰，彭彭逐逐相枕藉。

云蒸雾拥南北驱，涛翻雨注东西呼。

须臾三匝苍山麓，车前车后悬兔狐。

即墨营中二将军，范我驰驱武且文。

霜浓马肥太白动，谈笑何有胡虏氛。

戚继光（1528—1588），字元敬，号南塘，晚号孟诸，是明代杰出的军事家、民族英雄。戚继光曾写过《过文登营》一诗，展现出他傲视海疆、忠贞爱国的气概，其诗云：

舟舟双幡度海涯，晓烟低护野人家。

谁将春色来残堞，独有天风送短笳。

水落尚存秦代石，潮平不见汉时槎。

遥知百国微茫外，未敢忘危负岁华。①

黄克缵（1550—1634），字绍夫，号钟梅，福建晋江梅林（石狮市永宁镇梅林村）人。万历八年（1580年）进士。初任寿州知州，后入为刑部员外郎，累官山东左布政使。万历二十九年（1601年），升任右副都御史，巡抚山东。曾任刑部尚书、工部尚书，两度出任兵部尚书，晚年吏部尚书不就。民间称其为"黄五部"。崇祯七年（1634年）家中去世，谥襄惠。著有《数马集》、《疏治黄河全书》等。其《东牟观兵夜宴蓬莱阁》诗曰：

---

① 戚继光：《过文登营》。山东社会科学院语言文学研究所：《咏鲁诗选注》，山东人民出版社1983年版，第500页。

> 城列千灯锦帐开，东风吹客至蓬莱。
>
> 天光海色春相映，叠鼓鸣笳夜急催。
>
> 鳌首三山含雾动，潮头万马拍空来。
>
> 观兵幸值妖氛息，徒倚危栏一举杯。

袁可立（1562—1633），字礼卿，号节寰，河南睢州（今河南省睢县）人。万历十七年（1589 年）进士，曾任苏州府推官、巡城御史、左通政、登莱巡抚、兵部侍郎、兵部尚书等职。袁可立历万历、泰昌、天启、崇祯 4 帝，为"四朝元老"。袁可立为官刚正不阿，敢于为民请命，是明代后期著名的清官廉吏。

袁可立《甲子仲夏登署中楼观海市并序》，其序曰："余建牙东牟，岁华三易，每欲寓目海市，竟为机务缨缠，罔克一觏。甲子春，崀方得旨予告，因整理诸事之未集。又两阅月，始咸结局，于是乃有暇晷。仲夏念一崀日，偶登署中楼，推窗北眺，于平日沧茫浩渺间，俨然见一雄城在焉。因遍观诸岛，崀咸非故形，卑者抗之，锐者夷之，宫殿楼台，杂出其中。谛观之，飞檐列栋，丹垩崀粉黛，莫不具焉。纷然成形者，或如盖，如旗，如浮屠，如人偶语，春树万家，参崀差远迩，桥梁洲渚，断续联络，时分时合，乍现乍隐，真有画工之所不能穷其巧者。崀世传蓬莱仙岛，备诸灵异，其即此是与？自巳历申，为时最久，千态万状，未易殚述，崀岂海若缘余之将去而故示此以酬夙愿耶？因作诗以记其事云。"其诗曰：

> 登楼披绮疏，天水色相溶。云霭泽无际，谹达来长风。
>
> 须臾蜃气吐，岛屿失恒踪。茫茫浩波里，突忽起崇墉。
>
> 垣隅迥如削，瑞采郁葱葱。阿阁叠飞槛，烟霄直荡胸。
>
> 遥岑相映带，变幻纷不同。峭壁成广阜，平峦秀奇峰。
>
> 高下时翻覆，分合瞬息中。云林荫琦珂，阳麓焕丹丛。
>
> 浮屠相对峙，峥嵘信鬼工。村落敷洲渚，断岸驾长虹。

人物出没间，罔辨色与空。倏显还倏隐，造化有元功。

秉钺来渤海，三载始一逢。纵观临巳申，渴肠此日充。

行矣感神异，赋诗愧长公。

毕懋康（1571—1644），字孟侯，歙县上路人。万历二十六年（1598年）进士，授中书舍人，后累迁广西道监察御史、右佥都御史、陕西巡按、山东巡盐御史。崇祯初年，任南京通政使，升兵部右侍郎。崇祯帝命其制武刚车、神飞炮等。械成后，编辑《军器图说》以进崇祯帝。因功升南京户部右侍郎，总督粮厫，后因不愿与宦官同流告归。著有《疏草》二卷、《西清集》二十卷、《管涔集》五卷。

毕懋康《阅海操碑记》石碑立于吕祖殿东侧，高 203 厘米，宽 85 厘米，大理石质地，行书阴刻。其文曰：

昔班孟坚既通田狩之义，而赋曰：临之以《王制》，教之以《风》、《雅》，是王道之成乎？陉山之田，长杨之猎，失其义矣。而泽萃有戒，代不释兵，国家大司马岁行周教，而郡邑各治，赋震震于委致，围脆致冲；监司于兵为所职，则每履其部而简阅之；御史大夫若直指使者各因旌毂所至，集士伍以饬教令。简力校武，选徒擢骑，此大政也。

青齐海岱之州，其在牟城，大海为池，故事有海操。余以丁巳中夏按其郡，午日登蓬莱阁阅焉。尔时霾暗亘天，暧霮云布，呵欻掩郁，咫尺莫辨。余方忆轩辕涿鹿三日沾濡若矣，而法以斗机，何圣人制用之神耶？于是材官请发号矣，乃亟令传宣。火炮一鸣，四塞忽散，或以金石盈气触克则销，或以发地冒阳宜炊以火，斯已奇矣。少焉大明撼辔于金枢之穴，翔阳逸骇于扶桑之津，沖瀜沆漭，浮天无岸，泊柏而迤扬，磊匌匌而相厄，弘舸连轴，巨舰接舻，五楼三翼，既扬旌栈，苍鹰文鹢，缀鹜风樯，萍布星浮，盖七八里许。三军哗扣振旅，甲胄骈集，为楼船将军者，为濯船黄头者，为伐松木客者。云兴之将，飙起之师，抑扬电霆，奔骋貔貅，李牧之百金士，勾践之千君子，左属擭庚之鞬，右握破坚之矢，拓弦作霹雳声，阙巩之甲，步光之剑，丈八之矛，文犀之渠，时力、距来之弩，九斿、七斿、六斿、四斿之羽，如荼、如火、如墨之阵。万响烈发，炎起烟迷，纵接横交，杀声震天，飞沫起涛，影沙礧石。而往来传警之棹，速告急宣，望涛远决，同然鸟逝。大海濆沦潚潜，不见水端，信寰宇一奇观也。

夫青齐古称四塞之国，毂击肩摩之途，连衽成帷，举袂成幕，患不在无兵也。昔管夷吾治齐而罢士无伍，桓公卒用以霸。今蔽海而陈者，士徒集矣，戎器除矣，一旦有叫呼饮马，能灭此而朝食乎？能驱浮囊而断横波之锁者乎？暴子弟采金煮海，啸为游艇之子者，而剪其为长蛇，而暴其为奔鲸者乎？桓桓而号习流者，屯羽秉枪，拱稽徭分，皆凛凛于尺籍伍符，无废用命者乎？不然而徒靡县官之食。以罢士伍矣，蔽海而阵何益哉？萃之戒曰：不虞未见时者当先见弊。刿边陲之忧，今不啻为于邻之震，无然苏苏，无然索索，惟事事有备无患，图之此为时矣。夫人众而不整，命曰人满；地大而不垦，命曰土满；武张而不适于用，命曰武满，三满者谓之国蹶。其无以师徒为武，无以辽海为远，无日不讨军实民隐，而咨度之。先为不可胜，以待敌之可胜，又何忧东事哉。余故于泽萃之象，一篇之中三致意焉。

皇明万历四十六年岁在戊午重九日。赐进士第中宪大夫，顺天府府丞，前奉敕巡按直隶、陕西、山东阅视延固二镇，广西道监察御史，兵部员外郎，中书舍人，新都毕懋康撰。

徐梦麟，字惟仁，宣州（今安徽宣城）人。万历十四年（1586年）进士，授河南长葛知县，迁南武库司郎中，出为河南府尹，改知登州，擢青州兵备副使。复任山东提学，力倡文学，奖掖后进，所拔多名士。历督粮参政、按察使。其《秋夜泛舟蓬莱阁下》诗曰：

> 宦况萧萧发自华，几从仙侣泛浮槎。
>
> 阁临穷海天疑半，席近寒潮月未斜。
>
> 帆影乱惊三岛雁，砧声遥落万山笳。
>
> 年来卧鼓鲸波静，倚剑挑灯逸兴赊。

徐绩，内蒙三韩人，汉军正蓝旗人。乾隆十二年举人。入赀授山东兖州泉河通判。累迁山东济东泰武道。三十四年，擢按察使。三十五年，擢工部侍郎、乌鲁木齐办事大臣。乾隆三十七年（1772 年）任兵部侍郎兼都察院右副都御史，巡抚山东。其《蓬莱阁阅水操记》曰：

> 登州北濒大海，其山曰丹崖，其最胜者曰蓬莱阁。士大夫燕游歌咏必集其处。盖不独海市幻形，荡摇万象，有珠宫贝阙之奇，而风帆沙屿，灭没于沧波浩渺之区，云物诡殊，顷刻百变。意古高世隐德之士，若安期、羡门之徒，犹有往来栖息于是中者。
>
> 明季倭犯朝鲜，登州外接重洋，距朝鲜不远，故御倭之制为特备。既于城北增筑水城，而水师兵额最广，至分营为六（明季登州水师有左营、右营、中营、游营、平海营、火攻营）。近制但有前营，设兵六百余名，分南、北、东 3 汛。百数十年来，海波恬息，民生不见有犬吠之惊，反得倚巨浸为天堑，而鱼盐蜃蛤不待他仰而足，黄发垂髫皆熙然自遂其生，岂非国家声灵遐暨，寰海咸宾，吾民父子祖孙，其涵濡于郅治之泽者为已深哉！
>
> 闲尝按图考志，得故学使施闰章《海镜亭记》，谓此亭先朝

383

台使者阅水师处，而讶今武备之不讲也久矣，辄为之低徊三复。感二百来，前后事势之异，而叹本朝之治化为独隆，又念吏兹土者，荷圣化之怦懜，得优闲岁月，苟禄以冒迁者，亦复不乏其人。是则登览之余又可以动旷官之戒也。

三十七年秋，余以阅兵至此，得游所谓蓬莱阁者。于焉勤习水师，纵观诸战艘扬帆掇舵，往来疾驶之纷纷。而总戎窦公复募善水士，教以蹴波列阵，跃入深潭计三四丈余，而腰以上不没，藏火药具于帽沿旁侧。忽焉炮声四起，与洪涛声砰訇互答，烟幕重溟，回风环卷，云淆雾乱，博望迷离。已复各出牌刀，相斫击撕，复左右出没如神，余为目眩者外之。爰加厚赏，以旌其能。窦公特请余为文以记之。余既际本朝治化之隆，幸斯民得生海不扬波之盛世，又嘉窦公之勤于其职，而余得藉是以讨军实。时训练庶非无事而漫游者。公又检得大小奋位五十四，具为故时兵琐所不载，一一稽其在处而籍书之，此皆海防军政所关，于事为可书者。遂不辞其请而为之记。若夫写云涛之壮观，而肆登览之奇怀，前人之所述者侈矣，余又何以加焉。

到了近代以后，受西方影响，清政府的国家安全意识有所加强，炮台、军港等海防设施被划为军事禁区，普通百姓不能随便进入。受此影响，与海防有关的诗文大为减少。凡是有条件留下与海防有关的诗文的人，或者是军人，或者是军官的眷属。例如，清末海军将领谢葆璋在烟台海军学堂任校长期间，他的女儿谢婉莹曾随他在烟台生活，她就是现代著名女作家冰心。从 1904 年至 1912 年，冰心在烟台生活了 8 年。她经常随着蜿蜒崎岖的小路，到东炮台游玩。她曾经这样描写东炮台当时的情景："北面的山坡上，有一座旗台，是和海上通旗语的地方，旗台的西边有一条山路通到海边的炮台，炮台上装有三门大炮，炮台的下面的地下室还有几个鱼雷……这里还住着一支穿白衣军装的军乐队，我常常跟父亲去看他们的演习，我非常尊重而且羡慕那位乐队指挥，炮台的西边有一个小码头，父亲的舰长朋友们来接他的小汽艇，就是停泊在这码头边上的。这营房、旗台、炮台、码头和周围的海边山上，是我童年活动的舞台……这个舞台，绝顶静寂、无边辽阔，虽是单身独白，却感到无限的欢畅与自由。"现在，在东炮台景区内专门设有展厅，用大量珍贵图片介绍了冰心在烟台的生活。

第二节　"修城记"

明清时期，修筑城池是抵御倭寇侵扰的有效手段，因此是关系当地安危和百姓生活安定的大事。各地政府都十分重视城池的修筑、加固与重修；同时，为了表彰筑城者的功绩，往往由当地官员或者其他重要人物亲自撰文以示隆重和纪念。有的文章详细记载了修筑或者重修城池的过程、意义，也有的文章记载了当地人民抵御倭寇侵扰，抵抗土匪劫掠，保卫城池的感人事迹。这些文章以"记"的形式出现，多收录于各县县志《艺文志》之"记"中。例如，据登州府所辖各县县志记载：

黄县，袁中立《重修黄县城记》、王嗣周《袁公重修黄城记》、范复粹《增缮城工疏》、王道明《张侯创建石城碑记》、叶序《重修黄河营寨城记》①。

蓬莱县，徐可先《增置天桥铁栅记》、张香海《登州府署新建军储仓记》、汪承镛《登州天桥闸口捐廉挑沙记》、戴肇辰《重修登州府城记》、江瑞采《重修迎仙桥记》、雷树枚《蓬莱阁灯楼记》。

福山县，程大模《重修福山城碑记》。

---

① 因营寨附近有"黄水河"入海，故名"黄河营"。这里的"黄河"指"黄水河"，与中国第二大河黄河没有关系。黄水河，旧称西大河，发源于山东烟台栖霞市境内，北行入龙口市境，注入渤海，全长 55 公里。

栖霞县，孟昊《修城记》、知县姜显谟《认修城垣碑记》。

莱阳县，李铎《新修砖城记》、李廷相《莱阳县重修县治记》。

宁海州，舒孔安《重修宁海州城记》。

文登县，蓬莱、刑部尚书陈其学《新建石城记》。

招远县，阎公朝《田侯修城碑》、李骥千《赵侯重修县治记》。

据莱州府所辖各县县志记载：

掖县，赵燿《修莱城记》、周如砥《修莱城记》、姜仲轼《修莱城记》、《重修莱州府城记》、王东治《重修郡城补石记》、徐海《与于大参条陈修城利病书》。

平度州，官廉《重修州城池记》。

潍县，黄公甫《大修潍县城池记》、邢国玺《创修石城记》。

高密县，《王乔年修城记》、《何平壬午全城记序》。

即墨县，蓝章《御寇记》、蓝田《城即墨营记》、李笃行《御寇全城记》、范德显《解围记》、尤淑孝《修城记》、李云鐶《重修即墨县城垣碑记》。

此外，载入《莱州府志》的有：赵燿《修莱城记》、周如砥《修莱城记》、彭时《重修莱州府志记》、蓝章《即墨御寇记》、王乔年《修高密城记》、陈调元《新筑潍县石城记》、何平《高密全城记》、蓝田《修城铭》、张谦宜《长城考》、龙文明《莱城赋》。

由于修筑城池事关重大，凡是"修城记"之类的文章，多勒石立碑以纪念。以光绪《增修登州府志》卷六十五《金石》为例：

蓬莱县，《徐永康侯碑记》，明成化年立。《东牟观兵夜宴蓬莱阁碑记》，明万历三十年黄克缵撰。《阅海操碑记》，明万历四十八年毕懋康撰，清乾隆中徐绩撰。《谕祭滕国祥碑记》，清康熙五十三年。

黄县，《张侯创建石城碑记》，明万历二十二年王道明撰；《重修黄县城碑记》，清乾隆十三年袁中立撰；乾隆十九年袁公重修，王嗣周撰。《重修黄河营寨城碑记》，明弘治五年叶序撰。《重修城楼刻石》，清康熙中李蕃记；《重修东门楼刻石》，清康熙中李蕃记。

福山县，《修城碑记》，一，清雍正十一年程大模撰；一，清雍正十三年王漪撰。

栖霞县，《修城碑记》，明万历六年孟昊撰；《修城垣碑记》，清同治六年姜显谟撰。

招远县，《修城碑记》，明万历五年阎公朝撰。

莱阳县，《新修砖城记》，明嘉靖元年李铎撰；《武库碑》，清同治七年张书升撰；《重修县治碑记》，正德十一年李廷相撰。

宁海州，《重修州城碑记》，清同治二年舒孔安撰。

文登县，《新修石城碑记》，明万历十一年陈其学撰；清康熙十一年阙名。

荣成县，《建县修城碑记》，清乾隆四年罗克昌撰；《防堵夷船记》，李天骘撰。

第三节　题额

明清以来，在大规模修建海防筑垒的同时，人们将对国家的忠诚，对海疆安定的渴望，对国泰民安以及对生活美满的期盼等情感倾注到海防筑垒中，从而在府城、县城以及等海防设施中出现了诸多题记与刻石。它们承载着重要的历史和文化底蕴，是中国人不屈不挠精神的写照和缩影。

山东沿海海防筑垒主要分为卫所城池、府县城池和炮台等。其中，山东沿海卫所、寨城池题额分别为：

登州水城，门一，曰振扬楼。

大嵩卫城，门四，东曰承安，南曰迎恩，西曰宁德，北曰镇清。

成山卫城，门四，东曰永宁，南曰镇远，西曰迎恩，北曰武宁。

鳌山卫城，门四，东曰镇海，南曰安远，西曰迎恩，北曰维山。

灵山卫城，门四，东曰朝阳，南曰镇海，西曰阅武，北曰承恩。

奇山守御所城，门四，东谓保德门，南为福禄门，西称宣化门，北叫朝崇门。

雄崖所城，在即墨县东北90里。南门"奉恩"（南门内题额"迎薰"），西门"镇威"，北门、东门不详。

另，文登营城，东、西、南三门。威海卫城，门四；靖海卫城，门四，后以倭患，塞西门。宁津守御所城，门四，楼铺十六。海阳守御所城，西南二门，楼铺二十九。百尺崖备御所城，东西南三门。大山备御所城，门四。刘家旺寨城，南一门。解宋寨城，南一门。芦洋寨城，东西二门。清泉寨城，门一。灵山卫所属夏河寨城，门四，池深六尺。莱州卫所属王徐寨城，南北二门。马埠寨城，南北二门。马停寨城，南北二门。灶河寨城，南北二门。金山备御所城，东南二门。以上城寨，未知其题额，抑或原本就没有名称。

登、莱、青三府及所辖沿海各县县城题额分别为：

登州府城，门四，东曰春生，南曰朝天，西曰迎恩，北曰镇海。

宁海州城，门四，东曰建武，南曰顺正，西曰奉恩，北曰镇海。

黄县城，门四，东曰正东，南曰朝景，西曰振武，北曰镇海。

栖霞县城，门四，东曰寅宝，南曰环翠，西曰迎恩，北曰迎仙。

莱阳县城，门四，东曰望石，南曰迎仙，西曰太平，北曰旌旗。

荣成县城，门四，东曰永宁，南曰镇远，西曰迎恩，北曰武宁。

海阳县城，四门，东曰永安，南曰迎恩，西曰宁德，北曰翊清。

福山县城，门三，东曰震惊，南曰平定，西曰义勇。

招远县城，门三，东曰盐臬，南曰通仙，北曰望海。

文登县城，门三，东曰望海，南曰新建，西曰昆嵛。

莱州府城，门四，东曰澄清，南曰景阳，西曰武定，北曰定海。

高密县城，门四，东曰广惠，南曰永安，西曰通德，西南曰保宁。

平度州城，门三，东曰迎阳，南曰永宁，西曰安庆。

昌邑县城，门三，东曰映瑞，南曰延爽，西曰迎禧。到了清代，城池重修，东曰承德，西曰瞻宸，西南曰兴化。

即墨县城，门三，东曰望海，南曰景岱，西曰临川。

胶州城，门三，东曰迎阳，南曰镇海，西曰用城。

青州府城，门四，东曰海晏，旧名海岱；南曰阜财，旧名云门；西曰岱宗，旧名泰山；北曰瞻辰，旧名凌霄。

诸城县城，门五，东北曰东武，南曰永安，东南曰镇海，西南曰政清，西北曰西宁。

寿光县城，门五，东曰宣和，南曰纳凯，西曰阅丰，其西二门无名。

乐安县城，门四，东曰东作，南曰阜财，西曰西成，北曰通济。

昌乐县城，门四，东曰孤峰，后改永清，南曰洪阳，西曰临丹，北曰望海。

沂州府所属日照县城，门三，东曰永安，南曰望海，西曰太平。

到了近代以后，清政府在烟台、威海等地建设新式炮台、海军基地等海防设施，在其中也留下了许多题额。例如在烟台，与海防有关的题刻主要有蓬莱阁上的"海不扬波"、西炮台地下指挥所正门上的"威振罘山"和烟台东炮台大门上的"表海风雄"等。

鸦片战争期间，山东巡抚托浑布亲赴登州，亲笔题写了"海不扬波"四个大字，碑刻镶嵌于蓬莱阁上，表达他维护国家主权的决心和期冀国家长治久安的愿望。令人遗憾的是，1894 年甲午战争中，日舰炮击登州，其中一发炮弹恰好击碎了"海不扬波"中的"不"字。战争的无情与历史的巧合，都向人们展示着近代中国人民所遭受的屈辱。

烟台西炮台与东炮台都是清政府在兴办洋务运动中耗费巨资修筑的近代化炮台。西炮台所在地大口（垜山）在明朝时被称为"罘山"，因此炮台地下指挥所中门上额横书有"威振罘山"四个大字，表达了爱国将士保家卫国、志在必胜的赤胆忠心。在指挥所内的中门顶上，刻有"鞏金汤"三个大字，寓意为"坚不可摧，固若金汤"。东炮台门口上方"表海风雄"

题字，强劲有力，意为"濒临大海，气势雄劲"，同样表达了爱国将士期冀海疆固若金汤的美好愿望，也包含了他们的决心和自信。

此外，清末爱国将领宋庆在甲午战争中表现神勇，受到家乡人民的普遍赞誉。他晚年酷好书法，所题写的"虎"字碑遒劲雄健，一如他英勇顽强的性格，现保存完好，存于蓬莱阁天后宫中。

第九章　山东海防遗存的量化统计与区域分布

第一节　山东海防遗存的数字统计与量化分析

自北宋时期修建"刀鱼寨"一直到 1949 年中华人民共和国成立，山东一直是海防建设的重点地区，因此山东沿海一带的海防遗存数量众多、类型多样。据初步统计，山东海防遗存约有三百处。

在山东海防遗存中，既有不可移动的文物，如城池、炮台、烟墩等各类遗址，也有许多可移动文物，如旧式土炮、近代大炮，以及与海防有关的其他各种文物等。本章所指的海防遗存，主要指不可移动的各类遗址。这类遗址可以笼统地称之为海防筑垒。

从兴建时间来看，山东海防遗存主要分为两类，一类是 1840 年鸦片战争之前的明清海防遗存，其中多数为明代卫所制度的遗迹，只有少数几处为清代遗迹；另一类兴办于近代，大部分是北洋海军的历史遗迹。

山东海防遗存不仅数量众多，而且形式多样。按其功能、用途来分，可以具体分为城池（蓬莱水城以及卫所城池遗址、各县城池遗址皆属此类）、炮台、军寨、烽火台（又称烟墩、烽堠、烽火墩）、指挥所与弹药库等；以上几类遗存从性质上说可以归为海防筑垒；除以上几种主要类型外，其他与海防有关的遗存可以笼统列为海防附属设施，如海防官兵居所、后勤机构等。

从地域分布上看，最重要的、保存最好的海防遗存多集中在历代军事重镇及其周边地带，如城池、炮台及其重要附属设施等，而以侦察、预警为主要功能的烟墩、烽燧等则沿海岸线散布在近海一带。因此，山东海防遗存在整体布局上的基本特点是，在海防重要地域有比较集中的遗存群体，而在偏远地带有众多分散、孤立的遗存个体。这种分布特点同样凸显了不同地区在不同时期的海防地位。

按照建设者来分，山东海防遗存亦可以分为两类，一类为中国人民为了抵抗外来侵扰而修建的海防设施，包括明政府修建的海防设施和清政府修建的海防设施；另外一类为近代西方列强在中国强占租借地以后，为了保护其侵略利益和势力范围而修建的海防设施，主要指德国强占胶州湾后，在青岛兴修的海防设施。这两类遗存，由于其建设者截然不同，其各自的目的自然也大不相同。

目前，我国将文物保护单位分为四级，即全国重点文物保护单位、省级文物保护单位和市级文物保护单位、县级文物保护单位。国务院分别于1961年、1982年、1988年、1996年、2001年、2006年、2013年先后公布了7批全国重点文物保护单位。山东省人民政府1977年公布了第一批、1992年公布了第二批、2006年公布了第三批省级文物保护单位。从目前各县市区海防遗存的文物保护级别来看，也可以看出各地在海防中的不同地位和作用。

以烟台境内的海防遗存为例，截至2013年底，被确定为国家文物保护单位的有蓬莱水城及蓬莱阁（含戚继光牌坊，1982年第二批）和西炮台（2013年第七批）共2处，分别在蓬莱区和芝罘区。被确定为省级文物保护单位的有6处，其中奇山所、烟台东炮台在今芝罘区，马山寨遗址在今莱山区，解宋营城址、戚继光墓、戚继光祠堂在今蓬莱。被确定为市级文物保护单位的有7处，其中北洋海军采办厅、宫家岛烽火台在今芝罘区，福莱山烽火台在今开发区，北头营寨遗址在今牟平区，上水门遗址、登州府城墙遗址、赵格庄营寨在今蓬莱市。被确定为县级文物保护单位的有西羔烟墩、黄县故城墙2处，均在今龙口市。在长岛县原有烽火台1座，当时亦被确立为县级文物保护单位，然而在最近的文物普查中却不见名录，可能已经遭到破坏。另外，近年来新发现、新增加但尚未确定保护等级的海防遗存共有42处，其中芝罘区1处，开发区4处，牟平区3处，莱阳市6处，蓬莱区11处，海阳市13处，莱州4处。新增加的海防遗存主要以烟墩、烽火台为主。需要注意的是，这些烟墩只是初步的调查结果，有些遗址有待进一步考证。

威海境内海防遗存的数量很多，截至2013年底，被确定为国家文物保护单位和省级文物保护单位的各有1处，分别是刘公岛甲午战争纪念地和蒸馏所。被确定为市级文物保护单位的有7处，其中成山卫、罗山寨军寨在荣成，威海卫明城墙、后双岛兵寨遗址、戚家庄烟墩在威海市区，九皋寨遗址在经济开发区，磨儿山烟墩遗址在高新区。被确定为县级文物保护单位的有安家军寨遗址、老庄烟墩、寨前烟墩、到根见烟墩、大陶家烟墩、宫家烟墩、韩家庄烟墩、常家庄烟墩、帽山烟墩、金港烟墩、大庄烟墩、西泓赵家烟墩等12处，全部在乳山县境内。此外，威海还有多处海防遗存未列入文物保护单位。

截至2013年底，青岛市被确定为国家文物保护单位有5处，分别是俾斯麦兵营旧址、伊尔蒂斯兵营旧址、青岛山炮台遗址、德国第二海军营部大楼旧址、水师饭店旧址，全部在市南区。被确定为省级文物保护单位的有1处，雄崖所古城，在即墨市境内。被确定为市级文物保护单位的有6处，其中汇泉炮台遗址、团岛炮台旧址、台西镇炮台旧址、太平山北炮台及东炮台旧址、湛山炮台旧址在市南区，毛奇兵营旧址在市北区。此外，青岛新发现海防遗存5处。

山东沿海各县市海防遗存数量统计表

烟台市海防遗存基本情况统计表（一）

	卫所遗址 城池遗址	军寨	烟墩	炮台	其他	总计
蓬莱	3	2	10		4	19
海阳		1	10	2		13
芝罘区	1		2	2	1	6
莱阳			6			6
开发区		2	3			5
牟平		2	2			4
莱州	1	1	2			4
龙口	1		1			2
高新区		1				1
总计	6	9	36	4	5	60

威海市海防遗存基本情况统计表（一）

	卫所遗址 城池遗址	军寨	烟墩	炮台	其他	总计
市区（刘公岛）	3	4	12	16	17	52
乳山		7	17	1		25
荣成	3	8	14			25
文登		4	3			7
总计	6	23	46	17	17	109

青岛市海防遗存基本情况统计表（一）

	卫所遗址 城池遗址	军寨	烟墩	炮台	其他	总计
市南				7	7	14
市北				3	1	4
城阳			1			1
崂山			1			1
黄岛			5	2	1	8
经济技术开发区				1		1
即墨	1		4			5
胶州			1		1	2
平度			1			1
总计	1		13	13	10	37

烟台市海防遗存基本情况统计表（二）

	国家级	省级	市级	县级	新增	总计
蓬莱	2	3	3		11	19
海阳					13	13
芝罘区		3	2		1	6
莱阳					6	6
开发区			1		4	5
牟平			1		4	5
莱州					4	4
龙口				2		2
高新区		1				1
总计	2	7	7	2	43	61

威海市海防遗存基本情况统计表（二）

	国家级	省级	市级	县级	待公布	其他	总计
市区 （刘公岛）	1	1	5			45	52
乳山				12		13	25
荣成			2		7	16	25
文登						7	7
总计	1	1	7	12	7	81	109

青岛市海防遗存基本情况统计表（二）

	国家级	省级	市级	县级	新增	总计
市南	5		5	1	3	14
市北			1		3	4
城阳					1	1
崂山					1	1
黄岛				2	6	8
经济技术开发区				1		1
即墨		1			4	5
胶州				2		2
平度				1		1
总计	5	1	6	7	18	37

第二节　山东海防遗存的保护与展示

一、山东海防遗存及其文物保护的文化地图

自明代以来，山东一直是海防建设的重点地区。时至今日，历经数百余年的风雨沧桑和历史变迁，遗留下来的与海防有关的遗址、遗存不仅数量众多，而且类型多样。这些海防遗存是中国人民抵抗外来侵略，争取民族独立和解放，进行不屈不挠斗争的历史见证，对加强爱国主义教育和国情教育具有十分重要的现实意义。

各地文物在对这些海防遗存保护进行保护和展示的过程中，总结了很多成功的经验，同时也遗留下不少遗憾和教训。我们应该总结经验，吸取教训，以进一步加强、推动海防遗存的保护工作。

从海防遗存的分布来看，规模较大、保存较好的海防遗存主要集中在威海、烟台、青岛等城市及周边地区。

近二十年来，这些海防遗存的保护得到各级文物保护部门的重视和大力支持，有的海防遗存大大增加了本城市的历史底蕴和文化底蕴，提高了城市的知名度；有的海防遗存甚至成为其重要的城市名片；有的海防遗存则成为重要的旅游景区，为本城市的旅游事业作出了重要的贡献。在这些方面，做得比较成功的要数蓬莱水城（包括戚继光故里）和威海刘公岛。

蓬莱阁景区中的蓬莱水城以及戚继光故里都是目前规模最大、保存最好的明代海防遗存。蓬莱水城是至今保存最完整的古代军港，在我国军事史和海港建筑史占有重要地位，具有极高的历史文物价值。1982年，水城与蓬莱阁同被国务院公布为全国重点文物保护单位。1990年，在水城东侧建立登州古船博物馆，这是国内第二个陈列古船的专题性博物馆，其中以小海中发现的元代战船为主要陈列物，另有其他文物一百多件。自2000年开始，为了更好地保护蓬莱水城，同时也为了进一步丰富蓬莱阁

景区的文化内涵，蓬莱市投资 4.5 亿元，将水城附近的居民全部迁出安置，对水城进行大规模整修，同时对戚继光故里进行整修与重建，基本恢复到明代的面貌，在文物保护、旅游开发、博物馆建设与爱国主义教育的有机结合方面也取得了很大的成绩。

刘公岛的思路、做法与蓬莱阁景区基本是一致的。威海刘公岛是清代北洋海军最重要的军事基地之一，也是甲午战争的主要战场，甲午战争的历史遗迹多集中在此。自 20 世纪 80 年代以来，刘公岛将文物保护和展示、博物馆建设、史料征集和历史研究、旅游、爱国主义教育基地建设等元素有机结合在一起，取得了非常大的成功。

1985 年 3 月 21 日，以北洋海军和甲午战争为主题的中国甲午战争博物馆作为纪念遗址性博物馆正式对外开放，以其丰富的历史遗迹和特色鲜明的陈列，享誉中外。1988 年，在北洋海军正式成军 100 年的日子里，国务院将"刘公岛甲午战争纪念地"确定为全国重点文物保护单位，包括水师衙门、龙王庙、丁汝昌寓所、水师学堂及炮台、码头等 28 处水师旧址。

甲午战争博物馆开馆以来，已接待六十多位国家领导人和一百多个国家的一千多万观众，党和国家领导人为该馆题词，甲午战争博物馆还先后获得"全国优秀社会教育基地"、"全国青少年教育基地"、"全国中小学爱国主义教育基地"、"爱国主义教育示范基地"等表彰和荣誉称号。同时，甲午战争博物馆十分重视史料征集和学术研究，于 2001 年开始公开出版《中国甲午战争博物馆馆刊》。2003 年 6 月 27 日，为了进一步加强对刘公岛文物保护、旅游等各项工作的管理，威海市人民政府决定成立专门的刘公岛管理委员会。总之，刘公岛甲午战争纪念地的文物保护与展示、旅游开发等有机结合在一起，相辅相成，相互促进，为其他地方的文物保护和旅游开发提供了样板。

除以上蓬莱水城、刘公岛甲午战争纪念地以外，青岛山炮台、烟台东炮台亦按照相同的模式得到较好的保护。如烟台东炮台以近代海防炮台为基础，开辟了东炮台景区。现如今，已经成为烟台最著名的景点之一。青岛山炮台则以"第一次世界大战亚洲唯一战场遗址"的名义，对炮台遗址及其德军地下指挥所进行了保护，同时在旁边建立了遗址博物馆，将国情教育和文物保护有机结合在一起。

在海防遗存的保护方面，以上一些成功的、典型的例证均取得了较好的社会效果和经济效益，并积累了丰富的经验。但是，还有相当一部分海防遗存，由于遗存本身的存在状况，以及其他客观条件等种种原因，未得到良好的保护，或者惨遭破坏，甚至荡然无存。许多令人痛心的教训，值得我们深思和借鉴。据威海文物部门统计，截止到 2014 年，已经有近二十处海防遗存消失不存。其中有戚家庄烟墩、石桥子烟墩、龙山后烟墩、俚岛烟墩、张家烟墩、半海山烟墩、西南赵家烟墩、黑土寨烟墩、沽里烟墩、卧龙烟墩等 10 处烟墩遗址，青木军寨、草岛军寨、马家寨军寨、东城军寨、琵琶寨等 5 处军寨遗址和烟墩井土城、寻山所城址等 2 处古城遗址。烟台长岛县原有 1 处烟墩遗址，为县级文物保护单位，第三次文物普查时未见名录，可能已经遭到破坏。

总之，为了加强对山东海防遗存的保护，我们一方面必须切实落实好各项文物保护措施，另一方面有必要进一步探索山东海防遗存保护的新思路和新对策。

二、山东海防遗存保护与展示典型案例

前面提到的蓬莱阁、水城与戚继光故里，以及威海的刘公岛甲午战争纪念地，早已家喻户晓，声名遐迩。除以上两处之外，在山东沿海一带比较著名的而且保护较好，且在遗址保护和旅游展示方面都做得比较好的海防遗存还有烟台西炮台东炮台、青岛山炮台遗址、青岛即墨的雄崖所古城等。

1. 烟台西炮台、东炮台与奇山所城遗址

（1）西炮台

烟台西炮台在甲午中日战争中曾发挥了积极的作用。甲午战争爆发后，东炮台被日军占领，烟台守将刘含芳率军据守西炮台，并以外交手段促请外国领事团出面交涉，迫使日军止步，烟台遂免遭战祸。可惜好景不长，1901年清政府根据《辛丑条约》的规定，将烟台东、西炮台的大炮拆除，炮台亦部分被毁。清末新政时期，清政府为加强烟台防务，曾重修东炮台，但由于当时财政极其困难，清政府已无力对西炮台进行大规模维修。自1901年被拆毁至今，西炮台已经默默地经历了百余年的风雨沧桑。

西炮台十分坚固，而且未遭受战争的破坏，因此其主体建筑大部分得以保留下来，其中瓮城、西炮台城门、地下指挥所、西北角炮台、东北角炮台、古城墙、跑马道等均保存较好。1992年，西炮台被山东省人民政府批准为省级重点文物保护单位，其遗址现状分述如下：

瓮城与城门

西炮台位于今芝罘区西部的通伸岗上，由山南坡沿山路走近西炮台，首先见到的是瓮城，它由土石堆积而成，用以保护城门。现只存夯土瓮城残墙，高3.1米，厚3.8米，半圆形，长56米。瓮城之内便是西炮台的城楼式砖券大门南大门，经过维修后的大门现高3.5米，厚6米，大门上额石匾嵌有"东藩"两个烫金大字，十分醒目。进入大门，700平方米的演兵场豁然开朗，这是当年守卫海防的将士们平日演武、操练的地方。

炮台、圩墙与跑马道

炮台、炮位是建筑的主体。由西炮台遗址的总体布局来看，共有4个炮位，分设在东北、西南、西北、东南4个方向，其中东北角和西北角的两座炮台保存尚可。1981年，对以上两处炮台进行修缮，并添置铁炮。现东北角的炮台规模最大，炮直径达31米，中心圆柱体突起高达5米，附以铁梯上下，环周为圆形地阱，4门4室相通，用以储弹藏兵，顶部为混凝土平台。西北角的炮台最小，顺依山势，呈不规则的五边形，外围堞墙，中心为高 2 米、直径 5 米的混凝土圆柱炮位，上设花岗岩垫座，炮位周围围墙高 3.4 米。1901 年清政府被迫与列强签订丧权辱国的《辛丑条约》，此后清政府将西炮台的炮机拆除，铁炮遂被废弃，后不知所踪。现西北角炮台所摆放的铁炮长 2.18 米，炮内径 120 毫米；东北角炮台所摆放的铁炮长 3.6 米，炮内径 150 毫米，这两座铁炮均为 1980 年前后从民间搜集而来，与原炮相比，体积较小。

西南、东南两座炮位，现仅残留圆体基墙，厚达 1 米，高 3.5 米至 5 米；东南部炮位略大，直径为 16.8 米，西南部炮位较小，直径为 13.5 米。两处炮位周围均有瞭望孔和石室残迹。

西炮台各炮位之间用城墙连接，总长约 700 余米，依山就势，蜿蜒而建，环绕整个阵地。城墙及炮台在当初是用大黄米汤与三合土调和后夯成的，虽历经风侵雨蚀，斑驳陆离，但仍坚固如初。墙上设垛口、瞭望孔、射击孔二百余个。其中东墙、西墙有 5 处直径 12 米至 14 米的半圆护台突出墙外。墙的内侧设有跑马道，供传递信息用。北墙、西墙北部及南墙之大门，在 1979 年至 1981 年间曾得以重修。

指挥所与弹药库

指挥所与弹药库居山巅南侧，为半地下式地阱建筑，以淡红色石岛石砌成，庄重而古朴；指挥所占地 580 平方米，内为拱券顶，分 3 门 4 室，通道两侧为指挥所、官兵营房及弹药库，指挥所顶端两侧雕刻着阴阳八卦图像。指挥所外中门上额横书"威振罘山"四个金字。地阱以南，原有石墙已毁，今重修并在地阱两侧及中路增铺花岗石台阶。

（2）东炮台

台门、营房

台门是东炮台主要入口处，也是炮台的重要标志。面阔 3 间，进深 1 间，为一长方形的石筑建筑，由红色花岗岩方整石"一丁一顺"砌筑，面层呈錾道文饰，两侧建有八字形影壁石墙，由青色花岗岩方整石"一丁一顺"砌筑，面层呈錾道文饰。城门正中是硕大的石拱券门洞，门洞上方的石匾刻有"表海风雄"四个字，字体刚劲有力。石拱券脸上雕刻有二龙戏珠的图案，门洞内装有两扇木板门，关闭城门可拒敌于城之外。城门石砌体保存较好，但其两边石砌斜影壁墙损坏严重，西面已全部拆除，东面只保留1/3。

东、西营房在城门的两侧，东营房面阔8间，进深1间，原为2层建筑，后拆除只剩1层。营房墙为砖砌，梁和楼板均为现浇钢筋混凝土结构，其门和窗顶做成拱券式。在营房东南面筑有石台阶，可以上至第二层。底层东面辟有1门，可以通往南隐蔽所壕沟。

指挥所与东西隐蔽所

指挥所位于台门北，与炮台、弹药库相连，是炮台建筑的中心建筑。该建筑特点：平面呈凹形，凿山体而建，石拱券结构，黄土覆顶，由红色花岗岩方整石"一丁一顺"砌筑墙体，面层呈錾道文饰，建筑内左右对称设有两路纵向走廊通往弹药库，弹药库的左右两端开辟小门与炮台相连，通道相应位置留有竖向通气孔。指挥所两侧耳房的北端留有踏步通道，由地面通往两侧炮台，形成地下和地上均能串联3个炮台的布局，具有设计巧妙、施工精细、实用性和灵活性特点。

指挥所通面阔9开间，中间3间进深2间，其他均为进深1间，两侧耳房面阔3间。建筑外有线脚檐口石和压顶条石，槽口的顶面有散水，散水通过竖向落水暗沟由墙面石槽出水口排水。

中间9间房间有5个房间向外开门，其余为拱券窗。每间的间壁墙上均有小门，使9个房间贯通。明间为中心房间，室内拱券窗眉为卷云浮雕图案，雕有"众志成城"4个篆字横批。在中间3间的两侧各有走廊，两走廊的中间有横向的内走廊连通，纵向走廊和横向走廊的交接处，为竖向通气孔，纵向走廊的尽端为弹药库。弹药库的两端留有拱券窗，用于向炮台运送弹药。走廊外侧各有3间正房和3间侧房。两侧耳房的北端做室外踏步通道，通往炮台，共计有18间。房间室内均为横向发券，门窗亦均为拱券式，由方整料石砌筑。地面为三合土夯筑，基本保存完好。

东、西隐蔽所位于指挥所的两侧，以壕沟相连。隐蔽所为地陷式拱券石结构建筑，房顶覆盖黄土。西隐蔽所平面呈 L 形，在西南侧有台阶可通下隐蔽所内。东侧有墙石砌壕沟可通往指挥所院内。室外有天井小院，院内有 1 排水沟、水井。

东隐蔽所通过东壕沟有墙石砌壕沟可通往指挥所院内，为 3 间石筑建筑，其内顶和门窗均做成拱券式。建筑前面是 1 个露天庭院，其东面辟有石踏跺，可拾级而上至其房顶。西面有墙石砌壕沟可通往东营房内与指挥所相连。

炮台、碉堡与壕沟

炮台位于指挥所北侧，并列 3 个炮位，地下的弹药库两端的运弹窗口分别与地面的 3 个炮位相连。炮位平面呈不规则的多边形，半地陷型，整个炮台的墙面采用齐整料石砌筑而成，地面是不规则的青石铺装，墙顶上压 1 圈带挑檐压顶石。每个炮位建有两个石拱券结构的猫耳藏兵洞，地面现用水泥抹砌。中央炮座是对边长 3.6 米的正八角形。两边炮位为不规则八边形，中间各有八边形水泥台炮座。西炮位的西侧建有半地陷式石拱券结构的储藏室。

2 个副炮台位于 3 个主炮台的两侧地面上，面对大海，用钢筋混凝土构筑，平面呈圆形，由炮位和藏兵洞组成，周围用黄土围堆成丘。

钢筋混凝土碉堡 3 处，掩映在山体中，均为暗堡。分筑在炮台的东、南、西 3 个方向。工事较为坚固，墙厚达 1 米。

壕沟是连接指挥所和隐蔽所的工事建筑，凿山体随山就势而建，毛石砌筑。

大门西侧山脚下原建有码头，是炮台建筑的附属构筑物，也是烟台海边建筑较早、专用于海军学堂和炮台的石码头。现码头砌体已经坍塌，码头的残基上新建有"月亮老人"钢雕塑。

（3）烟台奇山所城遗址

奇山所位于烟台市芝罘区中部，东临北河街，西靠胜利路，北至南大街，南至南门大街，总面积约9公顷。北去2公里至海，以南2.5公里为奇山，城因山名。

奇山所系明代洪武三十一年为防倭寇海患而建，属山东都司直隶之守御千户所。所辖沿海墩台有木作、埠东、熨斗、现顶、清泉5墩，相沿以迄明末，至清顺治十二年（1655年），同山东其他各卫所一并裁撤。

奇山所城旧址，略呈方形，东西长330米，南北宽270米。四周原有城墙，内为土筑，外修砖石。墙址位于东门里、西门立之南北巷和南门里、北门立之东西巷的外侧，现已改建为平房或楼房。城旧有东、西、南、北4门，东门曰保德，西门曰宣化，南门曰福禄，北门曰朝宗。民国七年（1918年）曾重修西门。抗日战争时期，城墙拆毁。1950年，又拆所余城门。所城里大街与北里门街—南门里街呈十字交叉，原道连4门，今亦为主干街道。

奇山所城是国内仅存的较完整的军事所城，成为烟台城市发展史中的珍贵的早期遗留。其十字街格局，传统的四合院布局，明清住宅建筑风格等，独具胶东民间传统特色。

城内主要为四合院式民居，皆砖石建筑。一般为独院，即南北2正屋。正屋多者5间，少者3间，5间者配以东西2厢房，3间者则仅有1厢。正屋一般面宽12—16米，进深5米左右，檐高7—9米，厢房一般面宽5米，进深3米余，檐墙高约6米。皆硬山，顶为小黑瓦陇。少数大户之居，多二进院，3正4厢，尺寸亦大，正屋或设三架梁，个别有两城楼或较矮的暗楼（如洪泰号刘家）。砖石做工亦精，或有刻字雕花，门四向皆有，以正屋或厢房半间为过道式。迎门院内，或单设影壁，或就厢房山墙为之，其上或书"福"字，或镶龙文花砖。院内地面多铺石，少数设有子墙。窗户多为木棱立窗，个别清末旧居仍有较小的扁横窗。民居多出檐式，是为百年以来至距今五六十年间所城建筑的主要形式。

民国初年之后，是有以砖叠涩封檐之新式，以其抗风防火，俗呼为"风火檐"，而成为民居之常式。又有少数中西合璧之作，屋前加有廊檐，檐柱或方或圆，下有雕刻石础，上有彩画檐板，砖券门窗，其下之玻璃格山也随之为圆弧形。

就整体外观，所城旧址民居仍然基本保留着明、清时期至民国初的整体布局和古朴风貌。其中时彦街12、14号，所城里大街57号等保存较好，亦较具特色。

时彦街12、14号为张家祠堂，清末砖木结构。大门位于正中位置，门楼高出屋面，腰线以下为方正青石。硬山，两面坡，起脊，沙灰镜面墙。正门改建为现代贴瓷砖墙，倒座被临时建筑堵死，倒座面阔5间，大出檐。东西厢房各6间，墙体、门窗、屋面均改建。墙体腰线以下为乱石墙体。正房面阔5间，与倒座一样均为仰合小瓦，木制门窗，门窗与墙角均为砖垛，南带外廊，已被砖封堵。4根圆形木柱，祠堂内用8根木柱支撑。正房两侧山墙均为方石砖，檐线以上为砖墙。正房北侧为看管人住所，存正房、厢房各3间，院东部搭建临时建筑，房屋高度较矮。

所城里大街57号，为清末砖木结构建筑。为三进院，面阔5间。硬山起脊，两面坡。上覆仰合小瓦。腰线以下为青石，沙灰镜面墙。大出檐，木制门窗，门窗两侧为砖垛。一进院正房带前廊，廊下檐板雕刻花纹，保存较好。西厢房3间，门窗均已改建，屋顶改为红板瓦，厢房前脸已彻底改建。二进院内东侧照壁上部已毁掉，东西厢房各3间，东侧厢房屋面改为红板瓦。三进院内东西厢房各3间。

2.青岛山炮台遗址

青岛山炮台又称京山炮台，位于青岛山，由南、北炮台和1座永久性的地下要塞组成，是德军占领青岛后修建的9大永久性炮台之一。

南、北炮台均设于山腰险要之处，居高临下。当初，南炮台有野炮4门，北炮台有野炮两门及机关炮两门。德军以"铁血首相"之名命名，因此又称"俾斯麦炮台"。青岛山炮台与太平山、贮水山炮台组成防务屏障。这里是军事总指挥部所在地，曾被德军称为"青岛炮台之最重要者"。

地下要塞又称地下指挥所，始建于1899年，由五百多个中国劳工历时 6 年盖成。指挥所大部呈 3 层立体结构，局部 5 层，总面积约两千余平方米，由五十多个厅、室组成，分为作战指挥、生活卫生、后勤保障 3 个区域，内部建有作战指挥室、报务室、发电机房、锅炉房、水泵房、会议室、兵器室、机要室、官兵餐厅、洗澡间、警卫兵室、勤务兵室、医务室、仓储室、厕所、秘密逃生孔道等。这些分区虽功能不同，但上下相连，左右均有通道和出口，构成了一个非常完整的作战单位。3 道大铁门具有防弹、防毒、防水的功能，现保存完好。内设两个蓄水池，可保障二千余名官兵 3 个月的作战生活用水。顶部装有铸铁旋转望塔，可全面观测掌握进出胶州湾入海口的舰船情况。在山头的外部，为了保卫地下要塞，德军还设立了多处防御性碉堡和暗堡。

1914 年第一次世界大战爆发，日本对德宣战，青岛成为亚洲唯一的战场。日德两国军队在青岛山进行了激烈的炮战，后来德军兵力不支，被迫向日军投降。投降前，德军自行炸毁了南、北炮台，唯地下指挥部保存下来。

1984 年，青岛山炮台被列为青岛市级文物保护单位。1997 年，"德军要塞地下指挥部"得到修复。1998 年，青岛山炮台遗址展览馆于青岛山东北麓建成，以三百余幅照片及上百件实物，形象地再现了 1897 年"巨野教案"爆发到 1922 年中国收回青岛间的青岛历史，其中包括胶澳设防、胶州湾事件、德国的殖民统治、日本的军事侵略、苦难与抗争、五四运动与青岛等重大历史事件。

青岛山炮台是帝国主义侵略青岛的一个铁证，也是中国人民在近代遭受屈辱的一个缩影。人们在此登高望海、游山踏青的同时，可以追思历史，感受青岛百年历史沧桑。同时，青岛山炮台遗址被列为爱国主义教育和国防教育的重要基地。它时刻提醒着人们：落后就要挨打，贫弱就要受欺，腐败就会亡国，同时激励着后人知耻后勇，奋发向上。

3. 即墨雄崖所城遗址

雄崖所故城位于即墨市丰城镇雄崖所村，距离即墨市区 45 公里。这里东临大海，西扼群峰，所谓的"雄崖"指的是村庄东北白马岛上的一段赭色的雄伟断崖。

雄崖守御千户所设立于洪武年间，其所城建于洪武三十五年（1402年），在所城南建有演武场。根据史料记载，明代的雄崖所设正千户2员，副千户2员，百户2员，所吏目1员，京操军春戍250名，秋戍319名，守城军余51名，屯田军余77名。

雄崖所为正方形城堡，城墙周长2公里。城墙外包青砖、石块，中间由黄土夯筑，高5米，顶宽3米，十分坚固。墙上用青砖砌成垛口，墙外有护城河环绕。城东西南北各有1门，建有"奉恩"、"镇威"等城门，门上均筑城楼。城内有十字大街道通往各门，街道用石条铺地。

清雍正十二年（1734年），雄崖所被裁撤，城池被废弃。如今，城墙大部分被毁弃，仅于城东南尚存1段城墙残基；东、北两门已无迹可寻，唯南门洞及城门楼保存完好，南门楼外题额为"奉恩"，内题额为"迎薰"。西门位置最高，是整座所城的制高点，现仍保留明代初建时的原貌，城门为拱券形，长12.5米，外口高2.5米，内口高3.5米，底宽2.5米，西门外题额为"镇威"，仍可辨认，内题额遗失。现在村中的东西、南北两条大街即为当年所城的主要街道。

雄崖所原有城隍庙、关帝庙、菩萨庙、玉皇庙、九神庙、天齐庙、先农坛等建筑，其中玉皇庙耸立在城外的山坡之上，甚为雄伟。

参考文献

一、史料

1. 古籍

《明实录》，台北"中央研究院"历史语言研究所校印本。

《清实录》，中华书局 1985—1987 年版。

（明）宋濂等撰：《元史》，中华书局 1976 年版。

（明）申时行修，赵用贤等纂：《大明会典》，明万历内府刻本，《续修四库全书》（第 789—792 册），上海古籍出版社 2002 年版。

（明）傅维麟撰：《明书》，江苏广陵古籍刻印社 1988 年版。

（清）王鸿绪撰：《明史稿》，康熙年间敬慎堂刻本。

（清）张廷玉等撰：《明史》，中华书局 1974 年版。

（清）赵尔巽等撰：《清史稿》，中华书局 1976 年版。

（清）谷应泰撰：《明史纪事本末》，中华书局 1977 年版。

（清）龙文彬：《明会要》，中华书局 1956 年版。

（明）谈迁：《国榷》，中华书局 1958 年版。

（清）夏燮：《明通鉴》，中华书局 1959 年版。

印鸾章、李介人修订：《明鉴》，上海书店 1984 年版。

（清）蒋良骐撰：《东华录》，中华书局 1980 年版。

（清）昆冈等修：《钦定大清会典》，影印清光绪石印本，《续修四库全书》（第 794 册），上海古籍出版社 2002 年版。

（清）昆冈等修：《钦定大清会典事例》，影印清光绪石印本，《续修四库全书》（第 798—814 册），上海古籍出版社 2002 年版。

（清）高宗敕撰：《钦定大清会典则例》，《景印文渊阁四库全书》（第 620—625 册），台北商务印书馆 1986 年版。

（清）乾隆官修：《续文献通考》，浙江古籍出版社 2000 年版。

（清）乾隆官修：《清朝文献通考》，浙江古籍出版社 2000 年版。

（清）刘锦藻撰：《清朝续文献通考》，浙江古籍出版社 2000 年版。

（明）陈子龙辑：《明经世文编》，中华书局 1962 年版。

（清）贺长龄辑：《皇朝经世文编》，文海出版社 1972 年版。

（清）文庆等纂：《筹办夷务始末》（道光朝），文海出版社 1970 年版。

田涛、郑秦点校：《大清律例》，法律出版社 1999 年版。

（明）李贤等撰：《大明一统志》，《景印文渊阁四库全书》（第 472—473 册），台北商务印书馆 1986 年版。

（明）王士性撰，吕景琳点校：《广志绎》，中华书局 1981 年版。

（清）和珅等撰：《大清一统志》，《景印文渊阁四库全书》（第 474—483 册），台北商务印书馆 1986 年版。

（清）顾炎武撰：《肇域志》，《续修四库全书》（第 586—593 册），上海古籍出版社 2002 年版。

（清）顾炎武撰：《天下郡国利病书》，《四库全书存目丛书》（史部第 171—172 册），齐鲁书社 1996 年版。

（清）顾祖禹辑著：《读史方舆纪要》，中华书局 2005 年版。

（清）魏源撰：《魏源集》，中华书局 1976 年版。

（清）魏源撰：《海国图志》，岳麓书社 1998 年版。

（明）李遂撰：《明御倭行军条例》，《丛书集成续编》（第 23 册），上海书店出版社 1994 年版。

（明）郭光复撰，郭师古校正：《倭情考略》，《丛书集成续编》（第 23 册），上海书店出版社 1994 年版。

（明）卜大同撰：《备倭记》，《四库全书存目丛书》（子部第 31 册），齐鲁书社 1996 年版。

《嘉靖倭乱备抄》，《四库全书存目丛书》（史部第 49 册），齐鲁书社 1996 年版。

（明）黄俣卿撰：《倭患考原》，《四库全书存目丛书》（史部第 52 册），齐鲁书社 1996 年版。

（明）黄俣卿撰：《恤援朝鲜倭患考》，《四库全书存目丛书》（史部第 52 册），齐鲁书社 1996 年版。

（明）王士骐辑：《皇明驭倭录》，明万历刻本，《四库全书存目丛书》（史部第 53 册），齐鲁书社 1996 年版。

（明）李遂撰：《御倭军事条款》，《续修四库全书》（第 852 册），上海古籍出版社 2002 年版。

（明）茅坤撰：《海寇后编》，《丛书集成续编》（第 23 册），上海书店出版社 1994 年版。

（清）洪若皋撰：《海寇记》，《丛书集成续编》（第 25 册），上海书店出版社 1994 年版。

中国历史研究社编：《倭变事略》，中国历史研究资料丛书，上海书店 1982 年版。

郑樑生编校：《明代倭寇史料》（第 1—7 辑），文史哲出版社 1987、1997、2005 年版。

（元）赵世延撰：《大元海运记》，《续修四库全书》（第 835 册），上海古籍出版社 2002 年版。

（明）郑若曾：《筹海图编》，《景印文渊阁四库全书》（第 584 册），台北商务印书馆 1986 年版。

（明）郑若曾：《郑开阳杂著》，《景印文渊阁四库全书》（第 584 册），台北商务印书馆 1986 年版。

（明）郑若曾撰，邓钟重辑：《筹海重编》，《四库全书存目丛书》（史部第 227 册），齐鲁书社 1996 年版。

（明）万表撰：《海寇议》，《四库全书存目丛书》（集部第 31 册），齐鲁书社 1996 年版。

（明）梁梦龙撰：《海运新考》，《四库全书存目丛书》（史部第 274 册），齐鲁书社 1996 年版。

（明）崔旦撰：《海运编》，《四库全书存目丛书》（史部第 274 册），齐鲁书社 1996 年版。

（清）陶澍：《海运图说》，道光六年（1826 年）刻本。

（明）汪应蛟撰：《海防奏疏》，《续修四库全书》（第 480 册），上海古籍出版社 2002 年版。

（明）王在晋撰：《海防纂要》，《续修四库全书》（第 739—740 册），上海古籍出版社 2002 年版。

（明）王在晋撰：《三朝辽事实录》，《续修四库全书》（第 437 册），上海古籍出版社 2002 年版。

（明）宋应昌撰：《经略复国要编》，《四库禁毁书丛刊》（史部第 38 册），北京出版社 2000 年版。

（明）夏琳撰：《闽海纪要》，《四库禁毁书丛刊》（史部第 35 册），北京出版社 2000 年版。

（明）茅元仪辑：《武备志》，华世出版社 1996 年版。

（明）李昭祥：《龙江船厂志》，江苏古籍出版社 1999 年版。

（明）戚继光：《纪效新书》，人民体育出版社 1988 年版。

（明）戚祚国汇纂：《戚少保年谱耆编》，中华书局 2003 年版。

（清）杜臻撰：《粤闽巡视纪略》，《景印文渊阁四库全书》（第 460 册），台北商务印书馆 1986 年版。

（清）杜臻撰：《海防述略》，《四库全书存目丛书》（史部第 227 册），齐鲁书社 1996 年版。

（清）姜宸英撰：《海防总论》，《四库全书存目丛书》（史部第 227 册），齐鲁书社 1996 年版。

（清）陈良弼撰：《水师辑要》，《续修四库全书》（第 860 册），上海古籍出版社 2002 年版。

（清）关天培撰：《筹海初集》，文海出版社 1969 年版。

（清）严如煜撰：《洋防辑要》，台北学生书局 1985 年版。

（清）吴伟业撰：《绥寇纪略》，上海古籍出版社 1992 年版。

（清）乾隆敕编：《钦定八旗通志》，《景印文渊阁四库全书》（第 664—671 册），台北商务印书馆 1986 年版。

（明）郑汝璧撰：《由庚堂集》，《续修四库全书》（第 1356—1357 册），上海古籍出版社 2002 年版。

（明）陶朗先撰：《陶中丞遗集》，见《明季辽事丛刊》，民国二十五年（1936年）伪满日文化协会石印本。

（明）叶盛撰：《水东日记》，中华书局 1980 年版。

（清）王之春：《清朝柔远记》，中华书局 1989 年版。

沈云龙主编：《明清史料汇编》，文海出版社 1967 年版。

（清）孙承泽著，王剑英点校：《春明梦余录》，北京古籍出版社 1992 年版。

2. 山东沿海各府县地方志

（明）陆钺等纂修：《山东通志》，明嘉靖十二年（1533 年）刻本。

（清）赵祥星修，钱江等纂：《山东通志》，清康熙四十一年（1702 年）刻本。

（清）岳浚等纂：《山东通志》，清雍正七年（1729 年）修，乾隆元年（1736年）刻本。

（清）杨士骧等修，孙葆田等纂：《山东通志》，民国四年（1915 年）铅印本。

（清）蒋焜修，唐梦赍等纂：《济南府志》，清康熙三十一年（1692 年）刻本。

（清）王赠芳等修，成瓘等纂：《济南府志》，清道光二十年（1840 年）刻本。

（清）施闰章等修，杨奇烈等纂，任璇续纂修：顺治《登州府志》，清康熙三十三年（1694 年）刻本。

（清）永泰纂修：《续登州府志》，清乾隆七年（1742 年）刻本。

（清）方汝翼等纂修：《增修登州府志》，清光绪七年（1881 年）刻本。

赵耀、董基纂修：《重刊万历莱州府志》，民国二十八年（1939 年）赵永厚堂刊本。

（明）龙文明修，赵耀、董基纂：万历《莱州府志》，民国二十八年（1939 年）铅印本。

（清）严有禧、张桐等纂修：《莱州府志》，清乾隆五年（1740 年）刻本。

（明）杜思修，冯惟纳纂：《青州府志》，明嘉靖四十四年（1565 年）刻本。

（清）陶锦等纂修：《青州府志》，清康熙六十年（1721 年）刻本。

（清）毛承伯等纂修：《青州府志》，清咸丰九年（1859 年）刻本。

（清）邵士修，王埰等纂：《沂州志》，清康熙十三年（1674 年）刻本。

（清）李希贤等纂修：《沂州府志》，清乾隆二十五年（1760 年）刻本。

（清）胡公着等修，张克家纂：《海丰县志》，清康熙九年（1670 年）刻本。

（清）于卜熊修，史本纂：乾隆《海丰县志》，清同治十二年（1873 年）刻本。

（清）蔡逢恩修，林光斐纂：同治《海丰县志续编》，民国二十年（1931 年）铅印本。

梁建章修，于清泮纂：《沾化县志》，民国二十四年（1935 年）铅印本。

（清）王清贤修，陈淳纂：康熙《武定府志》，民国间抄本。

（清）赫达色修，庄肇奎等纂：《武定府志》，清乾隆二十四年（1759 年）刻本。

（清）李熙龄纂修：《武定府志》，清咸丰九年（1859 年）刻本。

（明）郑希侨等纂修：《武定州志》，明嘉靖二十七年（1548 年）刻本。

（清）杨容盛等纂：《滨州志》，清康熙四十年（1701 年）刻本。

（清）李熙龄撰：《滨州志》，据清咸丰十年（1860 年）刊本影印，成文出版社 1976 年版。

（清）杨容盛修，杜曣等纂：《滨州志》，清康熙四十年（1701 年）刻本。

（清）李熙龄纂修：《滨州志》，清咸丰十年（1860 年）刻本。

（清）韩文焜纂：《利津县新志》，据清康熙十二年（1673 年）刊本影印，成文出版社 1976 年版。

（清）刘文确纂修：《利津县志续编》，据清乾隆二十三年（1758 年）刊本影印，成文出版社 1966 年版。

（清）程士范纂修：《利津县志补》，据清乾隆三十五年（1770 年）刊本影印，成文出版社 1976 年版。

（清）盛赞熙修，余朝莱等纂：《利津县志》，清光绪九年（1883 年）刻本。

王廷彦修，盖尔佶纂：《利津县续志》，民国二十四年（1935 年）铅印本。

（清）严文典修，任相纂：《蒲台县志》，清乾隆二十八年（1763 年）刻本。

（明）孟楠修，蒋奇镈纂：万历《乐安县志》，清康熙六年（1667 年）刻本。

（清）李方膺纂修：《乐安县志》，清雍正十一年（1733 年）刻本。

（清）朱奎章修，胡芳杏纂：《乐安县志》，清同治十年（1871 年）刻本。

李传煦、陈同善修，王永贞等纂：《乐安县志》，民国七年（1918 年）石印本。

宋宪章修，邹允中、崔亦文纂：《寿光县志》，民国二十五年（1936 年）刊本。

（清）刘翰周纂修：《寿光县志》，清嘉庆五年（1800 年）刻本。

（明）朱木修，高凌云纂：《昌乐县志》，明嘉靖二十七年（1548 年）刻本。

（清）贺基昌纂修：《昌乐县志》，清康熙十一年（1672 年）刻本。

（清）魏礼焯等纂：《昌乐县志》，清嘉庆十四年（1809 年）刻本。

王金岳修，赵文琴、王景韩纂：《昌乐县续志》，民国二十三年（1934 年）铅印本。

（清）宫懋让、李文藻等纂修：《诸城县志》，据清乾隆二十九年（1764 年）刊本影印，成文出版社 1976 年版。

（清）宫懋让修，李文藻等纂：《诸城县志》，清乾隆二十九年（1764 年）刻本。

（清）刘光斗修，朱学海纂：《诸城县志》，据清道光十四年（1834 年）刻本影印，成文出版社 1976 年版。

（清）卞颖修，王劝等纂：《诸城县志》，清康熙十二年（1673 年）刻本。

（清）刘光斗修，朱学海纂：《诸城县续志》，清道光十四年（1834 年）刻本。

（清）杨士雄修，于时纂：《日照县志》，清康熙十二年（1673 年）刻本。

（清）陈懋修，张庭诗纂：《日照县志》，清光绪九年（1883 年）修，十二年（1886 年）刻本。

（清）王珍修，陈调元纂：《潍县志》，清康熙十一年（1672 年）刻本。

（清）张耀璧总裁，王诵芬纂：《潍县志》，据清乾隆二十五年（1760 年）刊本影印，成文出版社 1976 年版。

常之英纂:《潍县志稿》,民国三十年(1941年)刻本。

(清)周来邰纂修:《昌邑县志》,清乾隆七年(1742年)刻本。

(清)陈嘉楷修:《昌邑县续志》,清光绪三十三年(1907年)刻本。

(清)张思勉修,于始瞻纂:《掖县志》,清乾隆二十三年(1758年)刻本。

(清)杨祖宪修,侯登岸纂:《再续掖县志》,清道光二十三年(1843年)刻本。

(清)魏起鹏修,壬续藩纂:《三续掖县志》,清光绪十九年(1893年)刻本。

刘国斌修,刘锦堂纂:《四续掖县志》,民国二十四年(1935年)铅印本。

(清)魏起鹏等辑:《掖县全志》,清光绪十九年(1893年)刻本。

(清)尤淑孝修,李元正纂:《即墨县志》,清乾隆二十九年(1764年)刻本。

(清)林溥修,周翕镶纂:《即墨县志》,清同治十二年(1873年)刻本。

(清)孙蕴韬等修,高国楣纂:《胶州志》,清康熙十二年(1673年)刻本。

(清)张同声修,李图等纂:《重修胶州志》,清道光二十五年(1845年)刻本。

赵文运、匡超等纂修:《增修胶志》,据民国二十年(1931年)铅印本影印,成文出版社1968年版。

赵琪修,袁荣叟纂:《胶澳志》,民国十七年(1928年)铅印本。

(清)张作砺修,张凤羽纂:《招远县志》,清顺治十七年(1660年)刻本。

(清)陈国器、边象曾修,李荫、路藻纂:《招远县续志》,清道光二十六年(1846年)刻本。

(清)李蕃修,范廷凤等纂:《黄县志》,清康熙十二年(1673年)刻本。

(清)袁中立修,毛赞纂:《黄县志》,清乾隆二十一年(1756年)刻本。

(清)伊继美纂修:《黄县志》,清同治十年(1871年)刻本。

(清)王文涛纂:《重修蓬莱县志》,清道光十九年(1839年)刻本。

(清)郑锡鸿、汪瑞采修,王尔植等纂:《蓬莱县续志》,清光绪八年(1882年)刻本。

梁秉锟修,王丕煦纂:《莱阳县志》,据民国二十四年(1935年)铅印本影印,成文出版社1968年版。

(清)万邦维、卫元爵修,张重润等纂:康熙《莱阳县志》,清雍正元年(1723年)刻本。

宋宪章修,于清泮纂:《牟平县志》,民国二十五年(1936年)石印本。

(清)舒孔安修,王厚阶纂:《重修宁海州志》,清同治三年(1864年)刻本。

(清)罗博修,鹿兆甲等纂:《福山县志》,清康熙十二年(1673年)刻本。

（清）何乐善修，萧劼、王积熙纂：《福山县志》，清乾隆二十八年（1763 年）刻本。

王陵基修，于宗潼纂：《福山县志稿》，民国九年（1920 年）修，二十年（1931 年）铅印本。

（清）毕懋第原修，郭文大续修：《威海卫志》，据民国十八年（1929 年）铅本影印，成文出版社 1968 年版。

（清）王一夔修，赛珠、毕霯纂：《文登县志》，清雍正三年（1725 年）刻本。

（清）蔡培、欧文、林汝谟纂：《文登县志》，清道光十九年（1839 年）刻本。

（清）李祖年修，于霖逢纂：《文登县志》，清光绪二十二年（1896 年）修，民国十一年（1922 年）铅印本。

《靖海卫志》，据不着纂修人姓氏抄本影印，成文出版社 1968 年版。

（清）佚名纂修：康熙《靖海卫志》，民国间抄本。

（清）李天骘、岳庚廷纂：《荣成县志》，据清道光二十年（1840 年）刊本影印，文海出版社 1976 年版。

（清）刘应忠撰：《荣成纪略》，清光绪三十三年（1907 年）刻本。

（清）张士琏纂修：《海阳县志》，清雍正十二年（1734 年）刻本。

（清）包桂纂修：《海阳县志》，清乾隆七年（1742 年）刻本。

（清）王敬勋修，李尔梅、王兆腾纂：《海阳县续志》，清光绪六年（1880 年）刻本。

（清）苏潜修，胶南史志办校注：《灵山卫志校注》，五洲传播出版社 2002 年版。

二、著作

《中国军事史》编写组编：《中国军事史》（第一卷兵器），解放军出版社 1983 年版。

《中国军事史》编写组编：《中国军事史》（第三卷兵制），解放军出版社 1987 年版。

《中国军事史》编写组编：《中国军事史》（第六卷兵垒），解放军出版社 1991 年版。

毛佩琦、王莉：《中国明代军事史》，人民出版社 1994 年版。

王宏斌：《清代前期的海防：思想与制度》，社会科学文献出版社 2002 年版。

王宏斌：《晚清海防：思想与制度研究》，商务印书馆 2005 年版。

茅海建：《天朝的崩溃：鸦片战争再研究》，生活·读书·新知三联书店 1997 年版。

赵树国：《明代北部海防体制研究》，山东人民出版社 2014 年版。

高锐：《中国军事史略》，军事科学出版社 1992 年版。

杨金森、范中义：《中国海防史》，海洋出版社 2005 年版。

包遵彭：《中国海军史》，中华丛书编审委员会 1970 年版。

张铁牛、高晓星：《中国古代海军史》，解放军出版社 2006 年版。

吴杰章：《中国近代海军史》，解放军出版社 1989 年版。

胡立人、王振华主编：《中国近代海军史》，大连出版社 1990 年版。

定宜庄：《清代八旗驻防研究》，辽宁民族出版社 2002 年版。

罗尔纲：《绿营兵志》，中华书局 1984 年版。

刘展主编：《中国古代军制史》，军事科学出版社 1992 年版。

徐勇、张焯编著：《简明中国军制史》，黑龙江人民出版社 1991 年版。

施元龙：《中国筑城史》，军事谊文出版社 1999 年版。

张驭寰：《中国城池史》，百花文艺出版社 2003 年版。

刘旭：《中国古代火炮史》，上海人民出版社 1989 年版。

王兆春：《中国火器史》，军事科学出版社 1991 年版。

席龙飞：《中国造船史》，湖北教育出版社 2000 年版。

《中国人民保卫海疆斗争史》编写组编：《中国人民保卫海疆斗争史》，北京出版社 1979 年版。

张炜、许华：《海权与兴衰》，海洋出版社 1991 年版。

彭德清主编：《中国航海史·古代航海史》，人民交通出版社 1988 年版。

孙光圻：《中国古代航海史》，海洋出版社 1989 年版。

王赛时：《山东沿海开发史》，齐鲁书社 2005 年版。

王赛时：《山东海疆文化研究》，齐鲁书社 2006 年版。

寿杨宾编著：《青岛海港史》（古代部分），人民交通出版社 1986 年版。

寿杨宾主编：《登州古港史》，人民交通出版社 1994 年版。

安京：《中国古代海疆史纲》，黑龙江教育出版社 1999 年版。

张炜、方堃主编：《中国海疆通史》，中州古籍出版社 2003 年版。

王日根：《明清海疆政策与中国社会发展》，福建人民出版社 2006 年版。

马大正主编：《中国古代边疆政策研究》，中国社会科学出版社 1990 年版。

马大正主编：《中国边疆经略史》，中州古籍出版社 2000 年版。

马汝珩、马大正主编：《清代的边疆政策》，中国社会科学出版社 1994 年版。

曲金良:《海洋文化与社会》,中国海洋大学出版社 2003 年版。

张耀光编著:《中国边疆地理》(海疆),科学出版社 2001 年版。

耿昇、刘凤鸣、张守禄主编:《登州与海上丝绸之路:登州与海上丝绸之路国际学术研讨会论文集》,人民出版社 2009 年版。

陈懋恒:《明代倭寇考略》,人民出版社 1957 年版。

戴裔煊:《明代嘉隆间的倭寇海盗与中国资本主义的萌芽》,中国社会科学出版社 1982 年版。

范中义、仝晰纲:《明代倭寇史略》,中华书局 2004 年版。

吴重翰:《明代倭寇犯华史略》,商务印书馆 1939 年版。

郑广南:《中国海盗史》,华南理工大学出版社 1998 年版。

李金明、廖大珂:《中国古代海外贸易史》,广西人民出版社 1995 年版。

沈光耀:《中国古代对外贸易史》,广东人民出版社 1985 年版。

陈尚胜:《"怀夷"与"抑商":明代海洋力量兴衰研究》,山东人民出版社 1997 年版。

晁中辰:《明代海禁与海外贸易》,人民出版社 2005 年版。

方豪:《中西交通史》,岳麓书社 1987 年版。

李金明:《明代海外贸易史》,中国社会科学出版社 1990 年版。

夏秀瑞、孙玉琴编著:《中国对外贸易史》(第一册),对外经济贸易大学出版社 2002 年版。

张彩霞:《海上山东:山东沿海地区的早期现代化历程》,江西高校出版社 2004 年版。

张维华:《明代海外贸易简论》,上海人民出版社 1956 年版。

白钢主编:《中国政治制度通史》(明代),人民出版社 1996 年版。

关文发、颜广文:《明代政治制度研究》,中国社会科学出版社 1995 年版。

柏桦:《明代州县政治体制研究》,中国社会科学出版社 2003 年版。

刘子扬:《清代地方官制考》,紫禁城出版社 1988 年版。

吴廷燮:《明督抚年表》,中华书局 1982 年版。

张德泽:《清代国家机关考略》,学苑出版社 2001 年版。

南炳文、汤纲:《明史》,上海人民出版社 2003 年版。

戴逸主编:《简明清史》,人民出版社 1984 年版。

萧一山:《清代通史》(上下卷),中华书局 1986 年版。

孙祚民主编:《山东通史》,山东人民出版社 1992 年版。

安作璋主编:《山东通史》(明清卷),山东人民出版社 1994 年版。

王守中：《德国侵略山东史》，人民出版社 1998 年版。

刘大可等：《日本侵略山东史》，山东人民出版社 1991 年版。

威海市地方史志编纂委员会编：《威海市志》，山东人民出版社 1986 年版。

三、论文

邱富生：《试论明朝初年的海防》，《中国边疆史地研究》1995 年第 1 期。

范中义：《明代海防述略》，《历史研究》1990 年第 3 期。

陈尚胜：《明朝后期筹海过程考论》，《海交史研究》1990 年第 1 期。

陈尚胜：《明代海防与海外贸易：明朝闭关与开放问题的初步研究》，载《中外关系史论丛》（第二辑），世界知识出版社 1991 年版。

卢建一：《从明清东南海防体系发展看防务重心南移》，《东南学术》2002 年第 1 期。

王日根：《明代东南海防中敌我力量对比的变化及其影响》，《中国社会经济史研究》2003 年第 2 期。

王庸：《明代海防图籍录》，见王庸：《中国地理图籍丛考》，上海商务印书馆 1956 年版。

郑克晟：《明朝初年的福建沿海及海防》，《史学月刊》1991 年第 1 期。

方楫：《明代的海运和造船工业》，《史学》1957 年第 5 期。

王莉：《明代营兵制初探》，《北京师范大学学报（社会科学版）》1991 年第 2 期。

范中义：《论明朝军制的演变》，《中国史研究》1998 年第 2 期。

吴吉远：《试论明清时期的守巡道制度》，《社会科学辑刊》1996 年第 1 期。

肖立军：《明嘉靖九边营兵制考略》，《南开学报》1994 年第 2 期。

肖立军：《明代蓟镇援关营制考略：兼谈明卫所制与省镇营兵制关系》，《天津师范大学学报（社会科学版）》2018 年第 2 期。

肖立军、李玉华：《明初山东总督备倭官浅探》，载中国明史学会、蓬莱旅游度假区管理委员会：《第十五届明史国际学术研讨会暨第五届戚继光国际学术研讨会论文汇编》（未刊稿），2013 年。

彭勇：《从"都司"含义的演变看明代卫所制与营兵制的并行与交错：以从"都司领班"到"领班都司"的转变为线索》，《明史研究论丛（第十三辑）——庆祝中国社会科学院历史研究所成立 60 周年专辑》，2014 年。

郑晓文：《明代河南省镇营兵制指挥系统设置考述》，《河南大学学报（社会科学版）》2015 年第 5 期。

宋烜:《明代浙江备倭都司设置考》,《中国史研究》2016 年第 4 期。

杜洪涛:《明代辽东与山东的关系辨析:兼论地方行政的两种管理体制》,《中国边疆史地研究》2014 年第 1 期。

赵树国:《明代山东巡察海道沿革考》,《第十六届明史国际学术研讨会暨建文帝国际学术研讨会论文集》,2015 年 8 月。

张士尊:《明代辽东都司与山东行省关系论析》,《东北师大学报(哲学社会科学版)》2008 年第 2 期。

郭红、于翠艳:《明代都司制度与军管型政区》,《军事历史研究》2001 年第 4 期。

赵中南:《明代巡抚制度的产生及其作用》,《社会科学辑刊》1996 年第 2 期。

张士尊:《明代总兵社会地位的历史变迁》,《沈阳师范学院学报(社会科学版)》1998 年第 4 期。

卢建一:《从东南水师看明清时期海权意识的发展》,《福建师范大学学报(哲学社会科学版)》2003 年第 1 期。

罗冬阳:《明代兵备初探》,《东北师大学报(哲学社会科学版)》1994 年第 1 期。

鲍彦邦:《明代运军的编制、任务及其签补制度》,《暨南学报(社会科学版)》1992 年第 3 期。

陈表义:《明代军制建设原则及军事的失败》,《暨南学报(社会科学版)》1996 年第 2 期。

刘金祥:《明代卫所缺伍的原因探析:兼谈明代军队的贪污腐败》,《北方论丛》2003 年第 5 期。

张金奎:《明代军户地位低下质疑》,《中国史研究》2005 年第 2 期。

郭红:《明代卫所移民与地域文化的变迁》,《中国历史地理论丛》2003 年第 2 期。

李渡:《明代募兵制简论》,《文史哲》1986 年第 2 期。

李巨澜:《清代卫所制度述略》,《史学月刊》2002 年第 3 期。

顾诚:《卫所制度在清代的变革》,《北京师范大学学报(社会科学版)》1988 年第 2 期。

罗远道:《清雍正初年卫所制度的大变革》,《中国历史博物馆馆刊》1996 年第 1 期。

王伟凯:《试论明代的巡检司》,《史学月刊》2006 年第 3 期。

陈鸣钟:《嘉靖时期东南沿海的倭寇》,《新史学通讯》1955 年第 2 期。

陈学文：《明代的海禁与倭寇》，《中国社会经济史研究》1983 年第 1 期。

戴裔煊：《倭寇与中国》，《学术研究》1987 年第 1 期。

郝毓楠：《明代倭变端委考》，《中国史研究》1981 年第 4 期。

何朝晖：《明代道制考论》，《燕京学报》1999 年第 6 期。

何格恩：《明代倭寇侵扰沿海各地年表》，《岭南学报》第 2 卷第 4 期，1933 年。

黄尊严：《明代山东倭患述略》，《烟台师范学院学报（哲学社会科学版）》1996 年第 3 期。

李金明：《明初中日贸易与倭寇》，《南洋问题研究》1983 年第 3 期。

张鲁山：《明代倭寇大事记》，《新亚西亚》第 6 卷第 4 期，1933 年。

古鸿廷：《论明清的海寇》，《海交史研究》2002 年第 1 期。

李询：《公元 16 世纪的中国海盗》，载《明清史国际学术讨论会论文集》，天津人民出版社 1982 年版。

王冬青、潘如丹：《明朝海禁政策与近代西方国家的第一次对华冲突》，《军事历史研究》2004 年第 2 期。

王铁均：《明代的倭患与中国的日本学研究》，《华侨大学学报（哲学社会科学版）》2003 年第 1 期。

王裕群：《明代的倭寇》，《新史学通讯》1956 年第 2 期。

怀效锋：《嘉靖年间的海禁》，《史学月刊》1987 年第 6 期。

赵红：《明清时期的山东海防》，山东大学 2007 年博士学位论文。

何乃恩：《明代浙江备倭官制与职能研究》，陕西师范大学 2018 年博士学位论文。

王彦军：《明代中后期省镇营兵制与卫所制关系初探》，天津师范大学 2016 年硕士学位论文。

李静：《明代省镇营兵制下守备初探》，天津师范大学 2017 年硕士学位论文。

责任编辑：郭　娜
封面设计：徐　晖

图书在版编目（CIP）数据

微观视野中明清山东海防文化研究／王海鹏　著．—北京：人民出版社，2023.4
ISBN 978－7－01－024359－7

I.①微…　II.①王…　III.①海防－军事史－山东－明清时代　IV.① E294.8

中国版本图书馆 CIP 数据核字（2021）第 262306 号

微观视野中明清山东海防文化研究
WEIGUAN SHIYE ZHONG MINGQING SHANDONG HAIFANG WENHUA YANJIU

王海鹏　著

人 民 出 版 社 出版发行
（100706　北京市东城区隆福寺街 99 号）

中煤（北京）印务有限公司印刷　新华书店经销

2023 年 4 月第 1 版　2023 年 4 月北京第 1 次印刷
开本：710 毫米 ×1000 毫米 1/16　印张：26.75
字数：380 千字

ISBN 978－7－01－024359－7　定价：98.00 元

邮购地址 100706　北京市东城区隆福寺街 99 号
人民东方图书销售中心　电话（010）65250042　65289539